陕西师范大学一流学科建设经费资助出版

经济活动中的法律问题

JINGJI HUODONG
ZHONG DE
FALÜ WENTI

主　编：周晓唯
副主编：沈　剑　武文静
　　　　张　培

陕西师范大学出版总社

图书代号　JC16N0112

图书在版编目(CIP)数据

经济活动中的法律问题/周晓唯主编. —西安:陕西师范大学出版总社有限公司,2016.3
ISBN 978-7-5613-8368-1

Ⅰ.①经… Ⅱ.①周… Ⅲ.①经济法—研究—中国 Ⅳ.①D922.290.4

中国版本图书馆 CIP 数据核字(2016)第 048831 号

经济活动中的法律问题
JINGJI HUODONG ZHONGDE FALÜ WENTI

周晓唯　主编

责任编辑 /	张俊胜　郑世骏
责任校对 /	杜世雄
封面设计 /	金定华
出版发行 /	陕西师范大学出版总社
	(西安市长安南路199号　邮编 710062)
网　　址 /	http://www.snupg.com
经　　销 /	新华书店
印　　刷 /	陕西奇彩印务有限责任公司
开　　本 /	787mm×1092mm　1/16
印　　张 /	20.5
字　　数 /	350 千
版　　次 /	2016 年 3 月第 1 版
印　　次 /	2016 年 3 月第 1 次印刷
书　　号 /	ISBN 978-7-5613-8368-1
定　　价 /	46.00 元

读者购书、书店添货或发现印刷装订问题,请与本社高教出版分社联系。
电　　话:(029)85303622(传真) 85307826

前　言

本书是编者多年从事财经类院校法律教学实践过程中教学思路和研究成果的整理和总结，着重阐述了财经类专业的学生将来从事经济活动需要掌握的法律知识。因此本书在编写上重点考虑了以下几个方面的内容：第一编，经济活动与法律制度，包括资源市场化配置与法律制度、法律制度与资源配置活动相互关系和调整经济活动的法律原理等内容。第二编，经济活动中管理关系的法律问题，包括国家财政、税收管理中的法律问题、国家金融与证券监管中的法律问题、国家环境维护与保障中的法律问题和国家劳动权保障活动中的法律问题等内容。第三编，经济活动中的竞争与合作关系的法律问题，包括有关商主体资质规则的法律问题、有关商行为遵循规则的法律问题、有关商主体之间竞争规则的法律和其他商事活动中的法律问题等内容。第四编，国际经济活动中的法律问题，包括资源国际化配置的法律基础、有关国际贸易中的法律问题、国际投资法律制度、国际金融法律制度、国际税收法律制度和国际经济争议的解决等内容。

该教材在编写上有以下几方面的特点：一、读者定位明确。本教材紧密结合财经类院校学生学习和掌握法律知识的特点安排内容。二、结构设计清晰、完整。从宏观经济活动到微观经济活动、从理论到实务、从管理类法律知识到合作类法律知识的编排。三、内容编排精炼。由于经济活动中涉及的法律知识是庞杂的，要在一定的时间内掌握这些法律知识，就需要一个精炼的编排。

期望该教材对财经类院校学生学习法律类知识有所帮助，使其能在以后的相关工作实践中掌握经济法律的基本要求。

本书由周晓唯负责全书立意和编写框架的设计，并负责第一、二、三、十二、十七章的编写。沈剑负责第四、十、十三、十四、十五、十六章及第八章第一节、第九章第一节和第十一章第一节的编写。武文静负责第五、六章和第九章第二、三节的编写。张培负责第七章和第八章第二、三、四节和第九章第四节、第十一章第二、三节的编写。同时也感谢参与了本书编写的博士生和硕士生。尤其是要感谢那些未能列名的学者，他们的观点为本书的写作提供了有益的启示，在此深表谢意。

周晓唯
2015 年 12 月 25 日于文澜楼

目 录

第一编 经济活动与法律制度

  第一章 资源市场化配置与法律制度 ……………………………（ 1 ）

    第一节 资源市场化配置的前提是资源配置法制化 ………（ 1 ）

    第二节 资源市场化配置的本质 ………………………………（ 5 ）

  第二章 法律制度与资源配置活动相互关系 ……………………（ 8 ）

    第一节 资源配置活动视角下的法律制度 ……………………（ 8 ）

    第二节 法律制度在资源配置中的功能和作用 ………………（ 10 ）

  第三章 调整经济活动的法律原理 ………………………………（ 15 ）

    第一节 法的起源与法律规范 …………………………………（ 15 ）

    第二节 法律的解释和法律的类推适用 ………………………（ 17 ）

    第三节 法律关系、司法权和法律责任 ………………………（ 18 ）

第二编 经济活动中管理关系的法律问题

  第四章 国家财政、税收管理中的法律问题 ……………………（ 20 ）

    第一节 财政管理活动中必须遵守的法律规则

           与其他制度性规定 …………………………………（ 21 ）

    第二节 税收征管活动中必须遵守的法律规则

           与其他制度性规定 …………………………………（ 26 ）

  第五章 国家金融与证券监管中的法律问题 ……………………（ 42 ）

    第一节 商业银行管理中必须遵守的法律规则

           与其他制度性规定 …………………………………（ 42 ）

    第二节 证券管理中必须遵守的法律规则

           与其他制度性规定 …………………………………（ 47 ）

第三节　保险管理过程中必须遵守的法律规则
　　　　　　与其他制度性规定 ……………………………………（57）

第六章　国家环境维护与保障中的法律问题 …………………（66）
　　第一节　环境法概述 ……………………………………………（66）
　　第二节　环境权 …………………………………………………（69）
　　第三节　环境保护法的基本原则 ………………………………（71）

第七章　国家劳动权保障活动中的法律问题 …………………（73）
　　第一节　我国劳动法概述 ………………………………………（73）
　　第二节　劳动法的适用主体 ……………………………………（74）
　　第三节　劳动合同法规定 ………………………………………（77）
　　第四节　集体合用规定 …………………………………………（81）
　　第五节　工作时间与休息休假的规定 …………………………（83）
　　第六节　关于工资的规定 ………………………………………（87）
　　第七节　劳动争议处理 …………………………………………（90）

第三编　经济活动中的竞争与合作关系的法律问题

第八章　有关商主体资质规则的法律问题 ……………………（93）
　　第一节　《公司法》及公司活动中的法律问题 ………………（93）
　　第二节　我国合伙企业法的规定 ………………………………（108）
　　第三节　个人独资企业法的规定 ………………………………（113）
　　第四节　关于外商投资企业法的规定 …………………………（115）

第九章　有关商行为遵循规则的法律问题 ……………………（120）
　　第一节　《物权法》及有形财产产权保护中的法律问题 ……（120）
　　第二节　工业产权保护中的法律问题 …………………………（131）
　　第三节　《合同法》与合同管理中的法律问题 ………………（143）
　　第四节　票据法与票据管理中的法律问题 ……………………（164）

第十章　有关商主体之间竞争规则的法律 ……………………（172）
　　第一节　商主体竞争规则的法律问题概述 ……………………（172）
　　第二节　《反不正当竞争法》及相关制度规范 ………………（175）
　　第三节　《反垄断法》及相关制度规范 ………………………（179）

第四节 《产品质量法》及相关制度规范 …………………………（183）
   第五节 《消费者权益保护法》及相关制度规范 ……………………（185）
第十一章 其他商事活动中的法律问题 ……………………………（194）
   第一节 电子商务中的法律问题 ………………………………………（194）
   第二节 破产法的相关规定 ……………………………………………（224）
   第三节 经济纠纷的解决方式规定 ……………………………………（231）

第四编 国际经济活动中的法律问题
第十二章 资源国际化配置的法律基础 ……………………………（239）
   第一节 资源国际化配置的法律原理 …………………………………（239）
   第二节 资源国际化配置法律制度的趋同化 …………………………（241）
第十三章 有关国际贸易中的法律问题 ……………………………（249）
   第一节 国际贸易法概述与国际贸易术语 ……………………………（249）
   第二节 国际货物买卖法律制度 ………………………………………（256）
   第三节 国际货物运输法律制度 ………………………………………（258）
   第四节 国际货物保险法律制度 ………………………………………（263）
   第五节 国际贸易支付法律制度 ………………………………………（267）
   第六节 国际技术贸易法律制度 ………………………………………（268）
   第七节 国际服务贸易法律制度与政府管理贸易的法律制度 ………（272）
第十四章 有关国际投资中的法律问题 ……………………………（276）
   第一节 国际投资法概述 ………………………………………………（276）
   第二节 国际直接投资的途径 …………………………………………（278）
   第三节 发展中国家吸收外国投资的法制 ……………………………（283）
   第四节 发达国家向国外投资的法制 …………………………………（286）
   第五节 多边投资担保机构公约 ………………………………………（290）
第十五章 有关国际金融中的法律问题 ……………………………（294）
   第一节 国际金融法概述 ………………………………………………（294）
   第二节 国际货币法律制度 ……………………………………………（295）
   第三节 国际融资法律制度 ……………………………………………（300）
第十六章 有关国际税收中的法律问题 ……………………………（303）

第一节　国际税法概述 …………………………………………（303）

第二节　国际重复征税与重叠征税 ……………………………（304）

第三节　国际避税与国际逃税 …………………………………（306）

第四节　国际税收协定 …………………………………………（307）

第十七章　资源国际化配置的冲突解决机制 …………………………（308）

第一节　调解制度 ………………………………………………（308）

第二节　仲裁制度 ………………………………………………（309）

第三节　诉讼制度 ………………………………………………（315）

参考文献 ……………………………………………………………（318）

第一编　经济活动与法律制度

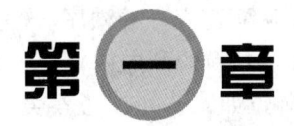

第一章　资源市场化配置与法律制度

第一节　资源市场化配置的前提是资源配置法制化

一、资源配置与法律制度

经济活动从物品交换到以货币为媒介的商品交换，都是在一定的规则制度下进行的。人类的经济活动以何种规则，以什么方式来进行是人类经济活动本身的要求。根据经济活动的需要，人类去适应和稳定这套规则和方式，并且依照这套方式改变着社会。虽然人类经济活动由于不同的统治阶级出现，这套规则和方式被统治者加以利用、推进和演化，但它的基本规则和运作方式始终不变，这套规则和方式在出现阶级和国家以前，是以"适者生存"的方式体现的，在出现阶级和国家以后，是以法律制度的方式体现的，这是生产力发展的演变，是经济关系适应生产力发展的需要，是社会经济活动有序、有效的资源配置的必然要求。在这种有序有效的经济活动中，人们必须自愿自觉地遵守这一规则。这一规则的目的是促使经济活动者追求利益最大化，而这种利益最大化是通过对社会资源在经济活动中的配置而达到的。经济活动不是单个人的活动，它是一种相互联系、相互依存的团体活动，而这种团体活动的资源配置在现代市场经济条件下更是在以法律制度体现的规则下进行的，人们需要寻找这样一套符合市场化资源配置的法律制度，没有法律制度，市场化资源配置是不可能有序、有效进行的。

法律制度既不是消极被动地反映经济关系，也不是仅从经济关系的外部对经济运行产生作用，而是作为经济发展的内在要素，对经济运行起着至关重要的作用。经济活动的产生来源于资源的"稀少性"。只有稀少的东西，人们才会缺乏和向往。因为它们是稀少的，它们的取得就由集体活动加以管理，集体行动规定财产和自由以及权利与义务，否则，就会产生无政府状态。"从稀少性中不仅产生冲突，而且产生因为相互依存而建立秩序的集体行动。秩序，或者我叫集体行动的运行规则的那种东西。它本身在制度的历史上是会变化的，我发现这个秩序具体地表现在各种限额的交易中，在一个丰裕的社会里是不需要这样做的，由于稀少性的原因，我又把效率作为一种普遍的原则，因为它用合作来克服稀少，可是合作并不是产生于一种预先假定的利益的协调，像以往经济学家相信的那样，它之所以产生，是由于有必要从所期待的合作者之间的利益冲突中造成一种新的利益协调——或者至少是秩序。"[①]从康芒斯的论述来看，我们看到的是在经济活动中由于资源的稀少性，必然带来资源配置中的利益冲突，这种利益冲突，由于各经济主体利益的相互依存，从而建立一种秩序，这种秩序就是通过规则来建立的"集体行动"。最终利益各方冲突者又达到新的利益协调，法律制度正体现了这种作用，而这个法律制度最终又确定为一种秩序。正如康芒斯在考察美国最高法院对集体议价、劳动仲裁和商业仲裁的案件以后分析的那样，"发现了这些法庭的判决当然是从利益冲突开始，然后考虑那冲突的利益的显然互相依存；然后再由最高权力机构——最高法院或者劳动和商业仲裁法庭——做出判决，目的不是要产生利益的协调，而是要从利益的冲突中产生秩序。"[②]

在市场经济条件下，人类的经济活动从来就没有缺少法律制度的规范。没有法律制度就没有市场经济。市场经济是法制经济，市场经济的法律制度是人们通过市场经济的活动不断发展和完善的。法律制度又为市场活动的有效、有序地进行奠定了基础。从人类的经济活动看，人们无不按照一定的规则和制度来规范着他们的经济活动。从原始社会的行为规范到当今的市场经济活动，都证明了经济活动的组织性和制度性，而这些有组织和有制度的经济活动都是通过强制性的规则和自律来规范和约束的，在经济活动中，许多非强制性的规则也逐步上升为强制性的规则，成为法律制度的一部分。因此，可以说，整个人类的经济活动是由非强制性规范制度逐步发展成强制性规范制度为主和非强制性规范制度为辅的体系下的规范活动。人类经济活动的趋利性，也是导致强制性法律制度存在的原因。

法律制度在市场化资源配置中的重要性和作用越来越明显，因为市场经济法律制度是一种约束市场主体和市场管理者的规范。它是市场竞争的一种"游戏规则"。现代经济学理论认为，资金、劳动力、技术之类的生产要素的缺乏会制约经济的发展，而经济法律短缺同样会制约经济的发展。在经济活动中，一种生产要素的短缺，有时可以用另一种生产要素来替代[③]。但是，一项重要的经济法律制度的短缺，不能由其他经济法律制度替代。在我们感到同样先进的生产技术在国外应用的效益比国内应用高的时候，就产生了"发展中国家与发达

[①] 康芒斯.制度经济学[J].北京：商务印书馆，1962:13.
[②] 康芒斯.制度经济学[J].北京：商务印书馆，1962:10.
[③] 周林彬.法律经济学论纲[M].北京：北京大学出版社，1998:24.

国家的差距主要是制度的差异"①这一发展经济学的基本观念。这种制度上的差异,诺斯教授明确地看到了,是由于缺少进入有法律约束和其他制度化社会的机会,造成了现今发展中国家经济长期停滞不前的状况②。这一结论正说明了法律制度的重要性。

对资源配置的法律制度的分析,不是对生产力要素的分析,而是对生产关系以及人们在生产活动中所形成的各种利益关系的分析。这种分析的方法与马克思通过对资本主义关系的经济分析揭示资本主义经济制度本质的方法,有许多相同或类似之处。所以,西方制度经济学家对制度经济分析的理论框架几乎"脱胎"于马克思的历史唯物主义这一有趣的理论渊源现象。新制度经济学对法律的经济分析,虽然从马克思主义理论中"吸收"了许多"营养",但与马克思对制度的经济分析有所不同。这种不同主要表现在,马克思的经济分析建立在劳动价值论基础上,而制度经济学的经济分析建立在市场经济学(主要是微观经济学)的生产要素论基础之上;马克思的经济分析强调了不同阶级利益矛盾,以及对资本主义政治经济及法律制度的革命道路,而制度经济学的经济分析,则以人类选择制度的理性这一基本假设为出发点,强调了对有缺陷的市场经济制度改革的渐进性。这种渐进性的制度改革的中国实践例证,就是受到世界各国关注的中国"渐进式改革方法"的广泛运用,而该运用过程中,政府更多依赖法律尤其是经济法律推进改革的稳健式改革步骤,就是中国经济学界和法学界在中国经济体制改革问题的法律经济分析过程中,对马克思主义理论的发展③。我国在今后进一步深化改革,走中国特色的社会主义市场经济道路的实践中,用法律制度来维护和推动经济改革,必将促进我国的社会稳定和国家富强。

二、资源配置法制化是资源配置活动的前提

经济活动取决于一定的资源配置条件和一定的法律制度结构,否则,就不可能开展经济活动。同时,一定的资源配置活动的条件和法律制度结构又是在人们的经济活动中形成和发展的。

在高度专业化分工的社会中,经济主体从事的资源配置活动,本质上是一种权利交易活动。这种通过物品和服务等形式上的交换,体现了权利交易的实质,使得资源配置活动的条件发生变化。然而,这些物品和服务的交换得以实现的前提,是存在一定的交易规则的。正是这些交易规则,才使其交易具有秩序性、可预测性、稳定性和可靠性。同时,人们进行资源配置时,也在"交易"着互相遵守的有关规则。这也就是为什么美国经济学家布罗姆利把经济主体进行的交易活动划分为两类(一是商品交易,二是制度交易)的原因。其中关于制度交易,则是确立物品交易规则的法制化资源配置交易。制度交易界定了物品性资源配置交易将发生的领域,进而决定物品性资源配置活动的秩序、结构、稳定性和可预测性。资源配置活动也会使原有的法律制度结构发生变化并显得与新的条件不相适宜。为对新条件做出反应,就会产生修改现存的法律制度的要求,以使新的法律制度与新的稀缺性财富的新的再

---

① 丁埃文斯等.经济发展与制度变迁[M].上海:三联书店,1993:126.
② 卢现祥.西方新制度经济学[M].北京:中国发展出版社,1994:276.
③ 周林彬.法律经济学论纲[M].北京:北京大学出版社,1998:25.

分配保持一致,从而形成新的法律制度结构。

由此可见,正是通过经济主体的资源配置活动,使经济条件与法律制度有机联系起来。资源配置的经济条件与法律制度的形成之间的关系表现为:法律制度在一定的条件下反作用于经济条件,即在任何一种资源配置活动中存在着一套占主导地位的标准、规则、惯例来维护资源配置活动;而经济条件也影响法律制度的形成,产生对新的法律制度的需求。在这一过程中,资源配置成为经济条件与法律制度的联结点,法律制度是对经济条件变化的需求做出反应的结果。经济条件的动态变化影响着利益关系的变动,从而形成新的潜在利益要求。这种与经济条件动态变化相适应的潜在利益积蓄到一定程度后,便会形成变革原有法律制度的动力,产生制度交易的要求,进而使法律制度对经济条件的动态变化做出反应,产生和建立新的法律制度结构[①]。市场经济发展到今天,从个人的经济行为到团体的经济行为,从一个企业为小的单元到一个部门为中观乃至一个国家,甚至整个世界的经济活动,如果没有法律制度的制约和协调,经济活动就不可能有效和有序地进行。如果资源配置是有效、有序的,必然应以法律化的机制作为资源配置活动的前提,这体现在以下几个方面:

1. 资源配置活动需要相互协调

从事生产、交易活动,各经济活动的参与者都是从利己原则来考虑所进行的活动,而参与者所实施的活动,由于出于自身的考虑会对对方及相互各方产生各种影响。例如,一个企业如果生产一种化工产品,它所考虑的首先是如何占有市场,所生产的化工产品能通过交换而让渡,然后还必须赚得最大的利润,生产过程中还可能会导致周围环境的变化(往往是污染的结果)。完成了生产过程,就需要与需方进行交换,而在市场上,会有众多的需方,同时,也存在许多同行业的竞争对手,与需方的关系确定了双方的信誉,这往往是通过交付产品和需方付款来体现的,与市场上其他同行业企业产生的关系确定了在市场上的地位,是一种成或败的地位。在这种资源配置活动中,那个获得有效配置的主体,将在市场上获得胜者的地位。这样会形成各方利益在资源配置活动中的冲突,法律制度就是利用它的强制性机制,协调各方的利益。在生产过程中,对周围环境产生的影响通过法律制度(如环保法,相邻关系的处理)来协调生产者与周围企业和竞争者的关系。在流通中通过合同关系和产品责任法来协调生产者与需方的关系,通过竞争法和破产法来协调同行业的竞争关系。在这里应当指出的是,通过法律制度来协调各类经济当事人和经济行为的是有效的资源配置活动,对于无效的或浪费社会资源的配置活动是不予以协调和确认的,这些无效的浪费资源的配置活动是得不到社会的承认的。再如,企业制造的化工产品对周围的自然环境产生了坏的影响,但企业与周围企业和用户通过互相协调,认可了这种污染,虽然这些活动看起来很协调,相互之间没有利益冲突,但污染是客观存在的。可以讲,这不是一种有效的资源配置,因为环境资源遭到破坏,国家不应制定法律来保护这种协调。另外,生产化工产品的多个同行企业,如果按照市场规律,应当是优胜劣汰,只有少数质高价廉的,售后服务周到的企业产品能在市场上占优势地位,其余退居二线,或退出市场,但由于各企业不愿意保持它的质高价廉、售后优质服务(因为这样成本会增高),而协调结为同伙,共同占据市场,这也不是资源的有

---

① 周振华.体制变革与经济增长[M].上海:上海人民出版社,1999:23.

效配置,法律同样也不应当来协调这些联盟(或同伙)关系。

2. 资源配置活动需要制约

在进行资源配置活动时,经济主体的行为具有个体性和趋利性,往往会导致社会的不公正和整体的低效益,法律通过本身的规定,对经济主体及经济活动预先就有制约性,经济主体应当做什么和不应当做什么及必须做什么,完全以法律规定为准则,经济活动的运行环境是通过法律来规范的,保证了经济活动按照法律的预期来进行。因此,资源配置的活动需要法律的制约,而且制约着向可预见的方向发展。

3. 资源配置的有效性需要法律制度的激励

资源配置活动是否有效,取决于配置活动的机制环境。我们从1979年的改革开始,一直在探索资源配置活动的有效机制,奖勤罚懒,打破大锅饭,农业中的承包责任制、工业生产中的承包责任制,都是向资源配置有效的机制方向发展的。雇用制度、责任制度的建立本身就是从激励的机制来考虑的,而这种激励机制不是只是今天做,明天可以不做的,不应是变化不定的,而是有一个稳定的机制来保障的,这就形成了法律的激励制度机制。有这样的法律制度的激励,资源的配置是在一个稳定的、有程序性的、规范的机制下进行的,就会向有效性的方向发展。

4. 资源配置活动需要通过法律制度来保障,才能有稳定的秩序

没有制度的资源配置活动,只能是在混乱无章的状况下进行。在这种状况下,资源配置很难达到有效的目的。经济主体活动不受规范,竞争没有约束,最终只能是社会资源的巨大浪费。因此,建立资源配置的制度是经济活动有效性的必然要求,有了法律制度的保障,公平、公正、效率才有保障。

第二节 资源市场化配置的本质

一、资源市场化配置的本质是经济主体权利的配置

经济活动的前提是资源存在稀缺,从而产生人们对稀缺资源的配置活动。市场交易可以使资源配置各方不按照原有的法律要求的权利与责任,在各方之间分配。而法律制度要求市场交易各方按照法律设立的权利与责任,在各方之间分配。以市场而论,可以通过价格机制使资源配置达到均衡。但是,仅仅完全通过市场的价格机制来调整资源的配置,有时会显得效率不高,结果往往会造成不合理的均衡或造成对市场的扭曲或给社会带来不稳定。在经济活动中,人们认识到经济是可操纵的,从而发现法律的经济功能能弥补市场的不足。人们的利益冲突来源于资源的稀缺,对资源的配置实际上体现了对资源占有和利用的人与人之间的利益关系(体现为资源所有人之间和资源所有人与利用人之间)。人们之所以占有资源,之所以建立所有权制度,其目的就是为了获得较多利益的分配。由于利益不等而产生的经济冲突,可以通过法律制度来调整,使经济活动主体的各方利益在一定的秩序中达到均衡,使各方主体利益分配达到最大的满足,从而达到资源的合理配置和资源利用效率最大

化,这正是经济活动要达到的目的,也是法律制度的经济功能在资源配置中的体现。可以说,资源的稀缺性带来的人与物之间的配置关系只是形式,而实际上,是体现资源所有和利用两方面的人与人之间的利益关系,而这种利益关系是通过权利的配置达到的,而法律的核心是对权利的调整,这才是资源配置的实质内容。

社会主义市场经济,要解决好国家、企业、个人的利益,就要建立起合理的利益分配制度,而国家、企业、个人拥有的要素资源的多少,投入的多少是利益分配的基础。要激发所有者投入的积极性,就要用法律的形式确认所有者的权利地位,以及要素利用者在经济运行中的利益,通过法律的形式建立调整投入者的权利配置机制,消除要素所有者和要素利用者在经济活动中的障碍,使资源所有者和利用者在经济活动中的权利得到保障,利益得到规范的调整。通过对要素所有者和要素利用者权利的配置,使所有者和利用者的利益得到合理公平的分配,使所有者和利用者在经济活动中发挥最大的积极性,这样才能充分利用有限资源,创造更多的社会财富。

二、关于效率、公平、公正的资源配置观

我们一直在讨论效率优先,还是公平优先。实际上,哪个优先不是问题的关键,因为如果我们强调某一方面的优先,人们势必一切工作都从这方面着手和开展,结果总会走向偏差。因为资源配置不在于追求单一效率或公平,而在于最终使社会财富的增大,如果以效率优先,追求个体利益,就会成为社会的目标,结果使社会财富的分配不均衡,会带来许多社会问题。追求单一的公平而忽视效率,容易造成平均主义,走过去贫穷的大锅饭道路。因此应当将效率、公平、公正综合来考虑,而这种综合的考虑不在于资源配置的运行之中,而在于以经济主体为核心,去研究和讨论效率、公平、公正的问题,其关键是经济主体权利的讨论。

资源配置活动应当是有效、公平和公正的,这是市场经济的原则,市场经济的资源配置不同于物物交易、权力专制下的经济资源配置,市场经济的资源配置取决于市场,而市场的参与者及参与者所进行的资源配置活动共同体现了市场的活动,在这里,市场规律依然起核心作用,但这种作用同样需要经济主体及主体的活动将其核心作用体现出来,市场要求资源的配置有效率、公平和公正,实质是要求经济主体及活动的有效、公平和公正,因此,市场经济的效率、公平、公正,就是市场经济主体及其活动的有效、平等和公正。资源配置的有效性,即经济主体活动的有效性。资源配置的公平性,即经济主体之间的平等。资源配置的公正性,即经济主体及其活动的公正。怎样达到资源配置的效率、公平、公正,就是要通过法律制度的建立和完善来达到的。法律制度维护了资源配置的效率,法律制度具有协调资源配置活动向有效性方面发展的作用。资源配置的效率不但是经济效率,而且也是社会效率,而法律制度本身就是具有社会性的,它规范的经济活动是具有社会效率的。通过法律建立起经济主体的权利确认制度,有了权利才可能谈到公平。只有经济主体的平等,才可能有经济活动的公平,经济主体的平等是市场经济的要求,中国经济改革的过程,实际上就是将不平等的经济主体矫正成平等的经济主体的过程。例如,我们要求相同企业之间的平等,不同部门企业之间平等,不同所有制性质的企业之间的平等,都是为了达到经济主体的平等,现在,我们又在矫正国内与国外企业之间的不平等,这是资源配置平等的前提,主体不平等,资源

第一章 资源市场化配置与法律制度

配置活动就必然不公平。公正是哲学中常讨论的话题,在经济活动中,公正仍然被涉及。在市场经济的范围内,公正体现的就是法律面前人人平等,只有平等,才能有公正,如果市场经济没有法律制度作为主导前提,就不可能有人人平等的结果,因为没有法律,就没有人人平等,公正就无从谈起。

如我国的"债转股"的思路就是正在吞噬我们原已十分薄弱的平等性观念资源,正在摧毁私法中的平等理念,这主要表现在:

其一,债权人的待遇不平等。目前,仅四大国有银行可以设立金融资产管理公司,不良贷款转为股权,以甩掉历史遗留的沉重包袱,其他的非国有银行(如股份制银行、外资银行)却不享有这一权利,这显然是人为地制造了不平等的竞争点。

其二,债务人的待遇不平等。根据《关于实施债权转股权若干问题的意见》(国家经贸委、中国人民银行1999年7月5日发布)的规定,债转股主要为支持国有大中型企业改革与脱困。因此,非国有大中型企业难以获得债转股的资格和待遇,这实质就是政府再一次以国家权力介入市场竞争,帮助国有企业打败竞争对手,这从根本上违背了节约政府权力的市场竞争法则。

从私法中的平等观念遭受打击的这一事实可以看到,债转股实质上反映的仍然是计划经济体制下的经济运行理念,国家实质上仍在运用其"有形之手"为国有企业、国有银行谋取法外利益[①]。这种资源配置活动的不平等观念,进而影响资源配置的效率和公正。

我们经常讲,公正地看待问题,实际上就是要从一个衡量的标准出发,从这个衡量标准角度来看待问题,这个公正地看待问题的衡量标准就是法律制度。当经济主体是平等的,他们所进行的活动结果,应当讲就是公正的。在这种平等的开始、公正的结束的过程中,资源配置活动必然就是有效率的。因此,资源配置活动中的效率、平等、公正,不是要处理三者的关系,不是要说明三者何者为先,它只是个顺序问题,即有了平等,才能公正,过程才是有效率的。这三者在资源配置中活动中的基础,就是法律制度的建立。

思考题

你如何看待资源市场化配置的本质问题?

[①] 蒋大兴.论债转股的法律困惑及其立法政策[J].法学,2000(7):51.

第二章
法律制度与资源配置活动相互关系

第一节 资源配置活动视角下的法律制度

一、资源配置活动的需要是法律制度产生的原因

资源配置活动是人类维持生存的必然要求,法律制度的产生是国家管理社会的必然要求。在没有国家以前,资源配置活动是在一定的权威和自治的非以国家为机器而是以头领的力量来规范配置活动(如男耕女织,头领分配多得)。自产生国家以后,法律制度成为国家管理社会、经济的一个主要手段,尤其是在市场经济条件下,国家的经济活动更需要法律来维护和保障。在市场经济条件下,资源配置活动的主体、客体要进行有效的结合。没有制度是难以进行的。如一个企业需要一定的原材料(客体)来进行生产,需要多少,从何处购买,这就成为主体与客体的结合,这种结合需要一定的制度来支持。在市场经济条件下,自觉自治的规则已经不能满足资源配置的需要,因为这种依靠自律的规则只能在完全自觉的基础上来约束,一旦不自觉自愿,自律对任何人都不能起到约束作用,也不能起到激励作用。而法律制度,它是一种强制性制度,不论对方是否自觉自愿,必须使自己满足法律要求。在市场经济下的资源配置是繁杂和多变的,要达到有效的资源配置,减少社会的浪费,需要有一系列强制性的法律来支持,虽然自律性规则不可缺少,但起主流作用的仍然是法律制度。

我们还可以看到,在市场经济下的资源配置,就经济主体之间来说,也要靠信用。而且信用从何而来,用什么来保证这种信用,为什么我们常这样讲,这个人讲信用,而那个人不讲信用,对不讲信用的人,我们有没有办法来对付他?而那个讲信用的人,他是依靠什么成为讲信用的人呢?从市场经济的实践来看,信用是建立在构造信用制度的法律基础之上。因此,市场经济的信用制度需要法律制度来维持,一个人讲信用是由于他不讲信用会招致法律制度的制裁。信用对于讲信用的人来讲,既是商业交易的基本要求,进行交换的基本原则,又是法律制度的要求。要进行正常的资源配置活动,没有信用是非常艰难的,而如果没有法律制度作为保障,信用就难以存在。

二、法律制度的变化影响着资源配置活动的效果

资源配置活动是产生规范资源配置活动的法律制度的原因,而由于需求产生的法律制度也一定会对资源配置活动产生巨大的作用和影响,否则,资源配置活动是不需要法律制度的。

从中国经济体制改革的三十多年来看,法律制度的变化对资源配置影响的作用很大,影响着资源配置活动的效果。1979年,中国的改革首先从农业开始,把人民公社制度变为包产到户,实行联产承包,这本身就是法律制度的一种变化。1982年,为确认和巩固这种法律制度的变化,专门对宪法进行了修改。国有企业从承包—租赁—转卖—股份制,经历了这么一个公有制企业法律制度的改造和变化过程。我们从实践所看到的是由于法律制度的变化,中国农业资源、工业资源的配置由低效率向较高的效率变化。这是中国经济体制改革所验证的法律制度的变化影响着资源配置活动效果的结果。在资源配置的法律制度变化过程中,法律制度是在不断地适应资源配置活动变化的需要,而又对资源配置活动的变化进行矫正,使之配置活动更趋于有效。当然,也应当指出,资源配置的法律制度如果不以有效性来满足市场经济的要求,同样也会使资源配置的效率变差变坏,中国改革开放前的教训同样也验证了这样的一个结果。

以加入WTO为例,也能得出我国接受市场经济规律下的法律制度对我国资源配置的经济体制重新构建所带来的效益。入世毫无疑问是对我国长期计划经济体制产生的严重弊端进行比较彻底的改革,尽快建成比较成熟、发达和完善的市场经济法律体制,入世是这一重大战略目标的外在杠杆和动力。因为入世意味着经济体制与运行机制和产业结构纳入市场经济调节的法律框架,这种市场经济的运行规律和机制的最佳选择,是供求决定价格、开放透明决定公平竞争、统一市场决定统一实施、法制决定竞争秩序。在这样的基础上,就能最大限度地通过要素自由流动来实现资源的优化配置。市场成为资源配置的基础性手段,法律成为资源配置的规范。江泽民同志在党的十六大报告中指出,"完善政府的经济调节、市场监督、社会管理和公共服务的职能,减少和规范行政审批",是我们改善政府管理的指导思想,建立资源市场化配置的有效机制,就必须创造必要的法律制度条件,确保竞争公平性,保证政府经济决策程序民主和科学,不能厚此薄彼,按所有制性质、地区来源,以及隶属关系的差异来确定经济政策与立法。要统一实施政策与法律,防止政出多门,朝令夕改,从根本上消除"条块"分割的诸侯经济体制,加速国内统一大市场的建立。入世以后,我们把单纯的行政命令转为依法行政,从暗箱操作、推诿扯皮到公开办公、廉洁高效,从数量控制到价格调节,从行政评判机制到市场衡量机制,从政府无所不为到有所为有所不为,等等。这些都意味着我国资源配置效率机制的一场革命。随着体制环境、政策环境、市场环境,以及对外环境与国际分工条件的巨大变化,自然加速了资源的优化配置与重组,打破了计划经济体制所形成的落后产业结构格局,推动了产业结构调整与升级,使资源配置的状况大有好转。

这些变革证明了随着进一步对外开放,建立新的资源配置法律制度,国内体制改革成就和资源配置的高效率正在日益显露,入世必将成为我国资源配置由计划型走向资源配置法制型的重大转折。

第二节　法律制度在资源配置中的功能和作用

马克思主义认为,经济基础决定上层建筑,与生产力发展相适应的上层建筑对经济基础具有积极的作用。虽然法律的作用在市场调节中越来越显示它的优越性和它的无限吸引力,但政府设计的法律制度是受市场规则限制的,是受供求、价格机制左右的,也就是法律制度的建立是需要符合市场规律的,只有符合市场规律的法律制度,才是合理的法律制度,否则,会造成政府干预的失灵(法律失灵)①,而合理的法律制度能弥补市场机制调节下资源配置的不足。因而研究法律的经济功能,建立合理的法律制度,就成为社会主义市场经济中的一项重要任务。

一、确认功能

经济活动中,各种参与经济活动中的要素,可以分为物质生产领域中的要素和非物质生产领域中的要素。整个经济活动中的要素,是通过物质生产领域和非物质生产领域的要素共同构成的,整个经济活动是通过物质和非物质要素的运动来实现的。促进经济的发展就是使两个领域中的要素在相互作用、相互依赖的条件下合理配置,要发挥各要素的作用,就是要解决好各要素在配置中的外部性问题,减少交易过程中产生的成本,使外部性转化为内部性,这就要求首先要明晰各要素的所有者,即在资源配置活动中,人对各要素的归属要求。

要确认要素归属,尤其是确认生产要素所有者对要素的合法占有,即权利的建立是资源配置的前提。要素所有权的确认,意味着对所有权人的确认,要素所有权人的确认,意味着所有人拥有对要素的占有、使用、收益、处分的四项权能,而要素所有权人的确认是通过法律的确认功能来体现的。在要素所有权人确认过程中,必然体现出要素所有权人的多元性,在社会主义市场经济条件下,所有权主体的多元化,体现为国家所有、个人所有及混合所有各种所有制,由于各主体对要素的所有权是通过法律的形式来确认的,因此,法律的经济功能在确认所有权的活动中就必须对此加以规范,对于国家所有的财产应当确认为国家有权占有、使用、收益和处分的财产,任何人都不得不经国家允许擅自占有和使用国家财产,更不能从中收益。对于个人所有(即私有),同样任何人(包括国家)不得随意改变个人所有的产权,虽然国家可以出于公共利益的需要改变个人所有权,但必须对由于改变个人所有的产权而给个人带来的损失予以补偿,国家与个人应当是平等的关系。在西方经济学中,确认个人所有权被认为是减少交易费用的有效途径。因此,在社会主义市场经济条件下,我们应当充分保护个人所有的经济制度。对于混合性的所有,即一个组织的财产权利是由多个主体共同所有,各方都拥有充分的对财产行使所有权的要求,而此时的所有权形式通常变为以股权方式获得,在社会主义市场经济中,混合性的所有权形式是一种不可缺少的方式。

利用法律的经济功能来确认所有权有以下几方面的好处:(1)各主体地位明确,谁拥有

---

① 周林彬.法律经济学论纲[M].北京:北京大学出版社,1998:58.

什么和拥有多少可以确定。(2)要素主体的所有权具有排他性(独立性),即确认了主体的所有权,意味着排除他人占有,此谓产权明晰。(3)维护性,要素所有者能尽力为其所有的要素投资,且是讲求效率的投资,谁拥有要素,谁就会维护要素。如对于劳动这一要素,拥有劳动要素的人,自己就会追加劳动力的生存、发展的投资,追加维护费用。对于拥有技术这一要素的所有者,就会不仅使用这一技术,而且为这一技术的有效性延长而追加投资(如增加科研费用和增加科研时间等)。(4)具有请求权,包括请求恢复原状、返还原物和赔偿损失等,当要素所有人因产权归属发生争执、非所有人妨碍所有人行使权利、他人因侵权行为破坏了所有人的要素标的物时,以及所有权人的要素被他人占有和他人侵害所有人的所有权而给所有人造成经济损失时,可以请求恢复原状,返还原物,赔偿损失。而这些请求的权利都需要以法律的形式来确认和规范,通过法院来实现。(5)公开认可,要使要素所有人对所占有的要素获得社会公众的信任,保护善意的第三人的利益,可以利用公示制度,使所有者享有的要素权利取信于公众,它是要素产权的一种外部表现形式,这种制度使社会公众一见就知某人对某物享有所有权,了解到所有权的移转,以维护所有权人对要素的占有的秩序和交易的安全。这种公示制度是通过产权的登记、产权登记变更、产权占有、产权交付等方式来体现的,使社会公众能确信要素所有者和要素所有权权能的转移。

有明晰的产权,才有明晰的分配;有明晰的分配,才是有效益的分配;有效益的分配,才能创造出激励的机制。因此,要素资源分配得以有效地实现,也就必须确认要素所有权。

二、协调功能

当确认了所有权,要素所有者就是具备了所有权各项权能的完备所有者,他可以自己使用要素并据以获得效益,也可以将所有权中的占有、使用、收益、处分四项权能进行分离和组合,使所有者让予其中的一项或多项权能同他人进行交易获得报酬。因为要素所有人注重的是如何使自己的要素增值,至于财产是由自己占有、使用或者交给他人占有、使用并不重要,只要能使自己的要素得到补偿和增值。西方经济学认为,所有者的权能的分离是减少交易成本,解决外部性问题的有效办法[①]。法律上的权利主体制度也是从单一主体到承认多元主体的发展过程,1804年,法国民法典只有关于自然人的规定,后来才逐步发展为包括法人在内的各种多元主体权利制度。多元主体的经济是有效利用要素资源的竞争经济,在一定经济环境中,多元主体的经济形成,需要建立所有制中各项权能的分离的法律制度,从而来协调要素所有者、要素利用者、第三人之间的利益分配关系。而法制的经济功能正可以为此而建立规范的制度,从而协调要素所有者、要素利用者、第三人之间的利益分配关系。当要素的所有权归属到一定的主体后,要素在经济活动中的具体利用形式,可以通过变革要素所有者的权能来实现对要素的最佳利用,甚至从整个社会利益考虑,变更所有权的主体,同样,也是为达到要素最佳利用的法律途径。例如,在社会主义市场经济中,在坚持公有制的前提下,通过变革公有财产具体利用方式和拍卖中小国有企业使所有权发生转移,实行社会主义多元主体化的经济体制的改革。

---

① 德姆塞茨.所有权、控制与企业[M].北京:经济科学出版社,1999:128.

社会主义市场经济的分配关系,就是要协调好要素所有权主体,要素利用者主体和第三人的物质利益关系,所有权的法律制度的原理肯定和确认了所有权主体的地位,同时,也肯定了确认所有权权能分离后形成的他物权主体(要素利用者)的地位,各方主体通过所有权法律制度,协调各主体间的物质利益关系,使各主体在相互依赖、共存共荣的法律环境中利益得到合理分配。我国现阶段实行的国有资产的委托代理制度和公司制度,就是所有权权能的具体运用下法制协调功能的具体体现。

三、分配功能

资源的配置背后体现的是人与人为权利所支配的利益配置,人们对其要素的占有、支配是为了获得要素所体现的人的利益,法律的分配功能正体现了各要素主体及他物权主体(要素使用者)在经济活动中利益分配的调整。

如何使各要素所有者和要素的使用者的利益得到合理配置,使各方利益得到最大的满足,实际上,就是要解决要素使用效率的问题,也就是通过分配功能设计一种激励制度来影响要素的使用效率,而要素的使用效率,体现出要素所有者与要素使用者在经济活动中的收益分配效率。一种收益分配效率高的制度,为要素所有者和使用者建立起一种激励的机制,表彰他们的贡献,使他们能满足自己的欲望。一种不能保障要素所有者和使用者利益,不能体现他们的贡献的制度,将是一种浪费要素的制度。解决要素的配置效率,就是要解决要素各方应得的利益,要素使用效率高,意味着要素各方的利益能得到较大的满足。过去我们的平均主义、吃"大锅饭"的制度,就是一种要素低效率使用的制度。在经历了漫长的吃"大锅饭"道路后,认为要使这种没有激励效率的分配制度得到改变,就要建立能激励各要素所有者和使用者的积极性的制度。按照西方经济学研究的成果,私有产权比其他利益安排对资源的利用更为有效。当然,在社会主义市场经济中,公有产权的地位不容忽视。在产权配置时确认私有产权的地位,将为全社会要素资源的利用获得最有效的配置,我国所进行的分配制度的改革,就是用法律的分配功能来激励要素所有者和使用者最大限度地利用要素,实际上,是来调整和解决要素所有者和使用者的利益分配。与过去相比,更重视私有产权和要素利用者的地位,我国的实践是通过变革分配模式来实现的。具体为:(1)公有产权的权能的分离,在确认公有产权的同时,将公有产权通过权能的分离,使所有者和经营者分离,各自拥有合法的地位,享有行使权能而应获得的利益。使公有产权的实现形式多样化,构成新的分配激励机制。实际做法是通过转换企业经营机制,利用承包制、租赁制、股份制等产权的实现形式,先后进行了利润分成、利改税、利润承包等,使国有企业从一个没有竞争活力,被动经营的模式转变成自主经营、自负盈亏走向市场的模式,从而使分配制度从根本上发生了变化。我国制定和颁布的《全民所有制工业企业转换经营机制条例》《全民所有制工业企业法》就是法制分配功能的体现,这样极大地使公有性质企业的职工之间,企业与国家之间的分配关系建立在有激励效率的基础上。国有企业在不改变公有制的前提下,使国有财产所有权的权能通过法律形式分离,明确了要素所有者(国家)和要素使用者(企业及个人)的地位和应享有的利益分配权利。证明了各种所有权权能运用下的多种主体要素使用效率比单一主体下独立行使所有权全部权能的效率更高。(2)江泽民同志在党的十六大报告中指出,

第二章 法律制度与资源配置活动相互关系

"积极推行股份制,发展混合所有制经济","实行投资主体多元化",由于所有权的主体多元化变革,改变了过去公有产权主体一统天下的局面,发展了非国有多元经济,出现了个体经济、私营经济、集体经济、外资经济等体现多元主体所有者共同参与经济活动的局面。通过法律的分配功能,确认了分配的实质是一种利益的交换,而利益的交换是不同所有权主体之间的所有权及其权能在市场的让渡和转移,各要素的所有者,以及所有权分离的权能的获得者的存在,是市场经济运行的前提,单一的主体不可能形成完整的交换。有缺陷的交换,分配就不能起到激励的作用,分配的效率就不能体现。因而没有不同的要素主体存在,就没有真正的交换和分配,从而也就没有真正的市场和市场经济。实践证明,多元化的要素主体参与经济活动,是市场经济的要求,是自主经营、自负盈亏、自我发展、自我约束、优胜劣汰机制形成的基础。要素所有者及要素使用者的分配就是在这样的基础上建立的,法律的分配功能也是对这一基础的反应。通过市场竞争,价格机制的调节,体现出要素的真正的价值,使要素所有者和使用者的利益分配达到均衡。我国的税收制度、"股票期权"制度和年薪制度的确认,就是按要素分配利益的法律体现。

既然资源配置活动是一种法律性活动,那么这种法律制度必然在资源配置活动中起着重要的作用,这种作用主要体现在以下方面。

1. 控制作用

市场经济不是不要管理和控制,而是要全面、科学、合理、有效、公正地管理和控制。从市场经济发展来看,控制和管理是随之而伴随的,不存在不管理和不控制的社会,同样也不存在不受管理和控制的经济,法律制度在资源配置中本身就是有控制的作用的,参与资源配置的当事人在法律制度中的权利是依照法律而得到的权利,是法律规范下的权利,权利产生于法律之中,权利同时也在法律中结束。当事人在运用自己的权利时受到法律制度的控制,法律制度通过控制当事人的权利,从而达到控制资源配置的活动,因为资源配置活动实质就是权利的配置,当一方或某些方在资源配置活动的法律制度下,滥用自己的权利或超越自己的权利而作为或不作为,都会立即得到来自另一方或某些方的依照法律产生的权利的抵制,迅速地得到控制。同时,在契约制度下,契约活动之外的第三方也可以阻止违约行为,而使契约参与人的义务得以强制执行,从而控制着资源配置的活动。

2. 保障作用

法律制度的保障作用,是通过对各方权利的约束和正当使用权利这一特性来达到保障各方利益的。当一方滥用自己的权利,损害了其他方的利益,那么损害的一方可以通过法律规定来限制对方或通过第三方(如法院或行政机关)来矫正对方的不正当行为,使自己的利益恢复到原有的地位。

3. 激励作用

法律制度本身也是一种激励的机制,一方自觉履行自己的义务,必然会得到自己预期的结果。如果不正常履行自己的义务,则会受到处罚。所以这种激励是一种正效应激励,各方越是自觉履行自己应履行的义务,各方越是容易和迅速地获得自己预期的利益。

激励作用是以追求利益最大化的行为假设为前提的。而且,只有存在资源稀缺时,激励才成为必要。一般而言,法律激励作用的强弱,主要与处在法律权利义务分配中的当事人的努力与报酬程度有关,同个人利益(成本)与社会收益(成本)的比率有关。所谓个人的收益是指参与任何交易活动的个人的盈利。而社会的收益则是社会从私人的交易活动中获得的公共利益①。也正如诺斯教授所言:"有效率的经济组织是增长的关键因素,有效率的组织需要建立制度化的设施,并确立财产所有权,把个人的经济努力不断引向一种社会性活动,使个人的收益率不断接近社会收益率。"②这正是法律制度激励作用的目的。

4. 增效作用

法律制度越是完善,资源配置效益就会越高。法律制度为市场经济建立了一种规范的、有秩序的经济运作制度。在这种制度下,各方当事人都是有目的、有预期的,程序性的经济活动,通过这种经济活动来达到一种有效而低成本的配置活动目的。

实践中,每一种经济法律制度及其规范都有特定的增效作用。如货币及票据法律制度的经济特性之一是提供了交易的便利;租赁、抵押和期货法律制度可以提供一种使交易费用降低的契约;广告和信息法律制度可以降低信息费用和减少信息的不确定性;社会保障法和保险法律制度可以提供市场主体避险及风险负担的有益方法等。经济法律的增效途径,是通过法律的权利义务结构来影响经济行动的动机和偏好,进而对经济主体资源配置行为产生增效作用③。

5. 竞争作用

在法律制度中,各方当事人是平等而自由的,但资源配置活动本身具有竞争性,通过竞争,资源才能达到有效的配置,而法律制度正是为这种有效的资源配置而产生的制度。如货物资源的转移配置,A方每年固定需要一定数量的货物资源,A方可以通过不同方式配置这种资源,假定在一定期间内有三方可以为A方提供这种所需货物,对于这三方来讲,同样也是一种资源转移的配置过程。A方的需求在法律制度下形成了供货三方的竞争,A方所选择的是质量最佳、交易成本最低的三方当中的一方,而这三者谁可以达到质量最佳、交易成本最低,谁就能与A方建立契约关系,这样就形成供方之间的竞争。一旦一方或一方以上与A方建立供需关系,同样也存在竞争。如果所确定的供方中的一方或一方以上不能稳定保证自己的优势,同样也会被其他方通过竞争所取代。法律制度的作用就在于维护这种竞争,并且在竞争中保障各方的利益。

思考题

法律与资源配置的关系是什么?

---

① 周林彬.法律学经济学论纲[M].北京:北京大学出版社,1998:121.
② 诺斯.制度、制度变迁与经济绩效[M].上海:上海三联书店,1994:36.
③ 周林彬.法律学经济学论纲[M].北京:北京大学出版社,1998:129.

第三章

调整经济活动的法律原理

经济活动离不开法律制度,有效的法律制度能够促进资源配置的优化,而对于法律制度的了解和运用又离不开对法律制度基本原理的理解和掌握,本部分目的在于通过对法律原理的介绍,了解法律制度在资源配置过程中所体现的的运作原理。

第一节 法的起源与法律规范

一、法的起源

长期以来,人们对法的认识不同,因此对法的起源有不同的看法。这些不同的观点和学派大致有:认为法是自然形成的;认为法是从"民族精神"中生长出来的;有的又把法的产生说成是来自"神的旨意",即法是根据神的意志产生的,从而认定"神定法"是一切法律的源泉。17、18世纪出现了自然法学派,他们提出了"社会契约论",认为实在法起源于人们订立的社会契约。有的还认为是人类"理性"的体现,即人们原先处于自然状态之中,受人类"理性"和"正义"的自然法支配,后来产生了矛盾,人们便互相订立契约,于是产生了法。至于自然状态究竟是什么样子,人们为什么要订立契约,契约内容是什么,其见解又各不相同。英国哲学家T·霍布斯认为,在自然状态中,人对人像狼一样,在那时每个人的私欲和其他人的私欲发生冲突,由此而产生"一切人反对一切人的战争"。为了解决冲突,人们不得不以"理性"做指导,以契约的形式建立一种共同的权力,于是产生了实在的法。英国哲学家J·洛克认为,人类在未形成国家以前,处于一种无政府的"完善无缺的自由状态",但那时的缺点是,缺少一种权力来支持正确的判决和保证这种判决的执行。为了弥补自然状态的这种缺陷,于是人们互相协议,自愿把自己的一部分自然权力交给专门的人去行使,这就是"立法和行政权力的原始权利和这两者之所以产生的缘由"。法国启蒙思想家卢梭认为,在自然状态中,人与人都是平等、独立和自由的,那时是人类的"黄金时代",但是随着人类智能的发展,"不平等才获得了力量并成长起来",而私有财产的出现和人类风俗的败坏,则是产生不平等的真正原因。由于不平等,人们发生了争夺和残杀,使人类生存受到了威胁。为了摆脱人类的互相残杀,避免人类的毁灭,人们便要求订立契约,把自己的一切自然权利交给整个社会,使其置于"公意"的最高指导之下,从而使自己获得切实保障的社会权利。这就是实在法赖以产生和存在的基本原因。社会契约论在反对封建专制主义、促进资产阶级革命的发展上具有积极的意义,但它和其他各种法的起源理论一样,用唯心主义和形而上学的观点和方法去解释法的起源,从而抹杀了法的阶级性和历史性。①

马克思主义产生于19世纪40年代,法学理论是其重要组成部分之一。马克思、恩格斯批判地吸取了以往关于法的研究的积极成果,开辟出认识法律现象的新的途径。马克思指出,法根源于物质的生活关系,应当由它赖以存在的经济基础加以说明,而不能从它们本身来理解,也不能从所谓人类精神的一般发展来理解。马克思指出:"社会不是以法律为基础的,那是法学家们的幻想。相反地,法律应该以社会为基础。法律应该是社会共同的、由一定物质生产方式所产生的利益和需要的表现,而不是单个的个人恣意横行。"(《马克思恩格斯全集》第6卷,第291-292页)。《共产党宣言》一书在论述资产阶级的本质时也指出,"正像你们的法不过是被奉为法律的你们这个阶级的意志一样,而这种意志的内容是由你们这个阶级的物质生活条件来决定的。"总之,法的最本质的属性是统治阶级的意志,而不是任何个人的意志,也不是什么超阶级的共同意志。统治阶级的意志取决于统治阶级的物质生活条件,这种物质生活条件构成法的基础。

二、法律规范

法律规范是由国家制定或认可,反映统治阶级意志,并以国家强制力保证其实施的一种行为规范。其构成要素为:假定、处理、制裁。假定是指法律规范中指出的适用该规范的条件和情况的那一部分。处理是指行为规则本身。制裁是指法律规范中规定的违反该规范时将要承担什么样的法律后果的那一部分。这三个组成部分是任何法律规范都具备的,但法律规范同法律条文是有区别的,不能将二者等同起来。

法律规范可以进行各种不同的分类:第一,按照法律规范调整方式的不同,可以分为义务性规范、禁止性规范和授权性规范。义务性规范是要求人们必须做出一定的行为,承担一定积极作为的义务的法律规范。禁止性规范则是禁止人们做出一定的行为,要求人们抑制一定的行为。授权性规范既不要求做出某些行为,也不禁止做出某些行为,而是授予人们可以做出某种行为,或要求他人做出或不做出某种行为的权利。第二,按照法律规范表现形式不同,分为强制性规范和任意性规范。强制性规范所规定的权利和义务都十分明确,而且必须履行,不允许任何人以任何方式加以变更或违反。任意性规范则允许法律关系参与者自行确定其权利和义务的具体内容,只有当他们自己没有确定时,才为他们规定一定的权利和义务。第三,按照法律规范内容的确定性程度,可以分为确定性规范和非确定性规范。明确规定某一行为规则不须利用其他规范来说明其内容的就是确定性规范。没有明确规定行为规则的内容,只是指出将由某一专门机关加以规定,这种规范属于非确定性规范。第四,准用性规范,它不直接表述行为规则的内容,而是指出在某个问题上须参照、引用其他条文或其他法规。

法的实施就是法律规范在社会生活中的贯彻,它是国家运用法律规范进行的一种有意识的活动。法的实现是法律规范所要达到的目的,法的实施是达到这一目的的手段;实现是

---

① 中国大百科全书《法学》[M].北京:中国大百科全书出版社,1984:82.

实施的结束状态，实施则是实现的动态进程。颁布法律、法规只是事情的开始，重要的是，使法律、法规等在实际生活中实现。法的实施方式有两种，即法律的适用和法律的遵守。法律的适用是法的实施的一种重要形式。广义是指国家专门机关及其工作人员和国家授权单位按照法定的职权和程序，将法律规范适用于具体的人或组织的专门活动。狭义专指国家司法机关适用法律规范处理案件的活动。

法律规范的适用范围包括时间、空间和人。法律规范的时间效力是指法律、法规，是什么时候开始生效和终止生效（失效），以及法规对它颁布以前的事项和行为有无溯及力的问题。法律规范的空间效力是指法律规范适用的地域范围。对人的效力是指法律规范对什么人适用的问题。

第二节 法律的解释和法律的类推适用

一、法律的解释

为了科学地阐明法律规范的内容与含义，确切地理解法律规范中所体现的统治阶级的意志，从而保证法律规范的准确适用，就形成了对法的解释。法律解释分以下几种：第一，按法律解释的主体与效力的不同，可分为正式解释与非正式解释。正式解释也称有权解释，这是基于宪法或法律所赋予的职权而作的解释。它包括立法解释、司法解释与行政解释三种。立法解释是指制定法律、法规的机关所作的解释，这种解释的效力同法律、法规本身一样，具有普遍约束力。司法解释在我国包括两类：一类是最高人民检察院的检察解释，是对于在检察工作中如何具体运用法律时所作的解释，另一类是最高人民法院对在审判过程中如何具体应用法律、法规所作的解释。行政解释是指国家行政机关在依法处理其职权范围内的事务时对相应的法律所作的解释。非正式解释又称无权解释，它是没有约束力的解释，包括学理解释与任意解释。学理解释是在学术研究和教学实践中对法律规范所作的解释。任意解释是社会团体、人民群众、诉讼当事人和辩护人对法律规范所作的解释。第二，按法律解释的方法不同，可分为文法解释、逻辑解释、历史解释和系统解释。文法解释是从语法结构与文字排列来阐明法律、法规的内容。逻辑解释是运用逻辑规律来分析法律的内容与所用概念的含义，避免解释中前后矛盾，以求对法律规范有一致的理解。历史解释是研究法规制定时的历史条件，按当时立法机关对该项法规所作的草案报告和报刊上讨论的情况所作的解释。系统解释是将法规联系其他相关的法规，联系它在整个法的部门或法的体系中的地位所作的解释。第三，按法律解释的程度的不同，可分为字面解释、扩充解释与限制解释。字面解释是根据法规文字所表现的内容所作的严密的解释。扩充解释是为了符合立法原意，对法律规范所作的关于其文字含义的解释。限制解释是为了符合立法原意，对法律所作的窄于其文字含义的解释。

二、法律的类推适用

在法律制度还没有完全、细致的情况下，就形成了法律类推适用，法律的类推适用是指司法机关在处理某个案件时,由于法律没有明文规定,可以按最相类似该项行为的规定进行比较,推定对该案件的处理。法律的类推适用是在较严格的限制下,对现行法所采取的一种弥补措施。其适用条件仅限于与法律中规定的行为基本特征最相类似的案件。其目的是为了弥补原有法律的不完善,保障案件的顺利解决。法律的类推适用决不能违背宪法和法律的规定,也不能由执法者任意类推。

第三节　法律关系、司法权和法律责任

一、法律关系

法律关系是一种体现社会关系的思想关系,它由生产关系所决定,是法律规范在调整人们行为的过程中形成的一种特殊的社会关系。即法律上的权利和义务关系。法律关系主体,亦称为权利主体,是法律关系的要素之一,它指的是法律关系的参与者。法律关系的主体在我国包括:中华人民共和国公民、中华人民共和国的国家机关、企业事业单位、乡镇各级组织、社会团体和其他组织。中华人民共和国国家作为一个整体,是特殊的法律关系的主体。作为法律关系主体的公民和法人具有权利能力和行为能力。权利能力是指能够成为法律关系主体的能力,即能够享受一定权利和承担一定义务的能力。行为能力和权利能力不同,行为能力是指能够通过自己的行为取得权利和承担义务的能力。法人的权利能力和行为能力从法人依法成立之日产生,到解散时终止。法人的权利能力和行为能力是统一的。

法对社会关系的调整,是通过制定各种法律规范,以及实施这些法律规范来进行的。法律规范为人们设定不同的权利和义务,并且由国家强制力保证这种权利的行使和义务的履行,以实现对人们行为的调整作用。所以任何一种法律关系都以与这一法律关系相适应的现行法律规范为前提。法律规范只有在具体的法律关系中,才能得以实现,才能对社会生活起调整作用。一般来说,法律规范本身并不直接导致具体的法律关系的产生、变更或消灭,只是为这种关系的产生、变更或消灭提供了一种模式,只有当作为法律规范适用条件的法律事实出现时,才引起具体的法律关系的产生、变更和消灭。由法律规范所确认和调整的人与人之间的权利和义务关系,其构成要素是:(1)参与法律关系的主体,即权利主体;(2)构成法律关系内容的权利和义务;(3)法律关系主体间权利和义务所指向的对象,即权利客体。权利与义务是法律关系的主要内容,权利是与义务相对应的,它是指法律对法律关系主体能够做出或者不做出一定行为,以及其要求他人相应做出或不做出一定行为的许可与保障。

权利由法律确认、设定,并为法律所保护。当权利受到侵害时,国家应依法采用强制手段予以恢复,或使享有权利者得到相应补偿。如果离开法律的确认和保护,就无所谓法律权利的存在。

义务是法律关系的另一内容,它是指法律规定的对法律关系主体必须做出一定行为或不得做出一定行为的约束。法律义务同基于道德、宗教教义或其他社会规范产生的义务不同,它是根据国家制定的法律规范产生,并以国家强制力保障其履行的。法律上的义务与权利是相互对应的,具有不可分割的联系。没有法律上的义务,也就没有权利;同样,没有法律

上的权利就无所谓的义务。在某些法律关系中,每一个具有法律关系的参加者都可能同时享受权利和承担义务。例如,在货物买卖交易中,卖方有把一定物品转移给买方的义务,同时,又享有取得货款的权利,买方有取得一定物品为自己所有的权利,同时,他又承担有付给卖方货款的义务。还有一些法律关系,一定的主体享受权利,而由其他一切人承担义务。例如,在所有权的财产关系中,一切人都承担不妨碍某一权利主体占有、使用或支配归他所有的财产的义务。因此,有什么权利,就会有什么样的义务。就权利与义务来讲,在不同法律关系中,权利又能转化为义务。

二、司法权和法律责任

(一) 司法权

司法权掌握在何种国家机关和人员手里,在不同的历史时期和不同的国家有所不同。在奴隶制社会和封建制社会,一般地说,君主不仅独揽了最高立法权,而且还掌握了最高司法权,集行政、立法、司法大权于一身。在资本主义国家,一般实行三权分立,司法机关独立行使审判权,与立法机关行使立法权、行政机关行使行政权相互制约。社会主义国家的司法权由司法机关统一行使,在中国,司法权一般指审判权和检察权,由人民法院和人民检察院行使。司法机关适用法律的特点不同于其他国家机关和公民实施法律的特点。司法机关适用法律通常是在法的实施过程中遇到障碍,或者出现违反法律的情况下适用。适用法律须按照正式法定程序进行,一般表现为直接凭借国家的强制力保证法的实施。

(二) 法律责任

法律责任是指实施了某种违法行为的法人或自然人,应当对国家及受危害者承担的相应的法律后果。法律责任是同违法行为联系在一起的,违法是法人或自然人违反法律的规定,从而给社会造成某种危害的有过错的行为。构成违法的要素是:(1)违法是人们的一种危害社会的行为。(2)违法必须有被侵犯的客体。(3)违法必须是行为者有故意或过失。(4)违法的主体必须是达到了法定责任年龄和具有责任能力的自然人和依法设置的法人。违法构成的四个要素,包括主观方面和客观方面。违法是主观要素与客观要素的统一。违法依其性质与危害程度不同,可分为刑事违法(犯罪)、民事违法和行政违法三类。刑事违法是指触犯刑事法规依法应受刑罚的行为。民事违法是指违反民事法规的行为。行政违法是指违反行政管理法规的行为。违法者必须承担具有国家强制性的某种法律上的责任。法律制裁是国家专门机关,对违法者依其所应负的法律责任而采取的惩罚措施。法律责任与法律制裁,都是基于违法而产生的。没有违法行为,就不承担法律责任,也就不应受到法律制裁。法律责任与法律制裁具有国家强制性,它们不同于道德责任与社会舆论的谴责。

思考题

你如何看待法律责任?

第二编　经济活动中管理关系的法律问题

第四章

国家财政、税收管理中的法律问题

任何一个拥有独立主权的国家及其合法政府,都必须履行其对内与对外职能。即对内进行有效的管理与控制,提供必要的公共产品与服务,提高本国人民的物质、文化生活水平;对外则是维护国家主权和领土完整,抵御外侮与侵略,加强国际交流与合作,促进有利于本民族发展的良好外部环境等。而这些对内对外职能的发挥,都离不开国家财政与税收地支持。

"**国家财政**"是指国家为了维持其存在和实现其社会管理职能,凭借政权的力量参与国民收入分配的活动。其通常包括财政收入与财政支出两大部分,是实现国家职能的财力保证。而"**国家税收**"则是指一个国家凭借其政治权力,按照法律预定的标准,强制无偿地向其管辖范围内的各类纳税人征收实物或货币而形成的特定分配关系。

我国的财政收入主要包括:

(1)各项税收。包括国内增值税、国内消费税、进口货物增值税和消费税、出口货物退增值税和消费税、营业税、企业所得税、个人所得税、资源税、城市维护建设税、房产税、印花税、城镇土地使用税、土地增值税、车船税、船舶吨税、车辆购置税、关税、耕地占用税、契税、烟叶税等。

(2)非税收入。包括专项收入、行政事业性收费、罚没收入和其他收入。其中,税收是大多数国家取得财政收入最重要的形式。以我国为例,我国税收收入占财政收入比重保持在

84%~90%之间(见表4-1)。财政与税收对社会资源配置、收入分配、国民经济发展、企业经济活动、居民切身利益及政府决策行为都具有重大影响。

而在依法治国的市场经济背景下,国家的财政、税收活动都离不开法律的规制与保障。特别是我国《财政法》和《税法》的相关规定,更是国家进行财政和税收管理过程中必须遵守的法律规则。

表4-1 我国税收收入占财政收入比重(2010-2014)

年度	财政收入(亿元)	税收收入(亿元)	税收占财政收入比重
2010	83 101.51	73 210.79	88.10%
2011	103 874.43	89 738.39	86.40%
2012	117 253.52	100 614.28	85.81%
2013	129 209.64	110 530.70	85.54%
2014	140 349.74	119 158.05	84.90%

(数据来源:国家统计局年度数据,比重为计算而得)

第一节 财政管理活动中必须遵守的法律规则与其他制度性规定

一、财政法律规制的整体情况

(一)财政法的概念

法律意义上的财政可界定为以国家为主体的收入和支出活动,以及在此过程中形成的各种关系。而财政法是调整国家财政收支过程中所发生的相应经济与社会关系的法律规范的总称。它是规范市场经济主体、维护市场经济秩序的重要工具。

(二)财政法的调整对象

对一部法律而言,有无独立的调整对象是该法能否作为一门独立的部门法存在的基础。而一般情况下,根据立法的实际和有利于理解的需要,依照财政收支关系内容的不同,财政法的调整对象可以进一步分为以下几个方面:

1. 财政管理体制关系。财政管理体制关系是在划分中央政府与地方政府行使财政管理权限而发生的财政关系,包括财政立法权限关系、财政收支权限关系、财政管理权限关系等方面。

2. 预算管理关系。预算管理关系是国家各级机关在进行预算活动和预算管理过程中所发生的财政关系,包括国家立法机关和政府执行机关、中央与地方、总预算和单位预算之间的权责关系和收支分配关系及其预算活动程序关系。此外,与预算管理关系密切相关的预算外资金管理关系和国家金库管理关系,也属财政法的调整对象。

3. 税收关系。税收关系是国家在税收征收、管理过程中所发生的财政关系。包括税收管理权限关系、税收征纳关系、税收征收管理程序关系等。

4. 国家信用管理关系。国家信用管理关系是国家作为政权主体在参与信用活动过程中所形成的财政关系①。包括国家债务管理关系和财政融资管理关系。

5. 财政监督管理关系。财政监督管理关系，是指在国家对国民经济各部门和各单位的财政活动和财务收支等进行监督制约过程中所发生的监督关系。

6. 财政分配的形式。在自然经济条件下主要是实物和力役，而在市场经济和计划经济条件下则是货币。

（三）我国现行的财政法制制度的渊源

所谓法的渊源是指法律的具体表现形式，或者简单地说，是其存在形式。目前，我国尚无一部完整意义上的狭义《财政法》，最早在上个世纪末的1987年6月国务院曾颁发过《国务院关于违反财政法规处罚的暂行规定》，作为规制财政法治的一部专门的行政法规，但该法在2004年被废止，取而代之的是国务院《财政违法行为处罚处分条例》（以下简称《财政违法处罚条例》）。而广义上的财政法泛指我国立法机关、行政机关，以及司法机关颁发的所有有关国家为主体的收入、支出和监管等各种活动的法律、行政法规及规章、通知等的总称。到目前为止有二十余部，其中比较重要的有财政部《关于财政部门追究扰乱财经秩序违法违纪人员责任若干具体问题的通知》（1998年），财政部和审计署《国务院关于违反财政法规处罚的暂行规定》及其《施行细则》的问题解答（1988年）等。整体上看，我国财政法律制度中最重要的是，对于国家机关财政收缴、支出，以及企业、个人上缴或使用财政资金的规定。

二、财政法律规制的重点制度和主要规定

（一）关于财政经费执收过程中的违法行为表现方式及处罚

1. 关于财政执收单位违反财政管理制度的处罚

我国《财政违法处罚条例》规定：财政收入执收单位及其工作人员有下列违反国家财政收入管理规定行为之一的，责令改正，补收应当收取的财政收入，限期退还违法所得。对单位给予警告或者通报批评。对直接负责的主管人员和其他直接责任人员给予警告、记过或者记大过处分；情节严重的，给予降级或者撤职处分：

(1)违反规定设立财政收入项目；

(2)违反规定擅自改变财政收入项目的范围、标准、对象和期限；

(3)对已明令取消、暂停执行或者降低标准的财政收入项目，仍然依照原定项目标准征收或者变换名称征收；

(4)缓收、不收财政收入；

(5)擅自将预算收入转为预算外收入；

(6)其他违反国家财政收入管理规定的行为。

---

① 赵俊峰. 财政法若干基本问题探析[J]. 法制与社会, 2009(23):384.

2. 关于财政执收单位违反国家财政上缴规定的处罚

财政收入执收单位及其工作人员有下列违反国家财政收入上缴规定的行为之一的,责令改正,调整有关会计账目,收缴应当上缴的财政收入,限期退还违法所得。对单位给予警告或者通报批评。对直接负责的主管人员和其他直接责任人员给予记大过处分;情节较重的,给予降级或者撤职处分;情节严重的,给予开除处分:

(1) 隐瞒应当上缴的财政收入;

(2) 滞留、截留、挪用应当上缴的财政收入;

(3) 坐支应当上缴的财政收入;

(4) 不依照规定的财政收入预算级次、预算科目入库;

(5) 违反规定退付国库库款或者财政专户资金;

(6) 其他违反国家财政收入上缴规定的行为。

(二)关于财政资金支出使用中的违法行为与处罚

1. 国家机关工作人员违规使用财政资金的处罚

国家机关及其工作人员有下列违反规定使用、骗取财政资金的行为之一的,责令改正,调整有关会计账目,追回有关财政资金,限期退还违法所得。对单位给予警告或者通报批评。对直接负责的主管人员和其他直接责任人员给予记大过处分;情节较重的,给予降级或者撤职处分;情节严重的,给予开除处分:

(1) 以虚报、冒领等手段骗取财政资金;

(2) 截留、挪用财政资金;

(3) 滞留应当下拨的财政资金;

(4) 违反规定扩大开支范围,提高开支标准;

(5) 其他违反规定使用、骗取财政资金的行为。

2. 单位和个人违规使用国家建设资金的处罚

单位和个人有下列违反国家有关投资建设项目规定的行为之一的,责令改正,调整有关会计账目,追回被截留、挪用、骗取的国家建设资金,没收违法所得,核减或者停止拨付工程投资。对单位给予警告或者通报批评。其直接负责的主管人员和其他直接责任人员属于国家公务员的,给予记大过处分;情节较重的,给予降级或者撤职处分;情节严重的,给予开除处分:

(1) 截留、挪用国家建设资金;

(2) 以虚报、冒领、关联交易等手段骗取国家建设资金;

(3) 违反规定超概算投资;

(4) 虚列投资完成额;

(5) 其他违反国家投资建设项目有关规定的行为。

3. 国家机关及其工作人员挪用、骗取国家财政资金的处罚

国家机关及其工作人员有下列行为之一的,责令改正,调整有关会计账目,追回被挪用、骗取的有关资金,没收违法所得。对单位给予警告或者通报批评。对直接负责的主管人员和其他直接责任人员给予降级处分;情节较重的,给予撤职处分;情节严重的,给予开除

处分：

(1)以虚报、冒领等手段骗取政府承贷或者担保的外国政府贷款、国际金融组织贷款；

(2)滞留政府承贷或者担保的外国政府贷款、国际金融组织贷款；

(3)截留、挪用政府承贷或者担保的外国政府贷款、国际金融组织贷款；

(4)其他违反规定使用、骗取政府承贷或者担保的外国政府贷款、国际金融组织贷款的行为。

4. 企业和个人不缴或少缴财政收入的处罚

企业和个人有下列不缴或者少缴财政收入行为之一的，责令改正，调整有关会计账目，收缴应当上缴的财政收入，给予警告，没收违法所得，并处不缴或者少缴财政收入10%以上30%以下的罚款；对直接负责的主管人员和其他直接责任人员处3 000元以上5万元以下的罚款：

(1)隐瞒应当上缴的财政收入；

(2)截留代收的财政收入；

(3)其他不缴或者少缴财政收入的行为。

5. 企业和个人违规使用、骗取财政资金的处罚

企业和个人有下列行为之一的，责令改正，调整有关会计账目，追回违反规定使用、骗取的有关资金，给予警告，没收违法所得，并处被骗取有关资金10%以上50%以下的罚款，或者被违规使用有关资金10%以上30%以下的罚款；对直接负责的主管人员和其他直接责任人员处3 000元以上5万元以下的罚款：

(1)以虚报、冒领等手段骗取财政资金以及政府承贷或者担保的外国政府贷款、国际金融组织贷款；

(2)挪用财政资金以及政府承贷或者担保的外国政府贷款、国际金融组织贷款；

(3)从无偿使用的财政资金，以及政府承贷或者担保的外国政府贷款、国际金融组织贷款中非法获益；

(4)其他违反规定使用、骗取财政资金，以及政府承贷或者担保的外国政府贷款、国际金融组织贷款的行为。

(三)财政资金合理使用过程中的特殊制度——转移支付制度

1. 财政转移支付制度的概念

所谓财政转移支付是以各级政府之间所存在的财政能力差异为基础，以实现各地公共服务水平的均等化为主旨而实行的一种财政资金转移或财政平衡制度。它是目前我国财政法制中除了前述财政违法处罚制度以外，财政资金合理使用的一项最为重要的制度，它也是最具我国社会主义财政管理特色的一项制度。

2. 财政转移支付制度的分类

(1)政府的转移支付

政府的转移支付大都具有福利支出的性质，如社会保险福利津贴、抚恤金、养老金、失业补助、救济金，以及各种补助费等；农产品价格补贴也是政府的转移支付。由于政府的转移支付实际上是把国家的财政收入还给个人，所以有的西方经济学家称之为负税收。

(2) 企业的转移支付

通常是指企业对非营利组织的赠款或捐款,以及非企业雇员的人身伤害赔偿,等等。转移支付在客观上缩小了收入差距,对保持总需求水平稳定,减轻总需求摆动的幅度和强度,稳定社会经济有积极的作用。通常在萧条来临时,总收入下降,失业增加,政府拨付的社会福利支出也必然增加。这样,可以增强购买力,提高有效需求水平,从而可以抑制或缓解萧条[1]。当经济中出现过度需求时,政府减少转移支付量,可以抑制总需求水平的升高。当然,对于过度膨胀的需求而言,这种抑制作用是微乎其微的。

(3) 政府间的转移支付

政府间的转移支付一般是上一级政府对下级政府的补助。确定转移支付的数额,一般是根据一些社会经济指标,如人口、面积等,以及一些由政府承担的社会经济活动,如教育、治安等的统一单位开支标准计算的。政府间的转移支付主要是为了平衡各地区由于地理环境不同或经济发展水平不同而产生的政府收入差距,以保证各地区的政府能够有效地按照国家统一的标准为社会提供服务。

3. 财政转移支付制度的模式

目前,转移支付的模式主要有三种:一是自上而下地纵向转移,二是横向转移,三是纵向与横向转移的混合。在我国,最为重要的是中央对地方的转移支付。

中央对地方转移支付由财力性转移支付和专项转移支付构成。

财力性转移支付是指为弥补财政实力薄弱地区的财力缺口,均衡地区间财力差距,实现地区间基本公共服务能力的均等化。中央财政安排给地方财政的补助支出,由地方统筹安排。财力性转移支付包括一般性转移支付、民族地区转移支付等。

专项转移支付是指中央财政为实现特定的宏观政策及事业发展战略目标,以及对委托地方政府代理的一些事务或中央地方共同承担事务进行补偿而设立的补助资金,需按规定用途使用。专项转移支付重点用于教育、医疗卫生、社会保障、支农等公共服务领域[2]。

2009年起,进一步规范财政转移支付制度。将中央对地方的转移支付,简化为一般性转移支付、专项转移支付两类。一般性转移支付,主要是中央对地方的财力补助,不指定用途,地方可自主安排支出;而专项转移支付,主要服务于中央的特定政策目标,地方政府应当按照中央政府规定的用途使用资金。为缩小地区间财力差距,逐步实现基本公共服务均等化,中央财政设立均衡性转移支付,包含在一般性转移支付中,不规定具体用途,由接受补助的省级政府根据本地实际情况统筹安排[3]。

4. 财政转移支付的目的

财政转移支付的目的,主要是解决各级政府间纵向不平衡,以及地方政府间横向不平衡等问题,即由于不同地区、不同等级的政府之间的经济发展水平不同所导致的财政收入水平差异,并进而影响到了各地的公共服务投入水平的差异。而这种差异,一方面,影响了全国

---

[1] 吕作奎. 基于CGE的中国宏观经济模拟系统开发及其应用[D]. 上海:华东师范大学,2008.
[2] 宋生瑛. 基本公共服务均等化与公共支出改革研究[D]. 厦门:厦门大学,2011.
[3] 《从怎么看到怎么办·理论热点面对面2011》怎么解决分配不公[N]. 人民日报,2011-08-16.

整体的政府公共服务提供水平,另一方面,也容易形成人为的不均衡甚至梗阻(如因不同经济水平条件下交通筑路水平与宽度、里程的差距,使得整体交通水平因个别低财政收入水平地区的短窄与崎岖影响一条公路整体的通车水平与时速),影响发达地区优势公共服务提供的效率实现。而通过转移支付使得经济发达地区在力所能及的范围内拿出一定的财政收入支持欠发达地区的交通、教育、医疗等公共产品的服务提供水平,从而有利于最终实现各地公共服务水平均等化,提高全国整体的公共服务水平。

第二节　税收征管活动中必须遵守的法律规则与其他制度性规定

一、税收法律规制的整体情况

(一)税收的概念、特征和种类

1. 税收的概念

税收是国家为满足社会公共需要,凭借政治权力,按照法律规定的标准和程序,参与国民收入分配,强制地、无偿地取得财政收入的一种形式。税收是维系国家机器正常运转的经济基础,税收的变迁对经济社会发展产生极大而深远的影响。[①]

2. 税收的特征

(1)强制性

所谓税收的强制性,是指国家凭借其手中的政治权力,以国家强制力来保证实施,以军队、警察、监狱等国家暴力机关为后盾,纳税与否、纳税多少,并不以纳税人的意志为转移。

(2)无偿性

税收的无偿性是指国家征税后,税款一律收归国有并纳入国家财政预算,由财政统一分配,而不直接向具体纳税人返还或支付报酬。纳税是每个公民的应尽义务,我国现行的1982年《宪法》明确将依法纳税规定为我国公民的五大基本义务之一。对公民个人而言,不能因其为纳税人而享受特别的优惠与好处。

(3)固定性

税收的固定性是指国家征税之前就必须通过法律事先明确规定统一的征税标准,包括纳税人、征税对象、税率、纳税期限、纳税地点及纳税申报等内容,并在以后一段时期的征税活动中保持相对稳定性,为征纳双方共同遵守。

3. 税收的种类

(1)按征税对象的不同分类是当前我国税收分类中最为重要的一种。按征税对象的不同,一般将税收分为流转税、所得税、财产税、资源税与特定行为税五种。

(2)按税收收入和征收管辖权限的归属不同分为中央税、地方税、中央和地方共享税三种。

---

① 刘勇.从历史的视角看税收科学发展[M].中国税务,2009(3):28.

(3)其他税收分类。①按税收和价格的关系不同,可分为价内税和价外税;②按税收负担是否发生转嫁,分为直接税和间接税;③按计税依据标准的不同,可分为从量税和从价税等。

(二)税法的概念及构成要素

1. 税法的概念

税法是指国家制定的调整税收分配关系的法律规范的总称,理解时,需注意以下几方面:

(1)税法的制定主体是国家

税法的制定主体只能是国家,具体在我国就是指全国人民代表大会及其常务委员会。此外,根据法律的规定,地方人民代表大会及其常务委员会也享有一定的立法权。

(2)税法的调整对象是税收分配关系

税法的调整对象是税收分配关系,包括国家在征税过程中形成的与纳税人之间的征纳税关系,以及各级政府间的税收利益关系。

(3)税法由税收实体法与税收程序法组成

其具体包括对什么征税、征何税、怎么征税等等问题。

2. 税法的构成要素

税法的构成要素主要包括纳税义务人、征税对象、税目、税率、纳税环节、纳税期限、纳税地点、减免税优惠、税收法律责任等。

(1)纳税义务人

纳税义务人,简称纳税人,是税法规定的直接负有纳税义务的单位和个人,包括自然人和法人,它是缴纳税款的主体,直接同国家的税务机关发生纳税关系。此外,扣缴义务人(是指依照法律、行政法规规定负有代扣代缴、代收代缴义务的单位和个人)也是广义上的纳税义务人。

(2)征税对象

征税对象,又称课税对象,是征纳税双方权利义务共同指向的对象,通俗表达为:对什么东西征税。正是因为征税对象的不同,按照流转额、所得额、资源、财产、特定行为,将税收分为流转税类、所得税类、资源税类、财产税类,以及特定行为税类。与征税对象最相关的词是计税依据,它是用来计算征税对象应纳税额的数量依据,是征税对象量的具体规定。

(3)税目

税目是征税对象的具体项目,是对征税对象的具体说明和解释。税目的设置不仅是为了细化具体的征税范围,从而更清晰地界定纳税人的纳税义务;而且是为了针对不同税目制定不同税率,从而有利于国家更有效地实施税收调控政策。

(4)税率

税率是税法规定的每一单位应纳税额与征税对象间的比例,它反映征税的深度,体现国家的税收制度,是税法的核心要素,税率一般可分为比例税率、累进税率、定额税率三种。比例税率是对同一征税对象不分数额大小,都按同一比例征税。累进税率是按征税对象数额的大小分成若干等级,每个等级分别适用不同的税率,等级越高,适用的税率越高。累进税率按照累进方法和累进依据的不同,一般分为全额累进税率、超额累进税率、超率累进税率等。定额税率是按征税对象的计量单位直接规定应纳税额的税率形式,一般从量计征的税种都采用的是单位固定税额。

(5) 纳税环节

纳税环节是征税对象在整个流转过程中按照税法规定应当缴纳税款的环节,如流转税类的各税种在生产和流通环节纳税,所得税类的各税种在分配环节纳税等。纳税环节解决征税对象征一次还是多次税,以及在哪个(些)流转点征税的问题。

(6) 纳税期限

纳税期限是税法规定的纳税人在取得应税收入或发生应税行为之后,每次向税务机关缴纳税款所对应的发生纳税义务的一定时限。我国的纳税期限有两种:按期纳税和按次纳税。

(7) 纳税地点

纳税地点是纳税人缴纳税款的具体地点。其解决的是纳税人取得应税收入或发生应税行为后,应向当地税务机关或征管机关进行申报纳税。

(8) 减免税优惠

减免税优惠是税法为了体现对某些特定的纳税人或征税对象的鼓励和照顾,给予其减征或者免于征收应纳税款的一种规定。减免税包括税基式减免、税率式减免,以及税额式减免三种基本形式,具体又可依法分为法定式减免、临时式减免以及特定式减免三类。

(9) 税收法律责任

税收法律责任是税收法律关系的主体因违反税法的规定所应当承担的不利的法律后果。依承担法律责任主体的不同,可分为纳税人的法律责任、扣缴义务人的法律责任、税务机关及其工作人员的法律责任。税收法律责任的形式主要有行政法律责任和刑事法律责任等。

(三) 税法的基本原则

税法的基本原则,是贯穿税法的立法、执法、司法和守法全过程的具有普遍性指导意义的法律准则。我国现行税法的基本原则如下:

1. 税收法定原则

税收法定原则是指税法主体的权利义务必须由法律加以规定,税收活动必须依据法律规定进行。其内容具体包括:①纳税义务的设立或免除的法定原则。②税法构成要素法定原则。③征税法定原则。④纳税法定原则等方面。

2. 税收公平原则

税收公平原则是指所有纳税人的地位都是平等的,税收负担在纳税人之间的分配必须公平合理,它是"法律面前人人平等"在税法上的具体体现。税收公平包括横向公平和纵向公平两个方面。

3. 税收效率原则

税收效率原则是指税收活动应以最小的费用支出获取最大的税收收入,并利用税收的经济调控作用最大限度地促进经济的发展。它包括税收行政效率和税收经济效率两个方面。

4. 税收社会政策原则

税收社会政策原则是指税法的制定和修改,要符合国家每个时期的社会政策,特别是要符合与税收有关的社会政策,包括分配政策、产业政策、消费政策、环保政策、社会保障政策,等等。

(四)税收法律关系

1. 税收法律关系的概念与特点

(1)税收法律关系的概念

税收法律关系是由税收法律法规确认和调整的,国家和纳税人之间发生的具有权利和义务内容的社会关系。税收法律关系是税收分配关系在法律上的表现。

(2)税收法律关系的特点

①税收法律关系主体的一方是国家。

②税收法律关系主体双方具有单方面的权利与义务内容。

③税收法律关系产生的根据是纳税人取得应税收入或发生应税行为。

2. 税收法律关系的构成

法律关系的构成即法律关系的要素,一般包括法律关系的主体、客体与内容三个方面。

(1)税收法律关系的主体

也称为税法主体。是指在税收法律关系中享有权利和承担义务的当事人,主要包括国家、征税机关、纳税人和扣缴义务人。

(2)税收法律关系的客体

是指税收法律关系主体的权利义务所指向的对象,主要包括货币、实物和行为。实物既包括各税种征税对象中的物,如企业所得税的生产经营所得和其他所得、房产税的房屋等,也包括征纳的税款本身。行为包括税务机关各种税收征管行为,以及纳税人的应纳税行为等。

(3)税收法律关系的内容

是指税收法律关系主体所享有的权利和所承担的义务,主要包括纳税人的权利义务和征税机关的权利义务。

(五)我国现行的税法体系

我国有权制定税收法律法规和政策的国家机关主要有全国人民代表大会及其常务委员会、国务院、财政部、国家税务总局、海关总署、国务院关税税则委员会等。因为制定机关不同,单行税收法律法规的效力级别也不同。我国现行税法体系包括:①全国人民代表大会及其常务委员会制定的法律和有关规范性文件。②国务院制定的行政法规和有关规范性文件。③国务院财税主管部门制定的规章及规范性文件。④其他规范性文件,具体包括地方人民代表大会及其常务委员会制定的地方性法规和有关规范性文件、地方人民政府制定的地方政府规章和有关规范性文件、省或省以下税务机关制定的规范性文件、中国政府与外国政府(地区)签订的国际税收协定,等等。

二、税收法律规制的重点税种和主要规定

为了更好地介绍我国现行的税收法律制度的具体规制内容,本书中通过前文提到的当

前我国税收分类中最为重要的一种,即按对象的不同分类对我国的税收分为流转税、所得税、财产税、资源税与特定行为税五种进行分门别类的介绍。

(一)流转税

1. 整体介绍

流转税是以商品或非商品(劳务和服务)的流转额为征税对象的一类税种。这类税种与商品的生产和流通,或是劳务和服务的提供有密切的关系。流转税考察的是纳税人流转额的大小,与其盈利水平无关。因为这类税种对经济活动有直接影响,更易于发挥税收对经济的宏观调控作用,有利于促进产业结构的调整和第三产业的发展。我国现有税制仍以流转税为主,属于流转税类的税种有增值税、消费税、营业税、城市维护建设税、烟叶税和关税等。

2. 增值税

(1)增值税的概念

增值税是以纳税人在生产经营过程中获取的增值额作为征税对象的一种税。不同于传统流转税按流转收入全额征税,增值税只针对每一环节新增加的价值征税,税负合理,消除了重复征税的问题。增值税是我国第一税收,占税收收入的近三成(详见表4-2),增值税制的完善已成为我国税制改革的重要内容。

表4-2 我国国内增值税占税收收入比重(2010-2013)

年度	税收收入(亿元)	国内增值税(亿元)	税收占财政收入比重
2010	73 210.79	21 093.48	28.81%
2011	89 738.39	24 266.63	27.04%
2012	100 614.28	26 415.51	26.25%
2013	110 530.70	28 810.13	26.10%

(数据来源:国家统计局年度数据,比重为计算而得)

(2)增值税的类型

理论上的增值额在各国开征增值税时,会经过法律的重新界定而成为法定增值额。各国法定增值额计算时因扣除项目和方法的不同,形成了不同类型的增值税,即生产型增值税、收入型增值税和消费型增值税。

(3)增值税的特点

①征税范围广泛

增值税是对从事商品生产经营和劳务、服务提供的所有单位和个人征收的,征税范围可以扩大到农业、制造业、商业、服务业等商品经济的全部领域,在各个流通环节普遍征收。

②道道计征,不重复加征,体现税收中性

增值税在计税时将本环节非增值部分扣除。同一件商品无论经历多少流转环节,只要增值额相同,最终所纳的增值税都是一样的。可见,相对于传统流转税的全额计征,增值税更鼓励专业化协作生产,从而提高各个环节的生产效率,在不破坏资源配置格局的前提下,适度征税。所以,增值税的开征是对税收中性原则的最佳践行。

③实行税款抵扣制度

增值税以增值额作为计税依据,增值额的计算采取税款抵扣制度,即从纳税人销售应税货物或应税服务需纳增值税税款(销项税额)中,扣除纳税人购进货物或应税服务中已纳的增值税税款(进项税额)。

④采用比例税率

各国开征增值税,一般实行简便易行的比例税率。各国的增值税一般都规定有基本税率和低税率两部分。即各国会设立基本税率普遍适用绝大部分征税范围,同时,对某些行业或某种产品因经济政策的需要实行较低的税率。

(4)增值税的征税范围和纳税主体

根据《增值税暂行条例》第一条的规定,增值税的征税范围包括:①在我国境内销售货物;②在我国境内提供加工、修理、修配劳务;③出口货物等。

增值税的纳税主体包括纳税义务人和扣缴义务人。

①纳税义务人是指在我国境内销售货物或者提供加工、修理、修配劳务,进口货物,以及在我国境内提供交通运输业、邮政业、部分现代服务业服务、电信业的单位和个人。

②扣缴义务人则是指中华人民共和国境外的单位或者个人在境内提供应税劳务,在境内未设有经营机构时,以其境内代理人为扣缴义务人;在境内没有代理人的,以购买方为扣缴义务人。

进一步,增值税的纳税人分为一般纳税人和小规模纳税人两种。后者是指应税销售额在规定标准(从事货物生产或者提供应税劳务的纳税人,以及以从事货物生产或者提供应税劳务为主,并兼营货物批发或者零售的纳税人,年应征增值税销售额在50万元以下,或本类以外的其他纳税人,年应税销售额在80万元以下),并且会计核算制度不健全的增值税纳税人。其中会计核算制度不健全,是指不能够按照国家统一的会计制度规定设置账簿,无法根据合法、有效凭证核算。

(5)增值税的起征点和税率

增值税起征点的适用范围限于个人。纳税人的销售额未达到起征点的,不征收增值税;达到或超过起征点的,全额计算缴纳增值税。自2011年11月1日起,增值税起征点的幅度规定如下:

①销售货物的,为月销售额5 000~20 000元;

②销售应税劳务的,为月销售额5 000~20 000元;

③按次纳税的,为每次(日)销售额300~500元。

增值税的税率,包括:A.基本税率,指一般纳税人销售或者进口货物,提供加工、修理修配劳务,提供应税服务,除适用低税率、零税率的范围外,税率一律为17%。B.低税率,增值税一般纳税人销售或者进口括号内所列货物(a.粮食、食用植物油;b.自来水、暖气、冷气、热水、煤气、石油液化气、天然气、沼气、居民用煤炭制品;c.图书、报纸、杂志;d.饲料、化肥、农药、农机、农膜;e.国务院及其有关部门规定的其他货物),除另有规定,适用13%的低税率征收增值税。提供交通运输业服务、邮政业服务、基础电信服务,税率为11%。提供现代服务业服务(有形动产租赁服务除外)、增值电信服务,税率为6%。C.零税率,纳税人出口货物和财政部、国家税务总局规定的应税服务,税率为零;但国务院另有规定的除外。

(6)增值税的计算公式

增值税一般纳税人销售货物或者提供应税劳务和应税服务(以下简称销售货物或者应税劳务和服务),应纳税额为当期销项税额抵扣当期进项税额后的余额。应纳税额计算公式为:应纳税额 = 当期销项税额 – 当期进项税额。

销项税额是纳税人销售货物或者应税劳务和服务,按照销售额和规定的税率计算并向购买方收取的增值税额。销项税额的计算公式为:销项税额 = 销售额 × 适用税率。如果纳税人销售货物或者应税劳务和服务采取销售额和销项税额合并定价,即含税收入,则按下列公式计算销售额:销售额 = 含税收入 ÷ (1 + 适用税率)。

进项税额是纳税人购进货物或者接受应税劳务和服务,支付或者负担的增值税额。进项税额与销项税额是相对的,单就一笔交易而言,销售方开出增值税专用发票给购货方,发票中的增值税额,既是销售方的销项税额,也是购货方的进项税额。进项税额计算公式为:进项税额 = 买价 × 扣除率。

3. 消费税

(1)消费税概念

消费税是对在我国境内从事生产、委托加工和进口应税消费品的单位和个人,就销售额或销售数量,在特定环节征收的一种流转税,属于流转税的范畴。

(2)消费税的特点

消费税是以应税消费品为征税对象的一种税,其特点表现为:①消费税的征税对象具有选择性,其调节范围主要包括:特殊消费品、奢侈品、高能耗产品、不可再生的稀缺资源消费品;一些税基宽广、消费普遍、征收消费税不会影响人民生活水平,具有一定财政意义的普通消费品。②消费税是单一环节征税,为了避免重复征税,在应税消费品脱离生产环节进入流通领域后,就不再征收,具有征收环节单一性的特点。③消费税是价内税,即消费税是产品价格的组成部分,应纳消费税的计税依据是含消费税的价格。

(3)消费税的纳税义务人和征税范围

根据《消费税暂行条例》的规定,在中华人民共和国境内生产、委托加工和进口应税消费品的单位和个人,以及国务院确定的销售规定的消费品的其他单位和个人,为消费税的纳税人,应当依照规定缴纳消费税。

征税范围包括:①生产销售应税消费品。②委托加工应税消费品。③进口应税消费品及其他特殊规定。

(4)消费税的税目(应税商品)与税率

消费税的税目具体指应税商品。截至2015年3月15日,我国应税消费品一共为15类货物,包括烟、酒、化妆品、贵重首饰及珠宝玉石、鞭炮和焰火、成品油、摩托车、小汽车、高尔夫球及球具、高档手表、游艇、木制一次性筷子、实木地板、电池、涂料等。

我国现行消费税的税率采取比例税率和定额税率两种形式。其中,对成品油、啤酒、黄酒三种消费品实行定额税率,对卷烟和白酒实行比例税率和定额税率的复合征收,除此之外,其他应税消费品实行比例税率[1%(1.0以下排量的小汽车)~56%(甲类烟卷)不等]。

(5)消费税应纳税额的计算

针对消费税比例税率、定额税率及复合税率三种税率形式,消费税应纳税额的计算,采用从价定率、从量定额和从量从价复合计征三种基本的方法。

①从价定率应纳税额的计算:应纳税额 = 销售额 × 比例税率[销售额为纳税人销售应税消费品向购买方收取的全部价款和价外费用,但不包括收取的增值税销项税额,计算公式为:销售额 =(价款 + 价外费用)÷(1 + 增值税率)]。

②从量定额应按税额的计算:应纳税额 = 销售数量 × 定额税率[单位税额(我国现行消费税仅对黄酒、啤酒、成品油实行定额税率,采用从量定额方法计税)]。

③复合计征应纳税额的计算:应纳税额 = 销售额 × 比例税率 + 销售数量 × 单位税额(我国现行消费税的征税范围中,对卷烟、白酒采用从价定率和从量定额相结合的复合计征的方法)。

4. 营业税

(1)营业税的概念

营业税是对在我国境内提供应税劳务、转让无形资产或者销售不动产的单位和个人,就其营业额征收的一种税。营业税是传统的流转税之一,其收入稳定,与增值税、消费税并称三大流转税。

(2)营业税的特点

营业税属于传统的流转税,其特点表现为:①以营业额作为计税依据。②按行业设计税目税率。由于各种经营业务盈利水平不同,因此,在税率设计中,一般实行同一行业同一税率,不同行业不同税率,以体现公平税负、鼓励平等竞争的政策。③计算简便,便于征管。因为营业税一般以营业额全额为计税依据,采用便于计算的比例税率,计征简便,有利于节省征收费用。

需要指出的是,由于营业税对每个流通环节都要按全额征税,重复征税明显,加重了企业的税收负担;且与缴纳增值税的行业只按增值额计征增值税不同,缴纳营业税的行业需要按全额征收营业税,"鼓励平等竞争"的政策,无法体现在两类企业的生产经营中。国家当前正在进行营改增的改革,即将营业税逐步改变为增值税去征收。

(3)营业税的纳税义务人和扣缴义务人

在中华人民共和国境内提供《营业税暂行条例》规定的劳务、转让无形资产或者销售不动产的单位和个人,为营业税的纳税义务人。单位,是指企业、行政单位、事业单位、军事单位、社会团体及其他单位;个人,是指个体工商户和其他个人。

在中华人民共和国境外的单位或者个人在境内提供应税劳务、转让无形资产或者销售不动产,在境内未设有经营机构的,以其境内代理人为扣缴义务人;在境内没有代理人的,以受让方或者购买方为扣缴义务人。

(4)营业税的起征点与税目

营业税起征点,是指纳税人营业额合计达到起征点(适用范围限于个人)。具体起征点幅度为:①按期纳税的,为月营业额 5 000 ~ 20 000 元。②按次纳税的,为每次(日)营业额 300 ~ 500 元。

按照《关于将电信业纳入营业税改征增值税试点的通知》于 2014 年 6 月 1 日的执行,现有营业税的税目包括:①建筑业,是指建筑安装工程作业,包括:建筑、安装、修缮、装饰、其他工程作业。②金融保险业,包括金融、保险。③文化体育业,包括文化业、体育业。④娱乐业,是指为娱乐活动提供场所和服务的业务。⑤服务业,是指利用设备、工具、场所、信息或技能为社会提供服务的业务。⑥转让无形资产,是指转让无形资产的所有权或使用权的行为。⑦销售不动产,是指有偿转让不动产所有权的行为等。

(5)营业税的税率与计算

营业税按照行业类别划分税率,税率形式为比例税率,详见表4-3。

表4-3 营业税税率表

税目	税率	备注
建筑业	3%	
金融保险业	5%	
文化体育业	3%	
娱乐业	5%~20%	娱乐业具体适用的税率由省、自治区、直辖市人民政府在规定的幅度内决定。
服务业	5%	
转让无形资产	5%	
销售不动产	5%	

营业税的计算公式为:应纳税额 = 营业额 × 税率

(二)所得税

1. 整体介绍

所得税,又称收益税,是以纳税人从事生产经营或其他活动取得的各种所得为征税对象的一类税种。因该税考察的是纳税人的盈利水平,故其可以直接调节纳税人收入,量能负税,更易于发挥税收调节分配关系的作用。

2. 企业所得税

(1)企业所得税的概念

企业所得税是对我国境内的企业和其他取得收入组织的生产经营所得和其他所得征收的一种税。企业所得税以应纳税所得额为计税依据,是国家参与企业利润分配的法定形式。企业所得税的大小,直接影响每个企业的税后利润,进而影响其再投资的规模。虽然我国不是以所得税为主的国家,但是,近年来,企业所得税占税收收入的比重不断提高(见表4-4),已成为我国第二大主体税种。

表4-4 我国企业所得税占税收收入比重(2010-2013)

年度	税收收入(亿元)	企业所得税(亿元)	税收占财政收入比重
2010	73 210.79	12 843.54	17.54%
2011	89 738.39	16 769.64	18.69%
2012	100 614.28	19 654.53	19.53%
2013	110 530.70	22 427.20	20.29%

(数据来源:国家统计局年度数据,比重为计算而得)

(2) 企业所得税的特点

与其他税种相比，企业所得税的特点表现在：

①征税范围广泛。无论是中国企业还是外国企业，无论是内资还是外资，无论是企业性单位还是取得收入的非企业性组织，都是纳税主体。在征税对象方面，企业所得包括企业从事产品生产、交通运输、商品流通、劳务服务和其他经营活动取得的生产经营所得、利息股息红利所得、租金所得、财产转让所得、特许权使用费等各类所得。

②税负公平。体现在两个方面：一个方面，企业所得税对各类企业，不分企业资本的来源，不分所有制形式，不分地区行业，实行统一的比例税率，用一个标准调整所有企业的盈利水平。另一个方面，企业所得税是对企业的各类所得征收的，即从企业的收入中扣减必要的成本费用之后的净收入，从而使得所得多的多纳税，所得少的少纳税，无所得的不纳税，即纳税人的纳税多少与其缴税能力成正比，体现税负公平原则。

③计税依据是应纳税所得额，即纳税人每个纳税年度的收入总额减去准予扣除项目金额之后的余额。

④企业所得税属于典型的直接税。即企业所得税的纳税人和负税人是同一个人；且企业所得税法不允许计算税款时将企业所得税税款作为税金从应纳税所得额中扣除，表明了"不允许所得税发生转嫁"的态度，是一种法定的直接税。

(3) 企业所得税的纳税义务人和征税对象

根据《企业所得税法》第一条的规定，企业所得税的纳税人是在中华人民共和国境内的企业和其他取得收入的组织（以下统称企业），但不包括个人独资企业、合伙企业。①

(4) 企业所得税的税率

企业所得税调控的是企业的盈利水平，直接影响企业的再投资资金的积累，且税率的设计关系到国家、企业、个人三方的利益，因而是企业所得税的核心要素。我国同世界各国一样，企业所得税实行简单的比例税率，采用这种透明度高的税率形式，可以促进企业的公平竞争，提高企业生产经营的效率。具体而言，我国企业所得税的税率分为以下两种：

①基本税率。根据《企业所得税法》第四条的规定：企业所得税的税率为25%，适用于居民企业，以及在中国境内设有机构、场所且所得与机构、场所有实际联系的非居民企业。

②低税率。依法，我国的企业所得税还设有一档20%的低税率，适用于在中国境内未设立机构、场所的，或者虽设立机构、场所但取得的所得与其所设机构、场所没有实际联系的非居民企业。此类非居民企业在中国境内获取的所得，之所以适用企业所得税低税率，是为了减轻因各国税收管辖权相互冲突导致的重复征税给纳税人带来的过重的税收负担。

(5) 企业所得税的计算

应纳税额 = 应纳税所得额 × 适用税率 − 减免税额 − 抵免税额

3. 个人所得税

(1) 个人所得税的概念

个人所得税是以个人取得的各项应税所得为征税对象所征收的一种税。

---

① 个人独资企业、合伙企业属于个人性质的企业，其收入缴纳的是个人所得税。

(2)个人所得税的特点

我国个人所得税的特点表现为:①实行分类所得税制。将个人取得的所得分为11类,分别采用不同的费用减除规定、不同的税率和不同的计算方法。②采用超额累进税率与比例税率两种税率形式。③采取源泉扣缴和自行申报两种征税方法。

(3)个人所得税的纳税人与征税对象

《个人所得税法》规定,中国公民、个体工商业户、个人独资企业、合伙企业个人投资者,以及在中国有所得的外籍人员(包括无国籍人员,下同)和港澳台同胞,为个人所得税的纳税义务人。同时,我国参照国际惯例,按照住所和居住时间两个标准,把个人所得税的纳税义务人又划分为居民纳税人和非居民纳税人。

个人所得税的征税对象是个人取得的各项应税所得,包括工资、薪金所得,个体工商户的生产、经营所得,对企事业单位的承包经营、承租经营所得,劳务报酬所得,稿酬所得,特许权使用费所得,利息、股息、红利所得,财产租赁所得,财产转让所得,偶然所得,以及经国务院财政部门确定征税的其他所得等11项所得。个人所得的形式,包括现金、实物、有价证券和其他形式的经济利益。

(4)个人所得税的税率

①工资、薪金所得:对工资、薪金所得,适用3%～45%的7级超额累进税率。

②个体工商户的生产、经营所得和对企业、事业单位的承包经营、承租经营所得:对企业事业单位的承包经营、承租经营所得,个人独资企业和合伙企业的生产经营所得,适用5%～35%的5级超额累进税率。

③劳务报酬所得:对劳务报酬所得,适用20%的比例税率。对劳务报酬所得一次收入畸高的,实行加成征收。所谓"一次收入畸高的"是指个人一次取得劳务报酬,其应纳税所得额超过20 000元。对应纳税所得额超过20 000元至50 000元的部分,依照税法规定计算应纳税额后再按照应纳税额加征五成;超过50 000元的部分,加征十成。

④稿酬所得:对稿酬所得适用20%的比例税率,并按应纳税额减征30%,即实际税率为14%。

⑤特许权使用费所得,利息、股息、红利所得,财产租赁所得,财产转让所得,偶然所得和其他所得:对特许权使用费所得,利息、股息、红利所得,财产租赁所得,财产转让所得,偶然所得和其他所得,适用比例税率,税率为20%。

为了支持房屋租赁市场的健康发展,从2008年3月1日起,对个人出租住房取得的所得暂减按10%的税率征收个人所得税。

(5)个人所得税的计算

由于个人所得税的征税范围与税目有11种之多,且税率各有不同,为了让读者更好地了解个人所得税的计算,笔者这里仅以工资薪金所得为例做出示范。

工资、薪金所得应纳税额的计算:

①应纳税所得额

工资、薪金所得实行按月计征的办法。因此,工资、薪金所得以每月收入额减除费用3 500元后的余额为应纳税所得额。适用附加减除费用的纳税人,确定每月再附加减除费用

1 300元,即减除费用4 800元。

②应纳税额的计算

应纳税额=[每月收入-3 500(本国公民)或4 800(外籍员工)]×适用税率-速算扣除数。

(三)资源税

1. 整体介绍

资源税是以各种自然资源为征税对象的一类税种,目的是促使纳税人保护和合理使用国有自然资源。我国税制中属于资源课税类的税种有资源税、土地增值税、城镇土地使用税、耕地占用税。

2. 资源税

(1)资源税的概念

资源税(一个狭义税种)是指对开发和利用各种自然资源的单位和个人征收的一种税。具体到我国而言,资源税是指对在中国领域及管辖海域开采或生产矿产品、盐的单位和个人,就其销售额或销售数量征收的一种税。

(2)资源税的特点

资源税的特点包括:①征税范围的有限性。我国资源税征税范围较窄,仅选择了部分级差收入差异较大,资源较为普遍,易于征收管理的矿产品和盐列为征税范围。

②纳税环节的一次性。资源税以开采者取得的原料产品级差收入为征税对象,不包括经过加工的产品,因而具有一次课征的特点。

③计税方法的复合性。资源税的应纳税额,按照从价定率或从量定额的办法,分别以应税产品的销售额乘以纳税人具体适用的比例税率,或以应税产品的销售数量乘以纳税人具体适用的定额税率计算。

④具有级差收入税的特点。各种自然资源在客观上都存在着好坏、贫富、储存状况、开采条件、选矿条件、地理位置等种种差异。我国资源税通过对同一资源实行高低不同的差别税率,可以直接调节因资源条件不同而产生的级差收入。

(3)资源税的征税范围、纳税人、税目与税率

资源税的征税范围,从理论上讲,应当包括一切可以开发和利用的国有自然资源,但因开征资源税缺乏经验或条件不成熟,因而我国只将矿产品和盐列入其征税范围。其主要包括以下七类:①原油。②天然气。③煤炭。④其他非金属矿原矿。⑤黑色金属矿原矿。⑥有色金属矿原矿。⑦盐等。

资源税的纳税人是指在中国领域及管辖海域开采或生产应纳资源税产品的单位和个人。

在资源税的税目与税率上,根据税法规定,资源税按照应税资源的地理位置、开采条件、资源优劣等情况,采取从价定率或从量定额的办法计征。

资源税应纳税额按照从价定率或从量定额的办法,分别以应税产品的销售额乘以适用的比例税率,或以应税产品的销售数量乘以适用的定额税率计算。其计算公式为:

从价定率应纳税额=销售额×比例税率

从量定额应纳税额＝销售数量×定额税率

3. 土地增值税

（1）土地增值税的概念与特点

概念：土地增值税是对有偿转让国有土地使用权及地上建筑物和其他附着物产权的单位和个人，就其前述有偿转让所取得增值性收入所征收的一种税。

特点：①其以转让房地产取得的增值额为征税对象。②征税范围比较广泛。凡在我国境内转让房地产并取得增值收入的单位和个人，除税法规定免税的外，均应依照税法规定缴纳土地增值税。③采用扣除法和评估法计算增值额。土地增值税在计算方法上考虑我国实际情况，以纳税人转让房地产取得的收入，减除法定扣除项目金额后的余额作为计税依据。④实行超率累进税率。土地增值税的税率是以转让房地产的增值率高低为依据，按照累进原则设计的，实行分级计税。增值率高的，适用的税率高；增值率低的，适用的税率低。⑤实行按次征收。土地增值税发生在房地产转让环节，实行按次征收，每发生一次转让行为，就应根据每次取得的增值额征一次税。

（2）土地增值税的征税范围、纳税人、税目与税率

征税范围：土地增值税以有偿转让的国有土地使用权、地上建筑物及其附着物（简称土地权属）为征税范围。"地上建筑物及其附着物"是指建于土地上的一切建筑物、地上地下的各种附属设施，以及附着于该土地上的不能移动、一经移动即遭损坏的物品。

纳税人：土地增值税以有偿转让国有土地使用权、地上建筑物及其附着物并取得收入的单位和个人为纳税人，其中，单位包括各类企事业单位、国家机关和社会团体及其组织。

（3）土地增值税的计算

土地增值税应纳税额的计算，可以通过利用速算扣除率，按照简易办法计算。其计算公式为：

应纳土地增值税＝土地增值额×适用税率－准予扣除项目金额×速算扣除率

土地增值额＝应税收入－准予扣除项目金额

4. 城镇土地使用税

（1）城镇土地使用税的概念和纳税人

概念：城镇土地使用税是以国有土地为征税对象，对拥有土地使用权的单位和个人征收的一种税。

纳税人：在城市、县城、建制镇、工矿区范围内使用土地的单位和个人，为城镇土地使用税的纳税人。

（2）城镇土地使用税的征税范围、税目与税率

征税范围：凡是城市、县城、建制镇和工矿区范围内的土地，不论是国家所有的土地还是集体所有的土地，都是城镇土地使用税的征税范围。

税目和税率：城镇土地使用税采用幅度定额税率。土地使用税每平方米年税额如下：①大城市5元至30元。②中等城市2元至24元。③小城市0.9元至18元。④县城、建制镇、工矿区0.6元至12元。

（3）城镇土地使用税的计算

计算公式：年应纳税额＝实际占用应税土地面积（平方米）×适用税额

（四）财产税

1. 整体介绍

财产税是以特定财产为征税对象的税,体现国家对财产拥有者财富的持久调节,与不同财产所有者进行财富的再分配职责。财产税目前主要有房产税和契税。

2. 房产税

（1）房产税的概念和特点

概念：房产税是以房屋为征税对象,以房屋的计税余值或租金收入为计税依据,向房屋产权所有人征收的一种财产税。

特点：①房产税属于财产税中的个别财产税。②限于征税范围内的经营性房屋。③按照房屋的经营使用方式,规定不同的计税依据。

需要指出的是,全国性的房产税目前仍然正在讨论阶段,尚未实施。2011年1月28日,上海、重庆开始试点房产税。

（2）房产税的征税范围、纳税人和税率

征税范围：《房产税暂行条例》规定,房产税在城市、县城、建制镇和工矿区征收。

纳税人：房产税以在征税范围内的房屋产权所有人为纳税人,包括产权所有人、经营管理单位、承租人、房产代管人或者使用人等。

税率：房产税采用比例税率。从目前已试行房产税的地区来看,因计税依据的不同分为两种：依据房产计税余值计税的,税率为（2）%；依据房产租金收入计税的,税率为12%。从2001年1月1日起,对个人居住用房出租仍用于居住的,其应缴纳的房产税暂减按4%的税率征收；2008年3月1日起,对个人出租住房,不区分实际用途,均按4%的税率征收房产税。对企事业单位、社会团体,以及其他组织按市场价格向个人出租用于居住的住房,减按4%的税率征收房产税。

（3）房产税的计算

①从价计征。从价计征是按房产的原值减除一定比例后的余值计征,其公式为：

应纳税额 = 应税房产原值 × (1 − 扣除比例) × （2）%

②从租计征。从租计征是按房产的租金收入计征,其公式为：

应纳税额 = 租金收入 × 12%

③个人出租住房的租金收入计征。个人出租住房的租金收入计征,其公式为：

应纳税额 = 房产租金收入 × 4%

3. 契税

（1）契税的概念和特点

概念：契税是以所有权发生转移的不动产为征税对象,向产权承受人征收的一种财产税。具体来说,契税是以在中国境内转让、出让、买卖、赠予、交换发生所有权转移的土地、房屋等不动产为征税对象而征收的一种税。

特点：①契税属于财产转移税。契税以发生转移的不动产,即土地和房屋为征税对象,以发生财产转移为征税界限,具有财产转移课税性质。土地、房屋产权未发生转移的,不征契税。②契税由财产承受人缴纳。一般税种都确定销售者为纳税人,即卖方纳税。

(2)契税的征税范围、纳税人与税率

征税范围:契税的征税对象是发生土地使用权和房屋所有权权属转移的土地和房屋。具体征税范围包括:国有土地使用权出让;土地使用权转让,包括出售、赠予和交换;房屋买卖等。

纳税人:在中华人民共和国境内转移土地、房屋权属,承受的单位和个人为契税的纳税人。土地、房屋权属是指土地使用权和房屋所有权。

税率:契税实行幅度比例税率,税率幅度为 3% ~5%。具体执行税率,由各省、自治区、直辖市人民政府在规定的幅度内,根据本地区的实际情况确定。

(3)契税的计算

契税应纳税额的计算公式为:应纳税额 = 计税依据 × 税率

(五)特定行为税

1. 整体介绍

特定行为税是以纳税人的某些特定行为作为征税对象的一类税种。这类税直接调控纳税人的特定应税行为,其突出特点是征纳行为的发生具有偶然性。特定行为税虽收入分散,但便于国家开征新的税源,增加财政收入。我国税制中属于特定行为税类的有车辆购置税、车船税、印花税。

2. 车辆购置税

(1)车辆购置税的概念:车辆购置税是以在中国境内购置规定车辆为课税对象、在特定的环节向车辆购置者征收的一种税。

(2)车辆购置税的征税范围、纳税人与税率:

征税范围:车辆购置税以列举的车辆作为征税对象,未列举的车辆不纳税。其征税范围包括汽车、摩托车、电车、挂车、农用运输车。

纳税人:车辆购置税的纳税人,是指在我国境内购置应税车辆的单位和个人。所称购置,包括购买、进口、自产、受赠、获奖,或者以其他方式取得并自用应税车辆的行为。

税率:车辆购置税实行从价定率的办法计算应纳税额,税率为 10%。

(3)车辆购置税的计算

计算:车辆购置税应纳税额的计算公式为:应纳税额 = 计税价格 × 税率

3. 车船使用税

(1)车船使用税的概念:车船税是指对在中华人民共和国境内车船管理部门登记的车辆、船舶依法征收的一种税。

(2)车船使用税的征税范围、纳税人、税目与税率

征税范围:车船税的征收范围,是指依法在中华人民共和国境内车船管理部门登记的车辆、船舶。

纳税人:在中华人民共和国境内,车辆、船舶(以下简称车船)的所有人或者管理人,为车船税的纳税人。从事机动车交通事故责任强制保险业务的保险机构为扣缴义务人。

税目与税率:车船税实行定额税率。

(3) 车船使用税的计算

车船税各税目的计算公式为：

乘用车、商用客车和摩托车的应纳税额＝辆数×适用年税额

商用货车、专用作业车和轮式专用机械车的应纳税额＝整备质量吨位数×适用年税额

机动船舶、非机动驳船、拖船的应纳税额＝净吨位数×适用年税额

游艇的应纳税额＝艇身长度×适用年税额

4. 印花税

(1) 印花税的概念

印花税是对经济活动和经济交往中书立、领受、使用的应税经济凭证征收的一种税。印花税因其采用在应税凭证上粘贴印花税票的方法缴纳税款而得名。

(2) 印花税的征税范围、纳税人、税目与税率

征税范围：现行印花税只对《印花税暂行条例》列举的凭证征收，没有列举的凭证不征税。正式列举的凭证分为五类，即经济合同、产权转移书据、营业账簿、权利、许可证照和经财政部门确认的其他凭证。

纳税人：印花税的纳税人是在中国境内书立、领受、使用印花税法所列举凭证的单位和个人。

税目与税率：印花税税率有比例税率和定额税率两种形式。

①比例税率。比例税率适用于记载有金额的应税凭证。

②定额税率。定额税率适用于无法记载金额或虽载有金额，但作为计税依据明显不合理的应税凭证，固定税额为每件应税凭证五元。适用于：a. 其他营业账簿。b. 权利、许可证照。

(3) 印花税的计算

计算：适用定额税率的，按件收取五元。

适用比例税率的应税凭证，以凭证上所记载的金额为计税依据，计税公式为：

应纳税额＝计税金额×比例税率

思考题

1. 我国财政和税收的关系是什么？
2. 按照征税对象的不同，我国税收一般分为哪五种？你认为，其中哪种税对我国当前财政的意义最重大？为什么？

第五章

国家金融与证券监管中的法律问题

第一节 商业银行管理中必须遵守的法律规则与其他制度性规定

一、商业银行的概念、性质及职能

商业银行是以金融资产和负债为经营对象,以利润最大化或股东收益最大化为主要目标,提供多样化服务的综合信用中介机构。商业银行是一种特殊的金融企业,其法律形式是企业法人。

商业银行的职能主要有信用中介、支付中介、信用创造、金融服务职能等。

支付中介职能是指商业银行利用活期存款账户,为客户办理各种货币结算、货币收付、货币兑换和转账存款等货币经营业务的职能。支付中介职能是商业银行的传统职能。

商业银行在发挥其支付中介职能过程中,具有两个明显的作用。首先,它可使商业银行持续拥有比较稳定的廉价资本来源;其次,它可节约社会流通费用,增加生产资本投入。

商业银行可以利用其在国民经济活动中的特殊地位,以及在提供信用中介和支付中介业务过程中所获得的大量信息,凭借这些优势,运用电子计算机等先进工具,为客户提供多种金融服务。这些服务主要包括服务咨询、代理融通、信托、租赁、计算机服务、现金管理、经纪人业务、国际结算,等等。

商业银行的信用创造职能是在信用中介与支付中介的职能基础上产生的,它是商业银行的特殊职能。所谓信用创造职能是指商业银行利用其可以吸收各类活期存款的有利条件,通过发放贷款,从事投资业务,而衍生出更多存款,从而扩大社会货币供应量。当然,此种货币不是现金货币,而是存款货币,它只是一种账面上的流通工具和支付手段。

二、商业银行的业务范围

商业银行的业务按资金来源和用途可分为三类:负债业务、资产业务和中间业务。根据《中华人民共和国商业银行法》的规定,商业银行可以经营下列部分或者全部业务:吸收公众存款;发放短期、中期和长期贷款;办理国内外结算;办理票据承兑与贴现;发行金融债券;代理发行、代理兑付、承销政府债券;买卖政府债券、金融债券;从事同业拆借;买卖、代理买卖外汇;从事银行卡业务;提供信用证服务及担保;代理收付款项及代理保险业务;提供保管箱服务;经国务院银行业监督管理机构批准的其他业务。

三、商业银行经营业务的原则

商业银行在经营业务时,必须遵守和坚持以下几条原则:

(1)商业银行在经营各项业务时,应遵守和坚持安全性、流动性、效益性的总原则,实行自主经营、自担风险、自负盈亏、自我约束。为此,商业银行依法开展业务,不受任何单位和个人的干涉,商业银行只以其全部法人财产独立承担民事责任;

(2)商业银行在与客户的业务往来中,应当遵循平等、自愿、公平和诚实信用的原则;

(3)商业银行在办理个人储蓄存款业务中,应当遵循存款自愿、取款自由、存款有息、为存款人保密的原则;

(4)商业银行在开展贷款业务时,要严格审查借款人的资信,遵守和坚持担保贷款的原则,确保按期收回贷款和利息;

(5)商业银行在开展业务时,应当遵守法律、行政法规的有关规定,不得损害国家利益、社会公共利益;

(6)商业银行在开展业务时,应当遵守公平竞争的原则,不得从事不正当竞争;

(7)商业银行依法接受国务院银行业监督管理机构的监督管理,但法律规定其有关业务接受其他监督管理部门或者机构监督管理的,依照其规定。

四、商业银行的组织形式

目前,我国商业银行有三类:第一类,国有独资形式的商业银行;第二类,股份制商业银行;第三类,城市合作银行和农村合作银行。

五、商业银行的组织结构

单一行制:指银行业务完全由一个独立的商业银行经营,不设任何分支机构的银行制度;

总分行制:指在大城市设总行,同时,在国内外各地普遍设置分支机构的银行制度;

连锁银行制:指两家以上商业银行受控于同一集团,但又不以持股公司形式出现的银行制度;

控股公司制:又称集团银行制,指专以控制和收购两家以上银行股票所组成的公司制。

六、商业银行法的概念和主要内容

商业银行法是指由国家制定并颁布,用来调整商业银行在其设立、经营、管理和终止等过程中所发生的金融关系的法律规范的总称。

《中华人民共和国商业银行法》的主要内容,包括总则、商业银行的设立和组织机构、对存款人的保护、贷款和其他业务的基本规则、财务会计、监督管理、接管与终止、法律责任和附则。

七、商业银行的设立

商业银行的设立是指商业银行的创办人依照法律规定的程序,通过筹建银行并使银行取得法人资格的法律行为。包括设立的条件、程序、变更、分立和合并等内容。

(一)商业银行的设立条件

设立商业银行,应当具备下列条件:
(1)有符合《商业银行法》和《公司法》规定的章程;
(2)有符合《商业银行法》规定的注册资本最低限额;
(3)有具备任职专业知识和业务工作经验的董事、高级管理人员;
(4)有健全的组织机构和管理制度;
(5)有符合要求的营业场所、安全防范措施和与业务有关的其他设施。

(二)商业银行设立的程序

《商业银行法》将设立程序分为筹建和开业两个阶段,以及申请、审批、登记、公告四个环节。商业银行分支机构的设立,商业银行根据其业务需要,可以在我国境内、境外设立分支机构,其设立的条件、程序和要求是:
(1)设立分支机构同样必须经国务院银行业监督管理机构审查批准,未经批准的,不得擅自设立;
(2)分支机构在我国境内不按行政区域设立,而是根据开展业务的需要而定;
(3)商业银行在我国境内设立分支机构,应当按照规定拨付与其经营规模相适应的营运资金额,各商业银行总行拨付分支机构营运资金额的总和,不得超过总行资本金总额的60%;
(4)设立商业银行分支机构,申请人应当向国务院银行业监督管理机构提交相关的文件、资料。

(三)商业银行的变更

商业银行的变更,是指商业银行设立后,在某些重大事项上的改变或变动。《商业银行法》规定,商业银行有下列变更事项之一的,应当经国务院银行业监督管理机构批准:
(1)变更名称;
(2)变更注册资本;
(3)变更总行或者分支行所在地;
(4)调整业务范围;
(5)变更持有资本总额或者股份总额5%以上的股东;
(6)修改章程;
(7)国务院银行业监督管理机构规定的其他变更事项。

(四)商业银行的组织机构

一般而言,无论是股份有限公司形式的商业银行,还是有限责任公司形式的商业银行,其完备的组织机构应包括:权力机构(股东会或股东大会)、执行机构(董事会和总经理)、监督机构(监事会)、总稽核、业务和职能部门等。

八、商业银行的存、贷款业务规则

(一)商业银行存款业务的规则

1. 存款业务的意义

存款业务相当于商业银行向社会公众借钱,是商业银行的负债。商业银行的业务是从负债业务开始的,负债业务是商业银行最基本的业务,也是其开办其他业务的基础和前提,可以说,商业银行没有存款也就没有贷款。现代商业银行的营运资金的大部分是来源于客户的存款,如日本的住友、富士等大型的商业银行,其存款占了其资金来源的85%左右。

2. 存款业务的规则要求

(1)商业银行办理个人储蓄存款业务,应当遵循存款自愿、取款自由、存款有息、为存款人保密的原则;

(2)商业银行应当按照中国人民银行规定的存款利率的上下限,确定存款利率,并予以公告;

(3)商业银行应当按照中国人民银行的规定,向中国人民银行缴存存款准备金,留足备付金;

(4)商业银行应当保证存款本金和利息的支付,不得拖延、拒绝支付存款本金和利息。

(二)商业银行贷款业务的规则

1. 贷款业务的意义

是商业银行最重要的资产业务,通过放款收回本金和利息,扣除成本后获得利润。所以贷款是商业银行的主要盈利手段,是商业银行利润的主要来源。贷款业务开展的好与坏,直接决定着商业银行的盈亏。因此,各国商业银行在业务经营活动中,对贷款业务都予以高度重视,尽可能减小风险,谋求盈利。商业银行贷款的基本要素,包括借款人、金额、期限、利率、用途等。

2. 贷款业务的规则要求

(1)在国家产业政策指导下,开展贷款业务。商业银行要根据国民经济和社会发展的需要,在国家产业政策指导下开展贷款业务。

(2)实行审贷分离、分级审批制度。商业银行贷款,应当对借款人的借款用途、偿还能力、还款方式等情况进行严格审查。应当实行审贷分离、分级审批的制度。

(3)借款人应当提供担保。商业银行贷款,借款人应当提供担保。商业银行应当对保证人的偿还能力,抵押物、质物的权属和价值,以及实现抵押权、质权的可行性进行严格审查。经商业银行审查、评估,确认借款人资信良好,确能偿还贷款的,可以不提供担保。

3. 评级标准

AAA级　信用极好,表示企业的信用程度高,债务风险小。该类企业具有优秀的信用记录,经营状况佳,盈利能力强,发展前景广阔,不确定性因素对其经营与发展的影响极小;

AA级　信用优良,表示企业的信用程度较高,债务风险较小。该类企业具有优良的信

用记录,经营状况较佳,盈利水平较高,发展前景较为广阔,不确定性因素对其经营与发展的影响很小;

A级　信用较好,表示企业的信用程度良好,在正常情况下偿还债务没有问题。该类企业具有良好的信用记录,经营处于良性循环状态,但是可能存在一些影响其未来经营与发展的不确定因素,进而削弱其盈利能力和偿债能力;

BBB级　信用一般,表示企业的信用程度一般,偿还债务的能力一般。该类企业的信用记录正常,但其经营状况、盈利水平及未来发展易受不确定因素的影响,偿债能力有波动;

BB级　信用欠佳,表示企业信用程度较差,偿债能力不足。该类企业有较多不良信用记录,未来前景不明朗,含有投机性因素;

B级　信用较差,表示企业的信用程度差,偿债能力较弱;

CCC级　信用很差,表示企业信用很差,几乎没有偿债能力;

CC级　信用极差,表示企业信用极差,没有偿债能力;

C级　没有信用,表示企业无信用;

D级　没有信用,表示企业已濒临破产。

九、商业银行的财务会计管理

关于商业银行的财务会计管理,《商业银行法》主要作了以下几方面的规定:

(1)商业银行应当依照法律和国家统一的会计制度,以及国务院银行业监督管理机构的有关规定,建立、健全本行的财务、会计制度;

(2)商业银行应当按照国家有关规定,真实记录并全面反映其业务活动和财务状况,编制年度财务会计报告,及时向国务院银行业监督管理机构、中国人民银行和国务院财政部门报送。商业银行不得在法定的会计账册外另立会计账册;

(3)商业银行应当于每一会计年度终了三个月内,按照国务院银行业监督管理机构的规定,公布其上一年度的经营业绩和审计报告;

(4)商业银行应当按照国家有关规定,提取呆账准备金,冲销呆账;

(5)商业银行的会计年度自公历1月1日起至12月31日止。

十、对商业银行的外部监管

对商业银行的外部监管,是指国务院银行业监督管理机构、中国人民银行和审计机关依法对商业银行所进行的检查监督活动。

(一)国务院银行业监督管理机构对商业银行的检查监督

国务院银行业监督管理机构有权依照《商业银行法》第三章、第四章、第五章的规定,随时对商业银行的存款、贷款、结算、呆账等情况进行检查监督。检查监督时,检查监督人员应当出示合法的证件。商业银行应当按照国务院银行业监督管理机构的要求,提供财务会计资料、业务合同和有关经营管理方面的其他信息。

(二)中国人民银行对商业银行的检查监督

中国人民银行有权依照《中国人民银行法》的规定,对商业银行进行检查监督。《中国人民银行法》规定了中国人民银行对商业银行进行检查监督的九项具体内容。

(三) 审计机关对商业银行的监督

我国实行审计监督制度,县以上各级政府都设立有审计机关。审计机关针对各级政府、金融机构,以及依法确定为受审计监督的单位的财务收支进行审计监督。因此,对商业银行进行审计监督,是审计机关的重要职责之一。依照《审计法》的规定,审计机关有权对国有金融机构的资产、负债、损益,以及财务收支的真实、合法和效益依法进行审计监督。《商业银行法》也明确规定:"商业银行应当依法接受审计机关的审计监督。"

十一、商业银行的终止

商业银行的终止是指商业银行因出现解散、被撤销和被宣告破产等法律规定的情形,消灭主体资格的法律行为。《商业银行法》规定,商业银行因解散、被撤销和被宣告破产而终止。

(一) 解散

商业银行解散是指依法设立的商业银行因出现银行章程或法律规定的事由,致使法人资格消灭的法律行为。解散分为法定事由解散和自主决定解散。

(二) 撤销

商业银行撤销是指商业银行经营业务出现非法事由而被吊销经营许可证,致使其丧失法人资格的法律行为。

(三) 破产

商业银行破产是指商业银行不能支付到期债务,经国务院银行业监督管理机构同意,由人民法院依法宣告其破产,从而使其丧失法人资格的法律行为。

第二节 证券管理中必须遵守的法律规则与其他制度性规定

一、证券的概念

证券是指记载并代表一定权利的凭证。如股票、债券、汇票、本票、支票、提单、仓单等。

二、证券的种类

根据《证券法》第二条规定,在中国境内,股票、公司债券和国务院依法认定的其他证券的发行和交易,适用本法。政府债券的发行和交易,由法律、行政法规另行规定。国务院依法认定的其他证券,目前,主要指非公司企业债券、投资基金券、新股认购权证书、金融债券等。

1. 股票:由股份有限公司公开发行的,用以证明投资者的股东身份和权益,并据以获得股息和红利的凭证。主要有普通股、优先股;记名股、无记名股;面额股、无面额股;国家股、法人股、个人股、外资股;人民币股(A股)、人民币特种股(B股,H股,N股,S股)。

2. 普通股:股东享有无特别限制的基本股东权利,且按照公司的盈利大小分配相应股息的股票。

3. 优先股:公司在筹集资金时,给予投资者某些优先权的股票。
   (1)票面上标明"优先股"字样;
   (2)有固定股息,不受公司经营好坏的影响;
   (3)因解散、破产等原因清算时,优先普通股股东请求分配剩余财产;
   (4)不参加公司红利分配;
   (5)不享有表决权,不参加公司的经营管理。

4. 国家股:有关代表国家投资的部门或机构以国有资产向公司投资形成的股份,包括以公司现有国有资产折算成的股份。

5. 法人股:企业法人,或具有法人资格并按照企业经营方式运作的事业单位和社会团体,以其依法可经营的资产,向公司非上市流通股权部分投资形成的股份。

6. 社会公众股:我国境内的个人和机构,以其合法财产向公司可上市流通股权部分投资所形成的股份。

7. 人民币普通股(A股):我国境内公司发行,供境内机构、组织和个人(不含港、澳、台投资者)以人民币认购和交易的普通股股票。

8. 境内上市外资股(B股):以人民币标明面值,以外币认购和买卖,在境内(上海、深圳)证券交易所上市交易的股票。投资者限于:外国、港澳台地区的自然人、法人和其他组织;定居在国外的中国公民;以及证监会规定的其他投资者。

9. 境外上市外资股(H股,N股,S股):股份公司向境外投资者发行,以人民币标明面值,以外币认购,在境外的证券交易所流通转让的股票。

10. 债券:社会各类经济主体为筹集资金而发行的承诺定期支付和到期偿还本金的证券。

11. 认股权证:由股份有限公司发行,能够按照特定的价格在特定的时间内购买特定数量股票的选择权凭证。

12. 投资基金券:由投资基金发起人向社会公开发行的,表示持有人按其所持份额享有资产所有权、收益分配权和剩余资产分配权的凭证。

三、证券法概述

(一)证券的作用

1. 资本聚集作用;
2. 促进资源优化配置作用:调节资金的合理流动,资金合理使用;
3. 促进企业经营机制完善作用;
4. 宏观调控作用:实现国家产业政策,调节社会货币流通量,吸引外资促进对外开放。

(二)证券法的概念

证券法是调整因证券的发行、上市、交易、管理、监督及其他相关活动而发生的各种社会关系的法律规范的总称。

(三)证券法的调整对象

1. 平等主体之间的证券发行、交易关系。

2. 证券监督管理关系:国家对证券发行者、证券经营机构、证券投资者、证券交易所等证券市场的参与者的活动进行的协调和管理;证券业的自律管理关系。

3. 因证券的其他相关活动而发生的关系:证券发行和交易的咨询、策划及其配套服务活动而发生的关系(中介机构);证券的评级、评估、保管、结算登记等活动而发生的关系。

(四)证券法中主要包括的法律制度

1. 证券发行制度(注册申报制,发行审核制);

2. 信息披露制度(招股说明书,上市公告书,定期报告,重大事件临时报告,公司收购报告等);

3. 证券交易市场的监管和自律制度;

4. 禁止证券欺诈行为制度:禁止内幕交易、禁止操纵市场、禁止欺诈客户、禁止虚假陈述。

四、证券市场

(一)证券市场的定义

证券市场是指证券发行与买卖的场所。

(二)证券市场的特征

1. 证券市场的投资主体十分广泛,可以是居民个人、中央银行、商业银行、非银行金融机构(证券公司)、企业。

2. 证券市场的交易具有投机性。

3. 信息是证券交易中极为重要的因素。

4. 证券市场交易客体均为证券。

5. 证券交易具有连续性。未交割之前,可以进行若干次买卖,世界范围内24小时进行(东京—香港—新加坡—苏黎世—法兰克福—巴黎—伦敦—芝加哥—纽约)。

(三)证券市场的种类

1. 根据市场所处的阶段和任务不同可分为:

发行市场(一级市场)、交易市场(二级市场)、场内交易市场(证券交易所)、场外交易市场(柜台,第三、第四市场)。

2. 根据证券的性质不同可分为:

国库券市场、金融债券市场、公司(企业)债券市场、股票市场、投资基金证券市场。

3. 根据发行程序不同可分为:

一级市场:

(1)政府、企业、金融机构发行债券、股票以筹集资金的市场;

(2)以证券形式吸收闲散资金,使之转化为生产资本的市场;

(3)一级市场是证券市场的起点;

(4)一级市场的立法需要平衡宏观经济发展、发行主体利益及投资者利益三者的关系。

二级市场:

(1)证券交易所:依据国家有关法律,经政府证券主管机构批准设立的证券集中竞价交易的有形场所;

(2)场外交易市场(柜台交易市场,店头市场):在证券交易所外进行的较为广泛的证券交易,主要指在证券公司专设的证券柜台进行的交易。

五、证券市场的主体

证券市场的主体包括证券发行者、证券投资者、证券交易所、证券经营机构、证券登记结算机构、证券交易服务机构[证券投资咨询机构、证券资信评估机构(专业)、资产评估机构、会计师事务所、律师事务所]、证券业协会、证券监督管理机构。

(一)证券公司

(1)经纪类证券公司:证券的代理买卖、代理还本付息、分红派息、证券代保管、鉴证、代理登记开户;

(2)综合类证券公司:证券的自营买卖、证券的承销、证券的上市推荐、证券投资咨询、资产管理、发起设立证券投资基金和基金管理公司。

(二)证券公司的营业规则

(1)经纪业务与自营业务分开;

(2)自营业务必须以自己名义进行;

(3)客户结算资金必须存入银行;

(4)禁止违规资金入市;

(5)分立账户,分账管理;

(6)置备委托书并保存委托记录;

(7)按照客户委托买卖证券;

(8)不得为客户融资、融券;

(9)不得接受客户全权委托买卖证券;

(10)不得对客户承诺收益和赔偿损失;

(11)不得私下接受客户委托;

(12)证券公司承担其从业人员职务行为的全部责任。

六、证券发行

(一)证券发行的概念

证券发行主体以筹集资金为目的,将证券发售给投资人的活动,包括募集、制作、交付、直接销售或委托中介机构承销代销证券的一系列活动。

(二)证券发行的特点

(1)以筹集资金或调整股权结构为目的;
(2)向相对人销售证券;
(3)证券发行是单方法律行为;
(4)证券发行必须依法进行。

(三)证券发行的种类

(1)依据发行目的分为:设立发行(发起设立,募集设立)、增资发行;
(2)依据发行对象分为:公募发行、私募发行;
(3)依据发行是否借助中介机构分为:直接发行、间接发行;
(4)依据发行地点分为:国内发行、国外发行。

(四)股票发行的目的

(1)筹集资金,新公司成立时筹集初始资本,公司成立后为增资而发行;
(2)将公积金转为资本金,向股东派发非现金红利,将公司资产重估时增值部分载入资本金,将可转换证券转换为股票,换股收购与反收购。

(五)设立发行股票的条件

1. 需要提供的文件:
(1)有关部门同意成立新公司的批准文件;
(2)工商行政部门同意注册登记的意向证明书;
(3)公司发起人法定认购股份的验资证明书。
2. 其生产经营符合国家产业政策。
3. 其发行的普通股限于一种,同股同权。
4. 发起人认购的股本数额,不少于公司拟发行的股本总额的35%。
5. 在公司拟发行的股本总额中,发起人认购的部分不少于人民币3 000万元,但国家另有规定的除外。
6. 向社会公众发行的部分不少于公司拟发行股本总额的25%。其中,公司职工认购的股本数不得超过拟向社会公众发行股本总额的10%(总额4亿元的,最低不少于10%)。
7. 发起人在近三年内没有重大违法行为。
8. 设立发行还应符合证券监督管理机构规定的其他条件。

七、股票发行的程序

(一)设立发行股票的程序

(1)募股准备(资产评估、财务审定、出具法律意见书、制作招股说明书);
(2)募股申请(报送证券监督管理部门);
(3)募股批准(90日);
(4)公告招股说明书(承销前二至五个工作日在指定报纸和场所公开);
(5)办理发售事宜;

(6)设立公司；

(7)交付股票。

(二)新股发行的程序

(1)做出新股发行决议；

(2)新股发行申请；

(3)公开有关新股发行资料；

(4)办理发售与认股事宜；

(5)登记和公告。

八、债券发行

(一)债券发行的基本因素

(1)发行数量；(2)债券面值；(2)票面利率；(4)发行价格；(5)付息方式；(6)本金偿还方式(还本,债券替换,转换股票)；(7)偿还期限(资金需求量,证券,资本市场)；(8)债券发行的信用等级。

(二)公司发行债券的条件

1. 发行主体资格

《公司法》规定具有发行主体资格的有：(1)股份有限公司；(2)国有独资公司；(3)两个以上的国有公司或国有投资主体投资设立的有限责任公司。

2. 公司资本法定标准

(1)股份公司净资产额不低于3 000万；

(2)有限公司净资产额不低于6 000万。

3. 发行数额的限制

公司累计发行的债券总额不得超过公司净资产的40%。

4. 公司经济效益的规定

最近三年平均可分配利润足以支付公司债券一年利息；前一次发行的公司债券已经募足；对已经发行的公司债券或其他债务不存在违约或迟付本息的事实。

5. 资金投向的限制

所筹集资金的投向必须符合国家产业政策,要优先投资于国家产业政策鼓励投资的项目。

6. 债券利率的限制

公司债券的利率不得超过国务院限定的利率水平。

(三)公司债券发行的程序

1. 做出发行债券的决议

董事会制订方案,股东会做出决议；

股份有限公司：出席会议的股东所持表决权半数以上通过；

有限责任公司：章程规定(代表2/3以上表决权的股东通过)；

国有独资公司:国家授权投资的机构或者国家授权的部门做出决定。
2. 进行债券发行前的准备
董事会着手制定债券发行章程或募集办法,委托相应机构进行资信评估、资产评估等;
3. 提出债券发行申请
国务院授权的部门受理,三个月审批期限。

九、证券上市

1. 证券上市的概念
已公开发行的股票、债券等有价证券,经证券主管机关批准后,在证券交易所集中竞价交易的行为。

证券上市与证券发行关系:证券发行是证券上市的前提,证券上市是联结发行市场与交易市场的桥梁。证券发行仅涉及发行人与投资人之间的关系,而证券上市则涉及两方面的关系:(1)证券发行人与证券交易所之间的关系;(2)证券持有者与投资者在证券交易所形成的证券买卖关系。

2. 证券上市的意义
(1)对上市公司而言,可以提高上市公司的信誉和知名度;为公司筹措更多的资金,降低发行成本;促进公司改善经营管理,提高经济效益;有利于公司开拓新的市场领域。
(2)对投资者而言,实现了买卖便利,成交价格合理;可以减少投资风险;上市证券的流通性强。

3. 债券上市的条件
(1)公司债券的期限为一年以上;
(2)公司债券实际发行额不少于人民币5 000万元;
(3)申请债券上市时仍符合法定的公司债券发行条件。

十、证券上市的程序

(一)上市申请

向国务院证券监督管理机构提出上市申请,股票上市申请应提交的文件:
(1)上市报告书;
(2)申请上市的股东会决议;
(3)公司章程,营业执照;
(4)近三年的财务会计报告;
(5)法律意见书和证券公司的推荐书;
(6)最近一次的招股说明书。

(二)上市核准

我国坚持许可上市的同时,又规定国务院证券监督机构可以授权证券交易所依照法定条件和法定程序核准股票和公司债券上市申请。对于国债、地方公债的上市,世界各国均豁免其上市申请和上市审查,由主管机关通知证券交易所上市,我国亦是如此。

(三)安排上市

核准后,发行公司向证交所提交核准文件和申请文件,证交所自接到股票发行人提交的文件之日起六个月内(债券三个月)安排该股票或债券上市。

(四)订立上市协议

上市公司应当与证券交易所订立上市协议,确定相互间的权利义务关系。根据该协议,上市公司承诺接受交易所的管理,承担上市协议准则或交易所自律规章规定的义务。上市公司证券有权在证交所集中竞价买卖,并成为交易所规制的对象。

(五)进行上市公告

上市公司应当在上市交易的五日前公告有关文件,并将该文件置备于指定场所供公众查阅,以便投资者做出投资决策。

十一、证券暂停上市、恢复上市和终止上市

(一)暂停上市

(1)公司股本总额、股权分布等发生变化不再具备上市条件的;
(2)公司不按规定公开其财务状况,或者对财务报告作虚假记载;
(3)公司有重大违法行为;
(4)公司最近三年连续亏损,由国务院证券管理部门做出暂停上市公司股票上市交易的决定。

在我国目前的暂停上市制度中,证券交易所有权决定连续三年亏损的公司的暂停上市,其他情况下的暂停上市决定由中国证监会做出。

证券交易所决定公司股票暂停上市的,应在两个工作日内通知公司并公告,并向中国证监会做出报告,中国证监会认为其做出的决定不符合有关规定的,可要求证交所予以纠正,或直接撤销其决定。

公司应在接到证券交易所股票暂停上市决定之日后两个工作日内,在指定的报纸和网站上登载《股票暂停上市公告》。

(二)恢复上市

公司因连续三年亏损暂停上市后申请恢复上市的:
(1)在法定期限内披露暂停上市后的第一个半年度报告。
(2)半年度财务报告显示公司已经盈利。
(3)公司可以在第一个半年度报告披露后的五个工作日内向证交所提出申请。
(4)证交所在五个工作日内做出是否受理申请的决定;受理后应在30个工作日内做出是否核准的决定;做出恢复上市决定的,应向证监会做出报告。

(三)终止上市

证交所依据证监会的决定终止公司股票上市的情形:

(1)在限期内未能消除股本总额,股权分布状况不具备上市条件的;
(2)不按规定公开其财务状况或对财务报告作虚假记载的;
(3)有重大违法行为,经查实后果严重的;
(4)股东会决议解散公司,公司被行政主管部门依法责令关闭,或者被法院宣告上市公司破产的。

(四)证交所决定终止上市的情形

(1)在法定期限结束后未披露暂停上市后第一个半年度报告的。
(2)虽披露,但未在五个工作日内提出恢复上市申请的;或提出申请未被受理的;虽受理未获批准的;
(3)暂停上市期间,公司股东会做出终止上市决议的。
(4)恢复上市后,未在法定期限结束后披露恢复上市后的第一个年度报告的;或披露,但出现亏损的;公司终止上市后,投资者所持股票不能继续在证交所集中竞价交易,转让受到一定限制;但终止上市的公司可以依照有关规定,委托中国证券业协会批准的证券公司办理股份转让。

十二、证券交易

1. 证券交易的概念

证券交易即证券买卖,是指证券持有人依照交易规则,借助证券交易场所(场内、场外),将证券有偿转让给他人的法律行为。

2. 证券经纪交易的性质

(1)证券经营机构以投资者名义与第三人从事买卖,以投资者的证券账户和资金账户为基础,为投资者的利益进行报单和成交;
(2)证券经纪交易的行为后果由投资者承担而非证券经营机构承担;
(3)证券经纪交易关系由整体合同(证券经纪交易合同和账户合同)和分合同(每一次报单)构成。

十三、禁止的交易行为

(一)禁止内幕交易

内幕交易,是指掌握内幕信息的人员,利用内幕信息进行证券交易,其目的是获取利益或减少损失。

内幕交易的构成要件包括:
(1)内幕交易的行为主体——内幕人员;
(2)内幕信息的知悉或利用;
(3)内幕交易的主观方面——欺诈故意;
(4)内幕交易的客观方面——实施了欺诈行为。

内幕人员是指:

(1)发行股票或者公司债券的公司董事、监事、经理、副经理及有关的高级管理人员;

(2)持有公司5%以上股份的股东;

(3)发行股票公司的控股公司的高级管理人员;

(4)由于所任公司职务可以获取公司有关证券交易信息的人员;

(5)证券监督管理机构工作人员,以及由于法定职责对证券交易进行管理的其他人员;

(6)由于法定职责而参与证券交易的社会中介机构或者证券登记结算机构,证券交易服务机构的有关人员等。

内幕信息是指在证券交易活动中,涉及公司的经营、财务,或者对该公司证券的市场价格有重大影响的,尚未公开的信息,包括:

(1)公司的经营方针和经营范围的重大变化;

(2)公司的重大投资行为和重大的购置财产的决定;

(3)公司订立重要合同,而该合同可能对公司的资产、负债、权益和经营成果产生重要影响;

(4)公司发生重大债务,未能清偿到期重大债务的违约情况;

(5)公司发生重大亏损或者遭受超过净资产10%以上的重大损失;

(6)公司生产经营的外部条件发生的重大变化;

(7)公司的董事长,1/3以上的董事,或者经理发生变化;

(8)持有公司5%以上股份的股东,其持有股份情况发生较大变化;

(9)公司减资、合并、分立、解散及申请破产的决定;

(10)涉及公司的重大诉讼,法院依法撤销股东大会、董事会决议;

(11)公司分配股利或者增资的计划;

(12)公司股权结构的重大变化;

(13)公司债务担保的重大变更;

(14)公司营业用主要资产的抵押,出售或者报废一次超过该资产的30%;

(15)公司的董事、监事、经理,或其他高级管理人员的行为可能依法承担重大损害赔偿责任;

(16)上市公司收购的有关方案;

(17)国务院证券监督管理机构认定的对证券交易价格有显著影响的其他重要信息。

内幕交易的主观方面主要有行为人存在故意,且有特定目的,即获取利益或减少损失;在内幕交易案件中,原告如欲证明被告内幕交易成立,必须证明被告存在故意,即被告明知其知悉内幕信息却仍然进行证券交易;如果被告能够证明自己有正当理由相信该重要信息已经公开,由被告的交易行为可以合理地推知这一点,被告即可免责。

(二)操纵市场

指操纵人有意识地利用资金、信息媒体等优势,或行政权力或个人影响制造市场假象,诱导投资公众做出错误的证券投资判断,企图获取经济利益或避免损失,或虽未获利但因此使投资公众的利益受到损害的行为。

操纵市场的行为方式主要有:虚买虚卖、相对委托、连续交易、散布谣言、联合操纵。

(三)欺诈客户

指欺诈人利用与证券投资人进行交易的机会,或利用其受托人、管理人或代理人地位,通过损害投资人、委托人、被管理人、被代理人的利益而进行证券交易;或以虚假陈述诱导顾客委托其代为买卖证券,企图由此获取经济利益或避免损失,或其他不忠实履行其作为受托人、管理人或代理人应尽义务的行为。

欺诈客户的行为方式:混合操作、违背指令、不当劝诱、过量交易、违背交易规则、挪用客户资金或证券等。

(四)虚假陈述

指负有信息公开义务的单位或个人,违反证券市场中的信息公开制度,对证券发行、交易以及相关活动的事实、性质、前景等事项做出不实、严重误导或者有重大遗漏陈述的行为。

虚假陈述的责任主体有:(1)发行人及公司发起人;(2)发行公司的主要职员:董事,经理,以及其他重要职员;(3)专业服务机构及其从业人员;(4)承销商。

虚假陈述的法律责任涉及以下几点:

(1)对发行人或公司成立前的发起人,须就整个文件没有虚假、严重误导或者重大遗漏承担保证责任,其归责原则为无过失原则;

(2)对发行人的职员,须就其签证部分承担保证责任,并与发行人承担连带责任,起归责原则为推定过失原则;

(3)对承销商,须就其承销证券范围内的文件承担保证责任,并与发行人承担连带责任,起归责原则为推定过失原则;

(4)对会计师、律师、资产评估等专业人员,须就其签证部分承担保证责任,并与发行人承担连带责任,起归责原则为推定过失原则。

第三节 保险管理过程中必须遵守的法律规则与其他制度性规定

一、保险的概念

我国《保险法》规定:"本法所称保险,是指投保人根据合同约定,向保险人支付保险费,保险人对于合同约定的可能发生的事故因其发生所造成的财产损失承担赔偿保险金责任,或者当被保险人死亡、伤残、疾病或者达到合同约定的年龄、期限时承担给付保险金的商业保险行为。"

二、保险法的概念、调整对象

(一)概念

广义保险法是以保险关系为调整对象的各种法律规范的总和。从法律形态上看,保险法可以分为形式意义上的保险法与实质意义上的保险法。狭义保险法是指保险企业法和保险合同法等私法类法规。

(二) 调整对象

保险法的调整对象是保险关系,以及与保险关系有关的关系。保险法所调整的保险关系是在保险业经营活动中发生的一种经济关系,从保险法的调整范围来看,主要涉及以下几个方面的内容:

1. 国家和保险公司之间的关系

国家对保险公司的计划、组织、管理和监督而发生的经济管理关系,该种关系主要是为了保障保险公司的正常经营,发挥其功能,指导和监督保险公司按国家的法律、法规及政策运作。

2. 保险公司和其他国民经济部门的经济关系

保险基金属于财政后备的补充部分,保险经营又属于特殊的信用行为。因此,保险公司和财政、银行部门之间有着密切的关系。

3. 保险公司相互之间的经济关系

它们相互之间既存在着对保险市场的竞争,同时,又存在着对保险市场的协作经营关系。

4. 保险公司和投保人、被保险人之间的关系

这种关系是指通过投保人投保和保险人承保而确立保险经营中的最基础关系,是通过双方约定而产生的行为关系,是一种契约关系、民商事关系。

5. 保险公司内部之间的关系

6. 保险公司和外国保险公司及投保人之间的关系

和保险有关的关系,如因保险代理、保险经纪和保险评估等活动而发生的有关当事人之间的关系。社会保险关系目前从我国的法律体系而言,没有纳入《保险法》的调整范围中,从行政管理上而言,社会保险关系由劳动与社会保障部、农业部及民政部等部门来统筹,纳入社会保障的范围。

三、保险法的基本原则

(一) 保险与减灾防损相结合原则

是指保险人以所承保的保险标的为对象所直接采取的预防和减少损失的措施。保险人通过保险费率和拨付预防费为杠杆,督促被保险人预防和减少损失的发生。在保险事故发生时,被保险人应尽量防止或者减少损失的发生,履行施救义务。

(二) 最大诚信原则

从保险关系的成立基础考察,保险人通常是基于对投保人或被保险人的充分信任而接受投保和承担保险责任。订立保险合同时,投保人或被保险人必须将其所知或推定其所知的关于保险标的的重要情况如实告知保险人。投保人所应告知、说明的是足以影响保险关系的重要事项。

我国《保险法》规定:"投保人故意隐瞒事实,不履行告知义务的,或者因过失未履行如实告知义务,足以影响保险人决定是否同意承保或者提高保险费率的,保险人有权解除合

同。"依此规定,我国保险法显然采取过错归责原则,将可归责于告知义务人的主观要件作为构成告知义务之违反的要件,而将告知义务人主观上无过错的情形排除在外。当告知义务人出于故意违反告知义务,保险人一律可解除保险合同。

(三)保险利益原则

所谓保险利益是指投保人或被保险人对其所保标的具有法律所承认的权益或利害关系。即在保险事故发生时,可能遭受的损失或失去的利益。保险利益原则的根本目的是在于防止道德风险的发生,从而更好地实现保险"分散风险和消化损失"的功能。

(四)近因原则

近因原则是指导致结果发生的起决定性作用的或最有力的原因。即造成保险标的损害的主要的、起决定性作用的原因,即属近因。只有近因属于保险责任,保险人才承担保险责任。

四、保证

(一)保证的含义

是指保险人和投保人在保险合同中约定,投保人或被保险人在保险期限内担保对某种特定事项的作为或不作为,或担保其真实性。

保证是保险人接受承保或承担保险责任所需投保人或被保险人履行某种义务的条件。由于保险合同的生效是以某种促使风险增加的事实不能存在为先决条件,保险人所收取的保险费也是以被保险风险不能增加为前提,或不能存在其他风险标的为前提,如果被保险人未经保险人同意而进行风险较大的活动,必然会影响保险双方事先确定的等价地位。例如,某商店在投保企业财险时,在合同内承诺不在店内放置危险品,此项承诺即保证。如果没有此项保证,则保险人将不接受承保,或将调整保单所适用的费率。因此,保证是影响保险合同效力的重要因素,保险保证的内容是合同的组成部分。

(二)保证的种类

1. 明示保证:主要用于保险合同当中,以书面形式载于或附于保险单内,要求投保人(被保险人)必须作为或不作为或者保证某项事实的真实性的特约条款。明示保证条款必须遵守,否则保险合同无效,保险人有权拒绝承担赔偿责任;

2. 默示保证:指虽然在保单中无文字,但习惯上认为被保险人在投保时应对某事项的作为或不作为做出的保证。

五、保险合同

(一)保险合同的定义

保险合同是投保人与保险人约定保险权利义务关系的协议。

(二)保险合同的特征

1. 保险合同是有偿合同

因为享有一定的权利而必须偿付一定对价的合同。保险合同以投保人支付保险费作为对价换取保险人对风险的保障。

2. 保险合同是双务合同

双务合同是指合同双方当事人相互享有权利、承担义务的合同。

3. 保险合同是射幸合同

即合同当事人一方并不必然履行给付义务,而只有当合同中约定的条件具备或合同约定的事件发生时才履行。

4. 保险合同是附合合同

由一方当事人事先拟就,另一方当事人只是做出是否同意的意思表示的一种合同。

(三) 保险合同的分类

1. 单一风险合同、综合风险合同与一切险合同

按照合同承担风险责任的方式分类,保险合同可分为单一风险合同、综合风险合同与一切险合同。

单一风险合同是指只承保一种风险责任的保险合同。如农作物雹灾保险合同。

综合风险合同是指承保两种以上的多种特定风险责任的保险合同。

一切险合同是指保险人承保的风险,是合同中列明的除外不保风险之外的一切风险的保险合同。

2. 定值保险合同与不定值保险合同

定值保险合同是指在订立保险合同时,投保人和保险人即已确定保险标的的保险价值;

不定值保险合同是指不预先确定保险标的的保险价值,仅载明保险金额作为保险事故发生后赔偿最高限额的保险合同。一旦发生保险事故,保险人需估算保险标的的实际价值,并以此作为保险人确定赔偿金数额的计算依据。实际损失大于保险金额,保险人的赔偿责任仅以保险金额为限;如果实际损失小于保险金额,则保险人仅赔偿实际损失。大多数财产保险业务均采用不定值保险合同的形式。

3. 补偿性保险合同与给付性保险合同

按照合同的性质分类,保险合同可以分为补偿性保险合同与给付性保险合同。

各类财产保险合同和人身保险中的健康保险合同的疾病津贴和医疗费用合同都属于补偿性保险合同。

给付性保险合同是指保险金额由双方事先约定,在保险事件发生或约定的期限届满时,保险人按合同规定标准金额给付的合同。各类寿险合同属于给付性保险合同。

4. 个别保险合同与集合保险合同

根据保险标的的不同情况,保险合同可以分为个别保险合同与集合保险合同。前者是以一人或一物为保险标的的保险合同。

5. 特定保险合同与总括保险合同

是否为特定物或是否属于特定范围,保险合同可分为特定保险合同和总括保险合同。

6. 足额保险合同与非足额保险合同

按保险金额与保险标的的实际价值的对比关系划分,保险合同可分为足额保险合同与不足额保险合同。

非足额保险合同又称低额保险合同,是指保险金额小于财产实际价值的保险合同。

六、保险合同的主体

(一)保险合同的当事人

1. 保险人

保险人也称"承保人",是指经营保险业务,与投保人订立保险合同,收取保险费,组织保险基金,并在保险事故发生或保险期限届满后,对被保险人赔偿损失或给付保险金的保险公司。其特征有三:(1)保险人仅指从事保险业务的保险公司,其资格的取得必须符合法律的严格规定;(2)保险人有权收取保险费;(3)保险人有履行承担赔偿或者给付保险金的义务。

2. 投保人

投保人也称"要保人",是指与保险人签订保险合同,并承担缴付保险费义务的人。投保人要具备三个条件:(1)具有相应的权利能力和行为能力;(2)对保险标的具有保险利益;(3)承担支付保险费的义务。

(二)保险合同的关系人

1. 被保险人

被保险人俗称"保户",是指受保险合同保障并享有保险金请求权的人。被保险人具有以下特征:

(1)被保险人是保险事故发生时遭受损失的人;

(2)被保险人是享有赔偿请求权的人;

(3)被保险人可以是投保人,也可以是第三人;

(4)被保险人的资格一般无严格限制。

被保险人的权利主要有:第一,对保险金的给付享有独立的请求权;第二,除保险金请求权外,在保险合同关系中,被保险人还享有同意权。

2. 受益人

所谓受益人,是指在人身保险中,保险事件发生后,有权获得保险给付的人。受益人的特征有:

(1)受益人享有保险金的请求权;

(2)受益人由被保险人或者投保人指定;

(3)被保险人或者投保人本身可以为受益人;

(4)受益人不受有无民事行为能力和保险利益的限制。

受益顺序的先后:

(1)原始受益人。即订立保险合同时指定的受益人;

(2)后继受益人。即保险单上注明的原始受益人死亡后由其受益的人;

(3)法定继承人。未指定受益人或指定的受益人先于被保险人死亡,或放弃、丧失受益权者,被保险人的法定继承人为其当然受益人。

七、保险合同的内容

从保险法律关系的要素上看,保险合同由以下几部分构成:主体部分、权利义务部分、客体部分、其他声明事项部分。

保险合同的内容由基本条款和特约条款构成。基本条款由保险法以列举方式直接规定,是保险合同必不可少的法定条款,由保险人拟定;特约条款是保险法所列举条款以外的条款,特约条款由双方共同拟定。

(一)保险合同的基本条款

1. 保险人的名称和住所;
2. 投保人、被保险人、受益人的名称和住所;
3. 保险标的。保险标的是指作为保险对象的财产及其有关利益或者人的生命和身体,它是保险利益的载体;
4. 保险责任和责任免除。保险责任是保险人所应承担的保险金赔偿或给付责任;
5. 保险期间和保险责任开始时间。保险期间可以按年、月、日计算,也可按一个运程期、一个工程期或一个生长期计算。我国保险实务中以约定起保日的零点为保险责任开始时间,以合同期满日的24点为保险责任终止时间。
6. 保险价值。保险价值的确定主要有三种方法:

(1)由当事人双方在保险合同中约定,当保险事故发生后,无须再对保险标的估价,就可直接根据合同约定的保险标的价值额计算损失;

(2)按事故发生后保险标的的市场价格确定,即保险标的的价值额随市场价格变动,保险人的赔偿金额不超过保险标的在保险事故发生时的市场价格;

(3)依据法律具体规定确定保险价值。

7. 保险金额。保险金额是指保险人承担赔偿或者给付保险金的最高限额。在定值保险中,保险金额为双方约定的保险标的的价值。在不定值保险中,保险金额可以按下述方法确定:

(1)由投保人按保险标的的实际价值确定;

(2)根据投保人投保时保险标的的账面价值确定。无论在定值保险中,还是在不定值保险中,保险金额都不得超过保险价值,超过的部分无效;

8. 保险费及其支付办法;
9. 保险金赔偿或给付办法;
10. 违约责任和争议处理。

(二)保险合同的特约条款

1. 附加条款

附加条款是对基本条款的修改或变更,其效力优于基本条款。

2. 保证条款

保证条款是指投保人或被保险人就特定事项担保的条款,即保证某种行为或事实的真实性的条款。

（三）保险合同的形式

书面形式的保险合同包括保险单、保险凭证和暂保单等。

1. 保险单。保险单也称保单，是正式书面凭证。保险单包括以下四个部分：声明事项、保险事项、除外责任、条件事项。

2. 保险凭证。是一种简化了的保险单。如货物运输保险、汽车险及第三者责任保险中使用。

3. 暂保单。临时保险凭证。以下四种情况下才会存在：

（1）保险代理人在招揽到保险业务，但还未向保险人办妥正式保险单时；

（2）保险公司的分支机构在接受投保人的要约后，尚需要获得上级保险公司或者保险总公司的批准，在未获得批准前，可先出立暂保单，证明保险合同的成立；

（3）保险人和投保人在洽谈或续订保险合同时，订约双方当事人已就主要条款达成协议，但还有些需要进一步商讨，在没有完全谈妥之前，先出立暂保单，作为合同成立的证明；

（4）出口贸易结汇时，保险单是必备的文件之一，在保险人尚未出具保险单或保险凭证之前，先出立暂保单，以资证明出口货物已经办理保险，作为结汇凭证之一。

暂保单的有效期一般为30天。

4. 批单。修改和变更保险单内容的一种单证，也是保险合同变更时最常用的书面单证。批单的法律效力优于原保险单的同类款目。

5. 其他书面形式。如保险协议书、电报、电传等形式。投保单（又称要保单）是投保人向保险人申请订立保险合同的书面要约。投保单一经保险人接受并签章，即成为保险合同的组成部分。

（四）保险合同的成立与生效

保险合同的成立是指投保人与保险人就保险合同条款达成协议。保险合同的生效是指保险合同对当事人双方发生约束力，即合同条款产生法律效力。一般来说，合同成立即生效。但是，保险合同较为特殊，通常以缴纳保险费为合同生效的条件；同时，还约定在合同成立后的一定条件下或某一时间开始才生效。在我国保险实务中，普遍实行了"零点起保"的规定。保险合同成立后，尚未生效前，发生保险事故的，保险人不承担保险责任；保险合同生效后，发生保险事故的，保险人则应按合同约定承担保险责任。当然，投保人与保险人也可在保险合同中约定，保险合同一经成立就发生法律效力。此时，保险合同成立即生效。

（五）保险合同的有效与无效

1. 保险合同的有效。保险合同有效是保险合同生效的前提条件。保险合同有效，只要所附条件成立，保险合同就生效；保险合同无效，即使所附条件成立，保险合同也不生效。

2. 保险合同的无效

（1）无效保险合同的概念及种类。

按照无效的程度，保险合同的无效可分为全部无效和部分无效。如善意的超额保险，超额部分无效。

按照无效的性质,保险合同的无效可分为绝对无效和相对无效。保险合同绝对无效是指保险合同自订立时起就不发生法律效力,如行为人不合格,采取欺诈胁迫等手段订立的合同,违反法律或行政法规的合同等。而依照我国《民法通则》及《合同法》的相关规定,重大误解和显失公平的保险合同则是相对无效的保险合同,其特点在于:①须经利害关系人提出;②合同被撤销后,自始无效;③须由人民法院或仲裁机关认定。

(2)无效保险合同的确认。无效合同的确认权归人民法院和仲裁机关。

(3)无效保险合同的处理。无效保险合同的处理方式有:①返还财产;②赔偿损失。

(六)保险合同的变更

保险合同的变更,指的是广义上的保险合同变更,即包括主体、客体和权利义务的变更。

(七)保险合同的解除

1. 保险合同解除的含义

保险合同的解除是指保险合同有效期间,当事人依法律规定或合同约定,提前终止合同效力的一种法律行为。

2. 保险合同解除的方式

(1)法定解除

当发生以下事由时,保险人有权解除保险合同:

①投保人故意或过失未履行如实告知义务,足以影响保险人决定是否承保或者以何种保险价格承保;

②投保人、被保险人未履行维护保险标的的义务;

③被保险人未履行危险增加通知的义务;

④在人身保险合同中,投保人申报的被保险人的年龄不真实,并且其真实年龄不符合合同约定的年龄限制(此种情形下,保险人可以解除合同,并在扣除手续费后,向投保人退还保险费,但是,自合同成立之日起逾两年的除外);

⑤分期支付保险费的人身保险合同,投保人在支付了首期保险费后,未按约定或法定期限支付当期保险费的,合同效力中止,合同效力中止后两年内,双方未就恢复保险合同效力达成协议的,保险人有权解除保险合同。但是,人身保险合同的投保人交足两年以上保险费的,保险人应当按照合同的约定向其他享有权利的受益人退还保险单的现金价值;

⑥被保险人或者受益人在未发生保险事故的情况下,谎称发生了保险事故,向保险人提出索赔或者给付保险金的请求的,保险人有权解除保险合同,并不退还保险费;

⑦投保人、被保险人或者受益人故意制造保险事故的,保险人有权解除保险合同,不承担赔偿或给付保险金的责任,并不退还保险费。但也有例外,对此,我国保险法第六十五条明确规定:"投保人、受益人故意造成被保险人死亡、伤残或者疾病的,保险人不承担给付保险金的责任。投保人已交足两年以上保险费的,保险人应当按照合同约定向其他享有权利的受益人退还保险单的现金价值。"

(2)协议解除。合同双方协议解除合同。

3. 保险合同解除的后果

(1)投保人故意不履行如实告知义务,保险人不退还保险费;

(2)投保人、被保险人或受益人因欺诈行为而被解除保险合同的,保险人不退还保险费;

(3)投保人要求解除保险合同的,保险责任开始后,保险人收取的自合同生效至合同解除期间的保险费不予退还。

(八)保险合同的终止

1. 保险合同终止的含义。保险合同终止的主要原因有合同的期限届满、履行完毕、主体消灭等法定或约定事由,其结果是合同权利义务的消灭。

2. 保险合同终止与保险合同解除的区别。直接原因不同;履行程度和效力不同;法律后果不同。

3. 保险合同终止的原因

(1)保险合同因期限届满而终止;

(2)保险合同因履行而终止;

(3)财产保险合同因保险标的灭失而终止;

(4)人身保险合同因被保险人的死亡而终止;

(5)财产保险合同因保险标的部分损失,保险人履行赔偿义务而终止。

保险标的发生部分损失的,在保险人赔偿后三十日内,投保人可以终止合同;除合同约定不得终止合同的以外,保险人也可以终止合同。

思考题

1. 什么是证券内幕交易,主要有哪些情形?
2. 商业银行法的经营原则有哪些?
3. 保险公司的设立条件是什么?

第六章

国家环境维护与保障中的法律问题

第一节 环境法概述

一、环境、环境法的概念

《环境保护法》第二条中指出,本法所称环境,是指影响人类社会生存和发展的各种天然的和经过人工改造的自然因素总体,包括大气、水、海洋、土地、矿藏、森林、草原、野生生物、自然遗迹、人文遗迹、自然保护区、风景名胜区、城市和乡村等。

环境法是指由国家制定或认可的,并由国家强制保证执行的关于保护环境和自然资源、防治污染和其他公害的法律规范的总称。

二、环境法任务、目的与作用

(一)环境法的任务与目的

《宪法》规定:"国家保护和改善生活环境和生态环境,防治污染和其他公害。"

《环境保护法》第一条规定:"为保护和改善生活环境与生态环境,防治污染和其他公害,保障人体健康,促进社会主义现代化建设的发展,制定本办法。"

《海洋环境保护法》第一条规定:"为了保护和改善海洋环境,保护海洋资源,防治污染损害,维护生态平衡,保障人体健康,促进经济和社会的可持续发展,制定本法。"

《大气污染防治法》第一条规定:"为防治大气污染,保护和改善生活和生态环境,保障人体健康,促进经济和社会的可持续发展,制定本法。"

总的来说,环境法的任务主要有:

(1)保护、改善生活和生态环境;
(2)防治环境污染和其他公害;
(3)保障人体健康;
(4)促进经济社会的可持续发展。

环境保护法的目的就是保障人体健康;促进经济社会的可持续发展。

(二)环境法的作用

1. 实施环境保护监督管理,保障人体健康,促进经济和社会可持续发展的法律依据;
2. 提高干部群众环保意识和环境保护法制观念的好教材;
3. 维护我国环境权益的重要武器;
4. 促进环保国际交流与合作,保护世界环境的重要手段。

三、环境保护监督管理体制

(一)概念

1. 定义:环境保护监督管理体制主要指监管机构设置与权限划分。
2. 原则:统一管理、分工负责。

纵向管理关系:国家环保总局与县级以上地方人民政府的环境保护局之间的关系。

横向管理关系:

(1)国家环保总局与国家海洋局、海事局、港务局、渔政渔港监督、军队环保部门、公安机关、交通、铁道、民航等管理部门,在行使环境监督管理权上的关系;

(2)国家环保总局与农林渔水土矿、建设、卫生、海关、工商等管理部门在行使环境监督管理权上的关系。

(二)我国环保监管机构

我国环保监管机构主要包括环保总局、县级以上环保局、国家海洋局、海事局、港务局、渔政渔港监督、军队环保部门、公安机关、交通、铁道、民航、农林渔水土矿、建设、卫生、海关、工商。

四、环境保护法的适用范围

(一)环境法的空间适用范围

环境法的空间适用范围,是指其适用的地域范围。全国人大及其常委会,国务院及其各部、委(局)制定的环境保护法律、条例、规章,全国范围有效。《环境保护法》第三条规定:"本法适用于中华人民共和国领域和中华人民共和国管辖的其他海域。"需要注意的是,上述环境法律、法规,虽在全国范围内生效,但其实际效力只在特定范围内——环境保护领域或者该领域的某一方面生效。如《环境保护法》对整个环境保护领域有效,而《水污染防治法》只适用于陆地水体的污染防治,不适用于海洋环境污染的防治。

(二)时间适用范围

1. 环境保护法的生效时间分为以下几种情况:

(1)立即生效;

(2)公布日起一定期限后生效;

(3)公布后试行一段时间再正式生效:我国立法初期采用,已基本不采用。

2. 环境保护法的失效时间一般有三种形式:经修订的法律条文明确规定,该法施行后相应的原法律同时废止;规定与新法相抵触的原法律规定失效;随着新法的施行,原有同类法律自行失效。

（三）对人的适用范围

1. 对本国人的效力

《宪法》规定，我国的环境法适用于本国境内的我国所有的公民和单位。任何个人和单位都有保护环境的义务，并不得享有超越《宪法》和《环境法》的特权。

2. 对外国人的效力

我国是主权国家，外国人和单位在我国领域内都必须遵守我国的法律，包括环境保护法。在《宪法》中规定："中华人民共和国保护在中国境内的外国人的合法权利和利益，在中国境内的外国人必须遵守中华人民共和国的法律。"

五、环境保护法体系

（一）环境法体系的定义

指由调整因保护和改善生活环境和生态环境、防治污染和其他公害的社会关系而产生的法律规范所形成的有机整体。法律规范包括法律、行政法规和规章。

（二）我国现行的环境法体系

我国现行的环境法体系，是以《宪法》为基础，以《中华人民共和国环境保护法》为主体的环境法律体系。

现行环境法体系的组成为：

1. 宪法中的环境保护规范，我国《宪法》第二十六条规定："国家保护和改善生活环境和生态环境，防治污染和其他公害"。

2. 环境保护基本法，国家环境保护方针、政策、原则、制度和措施的基本规定特点是综合性，原则性。全国人大常务委员会制定在体系中地位非常重要，不可替代，效力仅次于宪法和国家基本法制定其他环保法律法规的基本依据。

3. 单行法，由全国人大常委会制定。包括污染防治和自然资源保护。污染防治法，以防治某种污染物为主要内容，也含有资源保护规范；体现防止污染为主、资源保护为辅的立法模式。例如，大气、水、环境噪声、固体废物、放射性、海洋环境保护法。资源保护法立法模式是资源保护与资源管理合并在一个法律文件；立法目的是保护、经营管理。

4. 行政法规，国务院有关行政部门及县级以上人民政府行政部门制定的法规与规章单行法的具体化，如某某实施细则、条例、办法、规定等。如大气污染防治法实施细则，建设项目环境保护管理条例，危险废物转移联单管理办法。

5. 环境标准，环境质量标准、污染物排放标准、环境基础标准、环境方法标准、环境样品标准、国家标准、地方标准、行业标准。

6. 地方环境保护法规，由于国家环境与资源保护立法是针对整个国家的环境与资源保护管理，它们只对具有共同性、基本性、原则性的内容予以规定，而不可能对每一个地区的具体事项做出规定。因此，地方环境与资源保护立法是对国家环境与资源保护立法的重要补充。

7. 其他部门法的环境保护规范，《民法通则》第一百二十四条规定："违反国家保护环境防止污染的规定,污染环境造成他人损害的,应当依法承担民事责任。"刑法、经济法、行政法、治安管理处罚条例、《刑法》中环境保护法律规范,是我国环境刑事立法的重大进展。新《刑法》分则规定了14种破坏环境资源保护的犯罪行为:

(1)重大环境污染事故罪;
(2)非法进境倾倒、堆放、处置固体废物罪;
(3)擅自进口固体废物罪;
(4)非法捕捞水产品罪;
(5)非法猎捕、杀害珍贵、濒危野生动物罪;
(6)非法收购、运输、出售珍贵、濒危野生动物,珍贵、濒危野生动物制品罪;
(7)非法狩猎罪;
(8)非法占用耕地罪;
(9)非法采矿罪;
(10)破坏性采矿罪;
(11)非法采伐、毁坏珍贵树木罪;
(12)盗伐林木罪;
(13)滥伐林木罪;
(14)非法收购盗伐、滥伐的林木罪。

8.国际环境保护公约

第二节 环 境 权

一、环境权的来源

1960年,联邦德国的一位医生向欧洲人权委员会提出控告:向北海倾倒放射性废弃物的做法违反了《欧洲人权条约》中关于保障清洁卫生的环境条例。

20世纪70年代初,美国学者萨克斯教授根据公共信托原理,从民主主义的立场首次提出了"环境权"理论。

1972年,斯德哥尔摩的人类环境会议中的《人类环境宣言》指出:"人类有权在一种能够过尊严的福利的生活环境中,享有自由、平等和充足的生活条件的基本权利,并且负有保证和改善这一代和世世代代的环境的庄严责任。"

二、环境权出现的原因

环境权出现的根本原因,是人与自然关系的紧张;环境权出现的社会原因,是人与人之间社会关系的紧张;环境权出现的法律原因,在于制度化地解决利益冲突的需要。

三、什么是环境权

环境权是指主体利用或享受环境资源、在适宜的环境中生存的权利。对公民个人和企业来说,就是享有在安全和舒适的环境中生存和发展的权利,主要包括环境资源的利用权、环境状况的知情权,和环境侵害的请求权。对国家来说,环境权就是国家环境资源管理权,是国家作为环境资源的所有人,为了社会的公共利益,而利用各种行政、经济、法律等手段,对环境资源进行管理和保护,从而促进社会、经济和自然的和谐发展。

四、环境权的内容

(一)环境资源利用权

环境权的核心在于保障人类现在和将来世世代代对环境的利用,以获得满足人类生存需要和经济社会发展的必要条件。因此,环境权首先要肯定其主体对环境的利用权。一方面,对环境资源利用权的确立。意味着为人类使用环境的合法性,对环境的利用就有污染物的排放和对自然环境的改变,只有在环境资源利用权的基础上,才能成立环境标准、环境许可、环境开发的各种制度,也才有以环境容量为核心的环境资源使用权交易制度的形成;另一方面,对环境资源利用权的确立,意味着国家及其与权利主体相对应的个人和团体所必须承担的义务的确定,国民的环境资源利用权在受到不法侵害时,法律将为其提供强制性保障,从而为国民向国家、向他人主张环境权奠定了基础。现有的各国环境立法中关于日照权、眺望权、景观权、静稳权、嫌烟权、亲水权、达滨权、清洁水权、清洁空气权、公园利用权、历史性环境权、享有自然权等等,都是关于环境资源利用权的规定。

(二)环境状况知情权

环境状况知情权,又称信息权,是国民对本国乃至世界的环境状况、国家的环境管理状况,以及自身的环境状况等有关信息获得的权利。这一权利既是国民参与国家环境管理的前提,又是环境保护的必要民主程序。

环境状况知情权主要是由法定程序来加以保障的一项权利。有关获得环境信息的程序立法在此就尤为重要,国民如何获得信息,获得何种信息,对于获得的信息的反馈有无途径,等等。环境状况知情权是对政府环境行政机关权力的限制,它要求环境行政机关负有披露信息的义务,对于不履行职责者,将产生法律后果,在此意义上,环境状况知情权又是监督权的一种表现。

(三)环境侵害请求权

环境权中所包含的环境侵害请求权,是公民的环境权益受到侵害以后向有关部门请求保护的权利。它既包括对国家环境行政机关的主张权利,又包括向司法机关要求保护权利,具体为对行政行为的司法审查、行政复议和国家赔偿的请求权,对他人侵犯公民环境权的损害赔偿请求权和停止不法侵害的请求权等。实际上,也可以对环境权的内容作法律规范形式意义上的分类,按照这种分类,环境权的内容包括宪法权利、行政法权利、民法权利、诉讼法权利等。

第三节 环境保护法的基本原则

一、环境法基本原则的概念

环境法的基本原则,是指环境法在创制和施行中必须遵循的具有约束力的基础性和根本性准则。环境法基本原则,既是环境法基本理念在环境法上的具体体现,又是环境法的本质、技术原理与国家环境政策在环境法上的具体反映。

二、环境法基本原则的特征

第一,必须是为环境保护法所确认的。
第二,适用于环境保护法的一切领域,在环境保护法中具有普遍指导意义。
第三,是各项环境保护法律制度和法律规范的基础。

三、环境法的基本原则

(一)协调发展的原则

协调发展原则,是指为了实现社会、经济的可持续发展,必须在各类发展决策中,将环境、经济、社会三方面的共同发展相协调一致,而不致顾此失彼。协调发展原则充分考虑到经济发展、社会发展和环境保护相协调,即将环境的价值也纳入社会价值体系之中,并通过制定法律对这种价值予以保护。协调发展原则的实质是以生态和经济理念为基础,要求对发展所涉及的各项利益都应当均衡地加以考虑,以平衡与人类发展相关的经济、社会和环境这三大利益的关系。因此,协调发展原则也是法理上利益平衡原则的体现,即各类开发决策应当考量所涉及的各种利益及其所处的状态。环境法上的协调发展原则不属于具有约束力的法律规范,它的适用主要体现在单项环境与资源保护法律制度的确定和对编制有关发展的政策、计划的指导方面。

(二)预防为主的原则

预防原则,是指对开发和利用环境行为所产生的环境质量下降,或者环境破坏等应当事前采取预测、分析和防范措施,以避免、消除由此可能带来的环境损害。

在我国,环境政策和法律一般将其表述为预防为主和防治结合原则,是指将环境保护的重点放在事前防止环境污染和自然破坏之上,同时,也要积极治理和恢复现有的环境污染和自然破坏,以保护生态系统的安全和人类的健康及其财产安全。

(三)谨慎原则

针对不确定性对环境决策的困扰,1987年OECD提出了一个更为严格的环境政策和法的原则——谨慎原则或称谨慎预防原则。谨慎原则是指当某些开发行为的未来影响具有科学不确定性的情形下,只要发生危害的风险存在着可能性,决策者就应当本着谨慎行事的态度采取措施。与预防原则相比,谨慎原则要求在科学的不确定条件下,认真对待可能的环境损害和风险,即使在科学不确定的条件下,也必须达成一定的措施,尤其是不作为的措施。而预防原则则是适用于所有环境利用活动的普遍性原则。

(四)受益者负担原则

经济学家认为,必须采取措施使治理环境的费用(外部费用)由生产者或消费者承担,也即是外部费用内部化。具体做法就是,企业应当为排污损害环境而付出一定的费用,用以治理环境,这就是污染者负担原则的本意。

"污染者付费"原则,这是随着我国社会主义市场经济体制的逐步建立和完善而流行起来的一种提法。受益者负担原则,从我国环境立法中可以透析出立法者的逻辑思维:污染者付费→排污者付费→生产经营者付费。随着环境保护的概念从污染防治扩大到自然保护和物质消费领域,污染者负担原则的适用范围也在逐步扩大。受益者负担原则主要体现在环境保护的费用负担方面:排污收费或者征收污染税制度;废弃物品再生利用和回收制度;开发利用自然资源补偿费或税制度;建立环境保护的共同负担制度。

(五)公众参与原则

公众特指对决策所涉及的特定利益做出反应的,或与决策的结果有法律上的利害关系的一定数量的人群或团体,包括不特定的公民个人,也包括与特定利益相关的政府机构,企事业单位、社会团体或其他组织。公众参与原则指公众有权通过一定的程序或途径参与一切与公众环境权益相关的开发决策活动中,并受到相应的法律保护和救济,以防止决策的盲目性,使得该项决策符合广大公众的切身利益和需要。

我国在环境影响评价和其他涉及公众利益的许可程序中建立公众参与制度;建立决策信息公开与披露制度;鼓励各类非政府的环境组织代表公众参与环境决策;建立公众参与的司法保障制度;环境公益诉讼。

(六)协同合作原则

协同合作原则,指以可持续发展为目标,在国家内部各部门之间、在国际社会国家(地区)之间重新审视既得利益与环境利益的冲突,实行广泛的技术、资金和情报的交流与援助,联合处理环境问题。

思考题

1. 环境法的基本原则有哪些?
2. 什么是环境权,具体包括哪些内容?

第七章
国家劳动权保障活动中的法律问题

第一节 我国劳动法概述

一、劳动法的概念和调整对象

劳动法有广义和狭义两种理解。广义上的劳动法是指调整劳动关系以及与劳动关系密切联系的其他社会关系的法律规范的总和。狭义上的劳动法,是指国家最高立法机构制定颁布的全国性综合性的劳动法,即劳动法典。

劳动法的调整对象就是劳动法所调整的社会关系。我国劳动法的调整对象是劳动关系以及与劳动关系有密切联系的其他社会关系。劳动关系是指在实现社会劳动过程中,劳动者与所在单位(即用人单位)之间的社会劳动关系,也即劳动者和劳动力使用者在劳动过程中发生的社会关系。与劳动关系有密切联系的其他社会关系本身不是劳动关系,但这些关系可以从不同的角度,与劳动关系发生着直接或间接的联系,又称之为附随劳动关系,包括管理劳动力方面的关系、社会保险方面的关系、处理劳动争议所发生的关系等。在这两类关系中,劳动关系是我国劳动法调整的主要对象。

二、劳动法的适用范围

我国现行的劳动法典是1994年7月5日全国人大常务委员会第八次会议通过的《中华人民共和国劳动法》(以下简称《劳动法》),该法于1995年1月1日开始实施。

根据《劳动法》第二条的规定,在中华人民共和国境内的企业、个体经济组织和与之形成劳动关系的劳动者,适用该法。国家机关、事业组织、社会团体和与之建立劳动合同关系的劳动者,依照该法执行。

以下人员不适用《劳动法》:国家机关公务员、参照实行公务员制度的事业组织和社会团体的工作人员、现役军人、家庭保姆、农村集体经济组织劳动者、在中华人民共和国境内享有外交特权和豁免权的外国人。

三、我国劳动法的内容体系

1. 促进就业

促进就业是劳动法最重要的内容之一,其主要内容包括:职业介绍制度、就业服务制度、就业指导制度、就业歧视禁止制度和就业训练制度、特殊劳动者就业保障制度等。

2. 劳动合同和集体合同

劳动合同制度的基本内容包括:劳动合同的形式、种类、主要条款、订立、变更、解除、违约责任等。集体合同制度一般包括集体合同的订立、变更、解除、效力等内容。

3. 工作时间和休息休假

该制度基本内容包括:工作时间、休息时间制度,各种法定节假日和公休假制度,年休假制度,等等。

4. 工资

工资制度基本目的在于保障劳动者能够获得与其提供的劳动数量和质量相适应的劳动报酬。主要内容有最低工资保障制度、工资支付保障制度、禁止非法克扣工资的制度等。

5. 劳动安全卫生

劳动者安全和健康是直接关系到劳动者生存和发展的重大问题,其主要内容包括:安全技术规程和劳动卫生规程、劳动安全卫生管理制度、女工和未成年工的特殊保护制度等。

6. 职业培训

职业培训的基本内容包括:职业教育保障制度、安全教育保障制度、法治教育保障制度等。

7. 社会保险和福利

社会保险和福利制度的主要内容包括:劳动者社会保障的资金来源和管理、劳动者社会保障项目、劳动者社会保障待遇等。

8. 劳动争议

劳动争议处理是协调劳动关系、化解劳动关系矛盾的重要途径。其内容主要包括:劳动争议处理机构、受案范围、处理程序等规定。

9. 监督检查

该制度的主要内容包括劳动监察和劳动监督。

10. 法律责任

其主要内容是关于违反劳动法的规定而应当承担的各种责任。

第二节 劳动法的适用主体

一、劳动者

(一)劳动者及劳动能力

劳动者是指具有劳动权利能力和行为能力,并已依法参与劳动法律关系的公民。包括具有劳动能力的我国公民、外国人和无国籍人。

劳动权利能力是指自然人依法享有劳动权利和承担劳动义务的资格。劳动者的权利能力也就是个体社会成员作为劳动法中的劳动者参加社会劳动的法律资格。当个体社会成员具有劳动权利能力时，便有资格参加社会劳动，作为劳动法律关系的当事人。

劳动行为能力是指公民依法以自己的行为享有劳动权利、履行劳动义务的资格。有劳动行为能力的人可以实施有效的劳动法律行为，无劳动行为能力的人，不能实施有效的劳动法律行为。公民的劳动行为能力受一些因素影响：(1)年龄。我国《劳动法》将就业年龄规定为16周岁，禁止招用未满16周岁的未成年人；某些特殊职业，如文艺、体育和特种工艺单位确需招用未满16周岁的人(如演员、运动员、艺徒)时，须报县以上劳动行政部门批准。(2)健康状况。身体健康的人是有完全劳动能力人；身有残疾根本不能劳动的，视为无劳动能力人；身有残疾不能提供正常劳动，但又没有完全丧失劳动能力的，视为有部分劳动能力人；(3)智力状况。不能辨认自己行为的精神病人，不具有劳动行为能力；不能完全辨认自己行为的精神病人，仅具有相应的行为能力；(4)行为自由。依法被剥夺人身自由的公民，如被劳动教养、判处有期徒刑的，不能与用人单位建立劳动关系。

(二)劳动者的权利、义务

1.根据《劳动法》的规定，劳动者享有以下权利：

(1)同用人单位依法变更、解除、终止劳动合同的权利；

(2)职工推选代表或者工会代表职工同企业签订集体合同的权利；

(3)按照自己的劳动数量和质量领取劳动报酬的权利；

(4)休息、休假的权利；

(5)获得劳动安全卫生保护的权利；

(6)女职工和未成年工获得特殊保护的权利；

(7)接受职业技能培训的权利；

(8)享受社会保险和福利的权利；

(9)组织工会和参加企业民主管理的权利；

(10)提请劳动争议处理的权利；

(11)法律规定的其他劳动权利。

2.劳动者应当承担的义务主要包括：

(1)按时、保质、保量地完成生产任务或工作任务；

(2)提高职业技能水平；

(3)执行劳动安全卫生规程；

(4)遵守劳动纪律和职业道德；

(5)爱护和保卫公共财产；

(6)保守用人单位的商业秘密；

(7)法律规定的其他义务。

二、工会

(一)工会的含义

工会是指由劳动者自发组成的,以维护及改善劳动者劳动条件、提高劳动者经济地位为目的的团体或联合体。早期的工会,产生于18世纪的产业革命,距今已有210多年历史,例如,18世纪英国的手工业者联谊会和美国的费城鞋匠工会,都是世界上最早的工会组织。在工会发展初期,各国政府均视工会为非法组织,采取绝对禁止的态度;后来,随着工人运动的壮大,西方各国开始承认了劳动者的结社权利,但对工会活动仍然做了种种限制;直到第二次世界大战以后,各国普遍认可了工会存在的合法地位。

(二)我国工会

我国的工会性质上属于职工自愿结合的工人阶级的群众组织,其职能在于维护职工合法权益;参与管理国家、社会事务,经济文化事业;组织生产、教育职工等。我国工会的组织体系包括:中华全国总工会、地方总工会、产业工会、基层工会。其中,中华全国总工会是我国工会组织的最高领导机关。在法律地位上,中华全国总工会、地方总工会和产业工会,具有社团法人资格;基层工会具备法人条件的,可以依法取得社团法人资格。

《中华人民共和国工会法》第十条规定:企业、事业单位、机关有会员二十五人以上的,应当建立基层工会委员会;县级以上地方建立地方各级总工会。同一行业或者性质相近的几个行业,可以根据需要建立全国的或者地方的产业工会。全国建立统一的中华全国总工会。

我国工会享有以下权利:

(1)保障职工行使民主参与权;
(2)代表职工签订集体合同、提请仲裁和诉讼;
(3)代表职工与单位交涉协商;
(4)监督用人单位遵守劳动法;
(5)参与劳动争议解决。

工会要遵守的义务主要包括:指导帮助签订劳动合同;协助用人单位办好集体福利事业及社保工作;会同单位行政组织开展业余文化、技术学习和职工培训等。

三、用人单位

(一)用人单位含义及用人资格

用人单位,是指依据劳动法律和劳动合同的规定,使用劳动者并向其支付劳动报酬的单位。根据我国现行法律规定,用人单位包括:(1)在中国境内依法核准登记的各种所有制性质、组织形式的企业。如国有企业、集体所有制企业、私营企业、外商投资企业、港澳台企业、乡镇企业等;(2)依法核准登记的个体经济组织。即依法取得营业执照的个体工商户;(3)依法成立的事业单位,包括文化、教育、卫生、科研等各种单位;(4)依法成立的国家机关;(5)依法成立的社会团体。包括工会、妇联、研究会、协会等社会团体组织。

用人单位作为劳动法律关系的主体,也必须具备一定的条件,即必须具备用人权力能力和用人行为能力。用人权利能力,是指用人单位能够享有用人权利和承担用人义务的法律资格。用人单位的用人权利能力是法律赋予的。一般而言,具有经营资格的独立的经济实体,都具有用人权利能力;依法设立的独立的国家机关也具有用人权利能力;取得经营资格的个人或家庭,也具有用人单位的用人权利能力。没有经营资格的个人,不能以自己的名义进行经营活动的经济组织、机关、事业单位和社会团体的内部机构等,不具有用人权利能力。

用人行为能力,是指用人单位依法能够以自己的行为行使用人权利和履行用人义务的能力。一般而言,用人单位的用人行为能力与其用人权利能力是一致的,具有用人权利能力的用人单位,都具有用人行为能力。

(二)用人单位的权利义务

用人单位享有的基本权利包括:单位的用工自主权;单位对所属劳动者的管理指挥权;单位为劳动者设定物质待遇权;根据劳动法规定,与劳动者解除雇佣关系的权利等。

用人单位需要遵守的义务主要有:支付劳动报酬;提供安全卫生和劳动保护;保证劳动者享有休息休假;提供职业培训;提供社会保险和福利;保证劳动者实现法律规定的其他权利等。

第三节 劳动合同法规定

一、劳动合同概念、特征

劳动合同又称劳动协议,是指劳动者与用人单位之间,为确立劳动关系、明确双方的权利义务而依法达成的书面协议。

劳动合同具有以下法律特征:

1. 劳动合同的主体具有特定性。劳动合同的主体是特定的,其中,一方是劳动者,另一方是用人单位。只有劳动者与用人单位之间签订的合同,才能称为劳动合同,其他主体之间不能签订劳动合同。

2. 劳动合同客体具有单一性。劳动者的劳动行为是劳动合同唯一的客体。

3. 劳动合同内容的权利义务具有对应性。劳动合同双方当事人在劳动过程中的权利义务是劳动合同的内容,并且双方当事人的权利义务具有统一性和对应性,即一方的权利是另一方的义务,而一方的义务是另一方的权利。

二、劳动合同的种类

按照不同标准,劳动合同可以分为不同类别。

1. 按劳动合同期限的不同,可将合同分为有固定期限合同、无固定期限合同,和以完成一定工作为期限的劳动合同。

有固定期限的劳动合同,是指当事人明确约定了合同有效的起止日期的劳动合同,期限届满,劳动合同即行终止。无固定期限的劳动合同,是指当事人不明确约定合同终止日期的劳动合同。以完成一定工作为期限的劳动合同,是指双方当事人将完成某项工作或工程作为合同终止日期的劳动合同,当某项工作完成后,劳动合同自行终止。

2.按照劳动合同的用工形式不同,可以将劳动合同分为录用合同、聘用合同和借调合同。

录用合同是指用人单位与被录用劳动者之间,为确立劳动关系,明确相互间的权利义务的协议。录用合同适用于招收普通劳动者,适用范围最广,最为常见。聘用合同是用人单位与被聘用者之间,为确立劳动关系,明确相互间权利义务的协议,一般适用于招聘有技术业务专长的劳动者,如聘用经理、专家等。借调合同又称借用合同,是指为了将某用人单位职工借调到另一单位从事短期性工作,而由借调单位、被借调单位和被借调职工三方当事人依法签订的约定三方当事人之间权利、义务的合同。

三、劳动合同的订立及效力

(一)劳动合同的订立

劳动合同的订立,是指劳动者与用人单位经过相互选择和平等协商,就劳动合同的各项条款达成一致,明确双方的权利义务,确立劳动关系的法律行为。

订立劳动合同应当遵循以下原则:

(1)平等自愿原则。平等是指双方当事人的地位平等,合同内容公平。自愿是指缔结劳动关系出于双方的自愿,任何人不得强迫一方与他方签订劳动合同,同时,合同的内容是双方当事人真实意思的体现。

(2)协商一致原则。一切劳动合同的订立,都应当采取协商的方式进行,并且劳动合同的所有条款只有在协商达成一致意见后,才能作为合同的有效条款。

(3)合法原则。合法原则要求劳动合同的订立不得违反法律和行政法规的规定。劳动合同合法要求满足的条件有:订立劳动合同的主体合法、劳动合同内容合法、订立劳动合同的程序合法、劳动合同的形式合法。

《劳动法》第十九条规定,劳动合同应当以书面形式订立。因此,劳动合同应当具备书面形式,不具备书面形式的劳动合同,则不具有法律上的强制效力。

劳动合同的内容分为必备条款和约定条款。劳动合同的必备条款,是指合同成立必须具备的条款。当事人就必备条款达成协议后,合同便宣告成立。约定条款,是指合同当事人选择约定的,其具备与否不影响合同效力的条款。根据《劳动合同法》第十七条的规定,劳动合同的法定必备条款有:①用人单位的名称、住所和法定代表人;②劳动者的姓名、住址和居民身份证号码;③劳动合同期限;④工作内容和工作地点;⑤工作时间和休息休假;⑥劳动报酬;⑦社会保险;⑧劳动保护、劳动条件和职业危害防护;⑨法律、法规规定的其他事项。

(二)劳动合同的效力

劳动合同的效力,即劳动法赋予劳动合同对双方当事人及相关第三人的法律约束力。一般情况下,劳动合同依法成立的同时,就产生了法律效力。

劳动合同的无效,是指当事人所订立的劳动合同不符合法定条件而不具有法律效力。

合同无效意味着当事人的意思不能发生效力,其通过合同设定法律关系的行为无效,合同不能在当事人之间发生设定权利义务关系的效果。根据《劳动合同法》第二十六条的规定,三种情形下,劳动合同无效或者部分无效:(1)以欺诈、胁迫的手段或者乘人之危,使对方在违背真实意思的情况下订立或者变更劳动合同的;(2)用人单位免除自己的法定责任、排除劳动者权利的;(3)违反法律、行政法规强制性规定的。

无效劳动合同的确认机关,必须是劳动争议仲裁委员会或人民法院,其他任何组织和个人均无权确认劳动合同无效。无效劳动合同自始无效。

四、劳动合同的履行、变更

(一)劳动合同的履行

劳动合同履行,是指双方当事人按照劳动合同的规定,履行各自所承担的义务的行为。履行劳动合同应当遵循以下原则:

(1)亲自履行原则。亲自履行,是指劳动合同当事人自己履行劳动合同规定的义务的行为。劳动关系的缔结是建立在双方信赖的基础之上的,不同劳动者的劳动能力不同,不同用人单位对劳动力使用的各种条件也各不相同,这种基于特定主体人身的信赖,是他人不能取代的。

(2)全面履行原则。全面履行,是指当事人应当按照合同规定全面、正确、适当地履行义务。全面履行原则要求当事人双方按照合同约定的标的、履行地点、履行方式、履行时间等全面地履行合同。

(3)协作履行原则。协作履行,是指当事人双方相互协作、共同完成劳动合同规定的任务。

(二)劳动合同的变更

劳动合同变更,是指劳动合同订立后,尚未履行或尚未完全履行前,因订立合同所依据的主客观情况的变化,双方当事人依法协商一致而修改或补充劳动合同内容的行为。劳动合同的变更,只限于劳动合同条款内容的变更,不包括当事人的变更。

劳动合同变更应当采用书面形式,变更的内容包括:工作内容的变更、合同期限的变更、劳动条件的变更、劳动报酬的变更等。

五、劳动合同的解除

劳动合同的解除,是指当事人双方提前终止劳动合同的法律效力,解除双方的权利义务关系。它是因发生一定的法律事实,导致有效的劳动合同在期限届满前终止。

劳动合同的解除分为协议解除和单方解除两种。协议解除是指双方协商一致提前终止劳动合同的情形。对于协议解除,只要不违背法律的强制性规定,不损害国家、社会和他人的合法权益,经当事人相互协商一致,便可以解除劳动合同。单方解除是指以一方意思表示解除劳动合同的情形。根据提出解除合同意思表示的当事人不同,单方解除分为用人单位单方解除劳动合同和劳动者单方解除劳动合同两种。由于单方解除没有经过对方同意,因此,法律对单方解除劳动合同有条件限制。

(一) 用人单位单方解除劳动合同的条件

1. 过错性辞退(即时辞退)条件

《劳动合同法》第三十九条规定,劳动者有下列情形之一,用人单位可以解除劳动合同:

①在试用期间被证明不符合录用条件的;

②严重违反用人单位规章制度的;

③严重失职,营私舞弊,对用人单位造成重大损害的;

④劳动者同时与其他用人单位建立劳动关系,对完成本单位的工作任务造成严重影响,或者经用人单位提出,拒不改正的;

⑤以欺诈、胁迫的手段或者乘人之危,使对方在违背真实意思的情况下订立或者变更劳动合同导致劳动合同无效的;

⑥被依法追究刑事责任的。

由于解除劳动合同是基于劳动者本人的过错,因此,用人单位可以即时解除劳动合同,无须征得劳动者的同意,也不必支付经济补偿。

2. 非过错性辞退(预告辞退)条件

《劳动合同法》第四十条规定,有下列情形之一,用人单位提前30日以书面形式通知劳动者本人或者额外支付劳动者一个月工资后,可以解除劳动合同:

①劳动者患病或者非因公负伤,在规定的医疗期满后不能从事原工作,也不能从事由用人单位另行安排的工作的;

②劳动者不能胜任工作,经过培训或者调整工作岗位,仍不能胜任工作的;

③劳动合同订立时所依据的客观情况发生重大变化,致使原劳动合同无法履行,经当事人协商不能就变更劳动合同达成协议的。

根据这一规定,用人单位解除劳动合同应当提前30天以书面形式通知劳动者本人。这是因为解除劳动合同的原因并非劳动者个人过错,提前通知可以使得劳动者有所准备,以便于寻找合适的劳动岗位。

3. 经济性裁员的条件

《劳动合同法》第四十一条规定,有下列情形之一,需要裁减人员20人以上或者裁减不足20人,但占企业职工总数10%以上的,用人单位提前30日向工会或者全体职工说明情况,听取工会或者职工的意见后,裁减人员方案经向劳动行政部门报告,可以裁减人员:

①依照企业破产法规定进行重整的;

②生产经营发生严重困难的;

③企业转产、重大技术革新或者经营方式调整,经变更劳动合同后,仍需裁减人员的;

④其他因劳动合同订立时所依据的客观经济情况发生重大变化,致使劳动合同无法履行的。

4. 用人单位单方解除劳动合同的禁止性条件

为了维护劳动者的合法权益,《劳动合同法》第四十二条规定,劳动者有下列情形之一的,用人单位不得依照该法第四十条、第四十一条的规定解除劳动合同:

①从事接触职业病危害作业的劳动者未进行离岗前职业健康检查,或者疑似职业病病人在诊断或者医学观察期间的;

②在本单位患职业病或者因工负伤并被确认丧失或者部分丧失劳动能力的;

③患病或者非因工负伤,在规定的医疗期内的;

④女职工在孕期、产期、哺乳期的;

⑤在本单位连续工作满十五年,且距法定退休年龄不足五年的;

⑥法律、行政法规规定的其他情形。

(二)劳动者单方解除劳动合同的条件

1. 非过错性辞职(预告辞职)条件

根据《劳动合同法》第三十七条的规定,劳动者提前30日以书面形式通知用人单位,可以解除劳动合同。劳动者在试用期内提前3日通知用人单位,可以解除劳动合同。

2. 过错性辞职(即时辞职)条件

《劳动合同法》第三十八条规定,用人单位有下列情形之一的,劳动者可以解除劳动合同:

①未按照劳动合同约定提供劳动保护或者劳动条件的;

②未及时足额支付劳动报酬的;

③未依法为劳动者缴纳社会保险费的;

④用人单位的规章制度违反法律、法规的规定,损害劳动者权益的;

⑤因用人单位过错导致劳动合同无效的;

⑥法律、行政法规规定劳动者可以解除劳动合同的其他情形。

用人单位以暴力、威胁或者非法限制人身自由的手段强迫劳动者劳动的,或者用人单位违章指挥、强令冒险作业危及劳动者人身安全的,劳动者可以立即解除劳动合同,无须事先告知用人单位。

第四节 集体合同规定

一、集体合同概述

集体合同,又称集体协议,是指工会与雇主或雇主团体为规范劳动关系而订立的,以全体劳动者的共同利益为中心内容的书面协议。签订集体协议的目的,是为确立劳动关系设定具体标准,以此来规范劳动关系。

集体合同不同于劳动合同,二者的区别表现在四个方面:(1)当事人不同。集体合同属于团体协议,而劳动合同是个人与企业签订的合同;(2)目的不同。劳动合同是确立劳动关系,集体合同是规范劳动关系;(3)内容不同。集体合同以全体劳动者共同权利义务为内容,劳动合同仅涉及劳动者个人的权利义务;(4)效力不同。集体合同效力一般高于劳动合同。

集体合同的作用:一是在于弥补劳动立法的不足,集体协议的内容一般高于法定最低标准,并且更为具体地规范劳动关系;二是在于弥补劳动合同的不足,改善单个劳动者在劳动关系中的地位,利于平等协商,同时,集体合同确保一定范围内全体劳动者权利义务平等,规定劳动关系的主要内容。

集体合同制度的特点:

(1)集体合同承认劳动关系双方是两个具有不同利益需求的法律主体,改善劳资关系的不平衡状态;

(2)集体合同反映了市场机制的需求,是政府指导下的劳资自治;

(3)集体合同的最终目的是协调劳动关系,促进劳资双方的共同发展。

二、集体合同的内容和形式

(一)集体合同的内容

集体合同的主要条款有工资与福利、工作时间和加班、工作规则、工作和收入保障、资历、工会保障和权利等内容。根据《劳动法》的规定,我国集体协议应当具备的条款包括11项:劳动报酬、工作时间、休息时间、保险福利、劳动安全与卫生、合同期限、变更解除和终止集体合同的协商程序、双方的权利义务、争议的处理、违反合同的责任、双方认为应当协商的其他内容。

(二)集体合同的形式

集体合同属于要式合同,签订集体合同必须要采用书面形式。在我国,口头的集体合同不具有法律效力。集体合同包括主件和附件。主件是指综合性集体合同,内容一般涉及集体合同的各个方面;附件是专项集体合同,指用人单位与员工就集体协商的某项内容签订的专项书面协议。

(三)集体合同的期限

集体合同有定期集体合同、不定期集体合同和以完成一定项目为期的集体合同之分,其中,定期集体合同的期限,通常最短为一年,最长为三至五年;我国仅规定有定期集体合同,期限最短为一年,最长为三年。

三、集体合同的订立、变更和终止

(一)集体合同的订立

集体合同由劳动者方与雇主方的代表协商签订,其中,劳动者方的代表是工会,雇主方的代表是雇主(法定代表人)或雇主团体(单位团体机关)。尚未建立工会的用人单位,由上级工会指导劳动者推举的代表与用人单位订立。

在订立集体合同时,劳资双方都应当做到遵守法律、法规、规章及国家有关规定;相互尊重,平等协商;诚实守信,公平合作;兼顾双方合法权益;不得采取过激行为。

集体合同订立的具体程序包括三个阶段:

(1)签约阶段——集体合同草案应当提交职工代表大会,或者全体职工讨论通过。

(2)政府确认阶段——集体合同订立后,应当报送劳动行政部门;15日内未提出异议的,集体合同即行生效。

(3)公布阶段——自生效之日起,由协商代表及时向本方全体人员公布。

(二)集体合同的变更

致合同变更的情形主要有:

(1)用人单位因被兼并、解散、破产等原因,致使集体合同或专项集体合同无法履行的;

(2)因不可抗力等原因致使集体合同或专项集体合同无法履行,或部分无法履行的;

(3)集体合同或专项集体合同约定的变更或解除条件出现的。

(三)集体合同的终止

集体合同会因为下列原因而终止:

(1)集体合同的有效期届满而终止;

(2)集体合同的目的实现而终止;

(3)集体合同因依法解除而终止。

第五节 工作时间与休息休假的规定

一、工作时间概念、特点

工作时间,是指国家法律规定劳动者在一昼夜之内和一周之内完成本职工作的时间。理解工作时间的含义,要明确以下几点:第一,工作时间是参加社会劳动的劳动者的劳动时间。第二,工作时间是劳动者为用人单位进行劳动的时间。第三,工作时间通常是劳动者直接进行实际工作的时间,但法律规定的特殊情况下,非直接进行劳动的时间也属于工作时间的范围。

工作时间的特点包括:

(1)工作时间既包括标准工作日、标准工作周,同时,也包括其他工作时间的规定。标准工作日制度的主要作用在于保证劳动者的劳动消耗和支出不超出生理上能够承受的限度,并保障劳动者休息权的实现;同时,为克服仅仅规定标准工作日的不足与不便,又在立法上规定了标准工作周,使得工作时间具有了灵活性。

(2)法定工作时间制度仅仅确立了用人单位对劳动者在工作时间上不得突破的上限标准,用人单位可以根据自己生产经营的具体情况,确立低于标准工作日和工作周的工作时间制度。

(3)标准工作日和标准工作周制度,是工作时间制度的基础,法律允许实行的其他工时制度,都必须依据上述两项标准测定相关的定额和因素。

二、我国现行工作时间制度

(一)标准工时制度

是指由国家法律规定的,在一般情况下,劳动者从事职业劳动的工作时间制度。1995

年,国务院发布了《关于职工工作时间的规定》,日标准工时为8小时,周标准工时为40小时。

(二)特殊工时制度

特殊工时是特定工作岗位上的劳动者适用的工时。《劳动法》第三十九条规定,企业因生产特点不能实行本法第三十六条规定的工时的,报劳动行政部门批准,可以实行其他工作和休息办法。特殊工时制度包括下列制度:

1. 计件工时制度

计件工时制是指以劳动者完成的劳动定额为标准而转换的工作时间。根据《劳动法》第三十七条的规定,对实行计件工作的劳动者,用人单位应当根据本法第三十六条的工时制度合理确定其劳动定额和计件报酬标准。

2. 缩短工时制度

是指由法律直接规定对特殊岗位上的劳动者实行的短于标准工作日的工作时间。根据有关法律规定,法定的缩短工作日主要适用以下几种情况:

(1)从事矿山井下、高山、有毒、有害、特别繁重和过度紧张的体力劳动等工作的职工。

(2)夜班工作。

(3)哺乳期女职工。

3. 不定时工作时间制度

不定时工作时间,是指由于工作性质决定,其工作时间不能固定的劳动者的工作时间。不定时工作时间的基本特点是,劳动者每日工作时间没有固定的限制,有时长于标准工作日,有时短于标准工作日,劳动者每日的实际劳动时间与标准工作日时间不同时,不因此而增加或减少劳动报酬。一般适用于以下工作人员:

(1)企业中的高管人员、推销人员和其他无法按标准工作时间衡量的职工;

(2)企业中的长途运输人员,铁路、港口的部分装卸人员及其他需要机动作业的职工;

(3)其他因生产特点、工作特殊需要或职责范围的关系适合实行不定时工作制的职工,如技术工作人员等。

4. 综合计算工作时间制度

综合计算工作时间,是指用人单位根据生产经营和工作的需要,不以日为基本单位计算劳动时间,而以周、月、季或年为周期综合计算劳动时间。实行综合计算工作时间的,劳动者在综合计算周期内的工作时间应与实行标准工时的劳动者在同一周期内的总工作时间相当,即与标准工时乘以计算周期的天数所得的结果大致相同。根据《关于企业实行不定时工作制的审批办法》,综合计算工作时间主要适用于以下情况:

(1)交通、铁路、邮电、水运、航空、渔业等行业因工作性质需要连续作业的职工;

(2)地质以及资源勘探、建筑、制盐、制糖、旅游等受季节和自然条件限制的行业的部分职工;

(3)其他适合实行综合计算工作时间的职工。

三、休息时间和法定节假日的规定

(一) 休息时间规定

休息时间包括日休息时间、周休息时间和工作间的休息时间。

1. 日休息时间

日休息时间是劳动者在一昼夜中脱离用人单位而自由支配的时间。实行标准工作日的用人单位,劳动者的休息时间便是16小时。实行轮班制的企业,不得安排同一劳动者连续工作两个工作日。

2. 周休息时间

周休息时间是劳动者连续工作一周后应当享有的自由支配的时间,通常称为公休假。目前,用人单位一般都实行每周休息两天的公休假制度。

3. 工作间的休息

工作间的休息包括工作间隙休息、工间操休息等。

(二) 法定节假日规定

法定节假日,是指劳动者脱离职业劳动用于欢度节日,开展纪念、庆祝活动的节假日。《劳动法》第四十条规定,用人单位在元旦、春节、国际劳动节、国庆节和法律、法规规定的其他休假节日,应当依法安排劳动者休假。

在我国,全体劳动者享有的法定节假日有:

(1) 新年,放假一天(1月1日);
(2) 春节,放假三天(农历除夕,正月初一、初二);
(3) 清明节,放假一天(农历清明当日);
(4) 劳动节,放假一天(5月1日);
(5) 端午节,放假一天(农历端午当日);
(6) 中秋节,放假一天(农历中秋当日);
(7) 国庆节,放假三天(10月1日、2日、3日)。

部分劳动者享有的节假日包括:

(1) 妇女节(3月8日),妇女放假半天;
(2) 青年节(5月4日),14周岁以上的青年放假半天;
(3) 儿童节(6月1日),不满14周岁的少年儿童放假一天;
(4) 中国人民解放军建军纪念日(8月1日),现役军人放假半天。

全体公民享有的法定节假日,如果适逢星期六、星期日,用人单位应当在工作日补假。部分公民享有的节假日,如果适逢星期六、星期日,则不补假。

四、探亲假和年休假规定

(一) 探亲假

探亲假是与父母或配偶分居两地的劳动者,在一定时间内享有的探望父母、配偶的带薪假日。根据现行法律规定,凡在国家机关、人民团体、国有企事业单位工作满一年的职工与父母、配偶分居两地,又不能在公休假日团聚的,享受探亲假待遇。

探亲假的期限根据探望对象不同,期限长短不同。职工探望配偶,每年给予一方探亲假一次,假期为30天。职工探望父母的,未婚职工每年一次,假期20天。可两年合并享受,假期45天;已婚职工每4年一次,假期为20天。

上述假期均包括公休假日和法定节日在内。另外,用人单位可以根据实际需要给予路程假。凡实行周期性集中休假制度的职工(如学校教职工)应该在休假期间探亲,如果休假期较短,可由本单位适当安排,补足其探亲假的天数。

职工在规定的探亲假期和路程假期内,按照本人的标准工资发给工资;职工探望配偶和未婚职工探望父母的往返路费,由所在单位负担。已婚职工探望父母的往返路费,在本人月标准工资30%以内的,由本人自理,超过部分由所在单位负担。

(二) 年休假

年休假是特定劳动者每年享有的连续带薪休息假日。《劳动法》第四十五条规定:国家实行年休假制度,劳动者连续工作一年以上的,享受带薪年休假。具体办法由国务院规定。

《职工带薪年休假条例》第二条规定,机关、团体、企业、事业单位、民办非企业单位、有雇工的个体工商户等单位的职工连续工作一年以上的,享受带薪年休假。单位应当保证职工享受年休假。第三条规定,职工累计工作已满一年不满十年的,年休假五天;已满十年不满二十年的,年休假十天;已满二十年的,年休假15天。国家法定休假日、休息日不计入年休假的假期。

职工在年休假期间享受与正常工作期间相同的工资收入。用人单位确因工作需要不能安排职工休年休假的,经职工本人同意,可以不安排职工休年休假。对职工应休未休的年休假天数,单位应当按照该职工日工资收入的300%支付年休假工资报酬。

用人单位应当根据生产、工作的具体情况,并考虑职工本人意愿,统筹安排职工年休假。年休假在一个年度内可以集中安排,也可以分段安排,一般不跨年度安排。单位因生产、工作特点确有必要跨年度安排职工年休假的,可以跨一个年度安排。职工依法享受的探亲假、婚丧假、产假等国家规定的假期,以及因工伤停工留薪期间不计入年休假假期。

五、加班加点规定

职工在法定节日和公休日进行工作,称作加班;超过日标准工作时间进行工作,称为加点。按照法律规定,加班、加点实际上是对劳动者法定休息权的侵害,对劳动者的健康不利;同时,公休假和节假日是劳动者与家人团聚或做其他私事的时间,如果被用人单位剥夺,对劳动者的生活质量也会产生不良的影响。因此,劳动法对用人单位的加班、加点进行了一定的限制。

(一) 加班加点的限制

加班加点必须符合以下条件:

(1)必须为用人单位生产经营所需要;
(2)必须由用人单位与工会和劳动者协商达成协议;
(3)延长工作时间不得超过法定最高界限。

通常情况,每日加点时间不得超过 1 小时;因特殊原因需要延长的,每日最多不超过 3 小时,每月延长的工作时间不得超过 36 小时。

(二)限制加班加点的例外情形

在某些特殊情况下,如果用人单位不延长劳动时间,则不仅其自身受到一定的损害,而且可能使公共利益受到严重的影响。因此,法律对用人单位延长工作时间的限制也做了一些例外规定。

根据《劳动法》第四十二条的规定,在下列情况下,延长工作时间不受上述条件的限制:
(1)发生自然灾害、事故或者其他原因威胁劳动者生命健康和财产安全,需要紧急处理的。
(2)生产设备、交通运输线路、公共设施发生故障,影响生产和公众利益,必须紧急处理的。
(3)法律、行政法规规定的其他情形。

(三)加班加点的工资支付

根据《劳动法》第四十四条的规定,用人单位必须对加班、加点的劳动者支付更高的劳动报酬。具体标准如下:

1. 加点工资

安排劳动者加点的,应支付劳动者不低于其工资 150% 的劳动报酬。

2. 公休假日加班工资

在休息日安排劳动者工作,应尽量安排补休;不能安排补休的,应支付劳动者不低于其工资 200% 的劳动报酬。

3. 法定节假日加班工资

在法定节假日安排劳动者工作的,应支付劳动者不低于其工资 300% 的劳动报酬。

第六节 关于工资的规定

一、工资总额

工资,又称"薪金""薪水",是指基于劳动关系,用人单位根据劳动者提供的劳动数量和质量,按照法律规定或劳动合同约定,以货币形式直接支付给劳动者的劳动报酬。一般包括计时工资、计件工资、奖金、津贴和补贴、延长工作时间的工资报酬,以及特殊情况下支付的工资等。但是,工资总额中不包括以下的范围:

1. 根据国务院发布的有关规定颁发的发明创造奖、自然科学奖、科学技术进步奖等;

2. 劳动保险和职工福利等费用；
3. 有关离休、退休、退职人员待遇的各项支出；
4. 劳动保护的各项支出；
5. 稿费、讲课费及其他专门工作报酬；
6. 出差伙食补助费、误餐补助、调动工作的旅费和安家费；
7. 对购买本企业股票和债券的职工所支付的股息（包括股金分红）和利息。

工资是职工基于劳动关系所获得的劳动报酬，是用人单位对职工履行劳动义务的物质补偿。工资额的确定必须以劳动法律法规、集体合同和劳动合同的规定为依据。工资必须以法定方式支付，一般只能用法定货币支付，并且应当是持续的、定期的支付。

二、工资分配原则

工资分配应当遵循下列原则：

（1）按劳分配原则。即以劳动者提供的劳动数量和质量为标准确立个人工资额。每一劳动者都应按照其提供的劳动来决定劳动报酬，按劳分配原则要求应以其提供劳动的数量和质量作为决定其获得劳动报酬数量的标准，多劳多得，少劳少得。

（2）同工同酬原则。用人单位对于技术和劳动熟练程度相同的劳动者在从事同种工作时，不分性别、年龄、民族、区域等差别，只要提供相同的劳动量，就获得相同的劳动报酬。实行同工同酬要考察三个方面的条件：首先，劳动者的工作岗位、工作内容相同；其次，劳动者在相同的工作岗位上付出了相同的劳动工作量；最后，要求劳动者付出同样的工作量的情况下取得了相同的工作业绩。

（3）工资水平与经济协调发展原则。《劳动法》第四十六条第二款规定，工资水平在经济发展的基础上逐步提高。因此，劳动者的工资水平的提高应当以经济发展为前提，不能违背经济规律而盲目提高工资水平。同时，社会经济得到了发展和提高时，也应当相应提高劳动者的工资报酬。

（4）国家对工资总量的宏观调控原则。《劳动法》第46条第2款规定，国家对工资实行宏观调控。即国家根据经济发展的需要，对整个社会的工资总量进行宏观的调节和控制。

三、工资形式

（一）计时工资

计时工资是指按照劳动者技术熟练程度、劳动繁重程度和工作时间的长短支付工资的一种形式。通常情况下，劳动者在特定岗位的工作时间越多，支出的劳动也就越多，工资报酬相应地也应当支付更多。计时工资是一种最基本的工资类型，适用于任何部门、用工单位和岗位、工种。

（二）计件工资

计件工资是指按照合格产品的数量和预先规定的计件单位来计算工资的形式。计件工资将劳动报酬与劳动成果的数量联系起来，能比较准确地反映劳动者对工作的投入程度。

计件工资一般适用于劳动工序相对独立、产品量或工作量能精确计算,有明确的产品质量标准,并能准确检验,具有合理的劳动定额和较健全的管理制度,生产过程能正常进行,原材料、燃料、动力供应和产品销路正常的生产性单位和生产岗位上的劳动者。

(三) 奖金

奖金对劳动者额外的劳动支出而支付的劳动报酬。劳动者在完成正常劳动基础上又提供了超额劳动,用人单位有义务对劳动者给予相应的对价支付。奖金具有激励作用,是用人单位对给其带来一定利益的劳动者的行为的物质鼓励。奖金的种类具有多样性,包括:月度奖金、季度奖金、年度奖金;集体奖金和个人奖金;综合奖金、单项奖金等等。

(四) 津贴

津贴是对在特殊情况下工作的职工所付出的额外劳动消耗和生活费用进行合理补偿的附加劳动报酬和物质鼓励,是劳动报酬的一种补充形式。津贴的数额一般不超过基本工资额。津贴大致有以下几类:

(1) 与特殊工作岗位相关的津贴,如野外津贴、矿山井下津贴、流动施工津贴等;

(2) 为保障特殊工作条件下劳动者的身体健康而支付的津贴,如高温津贴等;

(3) 为补偿劳动者额外的物质消耗而支付的津贴,如交通津贴等;

(4) 为维持劳动者的正常生活水平而给予的津贴,如各种物价补贴等;

(5) 特殊情况下支付的工资。在特定情况下,劳动者虽未实际参加劳动,但用人单位仍有义务应依法支付劳动者工资或工资的一部分。主要有以下几项:①参加社会活动期间的工资支付。如参加选举活动,人民代表出席政府、党派等组织的活动,出庭做证等;②依法享受假期的工资支付。年休假、探亲假、婚假、丧假、产假期间,用人单位应当按合同规定的工资标准支付工资;③非因劳动者的原因造成的停工期间的工资支付。④加班加点工资的支付。

四、最低工资规定

最低工资,是指劳动者在法定工作时间提供了正常劳动的前提下,其所在用人单位必须在最低限度内应当支付的足以维持职工及其平均供养人口基本生活需要的工资,即工资的法定最低限额。最低工资是法律规定的劳动者获得劳动报酬的最低界限,用人单位不得违反。

最低工资标准是由政府通过立法确定的,各省、自治区、直辖市范围内的不同行政区域可以有不同的最低工资标准。劳动者获得最低工资的前提是,劳动者在法定工作时间内提供了正常劳动,只要劳动者提供了法定工作时间的正常劳动,用人单位支付的劳动报酬不得低于政府规定的最低工资标准。

最低工资保障范围,不仅包括劳动者本人的基本生活需要,而且也包括劳动者赡养的家庭成员的生活需要。用人单位不得与劳动者约定低于最低工资标准支付,否则约定无效。最低工资标准每两年至少调整一次。如确定最低工资标准的各项因素发生变化,应当适当调整。

最低工资包括三部分：

(1) 维持劳动者本人最低生活的费用，即对劳动者从事一般劳动时消耗体力和脑力给予补偿的生活资料的费用；

(2) 劳动者平均赡养人口的最低生活费；

(3) 劳动者为满足一般社会劳动要求而不断提高劳动标准和专业知识水平所支出的必要费用。

五、工资支付准则

(1) 现金支付原则。用人单位支付劳动者工资必须以法定货币支付，不得以实物和有价证券替代货币支付。

(2) 直接支付原则。用人单位应当将工资支付给职工本人，职工本人因故不能领取工资时可由其亲属或委托他人代领。用人单位也可以委托银行代发工资。

(3) 足额支付原则。

(4) 及时支付原则。用人单位给劳动者的工资至少每月支付一次，并且必须在用人单位与职工约定的日期支付，如遇节假日或休息日，应提前在最近的工作日支付。

(5) 特殊情况下的紧急支付原则。职工因遇有紧急情况以致不能维持生活时，用人单位必须向该职工预支其可得工资的相当部分。

根据《工资支付暂行规定》的规定，用人单位不得克扣劳动者的工资。有下列情况之一的，用人单位可以代扣劳动者的工资：

(1) 用人单位代扣代缴个人所得税。

(2) 用人单位代扣代缴应由劳动者负担的各项社会保险费用。

(3) 法院判决、裁定中要求代扣的抚养费、赡养费。

(4) 法律、法规规定可以从劳动者工资中扣除的其他费用。

因劳动者本人原因给用人单位造成经济损失的，用人单位可按照劳动合同的约定要求其赔偿经济损失。经济损失的赔偿，可从劳动者本人的工资中扣除。但每月扣除的部分不得超过劳动者当月工资的20%。若扣除后的剩余工资部分低于当地月最低工资标准，则按最低工资标准支付。

第七节　劳动争议处理

一、劳动争议及其种类

劳动争议，亦称劳资纠纷，是指劳动关系双方当事人之间因劳动权利受到侵犯或劳动权利义务关系发生分歧而产生的争议。从主体上看，劳动争议是劳动关系双方当事人之间发生的争议，即发生在用人单位和职工之间的争议。从客体上看，劳动争议的客体是当事人之间特定的劳动权利义务关系。这种权利义务关系有些是劳动法直接规定的，有些是当事人约定的，但都是在劳动过程中发生的。从内容上看，劳动争议是与实现劳动过程有直接联系的争议，其争议的问题都是与劳动相关的问题。

根据争议当事人中劳动者一方人数的不同,劳动争议可以分为个别劳动争议和集体劳动争议两类。个别劳动争议,是指法定人数以下的劳动者与用人单位之间发生的争议。根据国务院《企业劳动争议处理条例》第五条的规定,劳动者一方人数不足三人的为个别劳动争议。个别劳动争议一般仅涉及少数特定劳动者的利益。集体劳动争议,是指超过法定人数的劳动者因共同的权益受到侵犯或与用人单位发生分歧而引起的劳动争议。集体劳动争议中的劳动者一方人数在法定人数以上,在我国,劳动者一方人数在三人以上的为集体劳动争议。在集体劳动争议中,多数劳动者与用人单位之间争议的标的是共同的,即多数劳动者都是基于同一理由而与用人单位发生争议。

二、劳动争议的处理方式

《劳动法》第七十七条规定:用人单位与劳动者发生劳动争议,当事人可以依法申请调解、仲裁、提起诉讼,也可以协商解决。由此可见,劳动争议有四种处理方式:协商、调解、仲裁和诉讼。对因签订集体合同而发生的争议,当事人不能协商解决的,当地人民政府劳动行政部门可以组织有关各方面协调处理。但因集体合同履行而发生的劳动争议,当事人协商解决不成的,可以向劳动争议仲裁委员会申请仲裁,对仲裁裁决不服的,可以自收到裁决书之日起15日内向人民法院起诉。

(一)劳动争议协商

劳动争议协商是指劳动者与用人单位发生劳动争议后,由双方当事人直接进行协商,互谅互让,解决纠纷的方式。协商不是劳动争议的必经程序。

(二)劳动争议调解

劳动争议调解,是指劳动调解委员会对企业与劳动者之间的劳动争议,依照法律法规,通过民主协商的方式推动双方达成协议,消除纷争的活动。调解也不是劳动争议的必经程序。

《劳动法》第八十条规定:在用人单位内可以设立劳动争议调解委员会。通常,具有一定规模的企业都设有劳动争议调解委员会。劳动争议调解委员会是基层群众性组织,根据自愿原则,采取说服教育的方法来解决当事人之间的劳动纠纷。一方面,它只能根据自愿原则,采取说服教育的方法来解决当事人之间的劳动纠纷;另一方面,它在职工代表大会的领导和当地劳动行政部门的指导下进行工作,不隶属企业行政。

劳动争议调解遵循以下原则:

(1)自愿原则。是否进行调解,应尊重当事人的意愿。其次,是否达成调解协议,怎样达成调解协议,应由当事人自行决定。

(2)合法原则。调解人员必须依据现行的劳动法律、法规和政策进行调解;双方达成的调解协议,其内容不得违反法律的规定;同时,调解程序必须符合有关程序规定的要求,严重违反法定程序的调解不能产生法律效力。

(3)不妨碍当事人申请仲裁原则。劳动争议调解协议不具有强制执行的效力,不能以调解代替仲裁。劳动争议调解不是劳动争议处理的必经程序,当事人申请调解,并不因此而丧失申请仲裁的权利,经调解双方不能达成调解协议的,任何一方当事人都可以申请仲裁。

(三)劳动争议仲裁

劳动争议仲裁,是指劳动争议仲裁委员会对用人单位与劳动者之间的争议进行裁决的活动。仲裁是劳动争议的必经程序。

根据相关法律规定,在我国,县、市、市辖区应当设立劳动争议仲裁委员会,负责处理本地的劳动争议。劳动争议仲裁委员会由三方代表兼职组成:同级劳动行政机关的代表、同级总工会的代表和用人单位的代表。劳动争议仲裁委员会主任由同级劳动行政机关的代表担任。

劳动争议仲裁要遵循以下原则:

(1)仲裁前置原则。当事人可以向仲裁委员会申请仲裁,对仲裁裁决不服的,可以向人民法院提起诉讼。

(2)先行调解原则。仲裁机关在做出裁决之前,必须进行调解,不能未经调解就进行裁决。

(3)一次裁决原则。劳动争议经过一次仲裁裁决后,仲裁程序即告终结,对裁决不服时,不得再申请仲裁,而只能在收到裁决书之日起15日内向法院起诉。

(4)时效制度。劳动争议申请仲裁的时效期间为一年。仲裁时效期间从当事人知道,或者应当知道其权利被侵害之日起计算。

(四)劳动争议诉讼

劳动争议诉讼是指当事人不服劳动争议仲裁委员会的裁决,向人民法院起诉,法院依法对劳动者争议案件进行审理的活动。诉讼是解决劳动纠纷的最后一种方式。

劳动争议诉讼在程序上适用民事诉讼法规定的程序,人民法院在受理劳动争议案件后,应主要就当事人的实体权利义务关系做出判决,对一审人民法院做出的判决,当事人不服的,可以在收到判决书之日起15日内向上级人民法院提起上诉,二审法院做出的判决是生效判决,当事人必须执行。在适用实体法方面,人民法院在审理劳动纠纷案件时,除适用全国人大及其常委会制定的各种有关劳动方面的法律以外,还可以适用国务院及其关部门制定的行政法规和部门规章。

此外,对劳动纠纷,人民法院也可以在自愿、合法的基础上进行调解,经调解双方达成协议的,人民法院应当制作调解书予以确认,调解书送达并经双方当事人签字后即发生法律效力,不得上诉。

对劳动争议仲裁机关做出的生效的调解书、仲裁决定书和人民法院做出的生效的调解书、判决书,当事人应自觉履行。一方当事人拒绝履行的,人民法院可以根据对方当事人的申请强制执行。

思考题

1. 劳动法的调整对象是什么?
2. "劳动关系"与"劳务关系"有何区别?
3. 劳动合同的基本原则有哪些?

第三编 经济活动中的竞争与合作关系的法律问题

第八章 有关商主体资质规则的法律问题

第一节 《公司法》及公司活动中的法律问题

公司是东西方共有的一种企业制度,其是最能体现产权明晰、责权明确、政企分开与管理科学的现代企业制度的一种企业形式,也是我国历次国企改革与改制核心的建设目标。《公司法》是商事主体法中最重要的一部法律,也是经济活动中涉及商事主体时必须遵循和掌握的规则。

一、国家有关公司法律规制的概述

(一)公司的产生与概念

1. 公司的产生

(1)企业的起因与概念

企业起因:个人的人力、寿命、能力和财力的不足与个人追逐利润的最大化目标的无限性之间的冲突。需要有一个经济组织出现,这个组织以追求经济利益为目的,能独立地从事商事活动。其内部是通过将劳动、资本、土地等要素以契约(或其他法定)形式组织起来,在分工的基础上进行协作和管理,以实现利润的最大化——企业的产生。

企业的概念:企业是指依法成立并具备一定组织形式,以营利为目的的独立从事商事(生产经营和服务性)活动,具有独立法律主体地位的经济组织。

(2)企业的发展演变历程

从西方企业的发展历程,现代企业在发展出公司制度之前,经历了从家长式个人独资企业——家族式合伙企业——普通合伙企业——康孟达式两合合伙企业——股份有限公司——有限责任公司的发展过程。

(3)公司的产生

由于在康孟达式合伙中以船东为代表的合伙人承担的是有限责任,其仅以投入到企业的财产为限对外承担责任。因其风险程度较低,故其往往敢于冒险,希望走远洋或高风险航线,虽然有可能"九死一生",但其一旦成功返航,由于船东的巨大资本投入相比,其分红将十分可观,甚至足以再买一两条船。而同时,航海家和商人因为承担无限责任,要以个人身家为企业的损失承担连带赔偿责任,风险巨大,所以其往往不愿冒险,只希望走近海或地中海沿岸航线,而相应的利润也就较少。这两种合伙人之间价值取向与行为选择的差距最终导致全社会和船东做出妥协,所有的"合伙人"(实为股东)均承担有限责任,并进而在此基础上发展出了下列两种公司形式:

股份有限公司:①向全社会公开发行股票,募集资本。②各股东一经出资,其所缴纳的财产就成了企业的财产,归企业独立所有。③企业中设立独立的组织,负责企业日常生产经营决策。④股东仅以其所持股份为限对公司承担责任,公司以其全部财产对外承担责任。

有限责任公司:①几个出资人共同出资组成企业的财产。②各股东一经出资,其所缴纳的财产就成了企业的财产,归企业独立所有。③股东仅以其出资额为限对公司承担责任,公司以其全部财产对外承担责任。

2. 公司的概念

(1)公司的理论推导整合概念

指股东依照公司法规定,将全部的资本划分为等额股份或不划分为等额股份并以出资方式设立。各股东一经出资,其所缴纳的财产就成了企业的财产,归企业独立所有。企业中设立独立的组织,负责企业日常生产经营决策。股东以其认缴的出资额或所持股份为限对公司承担责任,公司以其全部财产对公司债务承担责任的企业法人。

(2)《公司法》概念

指在我国境内依《公司法》规定的条件和程序设立的,以营利为目的的法人型企业。

(3)公司的最终结论概念

指股东依照公司法规定,以出资方式设立,股东以其认缴的出资额或所持股份为限,公司以其全部财产对公司债务承担责任的企业法人。

(二)公司的特征

1. 法人性

(1)依法设立:中国公司法规定的条件和程序;

(2)公司有自己的财产:由股东投资——企业独立的财产;

(3)有内部独立的组织机构;

(4)公司能够独立承担民事责任:股东的有限责任——公司以全部财产对公司债务负责。

2.营利性

从事商事活动,以营利为目的。

(三)公司的分类与意义

1.公司的分类图解(如表 8-1)

表 8-1 公司的分类标准与分类内容

- 股东责任:
  - 无限责任公司
  - 有限责任公司
  - 两合公司
  - 股份有限公司
  - 股份两合公司
- 控制与依附关系:
  - 母公司
  - 子公司
- 开放程度:
  - 封闭式公司
  - 开放式公司
- 信用标准:
  - 资合公司
  - 人合公司
  - 人资兼合公司
- 组织系统:
  - 总公司
  - 分公司
- 公司国籍:
  - 本国公司
  - 外国公司
  - 跨国公司

2.公司分类的意义

(1)无限公司、两合公司、有限责任公司和股份有限公司、股份两合公司五种——明确股东责任。

(2)人合公司、资合公司、人合兼资合公司——明晰信用基础,与风险/自由度。

(3)母公司和子公司——控制与被控制(子公司仍为独立法人)。

(4)总公司和分公司——隶属与被隶属(分公司无法人资格)。

(5)封闭性公司和开放性公司——开放程度。

(6)本国公司、外国公司和跨国公司——适用法律。

(三)公司法的概念和特征

1.公司法的概念

(1)广义概念

是指规定各种公司的设立、组织、活动、解散,以及公司对内对外关系的法律规范的总称。

(2)狭义概念

专指以《公司法》命名的文件,在我国即 1993 年《公司法》,1999 年 12 月、2004 年 8 月、

2005年10月、2013年12月(当前有效)进行了四次修订。

2. 公司法的特征

(1)公司法是一种组织法；

(2)公司法是一种行为法；

(3)公司法是一种制定法；

(4)公司法的内容多为强制性规范；

(5)公司法是具有国际性的国内法。

二、公司的设立与成立

(一)公司的设立

1. 公司与公司设立的概念

公司:是依照法定的条件和程序设立,以营利为目的的企业法人。

公司的设立:是指公司依法取得法人资格的全部活动的总称。

2. 公司设立的条件

(1)有限责任公司的设立条件

①人的条件:股东达到法定人数1~50人；

②财的条件:有符合公司章程规定的全体股东认缴的出资额；

③规则的条件:全体出资人共同制定公司章程；

④有公司名称和建立符合有限责任公司要求的组织机构；

⑤有公司住所。

(2)股份有限公司的设立条件

①人的条件:发起人符合法定人数2~200人；

②财的条件:有符合公司章程规定的全体发起人认购的股本总额或募集的实收股本总额；

③股份的发行、筹办事项符合法律规定；

④规则的条件:发起人共同制定公司章程,经创立大会通过；

⑤有公司名称和建立符合股份有限责任公司要求的组织机构；

⑥有公司住所。

(3)公司设立的程序

订立发起人协议——制定公司章程——确定股东——缴纳出资及验资——确定公司的组织机构——公司设立登记。

(二)公司的成立

1. 公司成立的概念

公司的成立是指依照法定条件与程序设立的公司,最终取得被国家承认具有相应资格,可以从事相应商行为的后果。

2. 公司设立与公司成立的区别

公司设立——是指公司依法取得法人资格的全部活动的总称(强调的是一系列活动)——如:结婚。

公司成立——是指依法设立的公司最终取得被国家承认具有相应资格的后果(强调的是结果及状态)——如:已婚。

3. 公司成立的理论(立法类型)

(1)自由主义

对公司的设立不加法律限制,无须履行任何手续就可成立一个公司。

(2)特许主义

公司的成立需国家元首颁发的特许状或国会的特别法令。根据这种主义,设立公司的手续比较复杂,公司的充分发展受到了限制,如英国东印度公司。

(3)核准主义

公司的成立除了要满足法律规定的条件外,还要经过主管机关的审核批准,如我国的股份有限公司。

(4)准则主义

公司的成立要满足法律规定的条件,条件满足即予登记,如我国有限责任公司。

三、公司的发起人与股东

(一)公司发起人与公司股东两个概念的比较

1. 公司发起人的概念

是指为了设立公司而筹划设立事务、从事设立行为、在公司章程上签名并对公司的设立行为承担责任的人(鸟无头不飞)。

2. 公司股东的概念

是指基于对公司的出资或其他合法原因,持有一定份额的公司资本,依法享有股东权利并承担相应义务的人。

3. 两者之间的关系

(1)有限责任公司中股东也就是发起人,其公司设立形式均为发起设立。

(2)股份有限公司中发起人要承担比股东更大的义务,享受更多的权利,故发起人一定是股东,但股东不一定是发起人,含发起设立与募集设立两种形式。

(二)公司发起人

1. 发起人的资格要求

(1)自身属性要求

自然人:具备完全民事行为能力;法人:法律上未有特别限制。

(2)身份禁止要求

发起人不得为法律、法规禁止从事投资行为的党政机关及其工职人员(反腐败)。

法律特别规定不得作为普通企业发起人的人(如《商业银行法》第四十三条第二款:商业银行在中国境内不得向非银行金融机构和企业投资)。

(3)国籍与居住地要求

《公司法》第七十八条规定:设立股份有限公司,发起人须半数以上在中国境内有住所(有利于加强管理,防止国际诈骗、圈钱的发生)。

2.发起人的法律地位

(1)发起人法律地位的含义

指发起人在筹备公司时与正在筹备的公司之间的关系,以及与成立后的公司之间的关系。

(2)法起人法律地位的内容

①在筹备公司时(公司设立阶段):发起人对外代表公司,对内执行公司设立任务——发起人之间是准合伙关系——若最终公司不能成立,则各发起人就设立公司所为的行为产生的民事责任对第三人负连带责任。

②在公司成立后:如其行为得到了股东(大)会的授权——其行为视为公司行为,由公司承担责任。

3.发起人的权利、义务与责任

(1)发起人权利——承担公司筹办事务

①有权选择对公司的出资方式(其他股东仅能以货币出资);

②有权将其设立公司过程中所花费的费用申请公司创立大会审核、通过后列入公司费用;

③有权基于其发起行为从公司获得劳务报酬;

④其投资的股份可以成为优先股;

⑤公司章程中规定的其他权利(如认购新股时的优先权)。

(2)发起人义务

①一般性义务:制定公司章程;对所设公司效益进行可行性研究论证;依法认购股份或缴足出资(办理财产转移手续)。

②募集设立方式时的特殊义务:各向国务院证监部门报送有关文件;制作招股的相关文件;签订承销协议;及时召开创立大会。

(3)发起人的责任

①出资不足的责任——股份有限公司成立后,发起人未按照公司章程的规定缴足出资的,应当补缴;其他发起人承担连带责任。

②出资不实的责任——股份有限公司成立后,发现作为设立公司出资的非货币财产的实际价额显著低于公司章程所定价额的,应当由交付该出资的发起人补足其差额;其他发起人承担连带责任。

③公司不能成立时的责任

A.公司不能成立时,对设立行为所产生的债务和费用负连带责任;

B. 公司不能成立时,对认股人已缴纳的股款,负返还股款并加算银行同期存款利息的连带责任;

C. 在公司设立过程中,由于发起人的过失致使公司利益受到损害的,应当对公司承担赔偿责任。

(三)公司股东

1. 股东的资格取得

(1)原始取得

股东资格的原始取得是指通过向公司直接认购股份,从而取得股东的资格。

包括设立取得(因创办公司或认购公司首次发行的股份)和增资取得(公司成立后认购公司的新增资本)。

(2)继受取得

指因转让、继承、赠予或因公司的合并而取得股东资格。

2. 股东的权利

(1)整体

公司法第四条——公司股东依法享有资产收益、参与重大决策和选择管理者等权利。

(2)具体

①投资收益权(按出资比例/所持股份请求参与公司盈余分配);

②表决权[对股东(大)会的所有议案];

③知情权(公司经营状况/财务状况/与其他股东利益密切相关);

④股份或出资转让权——有限责任公司与股份有限公司的区别(后者较前者更为自由);

⑤剩余财产分配请求权;

⑥新股优先认购权;

⑦提案权(3%以上股东)和股东(大)会召集权(10%以上股东);

⑧诉讼权。

3. 股东的义务

(1)普通股东的义务

①出资义务;

②参加股东会会议义务;

③不干涉公司正常经营的义务。

④特定情形下的表决权禁止行使义务[公司经股东(大)会同意为某股东或实际控制人提供担保,该被担保股东/实际控制人不得参与该项事项的表决]。

(2)控股股东的义务——持有50%以上股份/或足以对股东(大)会的表决产生重大影响的股东

①不得滥用控股股东地位损害公司或其他股东权益;

②不得利用其关联关系损害公司利益;

③滥用股东权利的赔偿义务。

四、公司的资本与组织

(一)公司的资本

1. 公司资本的概念与组成

(1)公司资本的概念

①广义:指凡可供公司长期支配和使用的资产均可视为是公司资本[含股份(注册)资本、借贷资本、公司的累积资本]。

②狭义:专指公司的股份资本(注册资本)。

(2)公司资本的组成

①注册资本:指由公司章程所确定的、在公司登记机关登记的资本总额,也是股东所实缴或认缴的出资额之和。

②借贷资本:指公司为了生产经营的需要,从外部借入的资本。

③累积资本:公司在生产经营过程中所累积的收益。

(3)公司资本的相关概念及意义

①公司总资产 = 注册资本 + 借贷资本 + 累积资本。

②公司净资产 = (注册资本 + 累积资本) – 借贷资本。

2. 公司资本的制度类型

(1)法定资本制——注册资本实缴制

概念:在公司设立时,必须在章程中明确规定公司的资本总额,并一次性由股东全部缴足;否则,公司不能成立。

(2)授权资本制——注册资本认缴制

概念:公司设立时,公司章程中载明的公司资本总额不必一次性全部缴足,而只要认购并缴付资本总额的一部分即可成立,其余部分则授权董事会在必要时一次或分次缴足和募集。

(3)折中资本制

许可资本制、授权折中资本制。

3. 公司资本的原则

(1)资本确定原则

公司在设立时,必须在章程中对公司的资本总额做出明确规定,并须有股东全部认足;否则,公司不能成立。

(2)资本维持原则

公司在存续过程中,应经常保持与其注册资本相当的财产。

(3)资本不变原则

公司资本一经确定,即不得随意改变,如需增减,必须按照法定程序进行。

4. 公司资本的种类

(1)货币;

(2)实物(建筑物、厂房、机器设备或者其他物料);

(3)知识产权(旧法曾为工业产权与非专利技术);

工业产权、非专利技术(Know-How)——宝钢案、著作权;

(4)土地使用权:货币出资不得低于注册资本的30%。

5. 两类公司的资本项目比较(如表8-2)

表8-2　有限责任公司与股份有限公司资本项目之比较

项目种类	募资方式	出资制度	出资方式	出资限制	注册资本限额
有限责任公司	发起设立	注册资本认缴制	货币、实物、知识产权、土地使用权	旧法:货币出资金额≥有限责任公司注册资本的30%,技术出资≤70% 新法:2014年3月1日起取消	旧法:三万,首付20%的也必须高于三万元 新法:2014年3月1日起取消
股份有限公司	发起设立、募集设立	发起同上、募集采用注册资本实缴制	货币、实物、知识产权、土地使用权	旧法:货币出资金额≥有限责任公司注册资本的30%,技术出资≤70%	500万,可首付20%,余两年内缴清 新法:2014年3月1日起取消

(二)公司的组织

1. 公司组织的概述

(1)公司组织的起因

公司作为法律拟制的"人",并非真正的有思想、能活动的人,其活动与行为能力是通过公司的组织来行使的。

(2)公司组织的机关组成

①公司机关就是公司的组织机构,通常为股东会、董事会、监事会、经理。

②股东(大)会是公司的权力决策机构;董事会是公司的执行机构,对内执行公司业务,对外代表公司;监事会对执行机构的业务活动进行专门监督;经理是公司董事会聘任的主持日常管理工作的高级职员。

③权力机构——股东会;执行机构——董事会;监督机构——监事会。

2. 公司组织的核心内容——公司法人治理结构

(1)公司法人治理的概念

①公司法人治理又名公司管制、企业管制和企业管理,经济合作与发展组织在《公司治理结构原则》中给出了一个有代表性的定义:"公司治理结构是一种据以对工商公司进行管理和控制的体系。"

②公司治理是指诸多利益相关者的关系,主要包括股东、董事会、经理层的关系,各自的权利、义务以及互相配合与互相制约的关系。

③解决因所有权与控制权相分离而产生的代理问题,即如何处理公司股东与公司高管人员之间的关系(狭义)。

④关于企业组织方式、控制机制、利益分配的一系列法律、机构、文化和制度的安排(广义)。

⑤结论——公司法人治理的法学概念:公司法人治理就是为维护股东、公司债权人,以及社会公共利益,保证公司正常有效的运营,由法律和公司章程规定的有关公司组织机构之间权利分配与制衡的制度体系。

(2)公司法人治理结构的源起

法学上"三权分立"的思想——国家治理上:立法、行政与司法的三权分立;公司治理上:股东会、董事会与监事会的相互配合与制约。

3. 公司治理(公司内部组织权限与关系)

(1)股东会的职责与权限

①决定公司的经营方针和投资计划;

②选、更(非职代担任)董事、监事并定其报酬;

③审、批董事会的报告;

④审、批监事会的报告;

⑤审批公司的年度财务预算、决算方案;

⑥审批公司的利润分配和弥补亏损方案。

⑦对公司增加或减少注册资本做出决议;

⑧对发行公司债券做出决议;

⑨对公司合并、分立、变更公司形式、解散和清算等做出决议;

⑩修改公司章程;

⑪公司章程授予股东会的其他职权。

(2)董事会的职责与权限

①召集股东会,报告工作;

②执行股东会的决议;

③决定公司的经营计划和投资方案;

④制订公司的年度财务预算方案、决算方案;

⑤制订公司增加或减少注册资本的方案;

⑥拟订合并、分立、变更公司形式、解散的方案;

⑦制订公司的利润分配和弥补亏损方案;

⑧决定公司内部管理机构的设置;

⑨聘、解总(副总)经理、财务负责人,定报酬;

⑩制定基本管理制度;

⑪公司章程授予董事会的其他职权。

(3)经理的职责与权限

①主持生产经营管理工作,组织实施董事会决议;

②组织实施公司年度经营计划和投资方案;

③拟订公司内部管理机构设置方案;

④提请聘任或者解聘公司副经理、财务负责人;

⑤拟订公司的基本管理制度；
⑥制定公司的具体规章；
⑦聘、解聘除应由董事会聘任、解聘以外的负责人员；
⑧公司章程和董事会授予的其他职权。

(4) 监事会的职责与权限
①检查公司财务；
②对董事、经理执行公司职务时违反法律、法规或者公司章程的行为进行监督、提议、罢免；
③当董事和经理的行为损害公司的利益时，要求其予以纠正；
④提议召开临时股东会；
⑤公司章程规定的其他职权；
⑥向股东会提出提案；
⑦代表中小股东提起派生诉讼。

(5) 公司治理其他应注意的问题
①有限责任公司股东会会议由股东按照出资比例行使表决权；但是，公司章程另有规定的除外（可以约定不按投资比例而平均分配）。股东会会议做出修改公司章程、增加或者减少注册资本的决议，以及公司合并、分立、解散或者变更公司形式的决议，必须经代表三分之二以上表决权的股东通过。

②股份有限公司股东出席股东大会会议，所持每一股份有一表决权。股东大会做出决议，必须经出席会议的股东所持表决权过半数通过。但是，股东大会做出修改公司章程、增加或者减少注册资本的决议，以及公司合并、分立、解散或者变更公司形式的决议，必须经出席会议的股东所持表决权的三分之二以上通过。

③股份有限公司董事会会议应有过半数的董事出席方可举行。董事会做出决议，必须经全体董事的过半数通过。

④新公司法扩大了公司的自治与自主权，除了前述表决权外，还规定可以通过公司章程授予公司股东会、董事会、经理其他职权。

五、公司的其他制度

(一) 公司的权利能力与行为能力

1. 公司的权利能力的概念和特点

(1) 公司权利能力的概念

公司的权利能力是公司享有民事权利、承担民事义务的资格，是公司能实际享有民事权利、承担民事义务的前提条件。

(2) 公司的权利能力的特点

①公司的权利能力与行为能力是一致的，而自然人的权利能力与行为能力是不一致的；
②公司的权利能力因公司经营范围的不同而不同，不像所有自然人的权利能力是相同的。

2.公司的权利能力限制
(1)经营范围的限制
不能超越其经营范围而从事一些经营活动,如军品、烟草、医药等,需特别审批授权方得经营。
(2)法律规定的限制
法律再投资比例的限制、法定代表人资格限制。
(3)固有性质的限制
是法人,不享有自然人专属的生命权、身体权、健康权。
(4)清算期间受到限制
不能享有原有的权利能力,只能在清算范围内享受权利、承担义务。
3.公司的行为能力的概念与行使
(1)概念
公司的行为能力是指公司通过自己的行为实际享受权利、承担义务的能力。
公司的行为能力始于公司产生之时,终于公司终止之日。
(2)公司的行为能力的行使
公司的行为能力是通过公司机关来行使的。
公司机关就是公司的组织机构,通常为股东会、董事会、监事会、经理。

(二)公司的股票与债券

1.公司的股票与债券的概念
(1)公司股票:指公司签发的,证明股东所持股份的凭证。股票采用纸面形式或者国务院证券管理部门规定的其他形式。
(2)公司债券:是指公司依照法定程序发行、约定在一定期限还本付息的有价证券。
2.公司的股票与债券的区别
(1)两者的共同点
①都是向社会公众筹集资金的手段;
②均以有价证券的形式表现出来;
③均具有流通性。
(2)两者的不同点
①权利性质不同:公司债券——债权人享有债权,但不参与公司的经营管理;公司股份——股东有自益权与共益权,可参与公司的经营管理。
②权利内容不同:公司债券——利率预先确定;公司股份——除优先股外,股息与红利随公司的经营状况而变动。
③风险负担不同:公司债券——可以要求按约定还本付息,公司破产、解散时,有优先于股东的清偿权;公司股份——一经出资不得抽回,除转让外,破产时后于公司债权取回。
3.公司发行股票与发行债券的条件比较
(1)新证券法中公司上市的条件
①股票经国务院证券监督管理机构核准已公开发行;
②公司股本总额不少于人民币三千万元;

③公开发行的股份达到公司股份总数的百分之二十五以上;公司股本总额超过人民币四亿元的,公开发行股份的比例为百分之十以上;

④公司最近三年无重大违法行为,财务会计报告无虚假记载。

(2)新证券法中公开发行债券的条件

①股份有限公司的净资产不低于人民币三千万元,有限责任公司的净资产不低于人民币六千万元;

②累计债券余额不超过公司净资产的百分之四十;

③最近三年平均可分配利润足以支付公司债券一年的利息;

④筹集的资金投向符合国家产业政策;

⑤债券的利率不超过国务院限定的利率水平;

⑥国务院规定的其他条件。

(三)公司的财务会计制度

1. 公司利润分配与补亏的制度内涵

是指由公司董事会根据公司法有关公司利润分配与亏损弥补的规定,并结合本公司的财务状况和经营成果,制定出公司当年的税后利润分配或补亏方案,提交股东(大)会审议批准,并依法组织实施的公司基本法律制度。

2. 公司利润分配与补亏的顺序

公司的当年利润,应依法在弥补完往年的亏损,提取了法定公积金后,再用于分配。

六、公司的变更、解散与清算

(一)公司的变更

1. 公司合并

(1)公司合并的概念

概念:是指两个以上的公司依照法定程序结合为一个公司的法律行为。

(2)公司合并的种类

①吸收合并:吸收合并是指两个以上的公司合并,其中一个公司继续存在,其他公司均解散而并入继续存在的公司中的过程。

②新设合并是指两个以上的公司合并成一个新公司,参加合并的公司均不复存在的过程。

(3)公司合并的意义:通过合并可获得对方的资质、资源、市场与营销渠道。

(4)公司合并的程序与法律效果

①合并的程序:合并各方协商,订立合并协议,并编制资产负债表及财产清单——股东会决议——通知——有关机关的批准——注册登记。

公司应当自做出合并决议之日起10日内通知债权人并于30日内在报纸上至少公告3次。债权人自接到通知之日30日内,未接到通知自第一次公告之日起45日内,有权要求公司清偿债务或提供担保。

②合并的法律效果:公司合并后,原公司的股东可以继续成为合并后的公司的股东,原公司的债权债务全部由合并后的公司概括承受。

2. 公司分立
(1)公司分立的概念
概念:公司分立是一个公司依法分为两个以上的公司的行为。
(2)公司分立的种类
①派生分立是指公司将一部分财产分离出去,设立一个或多个新公司,原公司仍然存在。
②新设分立是指公司将其财产全部分割,分别成立两个或两个以上新公司,原公司不复存在。
(3)公司合并的意义
专业化经营、摆脱债务的负累。
(4)公司分立的程序及法律效果
①分立的程序:应由股东会做出决议——进行财产分割,编制资产负债表及财产清单——通知——注册登记。
公司应当自做出分立决议之日起10日内通知债权人并于30日内在报纸上至少公告3次。债权人自接到通知之日30日内,未接到通知自第一次公告之日起45日内,有权要求公司清偿债务或提供担保。
②分立的法律效果:公司分立前的债务由分立后的公司承担连带责任。但是,公司在分立前与债权人就债务清偿达成的书面协议另有约定的除外(以逃债为目的的父母背债,子女逃生分立无效)。

(二)公司的解散

1. 公司解散的概念
指已成立的公司,因发生法律或章程规定的解散事由而停止营业活动,开始处理未了结事务,并逐步终止其法人资格的行为。
2. 公司解散的原因
(1)任意解散
①公司章程规定的营业期限届满或其规定的其他解散事由出现;
②股东(大)会决议解散(有限责任公司须经持有2/3表决权的股东通过,股份有限公司须经出席股东大会的持有2/3表决权以上通过);
③公司因合并或分立而解散。
(2)强制解散
①命令解散——违反法律、法规,危害社会公益;
②判决解散;
③宣告破产。
3. 公司解散的后果
进入清算程序;限制权利能力,停止营业活动。

(三)公司的清算

1. 公司清算的概念
是指终结解散公司的法律关系、消灭解散公司法资格的程序。

2. 公司清算的种类

公司清算的种类可以分为正常清算和破产清算两种。

七、特殊的公司制度

(一)一人公司

1. 概念:是依法单独由一个人投资设立的有限责任公司。

2. 特点:实缴制,不许投资设立新的一人公司,不设股东会,更易被刺穿公司法人的面纱(不能证明公司财产独立于股东个人财产时,对公司债务承担连带责任)[旧法曾要求注册资本10万元]。

(二)国有独资公司

是指公司财产归国家所有,由国家授权投资的机构或者国家授权的部门单独设立的有限责任公司。

(三)外国公司的分支机构

指外国公司(依据外国法在中国境外设立的公司)依据中国公司法规定,在中国境内设立的从事经营活动的不具有法人资格的机构。

(四)上市公司

是指所发行的股票经国务院或者国务院授权证券管理部门批准在证券交易所上市交易的股份有限公司。

八、新公司法的变更之处

(一)完善了公司设立和公司资本制度

1. 设立门槛(取消了有限责任公司和股份有限公司最低注册资本额的限制)、出资形式比例(取消了货币出资需占到整个注册资本总额30%以上的限制)。

2. 一人公司(取消了一人公司10万元最低注册资本限额的限制)、股东人数(2006年起就将有限责任公司的股东人数变更为1~50人)。

3. 股份公司的分红方式、转投资(取消了公司对外投资总额与公司净资产之比的限制)。

(二)修改完善了公司法人治理结构

1. 股东会、董事会、监事会、法定代表人选任(提出了职工代表大会应当选举出一定比例的董事会和监事会成员)。

2. 董事、高管义务。

3. 强化了公司章程的权限(授权公司章程可以授予股东会、董事会、监事会,以及经理特别职权)。

(三)强化对劳动者和职工利益的保护

1/3职工监事的最低比例、职工董事的自愿设置。

（四）强化对中小股东的保护等

知情权、累积投票制、派生诉讼。

第二节　我国合伙企业法的规定

一、企业及其特征

"企业"这个称谓起初仅作为经济学领域的概念使用，其含义是指从事生产、流通等经济活动，为满足社会需要并获取盈利、进行自主经营、实行独立经济核算，具有法人资格的基本经济单位。在当代社会，企业已经成为法律领域最重要的规范对象而被纳入到法学研究范畴，因而法学界从法学视角对企业概念进行了重新界定。目前，较为一致的观点认为，企业是指依法成立并具备一定的组织形式，以营利为目的专门从事商业经营活动和商业服务活动的经济组织。

（一）企业的基本特征

1. 企业必须依法成立。依法成立包括三层含义：

其一，企业必须按照法律规定的企业基本形态选择组织形式；

其二，企业必须依照法律规定的设立条件成立，满足法律要求的有关资产、人员、场地、名称、组织机构等各方面的基本条件；

其三，企业必须依照法律规定的设立程序成立。

2. 企业是一个组织体。企业是一个由人和物两种生产要素相结合而形成的组织体。其中，人的要素主要表现为劳动力，即人力资本；物的要素主要表现为生产资料，如土地、厂房、机器设备、原材料、生产工具、资金，等等。

3. 企业以营利为目的。营利性是企业的根本目的，也是企业与其他非营利性组织，如与国家机关、事业单位、社会团体等相区别的基本特征。

4. 企业的经营行为具有连续性和稳定性。企业的经营活动不是一次性、暂时性行为，而是有着确定经营范围和较长存续期限的行为，其经营行为具有连续性和稳定性的特征。

5. 企业具有一定的法律地位。企业从事市场交易活动必须具有一定的法律主体资格，而不同组织形式的企业，其法律主体资格并不相同，一般以是否具有法人资格为标准，将企业分为两类：法人企业和非法人企业。不论法人企业还是非法人企业都是法律上的主体，都具有一定的法律地位。

（二）企业的法律分类

依据不同的法律标准，可以对企业进行不同的分类。例如，按照企业的资本所有者不同，可以将企业分为全民所有制企业、集体所有制企业、私营企业等。但是，这种按照所有制形式的标准对企业进行分类，是我国在计划经济时代的传统做法，而在市场经济条件下，通行的企业分类方法是依据企业的组织形式为标准,对企业进行分类,将企业分为独资企业、合伙企业和公司企业三类。

二、企业法的概念和体系

企业法是调整企业设立、变更、终止过程中所发生的各种法律关系的法律规范的总称。企业法是由所有调整有关企业的特定社会关系的全部法律规范组成的,这些特定的社会关系包括:国家对企业的经济管理关系、企业的内部组织关系,以及与企业组织特点直接相关的经济活动所产生的社会关系。

我国的企业立法体系包括:按照企业所有制为标准的传统立法模式,如《全民所有制工业企业法》《乡村集体所有制企业条例》《乡镇企业法》《私营企业暂行条例》等;按照企业组织形式的新型立法模式,如《公司法》《合伙企业法》《个人独资企业法》等;按照内外资区别为标准的立法模式,如《中外合资经营企业法》《中外合作经营企业法》《外商独资企业法》等。

三、合伙企业的具体含义及其特征

合伙企业是指自然人、法人和其他组织依照《合伙企业法》在中国境内设立的普通合伙企业和有限合伙企业。其中,普通合伙企业是由普通合伙人组成,合伙人对合伙企业债务承担无限连带责任的营利性组织;有限合伙企业由普通合伙人和有限合伙人组成,普通合伙人对合伙企业债务承担无限连带责任,有限合伙人以其认缴的出资额为限,对合伙企业债务承担责任的营利性组织。

根据《合伙企业法》的规定,合伙企业的法律特征包括四个方面:

1.合伙企业由两个以上的投资人共同设立。普通合伙企业的投资人为两人以上,并且投资人为自然人的,应当具有完全民事行为能力。有限合伙企业的投资人数量为两人以上五十人以下,其中至少有一人为普通合伙人,其他投资人为有限合伙人,可以是自然人、法人或其他组织。但是,国有独资公司、国有企业、上市公司,以及公益性的事业单位、社会团体都不得成为合伙企业的投资人。

2.合伙协议是合伙企业成立的基础。合伙企业是在合伙协议的基础上产生的,合伙协议是调整合伙企业内部关系的重要法律文件。

3.普通合伙人对合伙企业的债务承担无限连带责任,有限合伙人对企业债务承担有限责任。合伙企业对外承担债务时,应当首先以合伙企业的财产清偿债务,在合伙企业的债务超过合伙企业的财产时,普通合伙企业由全体普通合伙人以其合伙出资以外的个人财产对企业债务承担清偿责任;有限合伙企业由普通合伙人对合伙企业债务承担无限连带责任,有限合伙人则以其认缴的出资额为限对合伙企业债务承担责任。

4.合伙企业不具有法人资格。合伙企业的财产属于全体合伙人共有,而且合伙人对合伙企业的债务需要承担无限连带责任,因此,合伙企业没有独立的法律人格,属于不具有法人资格的营利性组织。

四、关于合伙企业设立的规定

（一）合伙企业的设立条件

1. 有两个以上合伙人。普通合伙企业由两个以上的合伙人投资设立，有限合伙企业由两个以上五十个以下合伙人设立，并且投资人中至少应当有一名普通合伙人。合伙人可以是自然人、法人或其他组织，合伙人为自然人的，应当具有完全民事行为能力；无行为能力、限制行为能力人不得成为合伙人。法律、行政法规规定禁止从事营利活动的人，不得成为合伙企业的合伙人。如国家公务员、人民警察、法官、检察官等。

2. 有书面合伙协议。根据《合伙企业法》的规定，合伙协议应当载明下列事项：合伙企业的名称和主要经营场所的地点；合伙的目的和经营范围；合伙人的姓名及其住所；合伙人出资的方式、数额和交付时间；利润分配和亏损分担办法；合伙企业事务执行；入伙和退伙；合伙企业的解散和清算；违约责任。合伙协议经全体合伙人签名、盖章后生效。

3. 有合伙人认缴或者实际缴付的出资。合伙协议生效后，合伙人应当按照合伙协议的规定交付出资。合伙人可以用货币、实物、土地使用权、知识产权，或者其他财产权利缴纳出资，此外，经全体合伙人协商一致，普通合伙人也可用劳务出资。但是，有限合伙人不得以劳务出资。

4. 有合伙企业的名称和生产经营场所。合伙企业的名称应当经工商管理部门核准，并且普通合伙企业的名称中应当标明"普通合伙"字样，不得带有"有限"或"有限责任"字样。有限合伙企业名称中应当标明"有限合伙"字样。

5. 法律、行政法规规定的其他条件。

（二）合伙企业设立程序

合伙企业的登记采取准则主义，首先向工商管理部门申请登记，工商行政部门自收到申请登记文件之日起30日内，做出是否登记的决定。合伙企业营业执照签发之日为合伙企业成立之日。

五、合伙企业的经营管理

合伙企业是由合伙人共同出资设立的，合伙人共享合伙企业的收益，共担合伙企业风险，并对合伙企业的债务承担无限连带责任，因此，合伙企业应当由合伙人共同经营，各合伙人对合伙企业事务的执行享有平等的权利。根据《合伙企业法》的规定，除合伙协议另有规定外，合伙人均有权执行普通合伙企业的事务、对外代表合伙企业。有限合伙企业由普通合伙人执行合伙企业事务。

合伙企业事务执行的方式可以在协议中事先予以约定。合伙协议中对此没有约定的，可由全体合伙人共同决定。具体的执行方式包括：全体合伙人共同执行、各合伙人分别执行、委托一名合伙人执行、委托数名合伙人执行。执行合伙企业事务的合伙人对外代表合伙企业，不参加执行事务的合伙人有权了解和监督合伙企业事务的执行情况。由一名或者数名合伙人执行合伙企业事务的,应当依照约定向其他不参加执行事务的合伙人报告事务执行情况,以及合伙企业的经营状况和财务状况,其执行合伙企业事务所产生的收益归全体合伙人,所产生的亏损或者民事责任,由全体合伙人承担。不具有事务执行权的合伙人,擅自执行合伙企业的事务,给合伙企业或者其他合伙人造成损失的,依法承担赔偿责任。

另外,无论选择哪一种合伙企业事务的执行方式,在执行合伙企业事务的过程中,合伙企业的重大事务都必须经全体合伙人一致同意。例如,处分合伙企业的不动产;改变合伙企业名称;转让或者处分合伙企业的知识产权和其他财产权利;向企业登记机关申请办理变更登记手续;以合伙企业名义为他人提供担保;聘任合伙人以外的人担任合伙企业的经营管理人员等。

六、合伙企业的财产、利润和亏损负担

合伙人的出资、以合伙企业名义取得的收益和依法取得的其他财产,均为合伙企业的财产。合伙企业的财产属于全体合伙人共同所有,由合伙人共同管理和使用,合伙企业存续期间,除非有合伙人退伙等法定事由,合伙人不得请求分割合伙企业的财产。

合伙企业存续期间,经其他合伙人的一致同意,合伙人可以向合伙人以外的人转让在合伙企业的全部或者部分财产份额,合伙人依法转让其财产份额的,在同等条件下,其他合伙人享有优先购买权。合伙人之间转让合伙企业中的全部或部分财产份额的应当通知其他合伙人。

合伙企业的利润分配与亏损分担,应当按照合伙协议的约定办理。合伙协议未约定或者约定不明确的,由合伙人协商决定;协商不成的,由合伙人按照实缴出资比例分配、分担;无法确定出资比例的,由合伙人平均分担。普通合伙企业不得将全部利润分配给部分合伙人,或者由部分合伙人承担全部亏损。有限合伙企业不得将全部利润分配给部分合伙人,但是,合伙协议另有约定的除外。

七、入伙与退伙

(一)入伙

入伙是指在合伙企业成立之后、解散之前,不具有合伙人身份的自然人取得合伙人身份的法律行为。根据《合伙企业法》的规定,新合伙人入伙时须经全体合伙人一致同意,并依法订立书面入伙协议。订立入伙协议时,原合伙人应当向新合伙人告知原合伙企业的经营状况和财务状况。入伙的新合伙人与原合伙人享有平等权利,承担同等责任,但入伙协议另有约定的,从其约定。新合伙人对入伙前的合伙企业的债务承担连带责任。

(二)退伙

退伙是指具有合伙人身份的自然人在合伙企业存续期间退出合伙企业、失去合伙人资格的法律事实。根据《合伙企业法》的规定,基于退伙的原因不同,退伙可以分为自愿退伙、法定退伙和除名退伙三种情形。

自愿退伙又称声明退伙、协议退伙,是指合伙人基于自愿而退伙。根据《合伙企业法》的

规定,合伙协议约定合伙企业经营期限的,有下列情形之一时,合伙人可以退伙:合伙协议约定的退伙事由出现;经全体合伙人同意退伙;发生合伙人难于继续参加合伙企业的事由;其他合伙人严重违反合伙协议约定的义务。合伙协议未约定合伙企业经营期限的,合伙人在不给合伙企业事务执行造成不利影响的情况下,可以退伙,但应当提前30日通知其他合伙人。

法定退伙又称当然退伙,是指合伙人因出现法律明确规定的事由而退伙。根据《合伙企业法》的规定,合伙人死亡或者被依法宣告死亡;个人丧失偿债能力;作为合伙人的法人或者其他组织依法被吊销营业执照、责令关闭、撤销,或者被宣告破产;法律规定或者合伙协议约定合伙人必须具有相关资格而丧失该资格;被人民法院强制执行在合伙企业中的全部财产份额的,当然退伙。

除名退伙是指经其他合伙人一致同意,将符合法律规定除名条件的合伙人强制清除出合伙企业而发生的退伙。根据《合伙企业法》第四十九条的规定,合伙人有下列情形之一的,经其他合伙人一致同意,可以决议将其除名:未履行出资义务;因故意或者重大过失给合伙企业造成损失;执行合伙企业事务时有不正当行为;合伙协议约定的其他事由。对合伙人的除名决议,应当书面通知被除名人。被除名人自接到除名通知之日起,除名生效,被除名人退伙。被除名人对除名决议有异议的,可以在接到除名通知之日起30日内,向人民法院起诉。

八、合伙企业的解散与清算

根据《合伙企业法》的规定,合伙企业有下列情形之一时,应当解散:(1)合伙期限届满,合伙人决定不再经营;(2)合伙协议约定的解散事由出现;(3)全体合伙人决定解散;(4)合伙人已不具备法定人数满三十天;(5)合伙协议约定的合伙目的已经实现或者无法实现;(6)依法被吊销营业执照、责令关闭或者被撤销;(7)法律、行政法规规定的其他原因。

合伙企业解散,应当由清算人进行清算。清算人由全体合伙人担任;经全体合伙人过半数同意,可以自合伙企业解散事由出现后十五日内指定一个或者数个合伙人,或者委托第三人担任清算人。自合伙企业解散事由出现之日起十五日内未确定清算人的,合伙人或者其他利害关系人可以申请人民法院指定清算人。清算人在清算期间执行的事务主要包括:清理合伙企业财产,分别编制资产负债表和财产清单;处理与清算有关的合伙企业未了结事务;清缴所欠税款;清理债权、债务;处理合伙企业清偿债务后的剩余财产;代表合伙企业参加诉讼或者仲裁活动等。

合伙企业财产在支付清算费用和职工工资、社会保险费用、法定补偿金,以及缴纳所欠税款、清偿企业债务后的剩余财产,在合伙人之间进行分配。

第三节 个人独资企业法的规定

一、个人独资企业概述

个人独资企业是指依照《个人独资企业法》在中国境内设立,由一个自然人投资,财产为投资人个人所有,投资人以其个人财产对企业承担无限责任的经营实体。

个人独资企业具有以下法律特征:

(1)个人独资企业的投资人为一个自然人。个人独资企业是由一个自然人出资设立的企业,其投资人只能是一个自然人,而非法人、经济组织或者机构,并且在我国个人独资企业的投资人只限于具有完全民事行为能力的中国公民而不包括外国公民。

(2)个人独资企业没有独立的财产,投资人对企业财产享有所有权。由于个人独资企业是由一个出资人设立,企业财产即为该投资人的个人财产,即企业的财产与投资人的个人财产并无区分,投资人对企业财产享有所有权,所以,个人独资企业自身不是一个独立的财产权主体。

(3)个人独资企业不能独立承担责任。由于个人独资企业不拥有独立的财产,而且企业完全由投资人个人控制,投资人对企业财产享有所有权,因此,独资企业承担的债务就是投资人的个人债务,投资人应当以其全部财产对企业债务承担无限责任,而不是由独资企业独立承担责任。

(4)个人独资企业不具有法人资格。由于个人独资企业的财产为其投资人个人所有,同时,企业的债务也要由投资人以其全部财产承担无限责任,所以,个人独资企业本身并不是一个独立的法律主体,而是其投资人从事商业经营的一种组织形式,因此,个人独资企业并不具有法人资格。但是,虽然个人独资企业不具有法律上的独立人格,其经营活动仍然具有相对独立性,企业可以以自己的名义从事民商事活动。

二、个人独资企业的设立

(一)个人独资企业的设立条件

根据《个人独资企业法》规定,我国对个人独资企业的设立在立法上采取准则主义,即只要符合设立的条件,企业即可登记成立,无须经过有关部门的批准。当然,个人独资企业不得从事法律、行政法规禁止经营的业务。具体来说,设立个人独资企业应当具备以下五个条件:

(1)投资人为一个自然人。个人独资企业中的投资人只能是自然人,自然人之外的法人、其他组织不能投资设立个人独资企业,并且投资人的数量上仅限于一个。设立个人独资企业,投资人应当有相应的民事权利能力和完全的民事行为能力,法律、行政法规禁止从事营利性活动的人,例如,国家公务员、军人、警察、法官等,均不得作为投资人申请设立个人独资企业,此外,限制民事行为能力的人和无民事行为能力的人,也不得作为投资人申请设立个人独资企业。

(2)有合法的企业名称。作为企业的文字符号,企业的名称应当真实地表现企业的组织形式特征。就个人独资企业而言,其名称应当与公司企盼和合伙企业区别开来,因此,在个人独资企业的名称中禁止使用"公司""有限"等字样,并且不同的个人独资企业名称中应体现其所从事的营业,并以此与其他个人独资企业相区别。

(3)有投资人申报的出资。由于个人独资企业的投资人以其个人财产对企业债务承担无限责任,无限责任的责任形式本身就是对交易安全的一种保障,债权人可以通过追究投资人个人的财产责任来保障自己的债权实现。所以,个人独资企业法并没有对个人独资企业规定最低资本数额的要求。

(4)有固定的生产经营场所和必要的生产经营条件。无论何种企业类型,固定的生产经营场所和必要的生产经营条件,都是企业开展经营活动的物质基础。

(5)有必要的从业人员。从业人员是企业开展经营活动必不可少的要素和条件,关于从业人员的人数,法律并没有作具体规定,由企业视各自经营情况而定。

(二)个人独资企业的设立程序

个人独资企业的设立程序主要包括:申请、受理和审查、登记。根据《个人独资企业法》规定,申请设立个人独资企业,应当由投资人或者其委托的代理人向个人独资企业所在地的登记机关提交设立申请书、投资人身份证明、生产经营场所使用证明等文件。在设立个人独资企业的过程中,既可以由投资人亲自办理有关事项,也可以委托代理人办理有关事项。委托代理人申请设立登记时,应当出具投资人的委托书和代理人的合法证明。个人独资企业设立申请书应当载明下列事项:企业的名称和住所;投资人的姓名和居所;投资人的出资额和出资方式;经营范围。

登记机关应当在收到设立申请文件之日起15日内,对符合规定条件的,予以登记,发给营业执照;对不符合个人独资企业法规定条件的,不予登记,并应当给予书面答复,说明理由。个人独资企业营业执照的签发日期,为个人独资企业的成立日期。

三、个人独资企业的经营管理

个人独资企业的事务有两种管理方式:自行管理方式和委托管理方式。根据《个人独资企业法》第十九条的规定,个人独资企业投资人可以自行管理企业事务,也可以委托或者聘用其他具有民事行为能力的人员对企业的事务管理。为了保护投资人、受托人和第三人的正当权益,投资人委托或者聘用他人管理个人独资企业事务,应当与受托人或者被聘用的人签订书面合同,明确委托的具体内容和授予的权利范围。投资人对受托人或者被聘用的人员职权的限制,不得对抗善意第三人。

四、个人独资企业的解散和清算

个人独资企业的解散,即个人独资企业的终止。根据《个人独资企业法》的规定,个人独资企业应当解散的情形包括:投资人决定解散;投资人死亡或者被宣告死亡,无继承人或者决定放弃继承;被依法吊销营业执照;法律、行政法规规定的其他情形。

个人独资企业解散,应当由投资人自行清算或者由债权人申请人民法院指定清算人进行清算。投资人自行清算的,应当在清算前15日内书面通知债权人,无法通知的,应当予以公告。债权人应当在接到通知之日起30日内,未接到通知的应当在公告之日起60日内,向投资人申报其债权。个人独资企业解散后,原投资人对个人独资企业存续期间的债务仍应承担偿还责任,但债权人在5年内未向债务人提出偿债请求的,该责任消灭。

在清算过程中,个人独资企业的财产应当按照下列顺序清偿:所欠职工工资和社会保险费用;所欠税款;其他债务。在按以上规定的顺序清偿债务前,投资人不得转移、隐匿财产。

第四节 关于外商投资企业法的规定

一、中外合资经营企业法

(一)中外合资经营企业的概念、特征

中外合资经营企业是指国外公司、企业和其他经济组织或个人,依照中华人民共和国法律和行政法规,经中国政府批准,按照平等互利的原则,在中国境内同中国公司、企业或其他经济组织共同投资、共同经营、共负盈亏的企业法人组织。中外合资经营企业采取有限责任公司的组织形式,是中国法人,适用中国法律。

中外合资经营企业具有以下法律特征:

(1)中外合资企业至少有一方为外国投资者,同样,也至少有一方是中国投资者。外国投资者可以是外国(包括港澳台地区)公司、企业、其他经济组织、团体或个人。中国投资者可以是公司、企业或者是其他经济组织。

(2)中外合资企业是经中国政府批准设立的中国法人,必须遵守中华人民共和国的法律、行政法规,并受中国法律、行政法规的保护。

(3)中外双方投资者共同投资、共同经营、共负盈亏。共同投资即中外双方都要有投资,其中外方投资比例一般不得少于百分之二十五,否则,不享受合营企业的待遇。

(4)中外企业的组织形式为有限责任公司,董事会为最高权力机关。

(二)中外合资经营企业的设立

依照我国有关法律、行政法规的规定,设立中外合资企业的审批机构是中华人民共和国商务部。当拟设立的中外合资企业的投资总额在国务院规定的限额之内,中国合营者的资金已经落实,并且不需要国家增拨原材料,不影响燃料、动力、交通运输、外贸出口配额等全国平衡的情况下,可由商务部委托的各省、自治区、直辖市人民政府及国务院有关行政机关审批,报商务部备案。

申请设立中外合资企业,由中外合营者共同向审批机构报送下列文件:设立中外合资企

业的申请书;合营各方共同编制的可行性研究报告;由合营各方授权代表签署的中外合资企业协议、合同和章程;由合营各方委派的中外合资企业董事长、副董事长、董事人选名单;审批机构规定的其他文件。审批机构自接到全部文件之日起,三个月内决定批准或者不批准。申请者应当自收到批准证书之日起一个月内,按照国家有关规定,向工商行政管理机关办理登记手续。中外合资企业的营业执照签发日期,即为该中外合资企业的成立日期。

(三)中外合资经营企业的资本

合营企业各方可以现金、实物、工业产权等进行投资。外国合营者作为投资的技术和设备,必须确实是适合我国需要的先进技术和设备。如果有意以落后的技术和设备进行欺骗,造成损失的,应赔偿损失。中国合营者的投资可包括为合营企业经营期间提供的场地使用权。如果场地使用权未作为中国合营者投资的一部分,合营企业应向中国政府缴纳使用费。

合营各方所认缴的出资额的总和即为合营企业的资本,合营企业在工商行政管理机关登记注册的资本即为合营企业的注册资本。在合营企业的注册资本中,外国合营者的投资比例一般不低于百分之二十五。合营各方按注册资本比例分享利润和分担风险及亏损。合营者的注册资本如果转让,必须经合营各方同意。

(四)中外合资经营企业的组织机构

董事会是中外合资企业的最高权力机构,其人数组成由合营各方协商,在合同、章程中确定,并由合营各方委派和撤换。董事长和副董事长由合营各方协商确定或由董事会选举产生。董事长是合资企业的法定代表人,中外合营者的一方担任董事长的,由他方担任副董事长。董事会根据平等互利的原则,决定合营企业的重大问题。董事会的职权是按合营企业章程规定,讨论决定合营企业的一切重大问题,例如,企业发展规划、生产经营活动方案、收支预算、利润分配、劳动工资计划、停业,以及总经理、副总经理、总工程师、总会计师、审计师的任命或聘请及其职权和待遇等。

合资企业设经营管理机构,负责企业日常经营管理工作。经营管理机构设总经理一人,副总经理若干人,协助总经理工作。总经理执行董事会会议的各项决议,组织领导合营企业的日常经营管理工作。在董事会授权范围内,总经理对外代表合营企业,对内任免下属人员,行使董事会授予的其他职权。总经理、副总经理由合营企业董事会聘请,可以由中国公民担任,也可以由外国公民担任。

(五)中外合资经营企业的解散和清算

合营企业解散的情形包括:合营期限届满;企业发生严重亏损,无力继续经营;合营一方不履行合营企业协议、合同、章程规定的义务,致使企业无法继续经营;因自然灾害、战争等不可抗力遭受严重损失,无法继续经营;合营企业合同、章程所规定的其他解散原因已经出现。

合营企业宣告解散时,应当进行清算。清算委员会的成员一般应当在合营企业的董事中选任。董事不能担任或者不适合担任清算委员会成员时,合营企业可以聘请中国的注册会计师、律师担任。审批机构认为必要时,可以派人进行监督。清算委员会的任务是对合营企业的财产、债权、债务进行全面清查,编制资产负债表和财产目录,提出财产作价和计算依据,制订清算方案,提请董事会会议通过后执行。

二、中外合作经营企业法

(一)中外合作经营企业的概念、特征

中外合作经营企业是指中方合作者与外方合作者依照中国法律规定,在中国境内共同举办的,按合作合同约定分配收益分担风险和亏损的企业。

中外合作企业具有以下法律特征:

(1)中外合作企业是契约式合营企业,中外合作者按何种比例进行收益,或者产品的分配、风险和亏损的分担,是在合作企业合同中约定的。

(2)中外合作企业既有法人型企业,也有非法人型合作企业。合作企业符合中国法律关于法人条件的规定的,依法取得中国法人资格,其组织形式为有限责任公司。法人型合作企业设立董事会作为企业最高权力机关,决定企业重大问题。非法人型合作企业不具有法人资格,以合伙方式组成,企业设立联合管理委员会作为企业的最高权力机关,对合作企业的重大问题做出决策。

(3)合作企业依据合作合同的约定分配收益和回收投资,承担风险和亏损。合作企业中的外方合作者可以根据合作合同约定先行回收投资,在合作期满后,合作企业的全部资产一般归中方合作者所有。

(二)中外合作企业的设立

申请设立合作企业,应当将中外合作者签订的协议、合同、章程等文件,报国务院对外经济贸易主管部门,或者国务院授权的部门和地方政府审查批准。审查批准机关应当自接到申请之日起四十五天内决定批准或者不批准。

设立合作企业的申请经批准后,应当自接到批准证书之日起三十天内向工商行政管理机关申请登记,领取营业执照。合作企业的营业执照签发日期,为该企业的成立日期。合作企业应当自成立之日起三十天内向税务机关办理税务登记。

(三)中外合作企业的组织形式和组织机构

中外合作企业可以申请为具有法人资格的合作企业,也可以申请为不具有法人资格的合作企业。具有法人资格的合作企业,其组织形式为有限责任公司。合作各方对合作企业的责任以各自认缴的出资额或者提供的合作条件为限。合作企业以其全部资产对其债务承担责任。不具有法人资格的中外合作企业,合作各方的关系是一种合伙关系。合作各方依照中国民事法律的有关规定,承担民事责任。

具备法人资格的合作企业,一般设立董事会;不具备法人资格的合作企业,一般设立联合管理委员会。董事会或者联合管理委员会是合作企业的权力机构,按照合作企业章程的规定,决定合作企业的重大问题。董事会或者联合管理委员会成员不得少于三人,其名额的分配由中外合作者参照其投资或者提供的合作条件协商确定。董事会或者联合管理委员会

成员由任命各方自行委派或者撤换。董事会董事长、副董事长或者联合管理委员会主任、副主任的产生办法由合作企业章程规定;中外合作者一方担任董事长、主任的,副董事长、副主任由他方担任。董事或者委员的任期由合作企业章程规定,但是每届任期不得超过三年。

(四)中外合作企业的期限和解散

合作企业的合作期限由中外合作者协商并在合作企业合同中订明。中外合作者同意延长合作期限的,应当在距合作期满一百八十天前向审查批准机关提出申请。审查批准机关应当自接到申请之日起三十天内决定批准或者不批准。

合作企业解散的情形包括:合作期限届满;合作企业发生严重亏损,或者因不可抗力遭受严重损失,无力继续经营;中外合作者一方或者数方不履行合作企业合同、章程规定的义务,致使合作企业无法继续经营;合作企业合同、章程中规定的其他解散原因已经出现;合作企业违反法律、行政法规,被依法责令关闭。

三、外资企业法

(一)外资企业的概念、特征

外资企业,又称外商独资企业,是指外国的公司、企业和其他经济组织或者个人,依照中国的法律和行政法规,经中国政府批准,设在中国境内的,全部资本由外国投资者投资的企业。但不包括外国公司、企业和其他经济组织在中国境内设立的分支机构。

外资企业具有三个方面的法律特征:
(1)外资企业是依据中国法律设立的中国企业。
(2)外资企业的全部资本是由外国投资者承担。
(3)外资企业是独立的经济实体。

(二)外资企业的设立

设立外资企业,必须有利于中国国民经济的发展。国家鼓励举办产品出口或者技术先进的外资企业。对于申请设立的外资企业有损中国主权或者社会公众利益的,危及中国国家安全的,违反中国法律、法规的,不符合中国国民经济发展要求的,可能造成环境污染的,不予批准。

外国投资者设立外资企业,应当通过拟设立外资企业所在地的县级或者县级以上人民政府向审批机关提出申请。审批机关应当在收到申请设立外资企业的全部文件之日起九十日内决定批准或者不批准。设立外资企业的申请经批准后,外国投资者应当在接到批准证书之日起三十日内,向国家工商行政管理总局或者国家工商行政管理总局授权的地方工商行政管理局申请工商登记。登记主管机关应当在受理申请后三十日内,做出核准登记或者不给予核准登记的决定。申请开业登记的外国投资者,经登记主管机关核准登记注册并领取营业执照后企业即告成立。外资企业的营业执照签发日期,为该企业成立日期。

(三)外资企业的组织形式

根据《外资企业法》及其实施细则的规定,外资企业的组织形式为有限责任公司,经批准也可以为其他责任形式。外资企业为有限责任公司的,外国投资者以其认缴的出资额为限,外资企业以其全部资产对其债务承担责任。外资企业为其他责任形式的,外国投资者对企业的责任适用有关中国法律和法规的规定。

(四)外资企业的终止和清算

外资企业有下列情形之一的,应予终止:① 经营期限届满;② 经营不善,严重亏损,外国投资者决定解散;③ 因自然灾害、战争等不可抗力而遭受严重损失,无法继续经营;④ 破产;⑤ 违反中国的法律、法规,危害社会公共利益被依法解散;⑥ 外资企业章程规定的其他解散事由已经出现。

外资企业终止后,应当进行清算。清算委员会应由外资企业的法定代表人、债权人代表以及有关主管机关的代表组成,并聘请中国的注册会计师、律师参加。企业清算结束之前,外国投资者不得将该企业的资金汇出或者携带出中国境外,不得自行处理企业财产。清算结束,其资产净额或剩余财产超过注册资本的部分视同利润,应当依照中国税法的规定缴纳所得税。外资企业清算处理财产时,在同等条件下,中国的企业或其他经济组织有优先购买权。外资企业清算结束,应当向工商行政管理机关办理注销登记手续,缴销营业执照。

思考题

1. 依据我国《公司法》,有限责任公司和股份公司的设立条件有何区别?为什么有这个区别?
2. 简述股票与债券之间的联系与区别。
3. 简述合伙企业的含义和特征。

第九章

有关商行为遵循规则的法律问题

第一节 《物权法》及有形财产产权保护中的法律问题

一、物权与物权法概述

(一)物权和物权法的概念

1. 物的概念

物权法所说的"物",是指"有形财产",即看得见、摸得着的财产,如土地、房屋、汽车、手机等,是与无形财产(如专利技术、商业秘密、商标、著作权等知识产权)相对应的。而有形财产,以是否可以移动为标准,可分为不动产和动产。如土地、建筑物,属于不动产;船舶、飞机、机动车、彩电、冰箱、手机等,属于动产。

2. 物权的概念

(1)文义解释

物权——对"物"的权利。

(2)法条解释

《物权法》第二条第一款,"因物的归属和利用而产生的民事关系,适用本法。"——即物的归属权、利用权。具体包括:

①归属权指某项财产归属于谁,实际上就是讲所有权。

②利用权指利用他人的财产的权利,包括用益物权和担保物权。

(3)法律解释(结论)

《物权法》第二条第二款:"本法所称物权,是指权利人依法对特定的物享有直接支配和排他的权利,包括所有权、用益物权和担保物权。"

3. 物权法的概念

(1)文义解释

调整有关物权的法律规范。

(2) 法律解释

就是关于动产、不动产的归属和利用的法律规则。其内容涉及动产、不动产所有权、用益物权、担保物权三大方面。如：在最终通过的《中华人民共和国物权法》中，共分五编，除第一编总则和最后一编占有（所有权中的第一项权能）外，其二、三、四编分别是：第二编所有权、第三编用益物权、第四编担保物权等组成。

（二）物权法的功能作用

1. 定分止争

(1) 物权明确，可以定分止争

早在两千多年前，我国"法家"思想的鼻祖"慎到"就通过"百人逐兔"的故事说明了物权对于定分止争的作用："一兔走街，百人逐之，贪人具存，人莫之非者，以兔为未定分也。积兔满市，过而不顾，非不欲兔也，分定之后，虽鄙不争。"（慎到《慎子》）

兔未定分——百人逐之；分定之后，积兔满市——过而不顾，虽鄙不争。

(2) 权属不定，则易引发纠纷

财产权归属不定，权利界限不清，就会引发纷争。一些农村发生山林纠纷、土地边界纠纷、用水纠纷，甚至导致流血事件，就是因为山林、土地归属不明，所有权、使用权界限不清。国有企业之间，甚至国家机关之间，也会因房屋产权不清而发生房屋纠纷。

2. 保护民权

物权法明确规定，公民合法的私有财产受法律保护，带给民众的就是一种理直气壮、天经地义的情绪：我的财产就是我的，我对它的权利是受法律保护的，任凭你是政府还是开发商，是国王还是法院，都不能随便拿走、随便侵犯。

3. 物尽其用

指所有权人通过设立用益物权，将自己的财产交给最能发挥物的效用的"他人"利用。《物权法》第一百三十六条规定：建设用地使用权可以在土地的地表、地上或者地下分别设立。新设立的建设用地使用权，不得损害已设立的用益物权。

改革开放后，国家在农村集体中，通过设立土地承包经营权，将集体土地交给农户使用，极大地激发了农民的生产积极性，极大地发挥了农村土地的效用。

我国已进行的房改就是利用物权的用益权制度，废止将国有土地无偿划拨给企业建房的制度，改为国家将国有土地使用权有偿出让给企业建房，企业以向国家支付土地出让金为代价取得用益物权（建设用地使用权），再由企业建商品房，出售给城镇居民。其结果是，一方面是城镇居民的居住问题基本获得解决，居住条件极大改善；另一方面，是房地产开发企业自己获得了利润并向国家缴纳了税金，房地产业从无到有，并发展壮大；再一方面，是国家（中央政府和地方政府）获得土地出让金和税金，增加了财政收入；还有银行通过向房地产企业和购买商品房的公民发放贷款，获得利息收益。物权法上的用益物权制度，充分发挥了"物尽其用"功能。

4. 增聚财富

国家对个人的财产利益一旦予以肯定，公众对财富的进取之心就会被激发出来。公众对财富的进取之心一旦得到释放，经济和社会的发展就获得了源源不断的动力。正如马克思、恩格斯所说:资本主义一百年创造的财富超过人类五千年所创造的财富的总和;布朗基更是认为:所有权是推动人类智慧的最有力量的原动力。

事实上,我国通过在农村集体中设立土地承包经营权,将集体土地交给农户使用,极大地激发了农民的生产积极性,极大地发挥了农村土地的效用。彻底结束了我国长期农产品匮乏、轻工业原材料匮乏、人民群众消费品匮乏的"饥饿年代"。

5. 人和政通

有恒产者有恒心。——孟子

名分未定,尧、舜、禹、汤且皆如鹜焉而逐之;名分已定,贪盗不取。今法令不明,其名不定,天下之人得议之。其议,人异而无定。人主为法于上,下民议之于下,是法令不定,以下为上也。此所谓名分之不定也。夫名分不定,尧、舜犹将皆折而奸之,而况众人乎?此令奸恶大起、人主夺威势、亡国灭社稷之道也。所以定名分也,名分定,则大诈贞信,巨盗愿悫,而各自治也。故夫名分定,势治之道也;名分不定,势乱之道也。——(商鞅:《商君书·定分》)

(三)物权法的法律定位与意义

1. 物权法在法律体系中的定位

《物权法》是民法的重要组成部分。民法是调整平等主体之间的财产关系和人身关系的法律,其内容包括物权法、债权法(以合同法为主)、婚姻家庭法、继承法、知识产权法、人格权法等。物权法是专门规范民事主体(法人、自然人)对财产的占有、收益、使用、处分权利的法律。

2. 物权法的立法意义

(1)市场经济财产立法的起始点和终结点;

(2)与国家、集体和个人的利益息息相关;

(3)是我国市场经济法制完善的又一大进步,也标志着中国民法典向诞生迈出关键一步。

二、物权法律规制中的重要制度

(一)所有权的重要制度

1. 所有权取得的一般原则规定

《物权法》第六条规定:不动产物权的设立、变更、转让和消灭,应当依照法律规定登记。动产物权的设立和转让,应当依照法律规定交付。

不动产(房屋、土地)——登记取得;动产——交付取得。

2. 不动产的登记取得制度

(1)法律规定

第九条:不动产物权的设立、变更、转让和消灭,经依法登记,发生效力;未经登记,不发生效力,但法律另有规定的除外。

第十四条:不动产物权的设立、变更、转让和消灭,依照法律规定应当登记的,自记载于不动产登记簿时发生效力。

第十六条：不动产登记簿是物权归属和内容的根据。

第十七条：不动产权属证书是权利人享有该不动产物权的证明。

(2)法条解析

登记始终是与物权的设立和变动联系在一起的。不动产的登记，就是要把不动产物权设立和变动的事实登记在登记簿上。

比如，买房，就要到房屋登记机构登记，这就意味着这套房子属于你了。一旦其他人也要购买这套房屋，一看不动产登记簿就知道，这套房子已经有了主人，不能再买卖了。如果没有办理登记手续，而开发商又把这套房卖给别人，并且房屋的产权已经登记在别人名下，这时，尽管你与开发商的这份合同是有效的，你可以要求开发商承担违约责任，比如，要求开发商赔偿损失，但是，你对于那套房子就不能再拥有产权了。

3. 预告登记制度

不动产登记如此重要，我们买房时不知房东已一房两卖，且他人已登记怎么办？——不动产的预告登记制度

(1)法律规定

第二十条：签订买卖房屋或者其他不动产物权的协议，为保障将来实现物权，按照约定可以向登记机构申请预告登记。预告登记后，未经预告登记的权利人同意，处分该不动产的，不发生物权效力。

(2)解析与应用

解析：预告登记可以保证登记人的优先购买权，也可以有效地抑制房屋买卖中"一女二嫁"的欺诈现象。此前发生不少类似案例，购房者与卖房人签订买卖合同，支付了部分房款后，等待房产证下达。其间，卖房人又把房子转卖给了别人，并给别人办出了房产证，结果就造成了两位购房者抢房，并和房产公司打起了连环官司。

应用：今后，购房者在和卖房人签订了买卖合同后，就可以到房屋登记机构办理预告登记，在付完房款后，再进行产权登记。这样就可以避免"一女二嫁"了。要注意的是，从可以办理登记之日起三个月内要登记，否则，预告登记就失效了[①]。

4. 异议登记制度

他人已经登记，是否就无法挽回自身损失了？不是！——异议登记制度

(1)法律规定

物权法第十九条：权利人、利害关系人认为，不动产登记簿记载的事项错误的，可以申请更正登记。不动产登记簿记载的权利人不同意更正的，利害关系人可以申请异议登记。申请人在异议登记之日起十五日内不起诉，异议登记失效。

(2)解析与应用

比如，小王与恋人小李决定共同购房，可是后来发现登记时只登记了小李一个人的名字。这时，小王就可以要求登记机关更正。如果小李不同意更正，小王就可以申请异议登

---

① 《法治与社会》编辑部，木叶. 物权法10大民生热点解析[J]. 法治与社会，2007(5):7-10.

记。但是特别要注意的是,一旦进行异议登记,十五天内一定要起诉,否则,就失效了。同样,如果小李觉得小王的异议登记是不对的,给他造成了损失,也可以要求小王赔偿①。

5. 善意取得制度

过去发生过这样的案例,夫妻两人原先将房屋卖给某人,由丈夫出面签约,并办完了相应的过户手续,就是尚未交付。事后房价上涨,夫妻二人反悔,妻子就以丈夫签约售房未得到本人同意,属无权处分为由要求撤销售房合同,拒绝交房。——针对这种情况,新法完善了善意取得制度,并将不动产买卖也纳入其中。

(1)法律规定

第一百〇六条:无处分权人将不动产或者动产转让给受让人的,所有权人有权追回;除法律另有规定外,符合下列情形的,受让人取得该不动产或者动产的所有权:

①受让人受让该不动产或者动产时是善意的;

②以合理的价格转让;

③转让的不动产或者动产依照法律规定应当登记的已经登记,不需要登记的已经交付给受让人。

受让人依照前款规定取得不动产或者动产的所有权的,原所有权人有权向无处分权人请求赔偿损失。

(2)法条解析

物权法特别值得引起重视的是,明确了不动产也同样适用善意取得。实践中,不少人都会把房屋、股权等登记在他人名下。在确立善意取得制度后,这种做法风险极大,因为有了善意取得制度,一旦登记的权利人将房屋出售他人,实际权利人就不能要求他人返还房屋了。很多国家都是规定动产才可以适用善意取得,我国物权法这样规定,主要是因为我国房地产交易活跃,登记制度不完善,登记权利人和实际权利人不一致,很容易使交易对方发生判断失误②。如果没有善意取得制度,极易导致房屋买受人丧失权利。

6. 拾遗返还制度

"拾金不昧,拾遗返还",不仅是我国自古以来所推崇的道德标准,而且是我国法律所明确规定的义务。物权法在继续明确该义务外,还对拾遗返还做出了一些新的规定:

(1)原则性规定

《物权法》第一百零九条:拾得遗失物,应当返还权利人。拾得人应当及时通知权利人领取,或者送交公安等有关部门。

《物权法》第一百一十条:有关部门收到遗失物,知道权利人的,应当及时通知其领取;不知道的,应当及时发布招领公告。

(2)丢失人的权利与义务

①权利:《物权法》第一百〇七条:所有权人或者其他权利人有权追回遗失物。该遗失物通过转让被他人占有的,权利人有权向无处分权人请求损害赔偿,或者自知道或者应当知道

---

① 《法治与社会》编辑部,木叶. 物权法10大民生热点解析[J]. 法治与社会,2007(5):7-10.
② 《法治与社会》编辑部,木叶. 物权法10大民生热点解析[J]. 法治与社会,2007(5):7-10.

受让人之日起两年内向受让人请求返还原物,……权利人向受让人支付所付费用后,有权向无处分权人追偿。

②义务:《物权法》第一百〇七条:……受让人通过拍卖或者向具有经营资格的经营者购得该遗失物的,权利人请求返还原物时应当支付受让人所付的费用……

第一百一十二条:权利人领取遗失物时,应当向拾得人或者有关部门支付保管遗失物等支出的必要费用。权利人悬赏寻找遗失物的,领取遗失物时应当按照承诺履行义务。

(3)拾到者的义务与权利

①义务

第一百〇九条:拾得遗失物,应当返还权利人。拾得人应当及时通知权利人领取,或者送交公安等有关部门。

第一百一十一条:拾得人在遗失物送交有关部门前,有关部门在遗失物被领取前,应当妥善保管遗失物。因故意或者重大过失致使遗失物毁损、灭失的,应当承担民事责任。

第一百一十二条:拾得人侵占遗失物的,无权请求保管遗失物等支出的费用,也无权请求权利人按照承诺履行义务。

②权利

第一百一十二条:权利人领取遗失物时,应当向拾得人或者有关部门支付保管遗失物等支出的必要费用。

(4)买遗者的权利与义务

①法律规定

《物权法》第一百〇八条:善意受让人取得动产后,该动产上的原有权利消灭,但善意受让人在受让时知道或者应当知道该权利的除外。

②解析

不知买遗——善意取得——不须返还

明知买遗——非善意取得——须返还——损失向出卖人(拾遗人)追偿

(二)用益物权的重要规定

1. 采光权/通风权的法律保障

(1)法律规定

《物权法》第八十九条:建造建筑物,不得违反国家有关工程建设标准,妨碍相邻建筑物的通风、采光和日照。

(2)解析与应用

将阳光权、通风权、采光权等写入物权法,是将公民权利进一步细化。此前有过很多类似案例。例如,两幢房子之间间距狭窄,前幢大楼在屋顶树起大广告牌,影响到了另一幢房子的阳光照射。这时,居民可到法院诉讼,要求前幢大楼拆除广告牌等。根据上述规定,如果建筑物确实妨碍了相邻建筑物的这几项权利,就可以要求依法维权。

2. 邻居维修管道要提供方便

(1)法律规定

《物权法》第八十八条:不动产权利人因建造、修缮建筑物,以及铺设电线、电缆、水管、暖气和煤气管线等必须利用相邻土地、建筑物的,该土地、建筑物的权利人应当提供必要的便利。

(2)解析与应用

此前因为修房子、通管道等问题,引发邻居之间纠纷很多,此次明确规定,如果邻居必须要通行,或者通管道等,必须要提供必要的便利。比如,楼下邻居发现家中管道堵了,问题可能出在楼上,那楼上邻居就要提供便利,让楼下居民进行管道的检查。

3. 占有人有权请求返还原物或停止侵害

(1)法律规定

《物权法》第二百四十五条:占有的不动产或者动产被侵占的,占有人有权请求返还原物;对妨害占有的行为,占有人有权请求排除妨害;因侵占或者妨害造成损害的,占有人有权请求损害赔偿。

(2)解析与应用

比如,隔壁邻居装修时,把房子的墙砸出了洞。如果你只是房屋的承租人而非房屋的主人,这时,你能否起诉要求邻居停止这种侵害行为呢?不少人认为不能,但按照上述规定,你同样可以起诉[1]。这是因为物权法不仅保护房东,也同样保护作为房屋占有人的房客。但要提醒,占有人返还原物或停止侵害的请求权,自侵害发生之日起一年内没有行使的,该请求权消灭。

4. 邻居枯枝欲坠砸车,车主可砍

(1)法律规定

《物权法》第三十五条:妨害物权或者可能妨害物权的,权利人可以请求排除妨害或者消除危险。

(2)解析与应用

这针对的是某种"危险状态"。比如,一棵大树的枯枝伸到邻居的院子上面,摇摇欲坠,下面正好停放着邻居的车,邻居就担心枯枝掉下来砸坏爱车。这时就可以要求消除危险,要求大树的主人把枯枝砍掉,或者自己雇人把枯枝砍掉,由树的主人或管理人承担费用。

5. 三人合伙买车,两人同意即可转卖

(1)法律规定

法律规定:处分共有的不动产或者动产,以及对共有的不动产或者动产作重大修缮的,应当经占份额三分之二以上的按份共有人或者全体共同共有人同意,但共有人之间另有约定的除外。

(2)解析与应用

共有分为共同共有和按份共有两种,共同共有没有明确的份额,多数存在夫妻等家庭关系中,对于共同共有的处分,就要求全体权利人都同意(依司法解释,夫妻单方的表见代理除外),而此次规定,按份共有的话,如果要处分,只要三分之二以上的权利人同意就可以了。

---

[1]《法治与社会》编辑部,木叶. 物权法10大民生热点解析[J]. 法治与社会,2007(5):7-10.

6. 分割共同财产,损失风险可分摊
(1) 法律规定

共有人可以协商确定分割方式。达不成协议,共有的不动产或者动产可以分割,并且不会因分割减损价值的,应当对实物予以分割;难以分割或者因分割会减损价值的,应当对折价或者拍卖、变卖等取得的价款予以分割。

(2) 解析与应用

没有共有物权收益、处分的表决权制度,很容易造成共有物的处分、修缮都互相推诿,造成了废置、浪费的情况。如对一幅画分割,不可能一撕两半,只能一方得画,另一方得钱,或者进行拍卖,拍卖所得的钱按照比例分割。①

一旦有人分割后拿到的物品是有瑕疵的,其他共有人应当分担损失。比如,三家企业共同买了一块地,分割为三块后,其中一块地在打算建造房屋时,发现地下有一个废弃的防空洞,那就要花钱填补这个洞,而这笔费用是可以要求其他两家企业一起分摊的②。

(三) 担保物权的重要规制

1. 扩大抵押财产的范围
(1) 原则

我国担保法规定,抵押仅限于房屋、土地等不动产,动产一般只能质押。物权法扩大了抵押财产的范围,规定除土地、房屋外,法律、行政法规未禁止抵押的财产都可以抵押。

(2) 法律规定

《物权法》第一百八十条规定的债务人或者第三人有权处分可抵押财产包括:建筑物和其他土地附着物;建设用地使用权;以招标、拍卖、公开协商等方式取得的荒地等土地承包经营权;生产设备、原材料、半成品、产品;正在建造的建筑物、船舶、航空器;交通运输工具等等。

(3) 解析注意

其中,抵押房产和土地使用权等不动产都必须登记,登记后,抵押权才正式生效。但对生产设备、汽车等动产,只要双方达成抵押协议,抵押权就生效了。已登记的抵押权可以对抗未经登记的抵押权。

2. 禁止抵押财产的范围
(1) 法律规定

《物权法》第一百分十四条:学校、幼儿园、医院等以公益为目的的事业单位、社会团体的教育设施、医疗卫生设施和其他社会公益设施等六类财产不得抵押。

(2) 解析应用

上述规定是为了保护社会公共利益及维护社会稳定而规定的。此外,不得抵押的还包括耕地、宅基地、自留地等集体所有的土地使用权,但法律规定可以抵押的除外;所有权、使用权不明或者有争议的财产也不可以抵押。

3. 最高额抵押、质押制度
(1) 法律规定

《物权法》第二百○三条:为担保债务的履行,债务人或者第三人对一定期间内将要连续

---

① 《法治与社会》编辑部,木叶. 物权法10大民生热点解析[J]. 法治与社会,2007(5):7-10.
② 《法治与社会》编辑部,木叶. 物权法10大民生热点解析[J]. 法治与社会,2007(5):7-10.

发生的债权提供担保财产的,债务人不履行到期债务或者发生当事人约定的实现抵押权的情形,抵押权人有权在最高债权额限度内就该担保财产优先受偿。

《物权法》第二百二十二条:出质人与质权人可以协议设立最高额质权,其实施参照最高额抵押的规定。

(2)解析应用

浮动担保方式对于改变目前我国担保业务品种单一,企业贷款规模受现有财产价值的限制等情形,具有划时代的意义。

4.未来收益抵押制度

(1)法律规定

《物权法》第一百八十一条 经当事人书面协议,企业、个体工商户、农业生产经营者可以将现有的以及将有的生产设备、原材料、半成品、产品抵押,债务人不履行到期债务或者发生当事人约定的实现抵押权的情形,债权人有权就实现抵押权时的动产优先受偿。

(2)解析应用

以未来的财产抵押既扩大了企业贷款、融资的能力,也为将来企业经营管理不善,不能还贷时,由银行直接接手企业,成为企业所有者预留了伏笔。

三、产权人保护的其他重要规定

(一)保护城市居民的利益

1.住宅建设用地使用权期满续期

(1)法律规定

《物权法》第一百四十九条:住宅建设用地使用权期限届满的,自动续期。非住宅建设用地使用权期限届满后的续期,依照法律规定办理。该土地上的房屋及其他不动产的归属,有约定的,按照约定;没有约定或者约定不明确的,依照法律、行政法规的规定办理。

(2)解析与应用

我国现行法律规定了建设用地使用权的最高期限:居住用地七十年;工业用地五十年;商业用地四十年;综合用地五十年,随着住房制度改革,越来越多的城镇居民拥有自己的房屋,而且大量集中在住宅小区内。物权法的这一规定,回答了广大群众关于"七十年大限到期后,我们的住房怎么办"的疑问。——结论:七十年后,房子还是我们的!

2.小区公共绿地归属

(1)法律规定

《物权法》第七十三条:建筑区划内的道路,属于业主共有,但属于城镇公共道路的除外。建筑区划内的绿地,属于业主共有,但属于城镇公共绿地或者明示属于个人的除外。建筑区划内的其他公共场所、公用设施和物业服务用房,属于业主共有。

(2)解析与应用

小区内道路绿地由业主共有,开发商与物业公司不得随意在其上盖新建筑,或变更原有用途(不得景观变楼房)。除非事先有合同明确约定,开发商无权决定将商品房楼顶花园、露台赠给顶层住户。

3. 小区车位/车库的占有使用

（1）法律规定

《物权法》第七十四条：建筑区划内，规划用于停放汽车的车位、车库应当首先满足业主的需要，归属由当事人通过出售、附赠或者出租等方式约定。占用业主共有的道路或者其他场地用于停放汽车的车位，属于业主共有。

（2）解析与应用

物权法明确规定，建筑区划内，规划用于停放汽车的车位、车库应当首先满足业主的需要，其归属由当事人通过出售、附赠或者出租等方式约定。开发商在发布预售公告时许诺送车位即为附赠，业主可以以该方式取得车位所有权。

对于在小区共有道路上停放汽车，物业管理公司收取相关费用的现象，物权法规定：占用业主共有道路停放汽车的车位，属业主共有。这就意味着，开发商、物业公司不能将车位收费所得据为己有；如果需要收费，在扣除必要管理费后的所得款应属于全体业主共有。同时，如果有车的业主无偿占据了小区的公共道路，则损害了无车业主的利益，因此，只有让全体业主共同分享停车利益，才能实现大多数人的公平。目前，开发商抢拍小区车位给住户、一户多位或卖给外人，都是存在法律瑕疵的。

4. 选聘解聘物业服务企业须业主共同决定

（1）法律规定

物权法第七十条规定，选聘和解聘物业服务企业由业主共同决定。

《物权法》第七十八条：业主大会或者业主委员会的决定，对业主具有约束力。但是，当业主大会或者业主委员会做出的决定侵害业主合法权益时，物权法亦明确规定："受侵害的业主可以请求人民法院予以撤销。"

（2）解析与应用

上述规定均有利于保护业主的自主、自决权，切实维护业主利益。

5. 业主投票权

（1）法律规定

物权法第七十六条：前款第五项和第六项规定的事项（筹集和使用建筑物及其附属设施的维修资金，改建、重建建筑物及其附属设施），应当经专有部分占建筑物总面积三分之二以上的业主且占总人数三分之二以上的业主同意。决定前款其他事项，应当经专有部分占建筑物总面积过半数的业主且占总人数过半数的业主同意。

（2）解析与应用

"面积＋人数"标准，避免一票独大。避免出现某一个有钱业主因拥有房屋面积的多数就可决定损害其他中小业主利益的前述决定。

（二）保护农民的利益

1. 土地承包期届满可按国家规定继续承包

（1）法律规定

物权法第一百二十六条："耕地的承包期为三十年。草地的承包期为三十年至五十年。林地的承包期为三十年至七十年；特殊林木的林地承包期，经国务院林业行政主管部门批准可以延长。"

"前款规定的承包期届满,由土地承包经营权人按照国家有关规定继续承包。"

(2)解析与应用

物权法关于土地承包期届满可继续承包的规定,从法律上赋予了农民长期而有保障的土地使用权,给农民吃了定心丸,保护了农民的长远利益。

2. 农村宅基地使用权流转仍未放开

(1)法律规定

物权法第一百五十三条规定:宅基地使用权的取得、行使和转让,适用土地管理法等法律和国家有关规定。

(2)解析与应用

此条虽较第六审稿中"禁止城镇居民在农村购置宅基地"的规定留下了一定余地,但我国物权法仍坚持现有的法律规定和国家目前的政策,即尚未放开农村宅基地使用权的流转。这是因为目前,我国农村社会保障体系尚未全面建立。农民一户只有一处宅基地,这一点与城市居民是不同的。农民一旦失去住房及其宅基地,将会丧失基本生存条件,影响社会稳定。

3. 拆迁、征地应当给予足额补偿

(1)法律规定

物权法第四十二条:为了公共利益的需要,依照法律规定的权限和程序,可以征收集体所有的土地和单位、个人的房屋及其他不动产。

征收集体所有的土地,应当依法足额支付土地补偿费、安置补助费、地上附着物和青苗的补偿费等费用,安排被征地农民的社会保障费用,保障被征地农民的生活,维护被征地农民的合法权益。

(2)解析应用

拆迁、征地关系到老百姓切身利益,此次明确规定此前提必须是为了公共利益。而相应的补偿标准也明确规定了范围,有利于对失地农民的切实保护。

4. 单位和个人不得拖欠征收补偿费

(1)法律规定

针对现实生活中征收补偿不到位和侵占补偿费用的行为,物权法第四十二条第四款规定:"任何单位和个人不得贪污、挪用、私分、截留、拖欠征收补偿费等费用。"违反规定的,要依法承担法律责任。

关于征收单位、个人的房屋及其他不动产的问题,物权法第四十二条第三款规定:"征收单位、个人的房屋及其他不动产,应当依法给予拆迁补偿,维护被征收人的合法权益;征收个人住宅的,还应当保障被征收人的居住条件。"

(三)保护集体和国家的利益

1. 总体介绍

物权法作为民法的组成部分,核心是保护公民合法的私有财产免受不法侵害、对私有财产的保护一视同仁地可以应用于保护集体和国家财产之上。所以前述的物权法草稿中就主张一元保护论。

但结合我国国情,我们还是对集体和国家的利益,在物权法上做了一定的特殊保护规定。

2.保护集体的利益

(1)法律规定

物权法第六十三条规定:"集体所有的财产受法律保护,禁止任何单位和个人侵占、哄抢、私分、破坏。"

"集体经济组织、村民委员会或者其负责人做出的决定侵害集体成员合法权益的,受侵害的集体成员可以请求人民法院予以撤销。"

(2)解析

上述是对集体利益保护及方法的最明确规定。

3.保护国家的利益

(1)《物权法》第四十五条明确了国有财产的归属:"属于国家所有的财产,属于国家所有即全民所有。"

(2)物权法第五十六条还强调:"国家所有的财产受法律保护,禁止任何单位和个人侵占、哄抢、私分、截留、破坏。"

(3)物权法还对监管不力造成国有财产流失的机构和工作人员设置了"高压线"。针对国有财产监管中存在的问题,物权法第五十七条规定:"履行国有财产管理、监督职责的机构及其工作人员,应当依法加强对国有财产的管理、监督,促进国有财产保值增值,防止国有财产损失;滥用职权,玩忽职守,造成国有财产损失的,应当依法承担法律责任。"

4.公私财产的平等保护

物权法在总则中第三条就明确规定:"国家实行社会主义市场经济,保障一切市场主体的平等法律地位和发展权利。"

在该条中,法律还进一步明确:"国家、集体、私人的物权和其他权利人的物权受法律保护,任何单位和个人不得侵犯。"

第二节 工业产权保护中的法律问题

一、工业产权法律制度概述

(一)工业产权的概念和法律特征

1.工业产权的概念

工业产权是指人们依照法律对应用于商品生产和流通中的创造发明和显著标记等智力成果,在一定期限和地区内享有的专有权。

2.工业产权的法律特征

(1)专有性:工业产权是国家赋予专利权人和商标专用权人,在有效期内对其专利和商标享有的独占、使用、收益和处分的权利。未经权利人许可,任何第三人皆不得使用,否则,即构成侵权。

（2）地域性：所谓工业产权的地域性，是指工业产权的地域限制，即一个国家法律所确认和保护的工业产权，只在该国范围内有效，对其他国家不发生效力，即不具有域外效力。如想获得该国的保护，必须依照该国的法律取得相应的知识产权或根据共同签订的国际条约取得保护。

（3）时间性：所谓工业产权的时间性，是指工业产权的时间限制，即工业产权的保护是有一定期限的，这也就是工业产权的有效期。法律规定的期限届满，工业产权的专有权即告终止，权利人即丧失其专有权，这些智力成果即成为社会财富。

（二）工业产权法概述

1. 工业产权法的概念

工业产权法，是指调整因确认、保护和使用工业产权而发生的各种社会关系的法律规范的总称。

我国《工业产权法》由《专利法》《专利法实施细则》《商标法》《商标法实施细则》等相关的法律、法规组成。另外，还有我国《民法通则》也对知识产权作了原则性的规定，也是工业产权法的基本渊源。我国还参加了《保护工业产权巴黎公约》（1985年）、《专利合作条约》（1994年）和《商标国际注册马德里协定》（1989年），等等。

2. 工业产权法的特征

（1）工业产权是一种无形财产权，是智力成果，其标的是思想的体现，这就决定了该种权利的专有性，只属于创造人或所属单位。

（2）由于任何国家对工业产权的保护都是依据本国的法律，而各国法律的规定又不尽相同，从而导致了工业产权的地域性的特征。

（3）法律保护工业产权的目的在于激发和促进新成果的产生和使智力成果广泛地被使用，如果过分强调工业产权人的利益，就会阻碍智力成果的广泛传播和使用，因此，必须对工业产权进行时间上的限制，也就使其具有了时间性的特征。

工业产权法以专利法、商标法为主干，反不正当法、合同法等法律中调整工业产权法律关系的规范，以及有关行政法规、规章，最高人民法院以司法解释形式发布的有关规范性文件等，都是工业产权法的组成部分。我国已相继颁布和实施了《中华人民共和国商标法》《中华人民共和国商标法实施条例》《中华人民共和国专利法》《中华人民共和国专利法实施细则》等法律法规。

3. 工业产权法的分类

（1）专利法律制度。以工业领域的发明创造为对象，保护创造者的发明专利权、实用新型专利权、外观设计专利权。

（2）商标法律制度。以工商经营活动中的商品商标和服务商标为对象，保护注册商标所有人对注册商标的专用权。

（3）商业秘密法律制度。以原产地名称和货源标记为保护对象的法律规范。

（4）反不正当竞争法律制度。制止生产经营活动中从事不正当竞争法律制度。制止生产经营活动中从事不正当竞争损害他人合法权益行为的法律法规，适用于各种工业产权制度无特别规定或不完备时需要给予法律制裁的行为，如侵害商业秘密的行为，仿冒产品产地的行为。

二、专利法

(一)专利、专利权的概念

专利一词有三种含义:(1)指权利人对某项发明创造所享有的专利权;(2)指被授予专利权的发明创造本身;(3)指记载发明创造内容的专利文献的总称。

专利权是由国家专利管理机关向专利申请人授予的在规定的时间内对该项发明创造享有的专有权。

(二)专利法

专利法是调整因发明创造而引起的专利关系人之间在支配和使用该发明创造时所产生的各种社会关系的法律规范的总称。

(三)专利权的主体

1. 发明人/设计人

(1)含义:专利法所称发明人或者设计人,是指对发明创造的实质性特点做出创造性贡献的人。专利法上,实用新型和外观设计的完成人称设计人,发明完成人称发明人。

(2)发明人的条件

①发明人必须是直接参加发明创造活动的人;

②发明人必须是对发明创造的实质性特点有创造性贡献的人。

(3)发明人的自然人属性

发明人在任何情况下,都只能是自然人,不能是法人或其他组织。

发明是一种事实行为,不是法律行为。所以,发明人的资格不受民事行为能力的限制。未成年人完成了发明创造,同样是发明人,可以申请专利。

(4)发明人的权利

①表明发明人身份的署名权

发明人或者设计人有在专利文件中写明自己是发明人或者设计人的权利。

发明人的这种权利具有专属性,是与发明人的身份联系在一起的,不论发明人的发明创造是否申请专利,也不论专利申请权和专利权归属如何,这种权利发明人都能享有,并且都只能由发明人享有。

②申请专利的权利

发明人是否享有这种权利,要根据发明创造的性质决定,只有根据法律的规定,发明创造的申请权属于发明人时,发明人才享有这项权利。

2. 专利申请权人

(1)含义

专利申请权人,是指有权就某一项发明创造,向国务院专利行政部门申请专利的单位或个人。

(2)专利申请权的取得

①原始取得

发明人因完成发明创造而取得发明创造的专利申请权。

发明人以外的人根据法律的规定,取得发明创造人完成的发明创造的专利申请权。

②继受取得

是发明人以外的人通过接受转让或继承而取得专利申请权。

(3)专利申请权人的权利

发明专利申请公布后,申请人可以要求实施其发明的单位或者个人支付适当的费用。

3. 专利权人

(1)含义

专利权是指对某项已经被国务院专利行政部门授予专利权的发明创造,在法定期限内享有专有权的个人或单位。

(2)专利权取得方式

①原始取得

是指通过专利申请程序,经过国务院专利行政部门批准而取得专利权。

②继受取得

是指不经专利申请程序,而是通过转让、继承方式从原始专利权人处获得专利权。

转让专利权,当事人必须订立书面合同,经国务院专利行政部门登记和公告后,才能生效。

继承专利权,也必须经国务院专利行政部门登记和公告后,才能生效。

2. 专利权的归属

(1)职务发明创造

①定义

执行本单位的任务或者主要是利用本单位的物质技术条件所完成的发明创造为职务发明创造。

②认定

执行本单位的任务;

在本职工作中完成的发明创造;

履行本单位交付的本职工作以外的任务所做出的发明创造;

退职、退休或者调动工作后一年内做出的,与其在原单位承担的本职工作或者分配的任务有关的发明创造;

单位的物质条件:物质条件包括资金、设备、零部件、原材料或不对外公开的技术资料等;本单位:包括临时工作单位。

(2)非职务发明创造:职务发明创造以外的发明创造

(3)界于职务发明与非职务发明之间的发明创造

非职务发明创造中的特殊类型,是利用本单位的物质技术条件所完成的发明创造,但不是主要利用本单位的物质技术条件所完成的发明创造。

(4)权利归属

①职务发明创造

单位:专利申请权归单位,申请被批准后,专利权归单位。

发明人:享有署名权和获得物质奖励权。
②非职务发明创造
专利申请权归发明人,申请被批准后,专利权归发明人。
对发明人或者设计人的非职务发明创造专利申请,任何单位或者个人不得压制。
③介于两者之间的发明创造
由单位与发明人通过合同约定权利归属。
如果未作约定,申请权和专利权应该归发明人,但发明人应对所利用的单位的物质技术条件向单位支付使用费。

三、专利权的客体

专利权的客体,是指受专利保护的对象,也就是可以取得专利权的发明创造。

我国《专利法》第二条规定:"本法所称的发明创造是指发明、实用新型和外观设计。"

据此规定,我国受专利保护的客体有发明、实用新型和外观设计。这三者在我国专利法上统称为发明创造。

(一)发明

1. 发明的概念:专利法所称发明,是指对产品、方法或者其改进所提出的新的技术方案。
2. 发明的属性
(1)发明的技术属性
①发明是一种技术思想或技术方案。
②发明是利用自然规律在技术应用上的创造和革新。
③发明是解决特定技术课题的具体技术方案。
④发明以产品或方法为其表现形式。
(2)发明的法律属性
发明必须是符合法律要求的技术方案。

(二)实用新型

1. 实用新型的概念

专利法所称实用新型,是指对产品的形状、构造或者其结合所提出的适于实用的新的技术方案。

2. 实用新型的特点
(1)必须是一种产品。
(2)必须是具有一定立体形状和结构或两者结合的产品。
(3)必须具有实用性。

(三)外观设计

1. 外观设计的概念

专利法所称外观设计,是指对产品的形状、图案或者其结合,以及色彩与形状、图案的结合所做出的富有美感并适于工业应用的新设计。

2. 外观设计的特点
(1)是一种美术设计,不是技术方案。
(2)是对产品的外表所作的设计。
(3)是关于产品形状、图案或者其结合,以及色彩与形状、图案的结合所作的设计。
(4)必须是适合于工业上应用的新设计。
(5)必须富有美感。

3. 外观设计同时享有版权保护
外观设计就其本身而言,是一种美术设计,这种美术设计与产品结合在一起,构成实用艺术作品。那么,外观设计作为一种实用艺术作品,在享受专利保护的同时,能否享受版权保护呢?在一些国家,既可依外观设计法取得专利保护,又可依版权法取得版权保护,由设计人选择。但在有些国家只能依外观设计法取得专利保护。在我国,一些理论和实务界人士认为,可以给予专利法和著作权法双重保护。

(四)授予发明和实用新型专利权的条件

1. 新颖性
指在申请日以前没有同样的发明或实用新型,在国内外出版物上公开发表过,在国内公开使用过或者以其他方式为公众所知,也没有同样的发明或者实用新型,由他人向国家专利管理机关提出过申请并且记载在申请日以后公布的专利申请文件中。
(1)从公开的方式来看,有书面公开、口头公开、使用公开。
(2)从公开的区域范围看,有的国家采用世界新颖性原则,有的国家采用本国新颖性原则。
(3)从公开的日期看,专利法把提出专利申请的日期作为确定新颖性的时间界限,即要求在申请日前没有同样的发明创造公开过。

2. 创造性
即非显而易见性或先进性。指同申请日以前已有的技术相比,该发明有突出的实质性特点和显著的进步,该实用新型有实质性特点和进步。"实质性特点"是指申请专利保护的发明或实用新型与原来技术相比,有本质性的突破,不是原来技术中的类似的或推导的东西,而是创造性构思的结果。在创造性方面,对发明的要求比实用新型要高。

3. 实用性
指该发明或者实用新型能够制造或者使用,并且能够产生积极效果。专利法对发明创造实用性的要求涉及三个方面:(1)可以在产业上广泛应用;(2)在产业上重复地生产或能够在产业上重复使用;(3)发明创造的实施在经济、技术和社会效果上表现出有益的结果,如能降低成本、保护环境、使用方便等。

(五)授予外观设计专利权的条件

应当同申请日以前在国内外出版物上公开发表过或者国内公开使用过的外观设计不相同和近似。公开发表指外观设计以图片或照片的方式在出版物上公开发表。公开使用指应用外观设计的产品已经脱离了秘密状态,使公众能够得到或者看到该产品使用的外观设计。

四、专利的实施许可

(一) 强制许可

1. 具备实施条件以合理的条件未能获得专利权人许可实施其专利的情况。
2. 国家出现紧急情况或非常情况或为了公共利益的目的。
3. 依存专利的情况。

(二) 合理使用

1. 权利用尽。当专利权人自己制造或者经其许可制造的专利产品售出以后,即认为其专利权已经"用尽",他人再使用销售、许诺销售该产品的,不视为侵权,它只适用于合法投入市场的专利产品。
2. 先用权人的利用。对于在专利申请日以前已经制造相同产品,使用相同方法或者已经作好制造、使用的必要准备条件的"先用权人",可以在原生产规模范围内继续使用这一技术。
3. 临时过境。
4. 为科研、教育、个人目的的使用。
5. 善意使用或销售。对于那些不知道是未经专利权人许可而制造并售出专利产品的使用者或销售者,能证明其产品合法来源的,视为"善意"第三人。承担侵权责任,不承担赔偿责任。

五、专利权的保护

(一) 专利权的内容

广义专利权:自专利申请提交后所享有的一切权利,包括独占权、许可实施权、转让权、标志权。

狭义专利权就是独占权,包括:

1. 制造权:是指专利权人拥有自己生产制造专利文件中记载的专利产品的权利。
2. 使用权:包括对专利产品的使用权和专利方法的使用权。非经专利权人的许可,任何人不得使用其专利产品或使用其专利方法。
3. 销售权:销售专利产品及销售用专利方法制造的产品的权利。
4. 许诺销售权:禁止他人进行销售前的推销或促销的权利。
5. 进口权:指进口由专利技术构成的产品或进口包含专利技术产品或进口由专利方法直接获得的产品的权利。

(二) 专利侵权行为

专利侵权,指某种行为使受专利法保护的专利权受到侵犯。《专利法》第五十七条规定:未经专利权人许可实施其专利的行为,是侵犯专利权的行为。

专利侵权有以下特征:

1. 未经专利权人许可。
2. 以生产经营为目的。
3. 实施了受法律保护的有效专利。

对于侵权行为的认定,是以专利权保护的范围为准。我国专利法规定,发明或实用新型专利权的保护范围以权利要求的内容为准。外观设计专利权的保护范围,以表示在图片或者照片中的该外观设计专利产品为准,即保护范围以使用这种外观设计的特定产品为准,在其他产品上使用相同的外观设计,不构成侵权。

(三)专利侵权纠纷种类

1. 直接侵权:直接制造、使用、销售、许诺销售、进口他人专利产品及使用他人专利方法,以及使用、销售、许诺销售、进口依他人专利方法制造的产品。

2. 间接侵权:鼓励或诱使别人实施侵害专利权的行为。

3. 善意侵权:善意使用或销售,以及许诺销售他人专利产品或使用他人专利方法,以及使用、销售或许诺销售依他人专利方法制造的产品的构成侵权,但不负赔偿责任。

四、商标法

(一)商标法概述

1. 商标的概念和特征

商标是指商品生产经营者或服务者为了使自己的商品或服务与他人的商品相区别,而使用的由文字、图形、字母、数字、三维标志或颜色组合起来的可视性的标志。

商标的特征:

(1)商标是文字、图形或文字、图形的组合构成的标志。

(2)必须是具有显著性的标志。

(3)商标是区别商品或服务来源的标志,这是商标的本质特征。

2. 商标的分类

(1)平面商标和立体商标。

(2)注册商标和未注册商标。

(3)集体商标和证明商标。

(4)商品商标和服务商标。

(5)驰名商标和普通商标。

3. 商标法的概念

商标法是指调整因商标注册、使用和管理过程中所发生的各种社会关系的法律规范的总称。

(二)商标注册制度

1. 商标注册

商标注册是指商标使用人按照商标法规定的商标注册原则、条件和程序,向商标局申请商标注册,经核准注册并发给商标证,取得商标专用权的法律行为。

2. 商标注册的原则

(1)我国商标注册采取自愿注册和强制注册相结合的原则。人用药品与烟草制品必须使用注册商标,其他商品或服务上使用的商标是否注册,由使用人自己决定。

(2)一类商品一件商标一份申请原则。
(3)申请在先为主、使用在先为辅原则。
(4)优先权原则。

3. 商标注册的条件

申请人必须具备合法资格。

自然人、法人或者其他组织对其生产、制造、加工、拣选或者经销的商品,或对其提供的服务项目,可以向商标局申请商标注册,取得商标专用权。

外国人或者外国企业在中国申请商标注册和办理其他商标事宜的,应当委托国家认可的具有商标代理资格的组织代理。

4. 商标构成条件

(1)商标必须具备法律规定的构成要素
(2)商标设计必须具备显著特征
(3)商标构成的禁止条件

①同中华人民共和国的国家名称、国旗、国徽、军旗、勋章相同或者近似的,以及同中央国家机关所在地特定地点的名称或者标志性建筑物的名称、图形相同的。
②同外国的国家名称、国旗、国徽、军旗相同或者近似的,但该国政府同意的除外。
③同政府间国际组织的名称、旗帜、徽记相同或者近似的,但经该组织同意或者不易误导公众的除外。
④与表明实施控制、予以保证的官方标志、检验印记相同或者近似的,但经授权的除外。
⑤同"红十字""红新月"的名称、标志相同或者近似的。
⑥带有民族歧视性的。
⑦夸大宣传并带有欺骗性的。
⑧有害于社会主义道德风尚或者有其他不良影响的。

此外,县级以上行政区划的地名或者公众知晓的外国地名,不得作为商标。但是,地名具有其他含义或者作为集体商标、证明商标组成部分的除外;已经注册的使用地名的商标继续有效。

下列标志不得作为商标注册:
①仅有本商品的通用名称、图形、型号的。
②仅仅直接表示商品的质量、主要原料、功能、用途、重量、数量及其他特点的。
③缺乏显著特征的。

商标所列标志经过使用取得显著特征,并便于识别的,可以作为商标注册。

(三)商标注册程序

1. 申请

(1)基本要求。申请商标注册的,应当按规定的商品分类表填报使用商标的商品类别和商品名称。同一商标注册申请人在不同类别的商品上申请注册同一商标的,应当按商品分类表分别申请。

(2)填报《商标注册申请书》

申请商标注册应当向所在地县级以上工商行政管理局提出,由县级以上工商行政管理局核转国家工商行政管理局商标局;送交商标图样五份;提交有关证明文件;按规定缴纳相关费用。

2. 审核

(1)审核原则

①申请在先、使用在辅原则。

②一类商品一件商标一份申请原则。

③优先权原则。

(2)审查程序

第一,初步审定。

指对申请注册的商标进行形式和实质审查。符合相关规定则予以公告,否则驳回申请。

第二,公告与异议。

经过初步审定的商标在商标局编印的定期刊物《商标公告》上进行公告,征询社会各方面意见,协助商标局进行审查。

第三,核准注册。

经过初步审定公告的商标,在三个月内无人提出异议或者异议不成立的,即对申请注册的商标予以核准注册,并将核准的商标及核准注册的有关事项,载入《商标注册簿》,发给申请人商标注册证,并予公告。至此,申请人即取得注册商标专用权。

(四)注册商标的期限

商标注册的期限是指注册商标具有法律效力的持续期间。注册商标有效期为十年,从商标核准注册之日起计算。

(五)注册商标的撤销

注册商标的撤销是商标局或商标评审委员会依法强制取消已经注册的商标。

1. 注册商标争议的撤销

在先申请注册的商标注册人认为,他人在后申请注册的商标与其在同一种或者类似商品上的注册商标相同或者近似,在先申请注册的商标注册人可以在后申请注册的商标注册之日起五年内,向商标评审委员会申请裁定撤销。

2. 注册不当的撤销

已经注册的商标,违反商标法第十、十一、十二条规定的,或者是以欺骗手段或者其他不正当手段取得注册的,由商标局撤销该注册商标;其他单位或者个人可以请求商标评审委员会裁定撤销该注册商标。已经注册的商标,违反商标法第十三、十五、十六、三十一条规定的,自商标注册之日起五年内,商标所有人或者利害关系人可以请求商标评审委员会裁定撤销该注册商标。对恶意注册的,驰名商标所有人不受五年的时间限制。

(六)司法审查

商标评审委员会做出维持或者撤销注册商标的裁定后,应当书面通知有关当事人。当事人对商标评审委员会的裁定不服的,可以自收到通知之日起三十日内向人民法院起诉。人民法院应当通知商标裁定程序的对方当事人作为第三人参加诉讼。

(七)撤销注册商标的法律后果

因注册商标争议或注册不当而被撤销的,由于这类商标本来就属于不能被注册的违法商标,因而其商标权视为自始不存在。有关撤销注册商标的决定或者裁定,对在撤销前人民法院做出并已执行的商标侵权案件的判决、裁定,工商行政管理部门做出并已执行的商标侵权案件的处理决定,以及已经履行的商标转让或者使用许可合同,不具有追溯力;但是,因商标注册人恶意给他人造成的损失,应当给予赔偿。

(八)违法使用商标的撤销

商标注册人有下列行为之一的,由商标局责令限期改正或者撤销其注册商标:(1)自行改变注册商标的;(2)自行改变注册商标的注册人名义、地址或者其他注册事项的;(3)自行转让注册商标的;(4)连续三年停止使用的;(5)使用注册商标,其商品粗制滥造,以次充好,欺骗消费者的。

对商标局撤销注册商标的决定,当事人不服的,可以自收到通知之日起十五日内向商标评审委员会申请复审,由商标评审委员会做出决定,并书面通知申请人。当事人对商标评审委员会的决定不服的,可以自收到通知之日起三十日内向人民法院起诉。注册商标因为违法使用被撤销的,该注册商标的专用权自商标局的撤销决定生效之日起消灭。

(九)商标专用权的内容

1.商标权人的权利

商标注册人的权利主要是指对注册商标所享有的专用权。我国《商标法》规定:经商标局核准注册的商标为注册商标,商标注册人对该注册商标享有商标专用权,受法律保护。

(1)使用权:商标注册人有权在其注册商标核准使用的商品和服务上使用该商标,在相关的商业活动中使用该商标。

(2)许可使用权:商标注册人有权依照法律规定,通过签订商标使用许可合同的形式,许可他人使用其注册商标。

(3)独占权:商标注册人对其注册商标享有排他性的独占权利,其他任何人不得在相同或类似的商品或服务上擅自使用与注册商标相同或近似的商标。

(4)禁止权:对他人在相同或者类似的商品或者服务上擅自使用与其注册商标相同或者近似的商标的行为,商标注册人有权予以制止。

(5)投资权:商标注册人有权根据法律规定,依照法定程序将其注册商标作为无形资产进行投资。

(6)转让权:商标注册人有权通过法定程序,将其注册商标有偿或者无偿转让给他人。

(7)继承权:商标作为无形财产,可以依照财产继承顺序由其继承人继承。

2.商标权人的义务

(1)按规定使用注册商标。注册商标的专用权,以核准注册的商标和核定使用的商品为限。

(2)保证使用注册商标的商品的质量。
(3)申请商标注册和办理其他商标事宜时,应缴纳费用。

3. 驰名商标的保护

(1)将与他人驰名商标相同或者近似的商标在非类似商品上申请注册,且可能损害驰名商标注册人的权益,从而构成不良影响的,由国家工商行政管理局驳回其注册申请。

(2)申请人不服的,可以向国家工商行政管理局商标局评审委员会申请复审;已经注册的,自注册之日起五年内,驰名商标注册人也可以请求国家工商行政管理局商标评审委员会予以撤销,但恶意注册的不受时间限制。

(3)将与他人驰名商标相同或者近似的商标使用在非常类似的商品上,且会暗示该商品与驰名商标注册人存在某种联系,从而可能使驰名商标注册人的权益受到损害的,驰名商标注册人可以自知道或者应当知道之日起两年内,请求工商行政管理机关予以制止。

(4)自驰名商标认定之日起,他人将与该驰名商标相同或者近似的文字作为企业名称一部分使用,且可能引起公众误认的,工商行政管理机关不予核准登记;已经登记的,驰名商标注册人可以自知道之日起两年内,请求工商行政管理机关予以撤销。

(十) 商标专用权的法律保护

1. 商标侵权行为的情形

(1)未经商标注册人的许可,在同一种商品或者类似商品上使用与其注册商标相同或者近似的商标的。

(2)销售侵犯注册商标专用权的商品的。

(3)伪造、擅自制造他人注册商标标识或者销售伪造、擅自制造的注册商标标识的。

(4)未经商标注册人同意,更换其注册商标并将该更换商标的商品又投入市场的。

(5)给他人的注册商标专用权造成其他损害的。

注册商标中含有本商品的通用名称、图形、型号,或者直接标示商品的质量、主要原料、功能、用途、重量、数量及其他特点或者含有地名,注册商标专用权人无权禁止他人正当使用。对他人的正当使用行为不能作为商标侵权行为查处。

2. 对商标侵权行为的处理

有以上所列侵犯注册商标专用权行为之一,引起纠纷的,由当事人协商解决;不愿协商或者协商不成的,商标注册人或者利害关系人可以向人民法院起诉,也可以请求工商行政管理部门处理。

3. 工商行政管理部门的保护

对侵犯注册商标专用权的行为,工商行政管理部门有权依法查处。县级以上工商行政管理部门根据已经取得的违法嫌疑证据或者举报,应当对涉嫌侵犯他人注册商标专用权的行为进行查处。

4. 民事赔偿数额及保全措施

进行处理的工商行政管理部门根据当事人的请求,可以就侵犯商标专用权的赔偿数额进行调解;调解不成的,当事人可以依照《中华人民共和国民事诉讼法》向人民法院起诉。

侵犯商标专用权的赔偿数额,为侵权人在侵权期间因侵权所获得的利益,或者被侵权人在被侵权期间因被侵权所受到的损失,包括被侵权人为制止侵权行为所支付的合理开支。

5. 追究刑事责任

涉嫌犯罪的,应当及时移送司法机关依法处理。

第三节 《合同法》与合同管理中的法律问题

一、合同的概念、特征及分类

合同又称契约,在英文中称"contract",合同的本意是指"共同交易",契约之本质在于意思表示一致。大陆学者强调,合同是当事人的一种"合意"(consensus),或者称为协议说。

英美法学者则认为,合同是双方的一种"允诺"(promise),或者说是"允诺说"。

《中华人民共和国合同法》(以下简称《合同法》)第二条规定:"本法所称合同是指平等主体的自然人、法人、其他组织之间设立、变更、终止民事权利义务关系的协议。"

(一)合同的概念

合同是两个以上的民事主体之间设立、变更、终止民事权利义务关系的协议,包括债权合同、物权合同、身份合同等。我国合同法所调整的是债权合同。合同具有如下的法律特征:(1)合同的主体在法律地位上是平等的;(2)合同是两个以上当事人意思表示一致的法律行为;(3)合同以设立、变更、终止民事权利义务关系为目的。

(二)合同的分类

1. 单务合同与双务合同

双务合同:是指当事人双方互负对待给付义务的合同。

单务合同:是指合同当事人仅有一方负担给付义务的合同。

2. 有偿合同与无偿合同

有偿合同:是指一方通过履行合同规定的义务而给对方某种利益,对方要得到该利益必须为此支付相应代价的合同。

无偿合同:是指一方给付某种利益,对方取得该利益时并不支付任何报酬的合同。

3. 要式合同与不要式合同

要式合同:是指根据法律规定,应当采取特定方式订立的合同。

不要式合同:是指当事人订立的合同依法并不需要采取特定的形式,当事人可以采取口头方式,也可以采取书面形式。

4. 主合同与从合同

主合同:是指不需要其他合同的存在即可独立存在的合同。

从合同:就是以其他合同的存在而为存在前提的合同。

5. 诺成合同与实践合同

诺成合同:是指当事人一方的意思表示一旦经对方同意,即能产生法律效力的合同,即"一诺即成"的合同。

实践合同:是指除当事人双方意思表示一致以外,尚须交付标的物才能成立的合同。

6. 有名合同与无名合同

有名合同:又称为典型合同,是指法律上已经确定了一定的名称及规则的合同。如我国《合同法》所规定的十五类合同,都属于有名合同。

无名合同:又称非典型合同,是指法律上尚未确定一定的名称与规则的合同。

二、合同法及基本原则

合同法是调整合同关系的法律规范的总称。

合同法的基本原则,是合同法的主旨和根本准则,它是制定、解释、执行和研究合同法的出发点。它贯穿于整个合同法制度和规范之中。

(一)合同法的基本原则的功能

(1)确立了立法准则。
(2)确定行为准则。
(3)提供司法审判的准则。
(4)提供科学研究的依据。

(二)我国合同法的基本原则

1. 平等原则

《合同法》第三条规定:"合同当事人的法律地位平等,一方不得将自己的意志强加给另一方。"

区别于这个当事人在其他的社会关系中的平等、不平等。如国家机关在管理社会、管理市场的时候,它和被管理的企业就是不平等的。

2. 自愿原则

《合同法》第四条规定,当事人依法享有自愿订立合同的权利,任何单位和个人不得非法干预。

合同自由是合同法的本质,是市场经济的本质。

合同自由也有一定的限制。第一,就是在法律的限制范围内去自由;第二,是出于重大的正当事由,即保护消费者、保护劳动者、保护社会公共利益,在立法的时候可以限制当事人的合同自由(如两极分化)。

只要双方是平等的协商、真实的意思表示,就使他们的合同有效,不干预它,不限制它。如果一旦这个规则涉及的一方是劳动者,是消费者,马上就改变态度,要优先保护劳动者和消费者。要优先保护劳动者、消费者的利益,其结果当然要限制企业一方的合同自由。

3. 公平原则

《合同法》第五条规定,当事人应当遵循公平原则,确定各方的权利和义务。

公平原则适用范围:公平原则的适用范围是在合同的当事人之间,是在一个合同关系上。合同当事人和当事人之外的第三人之间的关系不可以用公平原则。

公平要求双方当事人在利害关系上大体平衡。如果说,一方当事人只享受权利,不承担风险、损失、亏损,而让另一方当事人去承担损失、风险、亏损却不享有权利,这就叫作当事人的权利义务关系严重不平衡。

4. 诚实信用原则

《合同法》第六条规定:当事人行使权利、履行义务应当遵守诚实信用原则。诚实信用是一个道德要求,一个道德规则。

5. 合法性原则(公序良俗原则)

《合同法》第七条规定,当事人订立、履行合同,应当遵守法律、行政法规,尊重社会公德,不得扰乱社会经济秩序,损害社会公共利益。

三、要约与承诺

(一)要约的概念和要件

要约,是当事人一方向对方发出的希望与对方订立合同的意思表示。发出要约的一方称要约人,接受要约的一方称受要约人。

要约必须具备如下条件,才能产生法律效力:

(1)要约人应是具有缔约能力的特定人。
(2)要约的内容须具体、确定。
(3)要约具有缔结合同的目的,并表示要约人受其约束。
(4)要约必须发给要约人希望与其订立合同的受要约人。
(5)要约应以明示方式发出。
(6)要约必须送达于受要约人。

(二)承诺的概念和要件

承诺是受要约人同意要约的意思表示。

承诺必须具备如下条件,才能产生法律效力:

(1)承诺必须由受要约人向要约人做出。
(2)承诺必须在规定的期限内到达要约人。《合同法》第二十三条规定:承诺应当在要约确定的期限内送达要约人。如果要约是以对话方式做出的,承诺人应当即时做出承诺;如果要约是以非对话方式做出的,应当在合理的期限内做出并到达要约人。
(3)承诺的内容必须与要约的内容一致。《合同法》第三十条规定:承诺的内容应当与要约的内容一致。有关合同的标的、数量、质量、价款或者报酬、履行期限、履行地点和方式、违约责任和解决争议的方法等条款属于实质性条款。《合同法》第二十二条规定,承诺原则上应采取通知方式,但根据交易习惯或者要约表明可以通过行为做出承诺的除外。

(三)确定承诺生效的标准

《合同法》第二十五条规定:承诺生效时合同成立。《合同法》第二十六条规定:承诺通知到达要约人时生效。承诺不需要通知的,根据交易习惯或者要约的要求做出承诺的行为时生效。

(四)承诺迟延和承诺撤回

1.承诺迟延:所谓承诺迟延(逾期承诺),是指受要约人未在承诺期限内发出承诺。

《合同法》第二十八条规定：受要约人超过承诺期限发出承诺的，除要约人及时通知受要约人该承诺有效的以外，为新要约。

2.承诺撤回：所谓承诺撤回，是指受要约人在发出承诺通知以后，在承诺正式生效之前撤回其承诺。《合同法》第二十七条规定：承诺可以撤回。撤回承诺的通知应当在承诺通知到达要约人之前，或者与承诺通知同时到达要约人。

《合同法》第三十三条规定：当事人采用信件、数据电文等形式订立合同的，可以在合同成立之前要求签订确认书。签订确认书时合同成立。

法律、行政法规规定或者当事人约定采用书面形式订立合同，当事人未采用书面形式但一方已经履行主要义务，对方接受的，该合同成立。

四、合同成立的时间和地点

（一）合同成立的时间

采取到达主义，以承诺到达要约人的时间为准。

第一，受要约人在承诺期限内发出了承诺，但因其他原因导致承诺到达迟延。

《合同法》第二十九条规定：受要约人在承诺期限内发出承诺，按照通常情形能够及时到达要约人，但因其他原因承诺到达要约人时超过承诺期限的，除要约人及时通知受要约人因承诺超过期限不接受该承诺的以外，该承诺有效。

第二，采用数据电文形式订立合同的，如果要约人指定了特定系统接收数据电文的，则受要约人的承诺的数据电文进入该特定系统的时间，视为到达时间；未指定特定系统工程，该数据电文进入要约人的任何系统的首次时间，视为到达时间。

第三，以直接方式做出承诺，应以收到承诺通知的时间为承诺生效时间，如果承诺不需要通知的，则受要约人可根据交易习惯或者要约的要求以行为的方式做出承诺，一旦实施承诺的行为，则应为承诺的生效时间。

（二）合同成立的地点

《合同法》第三十四条规定：承诺生效的地点为合同成立的地点。

《合同法》第三十五条规定：当事人采用合同书形式订立合同的，双方当事人签字或者盖章的地点为合同成立的地点。而采用数据电文形式订立合同的，收件人的主营业地为合同成立的地点；没有主营业地的，其经常居住地为合同成立的地点。当事人另有约定的，按照其约定。

五、合同的内容与形式

（一）合同的内容

1.合同的一般条款包括：当事人的名称或者姓名和住所；标的；数量；质量；价款或报酬；履行的期限、地点和方式；违约责任；解决争议的方法。

2.格式条款，是指一方当事人为了重复使用而预先拟定，并在订立合同时未与对方协商的条款。

(二)合同的形式

合同形式,是指合同当事人之间明确相互权利、义务的方式,是双方当事人意思表示一致的外在表现。

《合同法》第十条规定:当事人订立合同,有书面形式、口头形式和其他形式。法律、行政法规规定采用书面形式的,应当采用书面形式。

1. 口头形式

口头形式,是指当事人只用语言为意思表示订立合同,而不用文字表达协议内容的不同形式。对于不能即时清结的合同和标的数额较大的合同,不宜采用这种形式。

2. 书面形式

书面形式是指合同书、信件以及数据电文(包括电报、电传、传真、电子数据交换和电子邮件)等,可以有形地表现所载内容的形式。

书面合同的表现形式,常见的有如下几类:

(1)表格合同;

(2)车票、保险单等合同凭证不是合同本身,它的功能在于表明当事人之间已存在合同关系;

(3)合同确认书;

(4)要式合同。

3. 推定形式

当事人未用语言、文字表达其意思表示,仅用行为向对方发出要约,对方接受该要约,以做出一定或指定的行为作承诺,合同成立。

(三)格式条款

《合同法》第四十条规定:格式条款具有本法第五十二条和第五十三条规定情形的,或者提供格式条款一方免除其责任、加重对方责任、排除对方主要权利的,该条款无效。

《合同法》第五十二条规定:有下列情形之一的,合同无效:(一)一方以欺诈、胁迫的手段订立合同,损害国家利益;(二)恶意串通,损害国家、集体或者第三人利益;(三)以合法形式掩盖非法目的;(四)损害社会公共利益;(五)违反法律、行政法规的强制性规定。

《合同法》第五十三条规定:下列免责条款无效:(一)造成对方人身伤害的;(二)因故意或者重大过失造成对方财产损害的。

歧义不利于表意者解释的原则:《合同法》第四十一条规定:对格式条款的理解发生争议,应当按照通常的理解予以解释。对格式条款有两种以上的解释的,应当做出不利于提供格式条款一方的解释。

个别条款优先原则:格式条款与非格式条款不一致时,应当采用非格式条款。

(四)缔约过失责任

缔约过失责任,是指在合同订立的过程中,一方当事人因违背诚实信用原则而给另一方造成损失时所应承担的法律责任。

《合同法》第四十二条:当事人在订立合同过程中有下列情形之一,给对方造成损失的,应当承担损害赔偿责任:(一)假借订立合同,恶意进行磋商;(二)故意隐瞒与订立合同有关的重要事实或者提供虚假情况;(三)有其他违背诚实信用原则的行为。

《合同法》第四十三条:当事人在订立合同过程中知悉的商业秘密,无论合同是否成立,不得泄露或者不正当地使用。泄露或者不正当地使用该商业秘密给对方造成损失的,应当承担损害赔偿责任。

六、合同效力的概念

合同的效力,又称合同的法律效力,也可以称作合同的生效,是指法律赋予依法成立的合同具有拘束当事人乃至第三人的强制力。

与合同的成立区别,后者取决于当事人是否就合同内容协商一致,即是否达成承诺。

(一)合同生效的条件

(1)主体合格:行为人具有相应的民事行为能力;
(2)意思表示真实;
(3)不违反法律和社会公共利益;
(4)必须具备法律所要求的形式。

(二)合同成立与生效的联系与区别

合同的成立与生效的联系:合同的成立是合同有效的前提和基础,合同生效则是合同成立的理想结果。

合同成立与生效的区别:合同成立的重要条件是当事人对合同的主要条款协商一致,而合同生效则要求已经成立的合同的主要条款符合法定的生效要件,即合同的主体、内容、形式等方面必须符合法律规定。

(三)合同生效的时间

1. 合同成立时生效
2. 批准、登记之日生效
3. 附生效条件成就时生效

凡当事人为自己利益不正当地促成条件成就的,应视为条件不成就,合同的效力不发生改变;不正当地阻止条件成就的,应视为条件成就,合同的效力发生改变。

4. 附生效期限届至时生效

合同成立表明当事人订立合同的过程已经完成,是一个法律事实;而合同的生效则表明当事人之间的法律关系已经建立,当事人必须全面履行合同约定的义务,以实现当事人订立合同的目的。

合同的成立主要体现了当事人的意志,而合同的生效则体现了国家的意志,反映了国家对当事人的意志的评价和对合同关系的干预。

七、附条件和附期限合同

(一)附条件合同

1. 定义:是指当事人在合同中特别规定一定的条件,以条件是否成就来决定合同效力的发生或消灭的合同。

2. 所附条件的法律要求:

(1)必须是尚未发生的事实。即在合同订立时不能确定其是否发生,它有可能发生也有可能不发生;

(2)是当事人任意选择的事实;

(3)必须是合法的事实;

(4)条件所限制的是合同的发生或消灭。

3. 对附条件合同的当事人的限制

《合同法》第四十五条第二款规定:当事人为了自己的利益不正当地阻止条件成就的,视为条件成就,不正当地促成条件成就,视为条件不成就。

(二)附期限合同

1. 定义:是指在合同中规定一定期限,把该期限的到来作为法律行为生效或终止的根据。

2. 与附条件合同的联系与区别

联系:

(1)二者均是当事人任意选择的条款,附在合同之中,而非法定或法院审判上所定的期限,也应遵守合法要求。

(2)二者均涉及的是合同的生效或终止。

区别:

期限是将来确定发生的事实,期限是总会到来的,而合同附条件则要求是未来可能发生的事实。

八、效力待定合同

(一)效力待定合同的概念

是指合同虽然成立,但因其不完全符合有关合同生效要件的规定,因此,其效力能否发生法律效力,尚未确定,一般须经有权人确认才能发生法律效力。

(二)效力待定合同的种类

1. 限制民事行为能力的人订立的合同

《合同法》第四十七条规定:限制行为能力的人订立的合同,经法定代理人追认后,该合同有效,但纯获利的合同或与其年龄智力、精神状况相适应而订立的合同,不必经法定代理人追认。

(1)无行为能力人所订立之合同

无民事行为能力人除可以订立某些与其年龄相适应的细小的日常生活方面的合同外,对其他的合同,必须由其法定代理人代理订立。一般来说,由无民事行为能力人所订立的除细小的日常生活方面以外的合同,必须经过其法定代理人事先允许或事后承认,才能生效。

(2)限制行为能力人缔结的合同

我国法律规定,限制行为能力人可以实施某些与年龄、智力、健康状况相适应的民事行为,其他民事活动应由法定代理人代理或征得法定代理人同意后实施。在民法通则中,这类主体所为行为被列为无效民事行为,合同法对此作了补正,将限制行为能力人所订合同确定为效力待定合同。

2. 无权代理人订立的合同

合同法规定:对被代理人不发生法律效力,由行为人承担责任。同时还规定:如果本人没有追认,相对人亦可以在一个月内催告本人追认,如果本人没有表示,则视为拒绝。

无权代理指欠缺代理权的代理,主要有四种情况:(1)根本无代理权;(2)授权行为无效的代理;(3)超越代理权范围进行的代理;(4)代理权消灭后的代理。关于无代理权人所订之合同,新合同法第四十八条明确将其规定为效力待定合同。无权代理行为可能由于行为完成后发生的某种法律事实而完全不产生代理的法律后果。

3. 无权处分人处分他人的财产订立的合同

《合同法》第五十一条规定:无权处分的人处分了他人的财产,经权利人追认或无权处分人订立合同后取得了处分权的,该合同有效。

九、无效合同

(一)无效合同的概念

是指法律不予承认,或者说,法律不予保护的合同。

(二)无效合同的法律后果

一是,返还财产;二是,赔偿损失,有过错的向无过错的一方赔偿,双方都有过错的,各自承担相应的损失;三是,没收违法所得,上缴国库。注意:只有人民法院、仲裁机构有权确认合同的效力。

十、可撤销合同

(一)可撤销合同的概念

可撤销合同,是指因意思表示不真实,通过行使撤销权使已经生效的合同变更或归于无效。

(二)可撤销合同的种类

1. 重大误解;
2. 显失公平;
3. 一方以欺诈、胁迫手段或者乘人之危,使对方在违背真实意思的情况下订立合同。

(三)法律后果

享有撤销权的合同的当事人向法院或仲裁机构申请撤销或变更合同,经法院或仲裁机构判决或裁决撤销合同,合同自始无效。

十、合同履行

(一)合同履行的概念

合同履行,是指合同生效后,债务人按照合同约定或者法律规定,全面适当地完成其合同义务,使债权人的合同债权得以实现的行为。如约定交付标的物,或完成工作并交付工作成果等。

(二)合同履行的原则

1. 效益履行原则

效益履行原则,是指当事人在履行合同时努力减少消耗,降低成本,提高经济效益。

2. 全面履行原则

也称适当履行原则,是指当事人按照合同规定的标的、数量、质量、价款、期限、地点、方式等条款,全面完成和履行合同所规定的义务。

3. 协作履行原则

协作履行原则,是指当事人双方在履行合同的过程中,应当互相帮助、密切配合,共同完成合同所规定的全部义务。

(三)合同履行的特殊原则

1. 当事人因某些条款约定不明时的原则

依据《合同法》第六十一条的规定处理:即可以协议补充,不能达成协议的,按照合同的有关条款或者交易的习惯确定,如果仍不能确定的,则根据《合同法》第六十二条的原则处理。

《合同法》第六十二条规定:

(1)质量要求不明确的,按照国家标准、行业标准履行;没有国家标准、行业标准的,按照通常标准或者符合合同目的的特定标准履行;

(2)价款或者报酬不明确的,按照订立合同时履行地的市场价格履行;

(3)履行地点不明确,给付货币的,在接受货币一方所在地履行;交付不动产的,在不动产所在地履行;其他标的,在履行义务一方所在地履行;

(4)履行期限不明确的,债务人可以随时要求履行,但应当给对方必要的准备时间;

(5)履行方式不明确的,按照有利于实现合同目的的方式履行;

(6)履行费用的负担不明确的,由履行义务一方负担。

2. 价格变动时的规则

执行政府定价或者政府指导价的,在合同约定的交付期限内政府价格调整时,按照交付时的价格计价。逾期交付标的物的,遇价格上涨时,按照原价格执行;价格下降时,按照新价格执行;逾期提取标的物或者逾期付款的,遇价格上涨时,按照新价格执行;价格下降时,按照原价格执行。

3. 由第三人接受或者代为履行的规则

《合同法》规定:当事人约定由债务人向第三人履行债务的,债务人未向第三人履行债务或者履行债务不符合约定,应当向债权人承担违约责任。当事人约定由第三人向债务人履行债务的,第三人不履行债务或者履行债务不符合约定的,债务人应当向债权人承担违约责任。

(四)双务合同履行中的抗辩权

所谓的抗辩权,是指对抗请求权或否认对方的权利主张的权利,又称异议权。抗辩权的主要功能在于通过行使这种权利而使对方的请求权消灭,或延期发生。例如,因时效届满所产生的抗辩权,其行使导致对方请求权消灭,理论上称为消灭抗辩权,此种抗辩权因可以使请求权永远被排除,故又称永久的抗辩权,而本章讨论的抗辩权,属于延期抗辩权。

1. 同时履行抗辩权的概念

《合同法》第六十六条规定:当事人互负债务,没有先后履行顺序的,应当同时履行。一方在对方履行之前有权拒绝其履行要求。一方在对方履行债务不符合合同约定时,有权拒绝其履行要求。

合同法的这一规定就是学理上的同时履行抗辩权。

同时履行抗辩权的构成要件:

(1)基于双务合同;

(2)双方的债务已届清偿期;

(3)对方未履行债务;

(4)须对方的对待给付是可能履行的。

同时履行抗辩权的效力:同时履行抗辩权只是暂时地阻止了对方当事人的请求权的行使,而不是永久地终止合同。当对方当事人履行了合同义务时,同时履行抗辩权即告消灭,主张同时履行抗辩权的一方当事人应当履行自己的义务,否则,就要承担违约责任。

2. 后履行抗辩权的概念

《合同法》第六十七条规定:当事人互负债务,有先后履行顺序,先履行一方未履行的,后履行一方有权拒绝其履行要求。先履行一方履行债务不符合约定的,后履行一方有权拒绝其相应的履行要求。这是关于后履行抗辩权的规定。

后履行抗辩权的构成要件:

(1)当事人基于同一双务合同,互负有债务;

(2)当事人的履行有先后顺序;

(3)应当先履行的当事人不履行合同或不适当履行合同;

(4)后履行抗辩权的行使是履行义务顺序在后的一方当事人。

后履行抗辩权的效力:

后履行抗辩权不是永久性的,它的行使只是暂时地阻止了当事人请求权的行使。先履行的一方当事人如果履行了合同的义务,则后履行合同义务的一方当事人的抗辩权消灭,并应当履行合同,否则,就要承担违约责任。

3. 不安抗辩权的效力

(1)中止履行合同:即先履行的当事人停止履行或延期履行合同。

(2)解除合同:中止履行合同后,如果对方在合理的时间内未能恢复履行合同的能力,且未能提供担保的,中止履行合同的一方可以解除合同。

十一、合同的保全

(一)代位权

1. 代位权的概念

代位权,是指债务人怠于行使其到期债权,债权人因此遭受损害而向人民法院请求以自己的名义代位行使债务人债权的权利。

2. 代位权的构成要件

(1)债权人与债务人之间有合法的债权债务关系存在。

(2)债务人对第三人的合法债权已到期。

(3)债务人怠于行使其到期债权,对债权人的权利构成了损害。

(4)债务人的债权不是专属于债务人自身的债权。

3. 代位权的行使方式

诉讼程序。

4. 代位权的行使范围

以债权为限。

5. 代位权的行使费用负担

债务人负担。

(二)撤销权

1. 撤销权的概念

指债权人对债务人实施的减少财产的行为而危及债权人债权实现时,有请求法院撤销其行为的权利。

2. 撤销权的成立条件

(1)客观要件

第一,债务人实施了一定的处分财产的行为;

第二,债务人的处分财产的行为已经发生了法律效力;

第三,债务人处分财产的行为已经损害了债权人的合法权益,即债务人处分财产的行为已经减少了其财产,并且致使债权人的债权难以实现或根本不能实现。

(2)主观要件

债权人行使撤销权时,应以债务人实施处分行为或债务人与第三人实施民事行为时具有主观故意(主观恶意)。

主观恶意:债务人明知自己的行为将造成对债权人的损害而仍然实施。

3. 撤销权的行使

(1)撤销权行使的方式:债权人只能通过公力救济的方式实现,不能用私力救济的方式来实现。

(2)撤销权行使的后果:债务人的行为一经法院撤销,则该行为自始无效。

(3)撤销权的行使范围:以债权人的债权为限,债权人因行使撤销权而发生的费用,由债务人承担。

(4)撤销权行使的期限:自债权人知道或应当知道撤销事由之日起一年内行使,自债务人行为发生撤销之日起五年内没有行使撤销权的,该撤销权消灭。

十二、合同担保

合同担保,是指为了促使合同债务的履行,保障合同债权的实现,依照法律规定,或依当事人双方协商约定而采取的法律措施。

合同担保的法律特征:(1)从属性。担保合同是从属于主合同的从合同,除担保合同另有约定者外,主合同无效,担保合同无效。(2)补充性。担保对债权人权利的实现仅具有补充作用,一般只有在所担保的债务得不到履行时,才行使担保权利。(3)相对独立性。担保可相对独立于所担保的债权而发生或存在。

(一)合同担保的主要方式

1. 保证的概念

是指第三人作为保证人为债务人的债务履行作担保,由保证人和债权人约定,当债务人不履行债务时,保证人按照约定履行债务或者承担责任的行为。保证合同应当以书面形式订立。

同一债务有两个以上保证人的,保证人应当按照保证合同约定的保证份额,承担保证责任。没有约定保证份额的,保证人承担连带责任。

2. 保证的特征

(1)保证是一种人的担保方式。

(2)保证人必须是主合同债权人、债务人以外的第三人。

(3)保证人应当具有清偿债务的能力。

(4)保证合同为单务无偿合同,但可要求被保证人提供反担保;反担保是指在本担保设定后,为了保障担保人在承担担保责任后,对被担保人的追偿权得以实现而设定的担保。

(5)保证合同是诺成合同。

(6)保证人履行保证义务不具有必然性。

3. 保证的方式

(1)一般保证,又称补充责任保证。当事人在保证合同中约定,债务人不能履行债务时,才由保证人承担保证责任的,为一般保证。一般保证的保证人对债权人享有先诉抗辩权,即在主合同纠纷未经审判或仲裁,并就债务人财产依法强制执行仍不能清偿债务前,对债权人可拒绝承担保证责任。

但有下列情形之一的,保证人不得行使先诉抗辩权:

①债务人住所变更,致使债权人要求其履行债务发生重大困难的,如债务人下落不明,移居境外,且无财产可供执行。

②人民法院受理债务人破产案件,中止执行程序的。
③保证人以书面形式放弃先诉抗辩权的。

(2)连带责任保证。当事人在保证合同中约定保证人与债务人对债务承担连带责任的,为连带责任保证。当事人对保证方式没有约定或者约定不明确的,按照连带责任保证承担保证责任。

4. 保证担保的责任范围

包括主债权及利息、违约金、损害赔偿金和实现债权的费用。

5. 保证期间

约定:保证人与债权人约定保证期间的,按照约定执行。

未约定:保证人与债权人未约定保证期间的,保证期间为主债务履行期届满之日起六个月。

约定不明:保证期间为主债务履行期届满之日起两年。

6. 保证责任的免责

保证责任的免除,是指对已经存在的保证责任基于法律的规定或当事人的约定加以除去,保证人不承担保证责任的现象。根据担保法及其司法解释,保证责任的免除事由主要有:

(1)主合同当事人双方恶意串通,骗取保证人提供保证的,保证人不承担保证责任;

(2)主合同债权人采取欺诈、胁迫等手段,使保证人在违背真实意思的情况下提供保证的,保证人不承担保证责任。主合同债务人采取欺诈、胁迫等手段,使保证人在违背真实意思的情况下提供保证,债权人知道或者应当知道欺诈、胁迫事实的,保证人也不承担保证责任。

(3)保证期间,债权人依法将主债权转让给第三人,而保证人与债权人事先约定仅对特定的债权人承担保证责任或者禁止债权转让的,保证人不再承担保证责任。

(4)保证期间,债权人许可债务人转让债务,但未经保证人同意的,保证人对未经其同意转让部分的债务不再承担保证责任。

(5)债权人与债务人协议变更主合同,但未经保证人同意,如果加重债务人债务的,保证人对加重的部分不承担保证责任。

(6)在一般保证的情况下,保证期间届满,债权人未对债务人提起诉讼或者申请仲裁的,保证人免除保证责任。在连带责任保证的情况下,保证期间届满,债权人未要求保证人承担保证责任的,保证人免除保证责任。

(7)一般保证的保证人在主债权履行期间届满后,向债权人提供了债务人可供执行财产的真实情况,债权人放弃或者怠于行使权利致使该财产不能被执行的,保证人可以请求人民法院在该可供执行财产的实际价值范围内免除其保证责任。

(8)在同一债权既有保证又有物的担保的情况下,债权人放弃物的担保时,保证人在债权人放弃权利的范围内免除保证责任。债权人在主合同履行期届满后怠于行使担保物权,致使担保物的价值减少或者毁损、灭失的,视为债权人放弃部分或全部物的担保,保证人在债权人放弃权利的范围内减轻或者免除保证责任。

(9)主合同双方当事人协议以新贷偿还旧贷,除保证人知道或者应当知道的外,保证人不承担民事责任。

《担保法》第二十八条第一款规定:同一债权既有保证又有物的担保的,保证人对物的担保以外的债权承担保证责任。对此,最高人民法院《担保法解释》第三十八条第一、二款规定:同一债权既有保证又有第三人提供物的担保的,债权人可以请求保证人或者物的担保人承担担保责任。当事人对保证担保的范围或者物的担保的范围没有约定或者约定不明的,承担了担保责任的担保人可以向债务人追偿,也可以要求其他担保人清偿其应承担的份额。

同一债权既有保证又有物的担保的,物的担保合同被确认无效或者被撤销,或者担保物因不可抗力的原因灭失而没有代位物的,保证人仍应按照合同的约定或者法律的规定承担保证责任。

(二)质押的概念

质押,是指债务人或第三人将其特定财产移交债权人占有,作为债权的担保。债务人不履行债务时,债权人有权依法将其特定财产折价或以拍卖、变卖的价款优先受偿。质押财产称之为质物,提供财产的人称之为出质人,享有质权的人称之为质权人。

质押与抵押的区别:

1. 标的物:质押以动产及权利为标的;抵押则可以用不动产作标的。
2. 标的物的占有:抵押权的设立不移转标的物的占有,而质押权设定应当转移标的物的占有。
3. 同一质物上面只能设立一个质押权,没有受偿顺序;而同一抵押物上可以设立数个抵押权,存在受偿顺序问题。

(三)质押的分类:分为动产质押与权利质押

1. 动产质押。指债务人或者第三人将其动产移交债权人占有,将该动产作为债权的担保;债务人不履行债务时,债权人有权依法以该动产折价或者以拍卖、变卖该动产的价款优先受偿的担保方式。

质押合同应以书面形式订立。

质押合同为实践合同,自质物移交于质权人占有时生效。

除质押合同另有约定,质押担保的范围包括主债权及利息、违约金、损害赔偿金、质物保管费用和实现质权的费用。

质权人负有妥善保管质物的义务。因保管不善致使质物灭失或者毁损的,质权人应当承担民事赔偿责任。质权人在质权存续期间,未经出质人同意,擅自使用、出租、处分质物,因此给出质人造成损失的,由质权人承担赔偿责任。

在可能造成灭失或毁损质物时,出质人可以要求质权人将质物提存或提前清偿债务而返还质物,而质权人则可以要求出质人提供相应的担保,出质人不提供的,质权人可以对质物拍卖或变卖后用于优先受偿,或者与出质人约定的第三人提存。

2. 权利质押。是指债务人或者第三人以其财产权利出质作为债权的担保。

《担保法》第七十五条规定:"下列权利可以质押:(1)汇票、支票、本票、债券、存款单、仓单、提单;(2)依法可以转让的股份、股票;(3)依法可以转让的商标专用权、专利权、著作权中的财产权;(4)依法可以质押的其他权利。"可以质押的其他权利,还包括公路桥梁、公路隧道或者公路渡口等不动产的收益权。

以汇票、支票、本票、债券、存款单、仓单、提单出质的,应当在合同约定的期限内将权利凭证交付质权人。质押合同自权利凭证交付之日起生效。

以上市公司的股份出质的,质押合同自股份出质向证券登记机构办理出质登记之日起生效。以非上市公司的股份出质的,质押合同自股份出质记载于股东名册之日起生效。

2. 登记作为成立要件

《担保法》规定:上市公司的股份出质的,质押合同自股份出质向证券登记机构办理出质登记之日起生效。

质押合同自股份出质记载于股东名册之日起生效。质权人应当订立书面合同,并向其管理部门办理出质登记。质押合同自登记之日起生效。

一般质押都是典当行以典当的形式,典当给典当行。近几年,很多担保公司也涉足质押行业,找正规知名的担保公司,不仅速度快(最快 24 小时就能收到款),而且比较安全。

(四)质押的特征

1. 具有一切担保物权具有的共同特征——从属性、不可分性和物上代位性;
2. 质权的标的是动产和可转让的权利,不动产不能设定质权。质权因此分为动产质权和权利质权。金钱经特定化后也可以出质:债务人或者第三人将其金钱以特户、封金、保证金等形式特定化后,移交债权人占有作为债权的担保,债务人不履行债务时,债权人可以以该金钱优先受偿;
3. 质权是移转质物的占有的担保物权,质权以占有标的物为成立要件。

(五)留置

是指债权人按照合同约定占有债务人的动产,债务人不按照合同约定的期限履行债务的,债权人有权依照法律规定留置该财产,以该财产折价或以拍卖、变卖该财产的价款优先受偿。

留置的特征:

1. 留置权人事先占有留置物。
2. 留置权只能是动产。
3. 留置权是法定担保物权。
4. 留置权具有留置和担保双重效力。

留置权成立的条件:

1. 必须是债权人按照合同的约定占有对方的动产。
2. 必须是债务人的债务因债权人取得占有的同一合同约定的应付给的款项。
3. 必须是债务人的债务已到履行期限。

留置权人享有下列权利:

1. 占有标的物的权利。
2. 对留置物的变卖权及优先受偿权。
3. 对标的物孳息的留置取得权。

4. 对留置物的必要的使用权。

5. 必要费用的偿还请求权。

留置权人负有下列义务:

1. 对留置物的保管义务;

2. 不得擅自处分留置物的义务。

根据《担保法》第八十二条的规定:留置权属于法定担保物权,只适用于法律规定可以留置的合同。留置担保的范围包括:主债权及利息、违约金、损害赔偿金、留置物保管费用和实现留置权的费用。

依照《合同法》的规定:承揽合同的承揽人,运输合同的承运人,保管合同、仓储合同的保管人,行纪合同的行纪人依法可以拥有留置权。

从公安执法上看,留置是指:经公安机关批准将当场盘问发现的违法犯罪嫌疑人留在公安机关继续查问的行为。

留置与抵押、质押的区别:

1. 留置基于法律直接规定而产生;抵押、质押都是依据当事人的约定而产生的;

2. 留置中债权人要占有债务人的财产,而抵押不占有抵押人的财产;

3. 留置权人占有债务人财产是因履行主合同而占有,主合同期满后继续占有,其占有与主合同有牵连性;而质权人占有出质人财产是依据质押合同,与主合同无牵连性。

(六)定金

是由合同一方当事人预先向对方当事人交付一定数额的货币,以保证债权实现的担保方式。

定金的特点:

1. 定金具有从属性。定金随着合同的存在而存在,随着合同的消灭而消灭;

2. 定金的成立具有实践性。定金是由合同当事人约定的,但只有当事人关于定金的约定,而无定金的实际交付,定金担保并不能成立。只有合同当事人将定金实际交付给对方,定金才能成立;

3. 定金具有预先支付性。只有在合同成立后,未履行前交付,才能起到担保的作用。因此,定金具有预先支付性;

4. 定金具有双重担保性。即同时担保合同双方当事人的债权。就是说,交付定金的一方不履行债务的,丧失定金;而收受定金的一方不履行债务的,则应双倍返还定金。

定金罚则:给付定金的一方不履行约定的债务的,无权要求返还定金;收受定金的一方不履行约定的债务的,应当双倍返还定金。

定金应以书面形式约定。定金的数额由当事人约定,但不得超过主合同标的额的百分之二十。定金合同从实际交付定金之日起生效。

十三、合同的变更

(一)合同变更的概念

广义的合同变更,包括合同内容的变更与合同当事人即主体的变更。《合同法》中的合同变更仅指合同内容的变更(狭义)。

第九章 有关商行为遵循规则的法律问题

这里的变更是指,合同的内容的变更,即合同的权利和义务发生变化。

(二)合同变更的条件

合同的变更应具备下列条件:

(1)当事人之间存在着有效的合同关系。
(2)必须有合同内容的变化。
(3)合同变更是须依据当事人的协议或法律规定。
(4)如果经登记或批准订立的合同,还需要办理变更登记手续经过批准。

(三)合同变更的效力

变更合同的协议生效后,原合同的效力即终止,一般情况下,变更协议不溯及以往,但当事人另有约定的,则从其约定。

如果当事人对变更合同的内容约定不明确的,推定为未变更。

因合同的变更而使一方当事人受到经济损失的,受损一方可向另一方当事人要求损失赔偿。

十四、合同的转让

(一)合同转让的概念

合同转让,即合同主体的变更,是指合同当事人将合同的权利和义务全部或部分转让给第三人。

涉及两个法律关系,即原合同关系中的债权人和债务人,转让人与受让人之间的关系。

(二)合同权利的转让

《合同法》第七十九条规定:债权人可以将合同的权利全部或部分转让给第三人,但下列情形除外:(1)根据合同的性质不得转让;(2)按照当事人约定不得转让;(3)依照法律规定不得转让。

债权人转让债权时,应当通知债务人,未经通知,该转让对债务人不发生法律效力。债权人转让债权时,受让人取得与债权有关的从权利,但该从权利专属于债权人的除外;债务人的抗辩权可以向让与人主张。

(三)合同义务的转让

债务人转让债务时,应当经过合同的债权人的同意。新债务人对债权人可以主张对债权人的抗辩。可以全部转让,也可以部分转让。受让人应当承担与主债务有关的从债务,但从债务专属于原债务人自身的除外。

(四)合同权利义务的一并转让

《合同法》第八十八条规定:当事人一方经对方的同意,可以将自己在合同中的权利与义务一并转让给第三人。但应当符合上述关于合同权利与义务转让的规定。

十五、合同的终止

(一)合同终止的概念

合同终止,也称合同的消灭,是指合同的权利、义务关系在客观上不复存在,合同债权和合同债务归于消灭。

(二)合同终止的情形

(《合同法》第九十一条规定)有下列情形之一的,合同的权利义务终止:(1)债务已按约定履行;(2)合同解除;(3)债务相互抵销;(4)债务人依法将标的物提存;(5)债权人免除债务;(6)债权债务同归于一人,法律上把它称之为"混同";7.法律规定或者当事约定终止的其他情形。

(三)合同解除

1. 合同解除的概念

是指合同有效成立后,当具备合同解除条件时,因当事人一方或双方的意思表示而使合同关系自始消灭或将来消灭的一种行为。

2. 合同解除的两种情况

(1)约定解除合同

约定解除有以下两种:①协议解除:是指合同生效后,未履行或未完全履行之前,当事人双方以解除合同为目的,经协商一致,订立了解除原合同的协议;②约定解除权:是指当事人在合同中约定,合同履行过程中出现某种情况,当事人任何一方或双方有权解除合同的权利。解除权可以在合同订立时约定,也可以在合同履行过程中约定双方解除合同的权利。

注意:法律规定,必须经过批准才能解除的合同,当事人不能擅自约定解除。

(2)法定解除合同

是指合同有效成立后,没有履行或没有完全履行之前,当事人在法律规定的解除条件出现时,行使解除权而使合同关系消灭。

《合同法》第九十四条规定:①因不可抗力致使不能实现合同的目的;②在履行期限届满之前,当事人一方明确表示或者以自己的行为表明不履行主要债务的;③当事人一方迟延履行主要债务,经催告后在合理的期限内仍未履行;④当事人一方迟延履行主要债务的或有其他违约行为致使不能实现合同的目的的;⑤法律规定的其他情形。

注意:当事人一方在主张法定解除权时,应当通知对方。合同自通知到达对方时解除,对方有异议的,可以请求人民法院或仲裁机构确认解除合同的效力。

3. 合同解除的法律后果

合同解除后,尚未履行的,终止履行;已经履行的,根据情况和合同的性质,当事人可以要求恢复原状,采取其他补救措施,并有权要求赔偿损失。

(四)合同债务的抵销

1. 抵销的概念

是指当事人互负债务时,各以其所享有的债权来抵偿债务,从而使双方的债权在对等额度内互相消灭的行为。

我国合同法规定了两种抵销制度,即协议抵销和法定抵销。

2. 抵消的种类

(1)协议抵销:亦称"合意抵销",只要是基于当事人的意思表示一致,即可以抵销。

抵销的法定条件:当事人行使抵销权时,一般应具备如下条件:①双方互负债务,互享债权;②当事人互负债务的标的物的种类、品质相同,但是当事人如果双方协商一致,尽管互负的债务的标的物的品质或种类不同也可以抵销;③当事人的互负债务必须是均到期的债务;④必须是符合合同性质的要求和法律的规定的。

(2)法定抵销:法定抵销是单方的法律行为,根据《合同法》第九十九条第二款的规定,当事人主张抵销的,应当履行通知对方的义务。

法定抵销的效力:抵销通知自到达对方当事人时即发生法律效力,无须对方当事人同意,也不以诉讼上的裁判为必要条件。且通知的具体方式,法律也没有限制。

但是,抵销不得附条件或附期限,否则,该抵销通知无效。

(五)标的物的提存

1. 提存的概念

是指债务人在因债权人的原因而无法向其交付标的物时,债务人将该标的物提交提存机关,从而消灭债务关系的一项制度。

2. 提存的原因

《合同法》第一百〇一条规定:(1)债权人无正当理由拒绝受领;(2)债权人下落不明的;(3)债权人死亡未确定继承人或者丧失民事行为能力未确定监护人的;(4)法律的其他形式。

如果标的物不适合提存的(如易燃易爆的危险品,易腐烂变质的鱼、肉、水果、蔬菜等食品)或提存的费用过高的,债务人依法可以拍卖或变卖标的物,提存所得价款。

3. 提存的程序

提存通常由债务人提出申请,经主管机关批准后可进行。对提存程序法律另有规定的,按照法律规定的程序办理。

4. 提存的法律后果

具体地说,提存涉及三方法律关系:

(1)提存人与债权人之间的关系:自提存生效之日起,提存人与债权人之间的债权债务关系即终止,并且标的物的风险亦随之转移,标的物的毁损、灭失的风险由债权人承担;

(2)提存人与提存机关的关系:提存人依法将标的物交与提存机关后,提存机关即负有妥善保管标的物的义务,同时提存机关也不能再向提存人收取保管费用,此种费用应由债权人承担;

(3)提存机关与债权人的关系:债的标的物提存后,债权人即取得了标的物的所有权,债权人可以随时提取标的物,同时应当向提取机关承担提存机关因保管、变卖或出卖提存物的费用。

5. 提存的限制

《合同法》第一百〇四条规定:债权人可以随时领取提存物,但债权人领取提存物时,在一定条件下受到限制,即在债权人对债务人负有到期债务尚未履行,且未能提供担保的,提存机关可以根据债务人的要求,拒绝债权人领取提存物。

另外,一百〇四条还规定了领取人领取提存物的权利行使存在着除斥期间,即该权利预定存在的期间为自提存之日起五年。也就是说,债权人在五年期间内,不行使权利,五年期满,便发生了该实体权利消灭的法律效果。

提存物由提存机关在扣除提存期间的费用后,上缴国家所有。

十六、违约责任

违约责任是指合同当事人因违反合同规定而应承担的法律后果。违约责任的分类,合同法从两个角度规定了违约形态:

一是根据违约的时间,将违约分为实际违约和预期违约。实际违约:是指事实上已经发生了的不履行合同或不适当履行合同的情形。如第一百〇七条的规定,当事人一方不履行合同义务或者履行合同义务不符合约定的,应承担相应的违约责任。

预期违约:是指合同还未到履行期,但合同一方当事人用语言或者行为表示将不履行合同的情形。如第一百〇八条的规定,合同虽然尚未到期,如果一方有不履行的表示,对方也可以要求其承担违约责任。

二是根据违约程度,将违约分为不履行和不适当履行。不履行是指当事人不履行合同义务的情形。不适当履行是指当事人履行的合同义务不符合合同约定条件的情形。

(一)承担违约责任的原则

也称为违约责任的归责原则,基于一定的归责事由而确定违约责任成立的法律原则。承担违约责任的原则,是指确定合同当事人承担违约责任所应遵循的基本法律原则。

我国《合同法》第一百〇七条规定:当事人一方不履行合同义务或履行合同义务不符合约定的,应当承担继续履行、采取补救措施或赔偿损失等违约责任。也就是说,只要合同的一方当事人违反合同的约定,就要承担违约责任,除非它能够证明,它是可以免责的。根据该条规定,违约责任实行的是无过错责任的归责原则。

(二)违约责任的特征

(1)违约责任是一种民事责任;
(2)违约责任以合法有效的合同为前提;
(3)违约责任的可约定性;
(4)违约责任的相对性;
(5)违约责任的补偿性。

(三)承担违约责任的方式

1. 继续履行

也可以称作"实际履行""强制实际履行"。继续履行是指合同一方当事人在不履行合同义务时,另一方有权要求法院强制违约方按合同规定的标的履行合同义务,并且不得以支付违约金或赔偿金的形式来代替实际履行。

注意:并不是所有的合同都适用这种方式的,继续履行不适用的情形有:

(1)法律上或事实上不能继续履行的。法律上不能履行,是指当事人在合同中约定的交易是法律所禁止的;事实上的不能履行,则包括因不可抗力或无法预防的外因造成合同无法履行的;

(2) 债务的标的不适于强制履行或履行的费用过高；

(3) 债务人在合理的期限内未请求履行的(如：过了诉讼时效)。

2. 无偿补救以及其他合理的补救措施

对于合同一方当事人违反合同约定，所提供的标的物的质量不合格时的一种补救措施。

如果发生因质量问题引起的争议，首先应当按照合同约定的有关条款来解决，如果合同中没有约定或约定不明时，则应先适用《合同法》第六十一条的原则予以确定，在第六十一条仍然不能确定违约责任时，受损害一方可以依法按照合同的标的的性质及损失的大小，合理地选择请求对方修理、更换、重做、减少价款或报酬直至退货。

3. 违约金

所谓违约金，是指当事人通过协商预先确定的，在违约后生效的独立于履行行为以外的给付。或者说，由违约者向守约者支付一定数额的货币。我国过去经济合同法关于违约金的规定：当事人因过错违反合同的约定，应当向另一方当事人支付违约金；违约金的支付不以是否给对方造成损失为前提。并且规定，当事人只有在没有约定违约金又没有法定的违约金，或违约金不足以弥补其损失的情况下，才能够要求对方支付赔偿金。违约金具有补偿性质，是当事人的一种约定，取消了法定的违约金。约定的违约金过高或过低于实际发生的损失，当事人可以请求法院或仲裁机构予以增加或调低。

4. 定金是合同担保的一种方式

是指为了确保合同的履行，依照法律规定或当事人的约定，在合同履行之前，由一方当事人向另一方当事人支付一定数量的货币。定金具有惩罚性。支付定金的一方如果不履行合同，无权要求返还定金，接受定金的一方不履行合同的，则双倍返还定金。当事人在合同中约定定金条款时，定金的比例不得超过百分之二十，否则，超过部分无效。当事人在合同中既可以约定定金，也可以约定违约金，但是，如果一方当事人违约时，二者不能同时并用，只能选择其一。

(四) 免责事由

免责事由，是指法律规定或者合同约定的免除当事人违约责任的情况。它通常也被称为免责条件。

免责事由主要有不可抗力和当事人约定的免责条款。

1. 不可抗力

不可抗力，是指不能预见、不能避免并不能克服的客观情况。不可抗力通常包括自然灾害和社会事件两大类。前者，如台风、地震、水灾等；后者，如战争、暴乱、罢工、禁运等。

当事人一方因不可抗力不能履行合同的，根据不可抗力的影响，部分或者全部免除责任，但法律另有规定的除外。

如果不可抗力发生在当事人延迟履行合同后，则违约方不能免除责任。不可抗力发生后，当事人一方因此而不能履行合同的，应当及时通知对方，以减轻可能给对方造成的损失，并应当在合理的期限内提供有关机关出具的证明。当事人不履行上述义务，应承担相应的法律责任。

2. 免责条款

免责条款，是指当事人在合同中约定的免除或者限制其未来责任的条款。免责条款作为合同的组成部分,其内容必须符合法律的规定,才具有法律效力。如果免责条款违反法律、行政法规的强制性规定,扰乱社会秩序,损害社会公共利益,该条款不具有法律效力。如果免责条款是在一方当事人违背真实意思的情况下订入合同的,可能对该当事人产生明显不利的后果,该条款可以被申请撤销。

第四节 票据法与票据管理中的法律问题

一、票据及票据法概述

(一)票据及其特征

票据是体现商事权利或具有财产价值的书面凭证,指出票人依票据法规定的法定条件,签章于票据上而发行的,并以无条件支付或委托他人无条件支付一定金额货币为目的的有价证券。票据包括汇票、本票和支票。票据是金融工具的一种,是商业信用的载体,在整个社会的商业活动和资金融通中发挥着非常重要的作用,其功能包括支付功能、信用功能和节省通货的功能。

票据具有以下六个方面的特征:

(1)设权证券。权利义务的产生必须先作成证券。

(2)金钱证券。

(3)无因证券。票据关系与原因关系相分离、各自独立。

(4)要式证券。票据作成必须依法定的格式、内容。

(5)文义证券。创设权利严格依记载文字为准。

(6)完全有价证券。票据权利与占有不分离。

以上六个特点可以总结为一句话:"发生权利,作成票据;行使权利,提示票据;转让权利,交付票据;实现权利,收回票据。"

(二)票据的种类

按照不同标准,可以将票据划分为以下种类:

1. 汇票、本票、支票

2. 记名式、无记名式、指示式

3. 自付票据、委付票据

(三)票据法

票据法是国家规范票据关系,以及与票据行为有密切关系的非票据关系的法律规范的总称。

1995年5月10日,第八届全国人民代表大会常委会第十三次会议通过了《中华人民共和国票据法》。目前,我国已初步建立起了比较完善的票据法律制度。

二、票据法律关系介绍

(一)票据法律关系的构成

票据法律关系,简称票据关系,是指票据当事人在票据的签发和流通转让的过程中,依据相应的票据法律规范所形成的票据上的权利义务关系。票据法律关系由主体、客体和内容三方面构成:

(1)票据法律关系的主体。是指票据法律关系的参加者。一般包括:出票人、收款人、付款人、持票人、承兑人、背书人、保证人、参加人(包括参加承兑人和参加付款人)。

(2)票据关系的客体。是指参加票据法律关系的当事人的权利义务所共同指向的对象。

(3)票据法律关系的内容。是指票据当事人因票据行为依法享有的票据权利和承担的票据义务。

(二)非票据关系和票据基础关系

1. 非票据关系

非票据关系,即有票据法规定,与票据行为有联系但不是由票据行为本身所产生的法律关系。

2. 票据基础关系

票据基础关系,或称民法上的非票据关系,是指民法上与票据有关但非基于票据行为产生的法律关系。

票据基础关系主要有三种:票据原因关系、票据资金关系、票据预约关系。

三、票据的基本制度

(一)票据当事人

票据当事人包括基本当事人和非基本当事人两类。

1. 基本当事人

汇票、支票的基本当事人包括出票人、收款人和付款人;本票的基本当事人包括出票人(付款人)、收款人。

2. 非基本当事人

在票据背书关系中的当事人包括背书人和被背书人;票据保证关系的当事人包括保证人、被保证人;票据付款关系的当事人包括持票人、付款人;票据追索关系的当事人有追索权人、被追索人。

(二)票据行为

票据行为是指发生票据上的债务的法律行为,亦即以负担票据债务为目的而在票据上为意思表示的法律行为,是能够直接产生票据债权债务关系的要式法律行为。

票据行为包括主票据行为和从票据行为两类。主票据行为,又称基本票据行为,是指能够引起票据法律关系发生的行为,即出票行为。出票是签发票据并交付给收款人的行为。从票据行为,又称附属票据行为,是指能够引起票据法律关系变更或消灭的行为。包括背书、承兑、参加承兑、保证和保付等。背书是指持票人为转让或授予他人票据权利,在票据背面或粘单上记载有关事项并签章的行为。承兑是汇票特有的制度,指汇票付款人在汇票上明确表示在汇票到期日支付汇票金额的一种附属票据行为。保证是指票据债务人以外的第三人为担保票据债务人履行债务,以负担同一内容的汇票债务为目的而为的附属票据行为。

(三)票据权利

票据权利是指持票人依票据法向票据债务人或关系人请求支付一定数额货币的权利,包括付款请求权和追索权。付款请求权,即第一次请求权,指票据权利人对票据主债务人或其他付款义务人请求支付票据金额的权利。追索权,是第二次请求权,指票据权利人在付款请求权不能实现时,向付款人以外的票据债务人要求支付票据金额和其他有关费用的权利。

票据权利的取得需要满足以下条件:

(1)持票人支付相应对价(除税收、继承、赠予可以无偿取得);

(2)持票人取得手段合法;

(3)持票人主观善意。

当事人取得票据的方式主要有以下几种情况:

(1)出票取得(交付、占有);

(2)善意取得(善意对价取得);

(3)转让取得(背书转让);

(4)依法取得(税收、继承、主体合并、分立等)。

票据权利的消灭主要情形包括:

(1)票据时效届满;

(2)票据权利保全手续欠缺:持票人没有按照法定期限提示票据,丧失对出票人以外的前手追索权;

(3)付款人履行付款义务;

(4)被追索人履行清偿义务;

(5)必要记载事项欠缺。

根据《票据法》第十七条的规定,票据权利在下列期限内不行使而消灭:

(1)持票人对票据的出票人和承兑人的权利,自票据到期日起两年。见票即付的汇票、本票,自出票日起两年;

(2)持票人对支票出票人的权利,自出票日起六个月;

(3)持票人对前手的追索权,自被拒绝承兑或者被拒绝付款之日起六个月;

(4)持票人对前手的再追索权,自清偿日或者被提起诉讼之日起三个月。

票据的出票日、到期日由票据当事人依法确定。

(四)票据抗辩

票据抗辩是指票据债务人依据法定事由拒绝对债权人履行票据义务的行为。

票据抗辩具有如下特征:

(1)票据抗辩是对票据金额全额抗辩;

(2)票据抗辩具有独立性、切断性的特征,其只发生于直接当事人之间;
(3)票据抗辩是一种绝对抗辩,其根本否认票据权利;
根据抗辩事由及其效力的不同,票据抗辩可以分为物的抗辩和人的抗辩两类:
(1)物的抗辩(基于票据本身原因发生的票据抗辩);
①所有票据债务人对所有票据债权人的抗辩;
②特定票据债务人对所有票据债权人的抗辩。
(2)人的抗辩(基于人的原因发生的票据抗辩)。
①所有票据债务人对特定票据债权人的抗辩;
②特定票据债务人对特定票据债权人的抗辩。

(五)票据瑕疵

票据瑕疵包括票据伪造和票据变造两种情形。票据伪造是指伪造人假冒出票人或其他票据当事人的名义签章的行为。票据伪造会产生的后果是,被伪造人不负票据责任,可对抗一切持票人;伪造人也不负票据责任,不是票据当事人。

票据变造是指无权变更人变更除签章以外的记载事项,从而变更票据权利、义务关系的行为。票据变造的后果是,在变造之前签章的人对变造之前记载事项负责,在变造之后签章的对变造之后的记载事项负责,不能辨认是在变造前还是变造后签章的,视为变造之前签章。

另外,经过伪造、变造的票据仍为有效票据,不影响其他真实签章效力。

(六)票据权利的补救方式

票据法规定了三种补救方式:挂失止付、公示催告和普通诉讼。挂失止付包括临时性救济,通知付款人暂停支付,票据挂失止付的,票据付款人并不因此免除其付款责任。公示催告是指,挂失止付后三日内或失票后向法院申请,法院依申请向社会发出公告,敦促利害关系人在规定期限内申报权利,逾期无人申报,判决宣告票据无效的行为。票据公示催告会产生使票据占有与票据权利相互分离的后果。

四、关于汇票的相关规定

(一)汇票的特征及其类型

汇票是出票人签发的,委托付款人在见票时或在指定日期无条件支付确定金额给收款人或者持票人的票据。

汇票具有如下法律特征:
(1)有三方当事人,即出票人、付款人和收款人。
(2)汇票是委托证券。
(3)汇票须经承兑。
(4)汇票付款日,除见票即付的情况外,还有定日付款、出票后定期付款和见票后定期付款等情况。

汇票按照不同标准可以分为多种类型:
(1)依出票人身份不同,可分为银行汇票和商业汇票。

(2)依汇票到期日不同,可分为即期汇票和远期汇票。
(3)依记载权利人名称方式的不同,可分为记名汇票、指示汇票和无记名汇票。
(4)按照票据关系当事人资格是否重叠为标准,可分为一般汇票和变式汇票。
(5)按照汇票的付款方式不同,可分为光票和跟单汇票。
(6)按照出票和付款的地域不同,可分为国内汇票和国际汇票。

(二)汇票行为

汇票行为包括出票、背书、承兑和保证。

1. 出票

出票即签发票据并交付给收款人。出票是汇票的主票据行为,由作成票据和交付票据两项行为构成。汇票的出票行为需要满足法定要求,实质要求包括,要有真实债权债务关系、真实的委付关系和可靠的资金来源;对汇票出票行为的形式要求是,汇票上要记载有绝对必要记载事项、相对必要记载事项、任意记载事项,以及不得记载法律禁止记载的事项。

汇票一经出票,即产生相应的法律效力:对出票人而言,其即需担保承兑、担保付款的义务;对收款人而言,其取得相应的汇票权利,包括付款请求权、追索权;对付款人而言,其要对持票人承担相对付款义务,如果付款人对汇票承兑,即成为承兑人,必须履行付款义务。

2. 背书

背书,是指在票据的背面或者粘单上记载有关事项并签章的票据行为。

背书是一种附属票据行为,是汇票持票人所为的票据行为,背书的目的是转让或授予他人一定票据权利。背书是要式行为,需要循序法定形式进行。

背书的种类包括转让背书和非转让背书。转让背书即一般背书,是以转让给他人一定票据权利为目的的背书。非转让背书又具体包括,回头背书(逆背书)、禁止转让背书、期后背书、委任背书和设质背书等。

转让背书的法定必要记载事项包括背书人签章、背书日期、被背书人名称。除了必要记载事项,转让背书可以任意记载事项,如在背书时记载"不得转让"字样。转让背书不得记载事项包括,背书不得附有条件,所附条件不具汇票效力。

汇票背书会产生以下法律效力:

(1)权利移转效力;
(2)权利担保效力,即背书人对被背书人及其后手负担担保承兑和担保付款的责任;
(3)权利证明效力,即背书必须具有形式上的连续性,持票人凭所持汇票的背书连续性,即可证明自己为正当汇票权利人。

3. 承兑

承兑是汇票特有的制度,是指付款人承诺在汇票到期日支付汇票金额的票据行为。承兑的意义在于确定汇票上的权利义务关系。汇票承兑应当遵守原则:承兑自由原则、完全承兑原则和无条件承兑原则。

汇票承兑应自收到提示承兑汇票之日起三日内做出意思表示。汇票承兑不得附条件,附条件的视为拒绝。

汇票承兑的效力:

(1)对付款人而言,汇票一经承兑,付款人即成为承兑人,并对持票人负有绝对付款义务;

(2)对持票人而言,汇票一经承兑,其付款请求权转为现实权利;

(3)对出票人、背书人而言,汇票承兑,则其担保承兑的责任同时免除。

4. 保证

汇票保证的目的是为了增强汇票的信用性,确保持票人实现汇票权利。

汇票保证的当事人包括保证人和被保证人。汇票的保证人由票据债务人以外的他人担当。汇票的被保证人即票据债务人,包括汇票的出票人、背书人和承兑人。

汇票保证不得附有条件,附有条件的,不影响汇票的保证责任。

汇票保证人负有与被保证人完全相同的票据责任;保证人为两人以上的,保证人之间承担连带责任。保证人清偿债务后,可以行使持票人对被保证人及其前手的追索权。

(三)汇票权利

汇票权利包括付款请求权和追索权。

1. 汇票付款请求权

汇票付款请求权行使的目的是为了消灭汇票关系。

付款请求权行使的程序:(1)提示付款。持票人向付款人或其代理付款人实际出示汇票,以请求其付款的行为。(2)实际付款:付款人必须当日足额付款。(3)交回票据。

付款请求权行使完毕,汇票法律关系即全部消灭,全体汇票债务人责任解除。

2. 追索权

追索权,又称偿还请求权,是指持票人在汇票到期不付款或期前不获承兑或有其他法定原因发生时,向其前手请求偿还票据金额及其损失的权利。追索权人包括 最后持票人和已为清偿的债务人,被追索人包括出票人、背书人和其他债务人。

追索权的特征包括:追索原因的法定性;追索权行使的前提性;追索对象的可选择性;追索权主体的可变更性;追索权的可转移性。

行使追索权需要具备两方面的条件。一是实质要件,包括:(1)到期追索:到期被拒绝付款;(2)期前追索:被拒绝承兑;承兑人、付款人死亡或逃匿;承兑人、付款人被宣告破产或因违法被责令终止业务活动。二是形式要件,包括三点:(1)提示承兑或提示付款;(2)作成拒绝证明;(3)拒绝事由的通知。

行使追索权的过程中,汇票的出票人、背书人、承兑人以及保证人均对持票人承担连带责任。

五、关于本票的相关规定

(一)本票概述

本票是指出票人签发的,承诺自己在见票时无条件支付确定的金额给收款人或者持票人的票据。

本票是自付证券,无须承兑。

本票必须记载的事项有:表明"本票"的字样;无条件地支付承诺;确定的金额;收款人名

称;出票日期;出票人签章。

(二)本票的种类

根据我国法律规定,本票的种类包括记名式本票、银行本票、即期本票(即见票即付本票)。

(三)本票的一般规则

本票的票据行为,包括背书、保证、付款(除付款期限)、追索(无期前追索),应遵循汇票的有关规定。

本票的特别规则:

1. 出票制度

本票一经出票,出票人即对持票人负有绝对付款责任。

2. 见票制度

根据法律规定,持票人应当自出票日起两个月内提示见票。本票的提示见票是本票特有制度,区别于汇票的提示承兑和提示付款。

出票人在持票人提示见票时,必须承担付款义务;持票人未在法定期限内提示见票,丧失对前手追索权;出票后两年内,可向出票人请求付款。

六、关于支票的相关规定

(一)什么是支票

支票是出票人签发的,委托办理支票存款业务的银行或者其他金融机构在见票时无条件支付确定的金额给收款人或者持票人的票据。支票是一种支付证券,主要功能在于代替现金进行支付。支票的付款人限于银行或其他金融机构,出票人签发的支票金额不得超过其在付款人处实有存款金额。

支票有三类,即现金支票、转账支票和普通支票。

(二)支票的一般规则

支票的票据行为应遵循汇票的有关规定。

支票的特别规则包括:

1. 支票的出票要求

支票的出票人一经出票,持票人即产生保证向其付款的责任效力。支票的付款人负有相对付款义务,但当其与出票人存在资金关系时,付款人须向持票人当日足额付款。

2. 支票的资金关系要求

支票无因性受到限制。开立支票存款账户。

根据票据法的规定,禁止出票人签发空头支票。所谓空头支票,是指支票金额超过实有存款金额。

3. 支票的付款要求

持票人应当自出票日起十日内提示付款;超过期限,付款人可以拒付,但出票人仍负票据责任。

第九章 有关商行为遵循规则的法律问题

思考题

1. 我国《物权法》的颁布有何功能价值？
2. 驰名商标如何认定？
3. 合同法的基本原则有哪些？
4. 票据具有哪些方面的特征？

第十章

有关商主体之间竞争规则的法律

第一节 商主体竞争规则的法律问题概述

一、商主体竞争法律规制的起因

(一)竞争的内涵

1. 自然竞争

指自然界中天然存在的,各种动植物之间为了争取生存和繁衍的机会而进行的一系列弱肉强食、优胜劣汰生命活动的总称。

2. 社会竞争

指存在于人类社会中,人与人之间在相互交往和生存过程中形成的,为了争取更优厚的社会地位和生活条件、品质而进行的一系列活动行为的总称。

3. 经济竞争(商事竞争)

(1)几种概念

①是指商品生产者或其他经济利益主体,为了争取有利的生产、销售条件,从而获得更多的经济利益而进行的角逐;

②是指有着不同经济利益的两个以上的经营者,为了争取利益的最大化,以其他利害人为对手,采取能够争取交易机会的商业策略、争取市场的行为;

③是指两个或两个以上的企业在特定的市场上通过提供同类或类似的商品或劳务,为争夺市场地位或顾客而作的较量,并产生优胜劣汰的结果。

(2)几种概念的共同点

两个以上的经营者、商品交换、利润最大化、争夺、敌对、争取等行为。

(3)共同点产生的原因

经济竞争的目的是为了获得利润,而过程必然涉及商品交换。不同的商品提供者在提供同类商品时,要想交易成功,获得最大的利润,就必须与其他商品提供者进行争夺的行为,而结果必然是优胜劣汰。这就是竞争。

(4)结论

经济竞争(商事竞争)是指经营者为了获取最大的经济利益——利润,而在与商品交换相关环节(包括投资、生产、销售、管理、技术、服务等多方面)采取的一系列争胜行为,其目的是实现优胜劣汰。

(二)经济竞争的积极作用

1. 提高劳动生产力

在优胜劣汰的竞争压力下,使各参与的商主体主动地去提高效率,减少各种费用支出,从而追求更大的利益,即整体提高劳动生产力水平。

2. 促进资源的优化配置

通过竞争,各种商事主体之间实现了优胜劣汰。劣者汰的同时会为优者让出资源、让出市场、让出利润空间,这些最终会促进资源的优化配置。

3. 更好地满足消费者需要

商主体为了在竞争中取胜,必然需要提高自身的产品质量与服务水平,同时,尽量降低自身的成本与售价,这就可以更好地满足消费者追求所购商品和服务价廉物美的需求。

(三)竞争的消极作用

1. 竞争容易导致限制竞争,甚至垄断的发生

竞争——优胜劣汰——大鱼吃小鱼——鲸鱼——为避免两败俱伤,同归于尽——相互联合一致对外——限制竞争、垄断——损害消费者权益和新兴竞争主体利益——影响市场功能发挥作用。

2. 竞争中容易产生过度竞争、滥用竞争等不正当竞争的情况

竞争——滥用竞争、过度竞争——假冒伪劣——劣币驱逐良币——扰乱市场秩序。

(四)竞争法律规制的起因

市场经济是竞争经济,而要使市场经济发挥调节资源配置的决定性作用,就必须保护各商主体在一个公平的竞争机制下参与竞争。发挥竞争的积极作用,避免其消极作用,以使市场秩序得到有效的维护,市场机制得到有效的发挥。

二、商主体竞争法律概述

(一)竞争法的概念

竞争法是由国家制定或认可的,并由国家强制力保证实施的,调整有关竞争关系的法律规范的总和。

(二)竞争法的调整对象——竞争关系

1. 市场竞争关系

(1)概念

指两个或两个以上的市场主体(竞争者)在竞争过程中形成的关系(经营者间依法应如何公平竞争)。

《反不正当竞争法》:"本法所称的不正当竞争是指经营者违反本法规定,损害其他经营

者的合法权益,扰乱社会经济秩序的行为。"

(2)特点

①是发生于取得经营资格的平等市场主体之间。

②是发生在市场主体以自愿为基础的竞争前提之下。

③以竞争主体为夺取市场优势地位,获得经济利益的最大化为目的。

2. 竞争管理关系

(1)概念

是国家行政管理部门依照法律赋予的职权,在监督、管理市场竞争过程中所形成的关系(即国家如何管理经营者的竞争行为以维护公平竞争)。

(2)特点

①一方当事人必须是国家赋予管理职能的竞争管理机关。

②关系双方是管理与被管理的关系。

③管理者的目的是为了保护公平竞争、正当竞争,制止和制裁不正当竞争,创造良好的竞争环境(社会利益)。

(三)竞争法的目的

1. 规范市场秩序

竞争法通过对各竞争主体行为的有效约束,防止损人利己的恶性竞争出现,预防冲突的发生,解决已发生的冲突。

(1)对不正当竞争行为和垄断行为做出界定,确立了不正当竞争行为的认定标准。

(2)对不正当竞争行为和垄断行为规定了严格的法律责任,包括刑事、民事、行政责任。

(3)通过赋予执法机关较强的监督检查权,强化了执法力度,减少了潜在违法者违法行为的发生,促进了市场秩序的良性发展。

2. 促进有效竞争

指在经济学上有益,且根据市场的现实条件可以实现。其实现途径是:

(1)通过对不正当竞争行为和垄断行为的规制而防止竞争消极功能的出现,促进积极功能。

(2)通过对竞争者合法权利的有效配置和保护而实现合法有效的激励。

(3)通过保护商标、商号而保证优胜劣汰,保证诚信经营者的额外利润等。

3. 保护消费者权益

(1)反垄断、反强制交易。

(2)反不正当竞争。

(3)规定生产者、销售者权利。

(4)规定消费者利益。

(四)竞争法的基本原则

1. 自由竞争原则

(1)经营者可以自由地进入或退出某一市场竞争领域。

证券、股票买卖自由,不得强制认购。
(2)经营者可以自由地选择竞争的范围、手段、交易对象、条件、方式、场所(方式自由)。
反对强制交易、指定交易;经营者有权拒绝和抵制他人对竞争的限制。

2. 公平竞争原则
(1)竞争机会公平
外贸、银行、保险业的 WTO 准入等。
(2)适用法律公平
①反对内外有别的差别待遇、歧视待遇。
②通过反不正当竞争法保护公平的竞争秩序。

3. 公共利益原则
竞争的参与者不得违反公共利益,国家的竞争管理也应符合公共利益的需要。
(1)立法时不仅只考虑调整竞争者之间的关系,还要考虑更广泛的社会利益。
①通过反限制竞争以保护中小经营者的利益。
②通过反垄断以保护消费者的利益。
(2)在法律的适用范围上,在关系国家安全的产品及公共产品的供应上不适用自由竞争(如国防业、军工业,粮食产品的生产与进口上)。

(五)竞争法的体系

1. 保护公平竞争的行为
反对不竞争、限制竞争——反垄断法;反对滥用竞争、过度竞争——反不正当竞争法。

2. 保护处于弱势地位消费者的利益
规制生产者、销售者义务的——产品质量法;规定消费者权利的——消费者权益保护法。

第二节 《反不正当竞争法》及相关制度规范

一、反不正当竞争法概述

(一)不正当竞争行为概述

1. 不正当竞争行为的概念
是指以违背诚实信用和公平竞争商业惯例的手段从事市场交易的行为。
广义:指包括垄断、限制竞争和其他违反商业道德的行为。
狭义:指除垄断和限制竞争行为以外的破坏竞争的行为。

2. 不正当竞争行为的特征
(1)违反公认的商业道德
《反不正当竞争法》:"经营者在市场交易中,应当遵循自愿、平等、公平和诚实信用原则,遵守公认的商业道德。"

(2) 主体是经营者

《反不正当竞争法》:"本法所称的经营者是指从事商品经营或者营利性服务的法人、其他经济组织和个人。"

(3) 损害的是其他经营者的合法权益

为维护自身合法权益而对违法者违法利益的打击不在此限。如知名企业自身进行的打假、公示、DVD机内部展示等。

(4) 不正当竞争行为具有对社会经济秩序的破坏性

3. 不正当竞争行为的类型

我国《反不正当竞争法》列举了11种最典型的不正当竞争行为,包括:市场混淆行为、市场贿赂行为、虚假宣传行为、侵犯商业秘密、低于成本价格销售、违法搭售、不当奖售、诋毁商誉、串通招投标、公用企业排挤限制竞争、行政垄断等等。

4. 不正当竞争行为的危害

(1) 损害诚实经营者的合法权益

侵犯诚实经营者的合法权利(商标、专利、商誉);

使合法经营者蒙受巨大损失。

(2) 损害用户或消费者的正当权益

(3) 破坏市场秩序,败坏商业道德

破坏了正常的竞争机制。

滋生腐败,败坏商业道德。

(4) 损害国家利益

中国——假冒伪劣——低档货。

(二) 反不正当竞争法概述

1. 反不正当竞争法的概念

(1) 是指制止经营者的不正当竞争行为、维护公平竞争的商业道德和交易秩序的法规的总称。

(2) 是指制止经营者以违背诚实信用和公平竞争商业惯例的手段从事市场交易的行为、维护公平竞争的商业道德和交易秩序的法规总称。

(3) 是指制止经营者采用欺骗、胁迫、利诱以及其他违背诚实信用和公平竞争商业惯例的手段从事市场交易的行为、维护公平竞争的商业道德和交易秩序的法规的总称。

(4) 结论:反不正当竞争法是指调整市场竞争关系和其他有关社会关系、制止以不正当竞争活动为主的市场活动的法律规范的总称。

2. 我国的反不正当竞争法

(1) 立法情况

《中华人民共和国反不正当竞争法》是为保障社会主义市场经济健康发展,鼓励和保护公平竞争,制止不正当竞争行为,保护经营者和消费者的合法权益,制定本法。由1993年9月2日第八届全国人民代表大会常务委员会第三次会议通过,自1993年12月1日起施行。

(2) 我国不正当竞争行为的界定方式

《反不正当竞争法》第二条:"本法所称的不正当竞争是指经营者违反本法规定,损害其他经营者的合法权益,扰乱社会经济秩序的行为。"

《反不正当竞争法》第二章列举了11种不正当竞争行为。

二、典型的不正当竞争行为

(一) 市场混淆行为

1. 市场混淆行为的概念

是指采用欺骗性手段从事市场交易,使自己的商品或服务与特定竞争对手的商品或服务相混淆,造成或足以造成购买者误认误购的行为。

通过擅自使用与他人商品(或服务)相同或近似的标识,导致购买者产生错误认识而购买。

2. 市场混淆的行为的表现

(1) 假冒他人的注册商标。
(2) 擅自使用知名商品特有的标识。
(3) 擅自使用他人的名称。
(4) 伪造或者冒用认证标志、名优标志和商品产地。

(二) 商业贿赂行为

1. 商业贿赂行为

是指经营采用财物或者其他手段进行贿赂,以销售或者购买商品的行为。

2. 商业贿赂行为的表现

商业贿赂行为的主要表现为回扣,而回扣是指在市场交易过程中,经营者从所得价款当中提取一定比例的现金或者额外以定额的方式账外支付给对方的货币,该货币即为回扣。其与折扣或佣金的区别在于,后者账内明示记载,属正常营销手段。

(三) 虚假广告行为

1. 虚假广告的概念

指经营者以广告或其他方法,对商品或服务的相关重要情况作引人误解的虚假宣传的不正当竞争行为。

2. 虚假广告的表现

(1) 经营者利用广告或者其他方法,对商品的质量、制作成分、性能、用途、生产者、有效期、产地等作引人误解的虚假宣传。
(2) 广告的经营者不得在明知或者应知的情况下代理、设计、制作、发布虚假广告。

(四) 侵犯商业秘密行为

1. 商业秘密的概念

商业秘密是指不为公众所知悉,能为权利人带来经济利益,具有实用性,并为权利人采取了保密措施的技术信息或经营信息。

2. 商业秘密的内容

(1) 技术信息——KNOW HOW

是指有关生产、制造方面的秘密,包括公式、图样、程序、设计、方法、技巧、工序、配方、汇编等知识信息。

(2)经营信息

有关经营和决策方面的秘密,涉及组织、机构、人员、财务、经营等诸多方面。

如旅行社组团国内游、出境游的路线,沿途折扣服务合作商信息,外贸公司的业务员的客户资源等。

3.侵犯商业秘密的行为表现

根据《反不正当竞争法》第十条第一款的规定,经营者采用下列手段侵犯商业秘密的行为,为不正当竞争行为。

(1)以盗窃、利诱、胁迫或者其他不正当手段获取权利人的商业秘密。

(2)披露、使用或者允许他人使用以上述手段所获取的权利人的商业秘密。

(3)违反约定或者违反权利人有关保守商业秘密的要求,披露、使用或者允许他人使用其掌握的商业秘密。

4.侵犯商业秘密的责任

(1)民事责任:有合同的——依合同承担违约及赔偿责任(竞业禁止);无合同的——依法律承担侵权及赔偿责任(用人单位的连带赔偿)。

(2)行政责任:责令侵权行为的停止侵权;对行为人处以1万~20万元的罚款。

(3)刑事责任:给商业秘密人造成重大损失的,处三年以下有期徒刑、拘役,造成特别严重后果的,处3~7年有期徒刑。

(五)低于成本价格销售行为

1.低于成本价格销售的概念

经营者以排挤竞争对手为目的,以低于成本的价格销售产品。

2.低价销售行为的例外

是指不是为了排挤竞争对手,而是由于客观原因不得不低于成本价格销售的。包括:

(1)销售鲜活商品。

(2)处理有效期限即将到期的商品或者其他积压的商品。

(3)季节性降价。

(4)因清偿债务、转产、歇业降价销售商品。

(六)违法搭售行为

1.违法搭售行为的概念

是指经营者违背购买者的意愿搭售商品或者附加其他不合理的条件推销商品的行为。

2.违法搭售行为的表现

(1)搭售商品;

(2)附加其他不合理的条件

(七)不当奖售的行为

1.不当奖售的概念

不正当有奖销售行为,是指经营者违反诚实信用原则和公平竞争原则,利用物质、金钱或其他经济利益引诱购买者与之交易,排挤竞争对手的不正当竞争行为。

2. 不当奖售的表现

(1)采用谎称有奖或者故意让内定人员中奖的欺骗方式进行有奖销售。

(2)利用有奖销售的手段推销质次价高的商品。

(3)抽奖式的有奖销售,最高奖的金额超过五千元。

(八)商誉诋毁的行为

1. 商业诋毁行为的概念

又称商誉侵权或商业诽谤,是指经营者自己或利用他人,通过捏造、散布虚伪的事实等不正当手段,侵害竞争对手商誉的行为。

2. 商业诋毁行为的特征

(1)主体是经营者。

(2)客体有双重性(即侵犯了商誉主体的利益,也损害了公平、诚信的商业秩序)。

(3)侵权人主观上存在故意或过失:

①疏忽大意或放任。

②客观上实施了具体贬低他人商誉的行为。

(九)串通招投标的行为

1. 串通招投标的概念

指在招投标过程中,投标者之间串通投标,抬高标价或者压低标价的行为;投标者和招标者相互勾结,以排挤竞争对手的公平竞争,直接侵犯了其他经营者的正常活动和经济利益的活动。

2. 串通招投标的表现

(1)投标者之间串通投标

抬高标价,压低标价。

(2)投标者和招标者相互勾结

私拆标书,预知标底,规避招标,定向设标,等等。

(十)其他不正当竞争行为(包括最后两种不正当竞争行为)

(1)公用企业或依法具有独占地位的经营者排挤其他经营者公平竞争行为。

(2)政府机关及其所属部门滥用行政权力限制竞争的行为。

第三节 《反垄断法》及相关制度规范

一、反垄断法概述

(一)垄断的概述

1. 垄断行为的概念

(1)文义解释的垄断

垄断 = 垄 + 断 = 统一、整体 + 隔绝、阻碍。

(2)经济意义上的垄断

一家或少数几家企业(经营者)为了特定目的,通过构筑市场壁垒,直接或通过某种形式排他性地控制目标市场(生产要素和产品市场)的状态。

(3)法律意义上的垄断

任何以托拉斯或共谋或其他形式联合限制州际或对外贸易或商业活动的协议或合并,均被宣告非法。(《谢尔曼法》)

(4)结论:市场主体、政府机构或国家凭借其经济优势或国家权力,以单独、合谋或其他方式而实施的、妨碍或排斥市场竞争效果的行为。

2.垄断行为的特征

(1)主体的广泛性

市场主体(经营者)、政府机构或国家。

(2)地位的支配性

凭借其经济优势或国家权力。

(3)行为的反竞争性

如葡萄酒健康标准等绿色壁垒。

(4)结果的社会危害性

3.垄断行为的分类

我国《反垄断法》列举了4种最典型的垄断行为表现方式,包括:达成垄断协议、滥用市场支配地位、经营者不当集中、滥用行政权力排除和限制竞争等。

4.垄断行为的危害

(1)妨碍自由竞争的市场机制的形成和发展。

(2)妨碍统一市场的形成。

(3)损害了经营者和消费者的合法权益。

(二)反垄断法概述

1.反垄断法的概念

调整国家在规制反对国家、政府机构、经营者等从事排斥市场竞争而实施的垄断和限制竞争行为,维护公平竞争秩序,保护自身合法权益免受垄断之害过程中所发生的市场竞争关系和市场竞争管理关系的(实体性和程序性)法律规范的总和。

2.反垄断法的调整对象

(1)调整国家在规制反对国家、政府机构、经营者等从事排斥市场竞争而实施的垄断和限制竞争行为,维护公平竞争秩序,保护自身合法权益免受垄断之害过程中所发生的市场竞争关系和市场竞争管理关系。

(2)经营者、企业之间围绕垄断与限制竞争行为所发生的市场竞争关系。

垄断与反垄断、限制竞争与反限制竞争。

(3)国家对垄断和限制竞争的管理关系。

3. 反垄断法的法律关系

(1)主体——享受权利,履行义务的"人"

①政府机构(管理者)。

②政府机构、企业、企业联合组织(被管理者)。

(2)客体——权利、义务所指向的对象

排挤竞争、限制竞争的行为。

(3)内容——权利、义务以及责任本身

4. 反垄断法的规制方法

(1)结构主义规制法——占结构百分比。

(2)行为主义规制法——联合限制竞争协议。

5. 我国的反垄断法立法情况

《中华人民共和国反垄断法》,是一部为了预防和制止垄断行为,保护市场公平竞争,提高经济运行效率,维护消费者利益和社会公共利益,促进社会主义市场经济健康发展,而制定的法律。2007年8月30日通过并颁布。《反垄断法》由2008年8月1日起施行。共分为八章五十七条,包括:总则、垄断协议、滥用市场支配地位、经营者集中、滥用行政权力排除、限制竞争、对涉嫌垄断行为的调查、法律责任和附则等部分。

二、垄断行为的表现形式

(一)经营者达成垄断协议

1. 经营者达成垄断协议的概念

是指经营者为了排除或限制市场竞争或竞争对手,而与其他经营者之间达成的排除、限制竞争的协议、决定或者其他协同行为。

2. 法律明确禁止的垄断协议形式

(1)禁止具有竞争关系的经营者达成下列垄断协议

①固定或者变更商品价格。

②限制商品的生产数量或者销售数量。

③分割销售市场或者原材料采购市场。

④限制购买新技术、新设备或者限制开发新技术、新产品。

⑤联合抵制交易。

(2)禁止经营者与交易相对人达成下列垄断协议

①固定向第三人转售商品的价格。

②限定向第三人转售商品的最低价格。

③国务院反垄断执法机构认定的其他垄断协议。

3. 法律许可的限制竞争协议形式

(1)为改进技术、研究开发新产品的。

(2)为提高产品质量、降低成本、增进效率,统一产品规格、标准或者实行专业化分工的。

(3)为提高中小经营者经营效率,增强中小经营者竞争力的。

(4)为实现节约能源、保护环境、救灾救助等社会公共利益的。

(5)因经济不景气,为缓解销售量严重下降或者生产明显过剩的。

(6)为保障对外贸易和对外经济合作中的正当利益的。

(二)经营者滥用市场支配地位

1. 滥用市场支配地位的概念

是指经营者在相关市场内具有能够控制商品价格、数量或者其他交易条件,或者能够阻碍、影响其他经营者进入相关市场能力的市场地位,而滥用这种地位损害其他经营者合法权益的行为。

2. 反垄断法对市场支配地位的判定

(1)一个经营者在相关市场的市场份额达到二分之一的。

(2)两个经营者在相关市场的市场份额合计达到三分之二的。

(3)三个经营者在相关市场的市场份额合计达到四分之三的。

3. 滥用市场支配地位的表现

(1)以不公平的高价销售商品或者以不公平的低价购买商品。

(2)没有正当理由,以低于成本的价格销售商品(低价销售)。

(3)没有正当理由,拒绝与交易相对人进行交易。

(4)没有正当理由,限定交易相对人只能与其进行交易,或者只能与其指定的经营者进行交易(支配地位企业限制交易)。

(5)没有正当理由搭售商品,或者在交易时附加其他不合理的交易条件(违法搭售)。

(6)没有正当理由,对条件相同的交易相对人在交易价格等交易条件上实行差别待遇。

(三)具有或者可能具有排除、限制竞争效果的经营者集中

1. 反垄断法对于经营者集中的定义

(1)经营者合并。

(2)经营者通过取得股权或者资产的方式取得对其他经营者的控制权。

(3)经营者通过合同等方式取得对其他经营者的控制权或者能够对其他经营者施加决定性影响。

2. 反垄断法对于可能具有排除、限制竞争效果的经营者集中的限制

我国《反垄断法》第二十一条规定:经营者集中达到国务院规定的申报标准的,经营者应当事先向国务院反垄断执法机构申报,未申报的不得实施集中。

3. 依反垄断法可以不需向国务院申报的经营者集中

(1)参与集中的一个经营者拥有其他每个经营者百分之五十以上有表决权的股份或者资产的。

(2)参与集中的每个经营者百分之五十以上有表决权的股份或者资产被同一个未参与

集中的经营者拥有的。

(四)滥用行政权力,行政垄断的表现

我国《反垄断法》规定:行政机关和法律、法规授权的具有管理公共事务职能的组织不得滥用行政权力,实施下列行为,妨碍商品在地区之间的自由流通:

(1)对外地商品设定歧视性收费项目、实行歧视性收费标准,或者规定歧视性价格。

(2)对外地商品规定与本地同类商品不同的技术要求、检验标准,或者对外地商品采取重复检验、重复认证等歧视性技术措施,限制外地商品进入本地市场。

(3)采取专门针对外地商品的行政许可,限制外地商品进入本地市场。

(4)设置关卡或者采取其他手段,阻碍外地商品进入或者本地商品运出。

(5)妨碍商品在地区之间自由流通的其他行为。

第四节 《产品质量法》及相关制度规范

一、产品质量法概述

1. 产品的概念

产品质量法中所讲的产品,是指经过加工、制作,用于销售的产品。

(1)虽经过加工、制作,但不用于销售的产品以及天然物品不包括在内。

(2)我国的产品质量法也将建筑工程排除在"产品"之外。

2. 产品质量法产生的原因

①社会化大生产(难以确定具体责任人)。

②全球经济一体化(双方地域间隔遥远,难以追责)。

结论:需国家以法律的名义出面,明确产品的生产者和销售者对其生产和出售的商品所应承担的责任。

3. 产品质量法的概念

产品质量法是调整产品在生产、流通和消费领域因质量问题而产生的社会关系的法律规范的总称。

4. 产品质量法的调整对象

调整的社会关系包括两个方面:

(1)产品质量监督管理关系。即国家为提高产品质量,在确定产品质量监督管理体制和产品标准的过程中发生的经济关系。

(2)产品质量责任关系。即因产品质量而引起的产品生产者、经营者与消费者之间的责任关系。

5. 产品质量法的立法宗旨

(1)加强对产品质量的监督管理,提高产品质量水平。

(2)明确产品质量责任。
(3)保护消费者的合法权益。
(4)维护社会经济秩序。
6.我国《产品质量法》的体系
1984年《工业产品生产许可证试行条例》
1985年《产品质量监督试行办法》
1993年2月《中华人民共和国产品质量法》
2000年7月修订《中华人民共和国产品质量法》,2001年1月1日起实施
2009年8月27再次修订《中华人民共和国产品质量法》

二、生产者义务

1. 保证产品质量的义务——首要义务
(1)不危及人身健康、财产安全
我国产品质量法规定,生产者应保证其生产的产品不存在危及人身、财产安全的不合理的危险,有保障人体健康和人身、财产安全的国家标准、行业标准的,应当符合该标准。
(2)具备通用性能
我国产品质量法规定,生产者应保证其生产的产品具备产品应当具备的使用性能;但是,对产品存在使用性能的瑕疵做出说明的除外。
(3)具备明示、默示用途
我国产品质量法规定,生产者应保证其生产的产品符合在产品或者其包装上注明采用的产品标准,符合以产品说明、实物样品等方式表明的质量状况。
2. 依法表示产品的义务
我国产品质量法规定,生产者在其生产的产品或者其包装上的标识必须真实,并符合下列要求:
(1)有产品质量检验合格证明。
(2)有中文标明的产品名称、生产厂厂名和厂址。
(3)根据产品的特点和使用要求,需要标明产品规格、等级、所含主要成分的名称和含量的,用中文予以相应标明;需要事先让消费者知晓的,应当在外包装上标明,或者预先向消费者提供有关资料。
(4)限期使用的产品,应当在显著位置清晰地标明生产日期和安全使用期或者失效日期。
(5)使用不当,容易造成产品本身损坏或者可能危及人身、财产安全的产品,应当有警示标志或者中文警示说明。
(6)裸装的食品和其他根据产品的特点难以附加标识的裸装产品,可以不附加产品标识。
(7)易碎、易燃、易爆、有毒、有腐蚀性、有放射性等危险物品,以及储运中不能倒置和其他有特殊要求的产品,其包装质量必须符合相应要求,依照国家有关规定做出警示标志或者中文警示说明,标明储运注意事项。
3. 依法生产产品的义务
依法生产产品是指依《产品质量法》和《工业产品质量责任条例》产品生产中的禁止性、

限制性规定。

(1)不得生产国家明令淘汰的产品。

(2)不得伪造、冒用他人的厂名、厂址。

(3)不得伪造、冒用认证标志、名优标志等质量标志。

(4)生产的产品不得掺杂、掺假,不得以假充真,以次充好,以不合格产品冒充合格产品。

(5)不合格的产品不得出厂。

(6)不合格的原料、零部件不准投料、组装。

(7)没有产品质量标准,未经质量检验的产品不准生产。

4. 产品保退、保修、保换的规定

(1)"三包"产品售出七日以内,发生性能故障,消费者可凭发票及三包凭证选择退货、换货或修理。

(2)"三包"产品自售出十五日内发生性能故障,消费者可选择换货或修理。

(3)《消法》在保修期内经过两次以上修理,仍不能正常使用,经营者应当负责更换或退货。

二、销售者义务

(1)认真执行进货检查、验收制度。

销售者不执行进货检验制度或明知产品不合格依然接受货物并进行销售,依法承担法律责任。

(2)采取措施,保持销售产品的质量。

(3)销售者不得销售国家明令淘汰并停止销售的产品和失效、变质的产品。

(4)销售产品的标识,应符合《产品质量法》的规定。

(5)销售者不得伪造、冒用他人的厂名、厂址、认证标志、名优标志等标志、掺杂、掺假。

(6)以假充真,以次充好,以不合格产品冒充合格产品。

(7)销售者售出的产品有下列情形之一的,销售者应当负责修理、更换、退货;给购买产品的消费者造成损失的,销售者应当赔偿损失:

①不具备产品应当具备的使用性能而事先未作说明的。

②不符合在产品或者其包装上注明采用的产品标准的。

③不符合以产品说明、实物样品等方式表明的质量状况的。

第五节 《消费者权益保护法》及相关制度规范

一、消费者权益保护法概述

(一)消费者权益概述

1. 消费者的含义

(1)文义解释

消费者 = 消费的人 = 购买使用商品或接受服务的人 =(生产消费 + 生活消费)的人。

(2)政治经济学解释

生产消费：消费的目的是为了扩大再生产。

生活消费：消费的目的是为了满足个人生活的需要。

经济学结论：消费者是指为了扩大再生产或满足个人生活的需要,而购买使用商品或接受服务的人。

(3)法律解释

消费者,是指为生活消费需要而购买、使用商品或者接受服务的个人(农民购买、使用直接用于农业生产的生产资料,亦可参照本法执行)。

2.消费者权益的含义和内容

(1)消费者权益的含义

是指消费者依法享有的权利及该权利受到保护时,而给消费者带来的利益(其核心是消费者的权利)。

由于消费者所购买和使用的商品或者所接受的服务是由经营者提供的,所以,在保护消费者权益方面,首先将涉及经营者所负的直接义务,其次也将涉及国家和社会负有的相应保护义务。

(2)消费者权益的内容

①消费者的权利。

②经营者的义务。

③国家及社会的保护。

(二)消费者权益保护法概述

1.消费者权益保护法的概念

是调整国家在保护消费者权益过程中发生的经济关系的法律规范的总称。

2.消费者权益保护法的立法起因

(1)科技进步、促销手段的变化,使得人们不可能对科技产品的结构、性能、品质等诸多方面有明确和深刻的了解,易被误导(比如手机的辐射、婚纱定妆水)。

(2)生产的社会化、专业化,使消费者难以靠自己的力量去寻找和追究侵害消费者权利的具体责任人。

(3)垄断的发展和商品消费的普遍化,使得格式合同、标准合同条款大量存在,消费者处于弱势地位,难以通过合同保护自己(保险中的免责条款)。

(4)不正当竞争的加剧,使经营者道德沦丧,经营者竞相采取不公平的商业行为或限制性商业行为,在质量、价格、计量、商标等各方面欺诈消费者。

3.消费者权益保护法的立法状况

(1)消费者权益保护已成为世界性的潮流,各国普遍重视消费者保护的立法。

(2)20世纪70年代以来,消费者保护立法又进入新阶段。美国总统肯尼迪首先提出了消费者权利的概念。并以此为开端,各国相继颁布了保护消费者利益的基本法。

消费者权益保护的国际性合作也得到加强,如联合国1985年通过了《保护消费者准则》。

《中华人民共和国消费者权益保护法》于 1993 年 10 月 31 日公布,1994 年 1 月 1 日起施行。2013 年 10 月 25 日修订,2014 年 3 月 15 日起实施。

4. 消费者权益保护法的基本原则

根据我国经济文化发展水平以及消费者的素质状况,《消费者权益法》突出体现了以下四项基本原则:

(1)经营者与消费者进行交易,应当遵循自愿、平等、诚实、信用的原则。
(2)向消费者倾斜,给消费者以特别保护的原则。
(3)保护消费的人身、财产和其他合法权益不受侵害的原则。
(4)保护消费者的合法权益是全社会的共同责任的原则。

二、消费者权利

(一)保障安全权

1. 保障安全权的内涵

是指消费者在购买、使用商品或接受服务时,有保障其人身、财产安全不受侵害的权利。

2. 保障安全权的地位

是消费者的最基本权利,也是《产品质量法》中生产者的第一义务,即生产者有义务保障产品中不存在危及人身、财产安全的不合理风险。

生产者的第一义务——消费者的首要权利。

(二)知悉真情权

1. 知悉真情权的内涵

是指消费者享有知悉其购买、使用的商品或者接受的服务的真实情况的权利。

消费者有权根据商品或者服务的不同情况,要求经营者提供商品的价格、产地、生产者、用途、性能、规格、等级、主要成分、生产日期、有效期限、检验合格证明、使用方法说明书、售后服务,或者服务的内容、规格、费用等有关情况。

2. 救济

经营者侵犯消费者此项权利,并采用欺诈手段依《消费者权益保护法》会被 3 倍索赔。

(三)自主选择权

自主选择权的内涵是指消费者享有自主选择商品或服务的权利,包括:

(1)自主选择商品或服务的经营者的权利;
(2)自主选择商品品种或服务方式的权利;
(3)自主决定购买或不购买任何一种商品、接受或者不接受任何一项服务的权利;
(4)在自主选择商品或服务时进行比较、鉴别和挑选的权利。

其实质是反对垄断与强行交易。

(四)公平交易权

公平交易权的内涵是指:消费者在购买商品或接受服务时,享有获得质量保障和价格合理、计量正确等公平交易的权利。

经营者不得以次充好、缺斤短两、谋取暴利。

（五）依法求偿权

消费者因购买、使用商品或者接受服务受到人身、财产损害的，享有依法获得赔偿的权利。

（六）依法结社权

消费者享有依法成立维护自身合法权益的社会组织的权利。

消费者的先天力量弱势，需要抱团取暖。

（七）获知求教权

消费者享有获得有关消费和消费者权益保护方面的知识的权利。

消费者应当努力掌握所需商品或者服务的知识和使用技能，正确使用商品，提高自我保护意识。

（八）维护尊严权

消费者在购买、使用商品和接受服务时，享有人格尊严、民族风俗习惯得到尊重的权利，享有个人信息依法得到保护的权利。

（九）监督权

消费者享有对商品和服务，以及保护消费者权益工作进行监督的权利。

消费者有权检举、控告侵害消费者权益的行为和国家机关及其工作人员在保护消费者权益工作中的违法失职行为，有权对保护消费者权益工作提出批评、建议。

三、经营者义务

（一）依法、依约提供商品，且不违反公序良俗

1. 依法履行义务

经营者向消费者提供商品或者服务，应当依照本法和其他有关法律、法规的规定履行义务。

2. 依约履行义务且不违反强行法

经营者和消费者有约定的，应当按照约定履行义务，但双方的约定不得违背法律、法规的规定。

3. 遵守公序良俗，不强制或不公平交易

经营者向消费者提供商品或者服务，应当恪守社会公德，诚信经营，保障消费者的合法权益；不得设定不公平、不合理的交易条件，不得强制交易。

（二）听取意见和接受监督

经营者应当听取消费者对其提供的商品或者服务的意见，接受消费者的监督。

（三）保障人身和财产安全

经营者应当保证其提供的商品或者服务符合保障人身、财产安全的要求。对可能危及人身、财产安全的商品和服务，应当向消费者做出真实的说明和明确的警示，并说明和标明

正确使用商品或者接受服务的方法,以及防止危害发生的方法。

宾馆、商场、餐馆、银行、机场、车站、港口、影剧院等经营场所的经营者,应当对消费者尽到安全保障义务。

(四)停售、警示缺陷商品并及时补救义务

经营者发现其提供的商品或者服务存在缺陷,有危及人身、财产安全危险的,应当立即向有关行政部门报告和告知消费者,并采取停止销售、警示、召回、无害化处理、销毁、停止生产或者服务等措施。采取召回措施的,经营者应当承担消费者因商品被召回支出的必要费用。

(五)不作虚假宣传

1. 不作虚假宣传的义务

经营者向消费者提供有关商品或者服务的质量、性能、用途、有效期限等信息,应当真实、全面,不得作虚假或者引人误解的宣传。

2. 如实答复消费者询问的义务

经营者对消费者就其提供的商品或者服务的质量和使用方法等问题提出的询问,应当做出真实、明确的答复。

3. 明码标价义务

经营者提供商品或者服务应当明码标价。

(六)承租柜台如实标明自身的义务

租赁他人柜台或者场地的经营者,应当标明其真实名称和标记。

(七)出具发票及相应凭证的义务

经营者提供商品或者服务,应当按照国家有关规定或者商业惯例,向消费者出具发票等购货凭证或者服务单据;消费者索要发票等购货凭证或者服务单据的,经营者必须出具。

(八)提供符合要求的商品服务义务

1. 保证产品服务性能无瑕疵

经营者应当保证在正常使用商品或者接受服务的情况下,其提供的商品或者服务应当具有的质量、性能、用途和有效期限;但消费者在购买该商品或者接受该服务前已经知道其存在瑕疵,且存在该瑕疵不违反法律强制性规定的除外。

2. 提供的商品服务质量、性能与广告、说明、样品相符

经营者以广告、产品说明、实物样品或者其他方式表明商品或者服务的质量状况的,应当保证其提供的商品或者服务的实际质量与表明的质量状况相符。

3. 汽车、家电等耐用消费品售出半年内质量问题举证责任倒置义务

经营者提供的机动车、计算机、电视机、电冰箱、空调器、洗衣机等耐用商品或者装饰装修等服务,消费者自接受商品或者服务之日起六个月内发现瑕疵,发生争议的,由经营者承担有关瑕疵的举证责任。

(九)商品服务质量不符强制三包义务

经营者提供的商品或者服务不符合质量要求的,消费者可以依照国家规定、当事人约定

退货,或者要求经营者履行更换、修理等义务。没有国家规定和当事人约定的,消费者可以自收到商品之日起七日内退货;七日后符合法定解除合同条件的,消费者可以及时退货,不符合法定解除合同条件的,可以要求经营者履行更换、修理等义务。

依照前款规定进行退货、更换、修理的,经营者应当承担运输等必要费用。

(十)电商商品强制七天包退义务

1. 电商网购商品七天无理由退货义务

经营者采用网络、电视、电话、邮购等方式销售商品,消费者有权自收到商品之日起七日内退货,且无须说明理由。

2. 不适用七天无理由退货的本类产品:

(1)消费者定做的;

(2)鲜活易腐的;

(3)在线下载或者消费者拆封的音像制品、计算机软件等数字化商品;

(4)交付的报纸、期刊。

(5)除前款所列商品外,其他根据商品性质并经消费者在购买时确认不宜退货的商品,不适用无理由退货。

(十一)不得滥用格式合同或格式条款义务

经营者在经营活动中使用格式条款的,应当以显著方式提请消费者注意商品或者服务的数量和质量、价款或者费用、履行期限和方式、安全注意事项和风险警示、售后服务、民事责任等与消费者有重大利害关系的内容,并按照消费者的要求予以说明。

经营者不得以格式条款、通知、声明、店堂告示等方式,做出排除或者限制消费者权利、减轻或者免除经营者责任、加重消费者责任等对消费者不公平、不合理的规定,不得利用格式条款并借助技术手段强制交易。

格式条款、通知、声明、店堂告示等含有前款所列内容的,其内容无效。

(十二)不得侵犯消费者的人身权

经营者不得对消费者进行侮辱、诽谤,不得搜查消费者的身体及其携带的物品,不得侵犯消费者的人身自由。

(十三)电商网购商家如实提供自身信息及风险警示义务

采用网络、电视、电话、邮购等方式提供商品或者服务的经营者,以及提供证券、保险、银行等金融服务的经营者,应当向消费者提供经营地址、联系方式、商品或者服务的数量和质量、价款或者费用、履行期限和方式、安全注意事项和风险警示、售后服务、民事责任等信息。

(十四)不滥用消费者个人信息的义务

经营者收集、使用消费者个人信息,应当遵循合法、正当、必要的原则,明示收集、使用信息的目的、方式和范围,并经消费者同意。经营者收集、使用消费者个人信息,应当公开其收集、使用规则,不得违反法律、法规的规定和双方的约定收集、使用信息。

经营者及其工作人员对收集的消费者个人信息必须严格保密,不得泄露、出售或者非法向他人提供。经营者应当采取技术措施和其他必要措施,确保信息安全,防止消费者个人信息泄露、丢失。在发生或者可能发生信息泄露、丢失的情况时,应当立即采取补救措施。

经营者未经消费者同意或者请求,或者消费者明确表示拒绝的,不得向其发送商业性信息。

四、国家和社会对消费者权益的保护

(一)国家的特殊保护

1. 立法原则保护——向消费者倾斜的原则
2. 特殊制度保护

(1)消费者对商品生产者、销售者的索赔选择权

消费者在购买、使用商品时,其合法权益受到损害的,可以向销售者要求赔偿。销售者赔偿后,属于生产者的责任或者属于向销售者提供商品的其他销售者的责任的,销售者有权向生产者或者其他销售者追偿。

消费者或者其他受害人因商品缺陷造成人身、财产损害的,可以向销售者要求赔偿,也可以向生产者要求赔偿。属于生产者责任的,销售者赔偿后,有权向生产者追偿。属于销售者责任的,生产者赔偿后,有权向销售者追偿。

消费者在接受服务时,其合法权益受到损害的,可以向服务者要求赔偿。

(2)欺诈行为的惩罚性赔偿金制度

经营者提供商品或者服务有欺诈行为的,应当按照消费者的要求增加赔偿其受到的损失,增加赔偿的金额为消费者购买商品的价款或者接受服务的费用的三倍;增加赔偿的金额不足五百元的,为五百元。法律另有规定的,依照其规定。

经营者明知商品或者服务存在缺陷,仍然向消费者提供,造成消费者或者其他受害人死亡或者健康严重损害的,受害人有权要求经营者依照本法第四十九条、第五十一条等法律规定赔偿损失,并有权要求所受损失两倍以下的惩罚性赔偿。

(3)展览会、租赁柜台购物的特殊追责制度

消费者在展销会、租赁柜台购买商品或者接受服务,其合法权益受到损害的,可以向销售者或者服务者要求赔偿。展销会结束或者柜台租赁期满后,也可以向展销会的举办者、柜台的出租者要求赔偿。展销会的举办者、柜台的出租者赔偿后,有权向销售者或者服务者追偿。

(4)出借营业执照后的特殊追责制度

《消费者权益保护法》规定:使用他人营业执照的违法经营者提供商品或者服务,损害消费者合法权益的,消费者可以向其要求赔偿,也可以向营业执照的持有人要求赔偿。

(5)虚假广告的责任承担

消费者因经营者利用虚假广告或者其他虚假宣传方式提供商品或者服务,其合法权益受到损害的,可以向经营者要求赔偿。广告经营者、发布者发布虚假广告的,消费者可以请求行政主管部门予以惩处。广告经营者、发布者不能提供经营者的真实名称、地址和有效联系方式的,应当承担赔偿责任。

广告经营者、发布者设计、制作、发布关系消费者生命健康商品或者服务的虚假广告,造

成消费者损害的,应当与提供该商品或者服务的经营者承担连带责任。

社会团体或者其他组织、个人在关系消费者生命健康商品或者服务的虚假广告或者其他虚假宣传中向消费者推荐商品或者服务,造成消费者损害的,应当与提供该商品或者服务的经营者承担连带责任。

(6)网购受损者的特殊保护

消费者通过网络交易平台购买商品或者接受服务,其合法权益受到损害的,可以向销售者或者服务者要求赔偿。网络交易平台提供者不能提供销售者或者服务者的真实名称、地址和有效联系方式的,消费者也可以向网络交易平台提供者要求赔偿;网络交易平台提供者做出更有利于消费者的承诺的,应当履行承诺。网络交易平台提供者赔偿后,有权向销售者或者服务者追偿。

网络交易平台提供者明知或者应知销售者或者服务者利用其平台侵害消费者合法权益,未采取必要措施的,依法与该销售者或者服务者承担连带责任。

(二)社会的特殊保护

1. 消费者协会的保护

(1)消费者协会的公益性职责

①向消费者提供消费信息和咨询服务,提高消费者维护自身合法权益的能力,引导文明、健康、节约资源和保护环境的消费方式。

②参与制定有关消费者权益的法律、法规、规章和强制性标准。

③参与有关行政部门对商品和服务的监督、检查。

④就有关消费者合法权益的问题,向有关部门反映、查询,提出建议。

⑤受理消费者的投诉,并对投诉事项进行调查、调解。

⑥投诉事项涉及商品和服务质量问题的,可以委托具备资格的鉴定人鉴定,鉴定人应当告知鉴定意见。

⑦就损害消费者合法权益的行为,支持受损害的消费者提起诉讼或者依照本法提起诉讼。

⑧对损害消费者合法权益的行为,通过大众传播媒介予以揭露、批评。

(2)经费支持

各级人民政府对消费者协会履行职责应当予以必要的经费等支持。

(3)接受监督

消费者协会应当认真履行保护消费者合法权益的职责,听取消费者的意见和建议,接受社会监督。

(4)依法活动

依法成立的其他消费者组织依照法律、法规及其章程的规定,开展保护消费者合法权益的活动。

(5)不得从事营利性服务与推荐

消费者组织不得从事商品经营和营利性服务,不得以收取费用或者其他牟取利益的方式向消费者推荐商品和服务。

第十章 有关商主体之间竞争规则的法律

2. 舆论宣传的保护

我国《消费者权益保护法》还规定了新闻媒体有通过舆论宣传保护消费者权利,强化商家的产品质量责任意识的职责。我国中央电视台每年举办的"3·15晚会"和相应的每年三月的"产品质量宣传月"等,都是这方面舆论宣传保护的有力例证。

思考题

1. 试比较我国《反不正当竞争法》中的典型的不正当竞争行为与我国《反垄断法》中的垄断行为表现,说明两者之间的联系和区别。
2. 我国《产品质量法》中的生产者、销售者义务与《消费者权益保护法》中的商家义务有何联系和区别?
3. 试说明我国《消费者权益保护法》中有哪些对消费者的特殊保护制度。

第十一章

其他商事活动中的法律问题

第一节 电子商务中的法律问题

一、电子商务法概述

(一)电子商务概述

1. 电子商务的概念和要素

(1)电子商务的概念

指交易当事人或参与人利用数据电讯手段(计算机技术和网络技术)等现代信息技术所进行的各类商事交易活动,其中最主要的是合同行为。

(2)电子商务的内涵

①是一种采用最先进的信息技术(数据电讯)的买卖方式。

②其实质上形成了一个虚拟的市场交换场所。

③是企业信息化发展中逐步形成的一种贸易形态,不是商务的电子化。

(3)电子商务的外延

广义电子商务:指一切以计算机网络进行的数据电讯方式(如 Internet 网、EDI 网、Intranet 等)所进行的与商贸活动(如查询、展示、磋商、订约、支付等)。

狭义电子商务:指以 Inter 网为运行平台的商业活动(如 Inter 网在线销售)。

2. 电子商务的起因和优缺点

(1)电子商务的起因

①全球经济一体化、国际分工的细化与国际贸易的快速发展。

②信息技术的迅猛发展,全球电子化、网络化的快速发展。

③利用现代电子信息技术成果进行商务活动成为必要或可能。

(2)电子商务的优点

①面对最潜在的广大供应商、采购商和消费者(交易机会多、利润高)传统签约的差别;

②可方便与快捷地进行沟通、洽谈、订约、履行。

(3)电子商务的缺陷

①全新的交易形式与以往的交易方式不同,缺乏规则、先例;
②网上交易本身具有虚拟性,安全性差。
(4)结论:需要对电子商务活动的规则方式进行研究

3.电子商务的类型
(1)按交易对象划分:B2B、B2C、B2G、C2C。
(2)按活动内容分:间接电子商务、直接电子商务。
(3)按网络类型分:EDI、INTERNET、INTRANET。

4.电子商务面临的法律问题
①网店要不要注册、登记、缴税。
②网上交易谁负责安全、追究责任。
③如何保证交易双方的身份真实(网络虚拟性)。
④如何保证双方履行承诺。
⑤数据电讯记录是否有法律效力。

(二)电子商务法基础

1.电子商务法的概念
(1)电子商务的概念
指交易当事人或参与人利用数据电讯手段(计算机技术和网络技术)等现代信息技术所进行的各类商事交易活动,其中最主要的是合同行为。
(2)法律的概念
(3)电子商务法的概念
①广义电子商务法:调整所有以数据电讯方式进行的商事活动的法律规范的总称。
国家不同——历史文化不同——价值观有异——法律不同,难以达成全球性统一的实体法——调整交易程序共通——电子商务法以交易形成内容为主,还包括一些以电子信息为交易内容的实体性法律规定。电子商务法包括:
　A.以电子商务为交易形式(程式性规定);
　B.以电子信息为交易内容[实体性(权利、义务)规定]。
②狭义电子商务法:调整以数据电讯为交易手段而形成的以交易形式为其内容的商事关系的法律规范的总称。

2.电子商务法的调整对象
(1)广义电子商务法:调整所有以数据电讯方式进行的商事活动的法律规范的总称。
调整对象——以数据电讯方式进行的商事活动。
(2)狭义电子商务法:调整以数据电讯为交易手段而形成的以交易形式为其内容的商事关系。
调整对象——调整以数据电讯为交易手段而形成的以交易形式为其内容的商事关系。

3.电子商务法的特征
(1)基本特征
①以商人的行业惯例为其规范标准。
②跨国境、跨地域、全球化。

(2) 其他特征

①程式性(主要解决交易形式)。

②技术性(许多法律都直接、间接地由技术规范演变而成)。

③开放性(计算机、电信技术的快速发展)。

基本定义开放、基本制度开放、结构开放。

④复合性(必须有第三方{认证机构,网络服务商}介入才能完成)。

⑤安全性(保证网上交易安全,避免网络安全的脆弱性)。

4. 电子商务法的基本原则

(1) 中立原则

①技术中立——口令法、非对称密钥、生物鉴别(信息手段)。

②媒介中立——电视、广播、网络(信息载体)。

③实施中立——电子商务法、其他法律；本国电子商务活动、外国电子商务活动。

④同等保护——商家、消费者；国内当事人、国外当事人。

(2) 自治原则

除强制性法律规范外,约定优于法定。

(3) 安全原则

(4) 其他教材中所涉及的基本原则

①开放性原则(对其他国家/地区有关电子商务的法律规则、惯例开放,对当事人开放,在技术上开放)。

②保护弱势方。美国《统一计算机信息交易法》第一百〇五条规定:"如果本法与一条消费者保护法(或行政法)发生冲突,则消费者保护法应予适用。"

5. 电子商务法的性质、地位和任务

(1) 性质

①公司法的融合。

②制定法与行业惯例的统一。

③具有国际化特色的国内法。

(2) 地位

①交易形式之法（交易行为法）。

②21 世纪商事占主导地位之法。

③独立之法（不宜归于民法、商法、经济法）。

(3) 任务

保障电子商务交易的迅捷与安全。

6. 全球电子商务法的立法概况和特点

(1) 全球电子商务法的立法概况

①国际组织(联合国贸法会、国际商会、欧盟、经合组织)

联合国贸法会:A《电子商务示范法》,B《电子签名统一规则》

②世界各国(美国、新加坡)

美国:1995年犹他州《数字签名法》(世界第一),2000年联邦《电子签名法》。
马来西亚:1997年《数字签名法》,亚洲最早。
新加坡:1998年《电子交易法》,亚洲最有代表性。
(2)全球电子商务法的特点
①内容均涉及三方面
A. 对电子通讯纪录法律效力的确认——数据电讯法律制度。
B. 对电子商务交易当事人身份的鉴别——电子签名法律制度。
C. 关于电子签名认证机构的建立——电子商务认证。
②立法迅速
③相互兼容
7. 电子商务法的基本制度
①数据电讯法律制度。
②电子签名的法律效力问题。
③电子商务认证法律制度。

三、数据电讯法律制度

(一)起因:传统书面形式制度与数据电讯应用的矛盾

1. 传统书面形式概述
(1)什么是书面形式
①书面="书"+"面"=书写在"纸"的表面。
A. 书:书写的是文字(中文或外文)、符号、图形。
以固体物质为介质,作用于人的视觉器官的(与口头形式的区别)。
结论:以固体物质为介质,作用于人的视觉器官,以其内容为人们所理解和掌握的。
B. 面:纸面、丝绸、绢帛面、金属表面、甲骨、竹简之上。
一切保存在一定固体介质之上,能为人们所发现及识读。
用途:表明一定的内容或意思。
②结论:一切保存在一定固体介质之上,能为人们所发现及识读的文字、符号或图形,其作用是用以表明一定的内容或意思。
(2)书面形式的适用范围及其演进
①适用范围
民商事法律关系,其他法律关系。
历史上的三大合同法,现代合同法。
②演进
甲骨文——金文——竹简、绢帛、毛皮——纸。
(3)书面形式及其法律要求的内涵
①书面形式概念的共同点(内涵)
"以一定文字或符号""存在于一定的介质之上""表明一定的内容或意思"。

②书面形式法律要求的内涵

证据性价值。

手签的唯一性。

原件的唯一性。

(4) 为什么传统法律要用书面形式——书面的作用

①所表明的内容或意思,公开、确定、有据可循,不易反悔、仿冒(签名的唯一性)。

②空口无凭,立字为证。

2．传统书面形式制度的范围与内涵

(1) 两大法系对于书面形式的一般要求

①大陆法系对于书面形式的一般要求

德国:以不要式为原则,书面形式作为合同有效要件是一种特例(仅限于赠予或保证合同)。

法国:书面形式是合同存在及其内容的证据之一。以书面形式作为合同生效要件的也属特例(限于赠予、夫妻财产、抵押合同等)。

②英美法系对于书面形式的一般要求

签字蜡封合同:一般要求书面形式或家族徽章、戒指的作用。

简式合同:一般无书面形式的要求,但特定的简式合同,必须用书面形式:

A. 以书面形式作为合同成立的要件,如汇票、本票、海上保险合同。

B. 以书面作为合同的证据,如担保合同、不动产合同、订约后一年中不能履行完毕的合同——美国:价款达到或超过 500 美元的货物买卖合同,应以书面形式作为诉讼及抗辩强制执行的依据。

(2) 我国法律对于书面形式的一般要求

我国——合同法规定:合同形式有书面形式、口头形式以及其他形式,但以下除外:

①法律规定应当采用书面形式的,必须采用书面形式(担保、抵押、质押、保证合同,不动产买卖合同,保险合同);

②当事人约定采用书面形式的,应当采用书面形式(约定优先)。

3．数据电讯应用与传统书面形式之间的矛盾

(1) 无纸性

通过电流、电讯符号等流体物质,如电介质、磁介质实现记录、传播。

(2) 易变更性

流体物质本身的易变更性。

流体物质本身的技术性——易被截获、仿冒(TCP/IP 协议的公开性、计算机本身的机械性)。

(3) 证据效力的问题

①保存难。

②取证难。

③效力低。

第十一章 其他商事活动中的法律问题

4. 解决办法

(1) 书面形式问题的合同解决途径

①合同中一致认定,交易的电讯即为书面文件。

②合同当事人在协议中放弃对电子商务交易电讯的有效性和强制执行力提出异议的权利。

(2) 书面形式问题的法律解决途径

①扩大解释范围——将电子商务交易中的通信记录纳入书面范畴。

②另立类型法——将数据电讯作为独立的意思表示而与口头、书面相区别。

(3) 笔者在本著作中将数据电讯制度确立作为最终全面解决方案

(二)电子商务《示范法》

1. 《示范法》的起草背景

2. 起草目的

(1) 就是为了给国内法的制定者,就如何排除此类(电子商务适用)的法律障碍,并给电子商务创造更加安全的法律环境制定一套国际上可接受的规则。(需注意的是:其不是法)

(2) 以前解决电子商务的方法的缺陷

扩大"书面形式"的外延。

制定数据交换协议。

(3) 《示范法》的解决方法

联合国贸发会议,《示范法》对数据电讯确立完整规则的方法,以便为电子商务关系的调整制定一个完善的法律平台。

3. 适用范围

(1) 商务活动的范围(定义方式)

任何提供或交换货物或服务的行为。

贸易交易、分销协议,商务代表或代理,租赁。

(2) 数据电讯的范围

以电子手段、光学手段或类似手段生成、发送、接收或储存的信息。

电子数据交换、电子邮件、电报、电传或传真。

4. 《示范法》的基本结构

(1) 文本结构

电子商务的一般问题。

电子商务在特定领域中的问题。

(2) 与相关文件的联结结构

(3) 示范法的结构及特点

①开放系统。

②网状联结。

③积极务实。

5.《示范法》的方法与解释原则
(1)"功能等价"方法
进行功能类比,从传统书面规范体系分层剖析,从中抽象出功能标准,再从电子商务交易形式中找出具有相应效果的手段,以确定其效力。
(2)解释原则
指核心功能与相同或相近,可以相互替代。

(三)数据电讯法律制度的基本内容

1. 数据电讯的概念
数据电讯是独立于口头、书面等传统意思表达方式之外的一种电子通信信息及其记录。
《示范法》中的"数据电讯"是指以电子手段、光学手段或类似手段生成、发送、接收或储存的信息,包括电子数据交换(EDI)、电子邮件、电报、电传或传真[①]。

2. 数据电讯的相关当事人
(1)发件人。
(2)收件人。
(3)中间人以及信息系统。

3. 数据电讯的功能等价标准
(1)数据电讯的书面功能标准
①书面的功能意义:空口无凭,立字为证。
②数据电讯:所含信息可以调取,以备日后查用。
(2)数据电讯的签名功能等价标准
①签名的意义
②数据签名
使用了一种方法,可以鉴定该人的身份,并表明该人认可了数据电讯内含的信息(以前的打孔、画押、按手印,书面担保)。
使用的方法是可靠的,对于生成或传递数据电讯的目的来说也是适当的(书面担保)。
(3)数据电讯的原件功能等价标准
①原件的法律要求:原件、复印件盖章。
②数据原件
A. 有办法可靠地保证自信息初次形成的形式生成保留下来。
B. 该信息保持了完整性。
C. 该信息可以展现展示给查看信息的人。

4. 数据电讯的效力
(1)数据电讯效力的一般确认
《示范法》第五条规定:"不得仅仅以某项信息采用数据电讯形式为理由,而否定其法律效力、有效性和可执行性"(公平待遇)。

[①] 路彦. 电子商务交易法律问题的研究[D]. 大连:大连海事大学, 2001.

合同中不提异议——法律上不得异议。
(2)参见条款效力的承认
①为节省电子信息的资源,提示内容清楚明确,有效力(如超文本链接)。
②有参见条款。
③内容具体明确。(如:适用 INCOTERMS2000 的 FOB)
(3)数据电讯在合同订立上的效力
①就合同的订立而言,除非当事人各方另有协议,要约与承诺均可以数据电讯的手段表示。
②当事人另有协议的从其约定,约定优先。
③仅是从法律的确认性上承认数据电讯形式与纸面形式的同等性。
(4)当事人对数据电讯的承认
当事人不得单方以声明的形式排除对数据电讯的效力承认。
保证数据电讯法律的稳定性和可预见性。
(5)数据电讯的证据效力
不能仅是一项证据是数据电讯形式为由否认其效力。
如果该证据是举证人按合理预期所能得到的最佳证据,不能以其不是原件为由否认其效力,如传真。

5. 数据电讯的通信和保存规则
(1)收到确认的效力
①概括性规定。
②传统书面催款函的收到确认技巧。
信——挂号——信封角——EMS
③发件时或发件前与收件人商定数据电讯收讫的情况。
④意义
确认收到—非特定的数据电讯。
确认对特定的数据内容表示同意。
(2)收件人的推定处理
①如果双方未约定以特定的形式表明数据电讯的收讫,则收件人可以通过任何足以向发件人表明已收到电讯的方式。
②行为人与发件人的特殊关系,使其得以利用发件人的认证程序。
(3)数据电讯发送与接收的时间与地点
①发送与接收的时间
发送时间:除非双方另有约定,进入发件人的控制范围之外的另一信息系统之时。
接受时间:进入收件人能控制的任一信息系统之时。
②发送与接收的地点
发件人营业地(出发点),收件人营业地(收到地),发件人、收件人有一个以上营业地的为最密切联系地。

(4)数据电讯的保存
①所含信息事后能调取。
②按其生成、发送、接收时的格式原样保留或准确重现(备份)。
③可保留时间、地点(来源地、目的地)等原始信息。

四、电子签名法律制度

(一)传统签名的概念与功能

1. 签名的概念
(1)签名的基本含义
①广义:指在某种物品或介质上写上执笔者的名字(如:画上的签名,秦俑上的署名,军马场所养的军马打上记号,合同文件的签署)。
②狭义:即为了表示负责而在文件、单据上亲自写上姓名或画上记号。
(2)签名的法律意义(功能)
①证明行为。
②生效要件。

2. 传统签名的法律要求
特定的人手写自己的名字,以此表达他将受书面内容约束的意思。
(1)正确的名字。
(2)书面的形式。
(3)本人亲手书写。
(4)形式不做要求(唯一性)。

3. 签名的功能及其演变
(1)签名的功能
①标示当事人身份(来源)。
印章,名人签名,领导题字。
②对文件内容的认可。
保证人、见证人、欠条签字、报到签字。
③签字者对文件内容正确性与完整性负责的证据。
庭审笔录的签名方法。
(2)签名形式的演变
特殊印信——本人亲笔——印章、印刷——指纹、声纹、眼纹。
从严格到简便,从单一到多样(只要能表明其归属及其意思表示即可)——电子签名成为可能。

4. 传统签名的局限性及其风险
①传送不便,速度慢,成本高。
②受书写人、时间、地域、精力的限制。
③易被仿冒(电子复印机,印钞)——承认电子签名成为需要。

(二)电子签名的概念

1. 电子商务安全与电子签名的产生

(1)电子商务的安全要求

①信息的保密性:其内容不能为无关第三人随便获取。

②交易各方身份的确认:交易相关当事人,互相能确认身份,确认对方的合法存在与声明的真实性。

③信息的防抵赖性:发送或接受一条交易信息后,可通过一定的方式保证双方保留有足够的证据。

④信息的完整性、防篡改性:数据电信形式形成的文件、合同一经形成,不能被未经授权的人篡改,也不能被有授权的人随意更改。

(2)电子签名产生的原因

①传统签名确认身份,确认意思表示的作用在无纸化的电子商务中不可能适用,只能适用电子签名。

②数据电信本身交易中存在易变更、不易确认来源,安全性欠佳的问题。

2. 电子签名的基本条件

(1)电子签名的概念

附加于数据电讯中或与之有逻辑上联系的电子形式的数据,其作用是:A.表明身份;B.承认数据中包含的意思。

(2)基本条件

①签名者事后不能抵赖自己已签署。

②任何其他人均不可能伪造该签名。

③双方就签名真伪发生争执,能由第三方公正仲裁,明辨真伪(即技术性、第三方参与性)。

(3)电子签名与传统签名之间的差异

(4)电子签名的技术方式

①个人身份密钥、个人身份号码。

②电子签名。

3. 广义的电子签名

(1)概念

包括各种电子手段在内的电子签名、声音、符号、程序。

(2)渊源

示范法、电子签名法。

(3)广义电子签名的基本思路

①与传统书面签名功能相吻合——功能等价法。

②与现实中应用的技术能力相适应——希特勒的牙齿鉴定方法(不适用)。

③突出基本功能的实现——核心功能等价法(确认身份,确认意思)。

④尊重当事人意思自治(意思自治,约定优先)。

(4)广义电子签名的效力

在电子签名法适用范围内的电子签名均为有效,反之无效(普遍肯定下特殊否定)。

仅仅以手书签名的等价功能,对数据电文的签署,即广义电子签名,其本身并不能对数据电文赋予法律有效性。具有法律效力要求的签名,是由《示范法》之外的适用法来决定的。

4.狭义的电子签名

(1)概念

以一定的电子签名技术为特定手段的签名,通常指数字签名,它是一种在以非对称加密方法下产生的数字签名。其主要特征是:只有信息发送者才能生成,是别人无法伪造的一段数字串。

(2)狭义的电子签名所应用的技术。

(3)有关数字签名的法律规定。

指一种算法,它将一串比特字符变换或翻译成另一串通常较短的字符串(加密),以便:

①以相同的记录为输入,每次经过相同的算法,产生相同的哈氏结果(确定性、可靠性);

②通过该算法生成的哈氏结果来得出或重新组成原记录在计算机上是不可能实现的(不可逆推);

③两个不同记录经过该算法产生相同的结果,在计算上也是不可能实现的(唯一性、可靠性)。

(4)数字签名的基本原理

发送方首先用 HASH 函数对原文件生成数字摘要,用自己的私钥对这个数字摘要进行加密来形成发送方的电子签名,附在文件后。然后用一个对称密钥对带有电子签名的原文件加密,再用接收方的公钥给对称密钥加密,然后把加密后的密钥文件传送给接收方。接收方用自己的私钥对密钥密文解密,得到对称密钥,用对称密钥对原文件密文进行解密,同时得到原文件的电子签名,再用发送方的公钥对电子签名解密,得到电子签名的 HASH 值,然后用 HASH 函数对得到的原文件重新计算 HASH 值,并与解密电子签名得到的 HASH 值进行对比①。

它用来保证信息的不可抵赖性和完整性。

(5)狭义的电子签名的立法理由

(6)关于强化电子签名的法律规定

指可以通过应用安全程序或各种安全程序的结合对其生成之时的状况进行验证的电子签名,可保证该签名:

①签署者用于独特的目的;

②可客观证明签署者的身份;

③由签署者独占控制生成数据;

---

① 秦乃曦. Ad Hoc 网络虫洞攻击的防御方法的研究[D].北京:北京交通大学,2009.

④数据一旦有变化就会被反映出来(保证不被篡改性)。

5. 折中的电子签名——强化电子签名

(1)概念

是指经过一定的安全应用程序,能够达到传统签名的等价功能的电子签名方式。

(2)产生原因

两种电子签名的缺陷。

(3)关于强化电子签名的法律规定

6. 电子签名的立法模式

①技术特定式(狭义)。

②技术中立式(广义)。

③折中式。

7. 数字签名及其应用环境

(1)技术性概念与术语

①密钥术

应用数学的一个分支,研究如何将原信息转换为表面无法理解的并可予以复原的形式的科学。

②公钥与私钥

公钥——用于相对方(接收方)确认数据签名(如:银行密码检查程序,生成程序)。

私钥——用来生成电子签名(如:银行密码)。

③哈氏函数

④数字签名

确认签署内容的范围,用哈氏函数计算加密,得到数字签名,将数字签名与基础讯息一起发送。

(2)数字签名的运行过程

(三)电子签名法

1. 电子签名法简述

(1)《电子签名法》的基本结构:共五章,三十六条。分别是:

①总则(三条);

②数据电文(九条):等同于电子信息、电子通信、电子数据、电子记录、电子文件。

③电子签名(两条)与认证(十二条);

④法律责任(七条);

⑤附则(三条)。

(2)《电子签名法》的主要内容

通过确立电子签名的法律效力,消除电子商务发展中的法律障碍,保护电子商务交易方的合法权益,保障交易安全,为电子商务与电子政务的发展创造有利的法律环境。

核心内容三大部分:数据电文、电子签名、电子认证的合法性。电子签名又是核心中的核心[①]。

2.电子签名法的具体内容

(1)确立数据电文的法律效力。

(2)确立电子签名的法律效力。

(3)规范电子签名行为。

(4)明确认证机构的法律地位及认证程序。

(5)规定电子签名的安全保障措施。

3.《电子签名法》的主要特色

(1)遵循国际惯例

充分吸收了联合国电子商务示范法和电子签名示范法的经验,以及欧盟和其他国家的先进经验。

(2)充分考虑中国国情

现有的认证机构和证书怎么办的问题。

现有《电子签名法》提出基本要求(第十七条),未细化,留有空间。

4.电子签名法适用范围与原则

(1)电子签名法的适用范围

①适用:民事活动中的合同或者其他文件、单证等文书。

②不适用:

A.涉及婚姻、收养、继承等人身关系的;

B.涉及土地、房屋等不动产权益转让的;

C.涉及停止供水、供热、供气、供电等公用事业服务的;

D.法律、行政法规规定的不适用电子文书的其他情形。

(2)电子签名法的适用原则

①非歧视原则。

②功能等同。

③技术中立。

④意思自治。

⑤折中原则。

用于可靠签名就承认其效力,但同时推荐数字签名,不是所有电子签名都需要第三方认证。

5.电子签名法的意义

(1)电子签名的作用:电子签名是法律思想与技术解决方案的完美结合。

---

① 唐志红.PKI/CA在电力行业中的应用[C].中国电力企业联合会科技服务中心、全国发电机组技术协作会.2005年全国发电企业信息化技术研讨会论文集.北京:中国电力出版社,2005:164-173.

第十一章 其他商事活动中的法律问题

①传统签名的三个作用：

A. 识别身份（生物特征）；

B. 认可内容；

C. 承担责任。

②相应功能在电子签名中的技术实现：

A. 身份认证——第三方认证；

B. 完整性——加密与解密、非对称密钥；

C. 不可抵赖[①]；

新增功能：

D. 保密，要适合互联网的开放环境；

E. 识别机器的身份。

(2) 电子签名在法律上的意义

电子商务的核心是电子合同，电子合同的核心是电子签名。

所以，有了电子签名法，有了虚拟世界与现实世界的对应，再谈责任承担、权益保护的问题才比较现实；才能去考虑电子合同、消费者保护、隐私权保护等问题。这也是我们电子商务立法第一个要立签名法的原因。

6. 电子签名法后电子商务法的发展

(1) 制定实施细则

目前，我国电子商务认证机构存在的主要问题有四点：

①建设过热，有一定的盲目性，造成重复建设和资源浪费。

②低估电子商务认证机构运行的难度，缺乏必要的规章制度。

③电子商务认证机构对自身的安全性认识不够，对承担风险认识不足[②]。

④法律法规、行业规范亟待健全。

(2) 宣传推广与实践检验

(3) 下一步的立法计划——集中在七个领域：

①数据与隐私权保护；

②电子合同；

③电子支付；

④电子商务的消费者保护；

⑤信息安全；

⑥电子商务税收；

⑦相关程序法律问题。

[①] 唐志红. PKI/CA 在电力行业中的应用[C]. 中国电力企业联合会科技服务中心、全国发电机组技术协作会. 2005 年全国发电企业信息化技术研讨会论文集. 北京：中国电力出版社，2005：164-173.

[②] 邓贞. 我国独立第三方电子商务平台政府监管研究[D]. 广州：华南理工大学，2008.

五、电子认证法律制度

1. 电子认证的概述

(1) 电子认证的概念

①认证的含义

是指权威的、中立的、没有直接利害关系的第三人或机构(一般指公证机构),对当事人提出的包括文件、身份、物品及其产地、品质等,具有法律意义的事实与资格,经审查属实后做出的证明。

广义:对事物的真伪进行辨识与鉴别后,对属实的事物承认其真实性的确定证明,包括第三人的鉴别,当事人相互间的鉴别。(如:古玩市场上买家购买前的看货,鉴宝节目文物专家给出的证明书,拍卖行拍卖前的文物证明。)

狭义:指由从事服务的第三方机构所进行的鉴别。亦即公证机关对当事人提出的文件的真实性审查属实后给予证明。

②电子认证

是以特定的机构对电子签名及其签署者的真实性进行验证的具有法律意义的服务。

(2) 电子认证的起因

①传统纸面交易

文件与签名(认证手段)同时出现,可以相互佐证,用以鉴别。(字体、公章、位置、覆盖度)

②电子交易

书面、签名都无形化、数据化、专业化,且相互间有分离。需要双方都信赖的第三方参与证明电子签名人的身份及信用情况。使双方消除疑虑,促进交易的成立。——电子认证因而产生。

(3) 电子认证的作用

①防止欺诈。

②防止否认。

(4) 电子认证的方法

①电子技术与组织保障的结合鉴别

加密技术,保障信息的来源、真实性。

认证机构作为信赖第三人,充当见证人和技术保障人的角色。

②加密与认证综合利用

加密防截取、窃听。

认证确保数据和发送者的真实性,防篡改、冒充。

(5) 电子认证的分类——按认证功能及对象来分

①站点认证

认证该站点是否在指定的站点间进行。

由特殊的站点认证机构在网上加注站点认证标记。

②数据电讯(文)认证

该电讯由确认的发送方发送的;

该电讯的内容有无篡改或发生错误;

该电讯按确定的次序接收;

该电讯传送给确定的收件方。

③电讯源认证

以收发双方共享的保密数据加密密钥来认证电讯源;

以收发双方共享的保密的通行字为基础来认证电讯源①。

④身份认证

验证他知道什么?(如密码、口令、暗号等)

他拥有什么?(信物、私钥)

验证他的生理特征?(指纹)

验证他下意识的动作特征。

2. 认证机构的概述

(1)认证机构概念

①联合国贸发会《统一电子签名规则(草案)》,"认证机构,是指任何人或实体,在其营业中从事以数字签名为目的,而颁发与加密密钥相关的身份证书"。

②新加坡《电子交易法》:认证机构是指颁发数字证书的人或组织工作。

③我国《电子认证服务管理办法》第二条:"是指电子签名人和电子签名依赖方提供电子认证服务的第三方机构。"

结论:是指电子商务中对用户的电子签名颁发数字证书的机构。就是承担网上安全电子交易认证服务、能签发数字证书,并能确认用户身份的服务机构。

(2)认证机构的特点

①是独立的法律实体:以自己的名义活动,以自己的财产承担责任。

②具有中立性与可靠性:设立目的、电子商务安全的要求。

③被交易当事人所接受。

④营业目的是提供公正的交易环境:微利或无利,类似于承担社会服务功能的公用企业。

(3)认证机构的结构

①内部机构

接受用户证书申请的证书受理者(RS),证书的发放审核部门(RA),证书的发放操作部门(CP/CA),证书撤销名单(CRL)。

②外部机构

认证机构、品牌认证机构、地方认证机构、持卡人认证机构、商家认证机构、支付网关认证机构。

---

① 张楚. 电子商务法初论[D]. 北京:中国政法大学,2000.

(4)认证机构的职责
①总体

用户向认证机构提交自己的公共密钥及代表自己身份的信息(如身份证号码或 E-mail 地址),认证机构对用户的有效身份进行验证后,向用户颁发经过其私有密钥签名的数字证书。其可以起到证明持有人身份和资信状况的作用。

②职能:颁发、更新、查询、作废、归档

具体包括:验证并标识证书申请审查身份;确保自身用于签名的非对称密钥质量;保证整个签证过程的安全性,管理证书材料信息(公钥证书的序列号、CA 标识等);确定并检查证书的有效期限;确保证书主体标识的唯一性;发布并维护作废证书表;对整个证书签发过程做日志记录,向申请人发出通知等。

(5)认证机构的服务内容

①制作、签发、管理电子签名认证证书;

②确认签发的电子签名认证证书的真实性;

③提供电子签名认证证书目录信息查询服务;

④提供电子签名认证证书状态信息查询服务。

3.认证机构的设立与管理

(1)认证机构的设立与监管模式

①作用:认证机构在电子商务中具有特殊的地位,并在 PKI 体系中发挥着核心的作用。

②监管模式:

A.强制性许可制度:认证机构必须通过许可才能开展业务——韩、日、德、马来西亚、台、港。

B.非强制性许可制度:经政府认证的认证机构,政府会给很多优惠。如果不经认证,虽没有给以优惠好处,但仍可以运营——新加坡。

C.完全依靠市场调节,通过行业自律予以规范——美国。

D.我国:《电子签名法》中采用了强制性许可制度。

(2)认证机构的设立原则

①权威性原则:认证机构的法律地位要得到国家法律的确认,在较大范围内得到消费者的信赖。

②真实性原则:认证机构向社会提供的各种信息必须真实、完整、可靠。

③保密性原则:认证机构的人员,以及设备应能保证用户的个人信息不被泄漏给未经授权的第三人,有效防范外部的非法侵入。

④迅捷性原则

⑤经济性原则:在一定的范围内,应尽量避免重复认证,提高信息资源的利用率,节省当事人的交易成本上升。

(3)认证机构的条件

①整体条件

A.是独立的法律实体,以自己的名义从事认证服务并独立承担责任;

B. 具有中立性、可靠性、权威性,不直接参与信赖方之间的商事交易,不以营利为目的;

C. 被交易当事人所接受,在社会上具有相当的影响力和可信度。

②具体条件

A. 认证人员资格——人的条件:《电子认证服务管理办法》第五条:从事电子认证服务的专业技术人员、运营管理人员、安全管理人员和客户服务人员不少于三十名。

B. 资金和经营场所——财产和场所的条件:《电子认证服务管理办法》第五条:注册资金不少于人民币三千万元;具有固定的经营场所和满足电子认证服务要求的物理环境。

C. 设备与系统安全性——物的条件:软件、硬件设施必须有严格的安全标准要求,构成"可信赖的系统"。

D. 密码的使用资格——实体条件:国家密码机构同意使用密码的证明文件。

E. 内部管理——组织规则条件:电子认证服务提供者应当制定、公布符合国家有关规定的电子认证业务规则,并向国家信息产业部备案。

F. 财产担保、信息公告栏和认证机构的许可。

(4)认证机构的管理

制定规范;

业务监管。

4. 电子认证证书

(1)电子认证证书的概念

是用电子手段证实用户的身份及其对网络资源的访问权限的特定化信息。

(2)电子认证证书的种类

①客户证书

指由金融机构进行数字签名发放的,仅为某一用户提供的数字证书,目的是便于该客户进行网上的安全交易操作。

②商家证书

是指由收单银行批准,由金融机构颁发的,是对商家是否具有信用卡支付交易资格的一个证明。

③网关证书

通常由收单银行或其他负责进行认证和收款的机构持有。网关证书提供客户对账号等信息加密的密码。

④认证机构系统证书

各类、各级认证机构所持有的证书。

(3)电子认证证书的等级

不同的认证机构,其登记程序、核实方式,以及认证机构的责任度都有所不同,导致提供证书服务的等级也有所差异。如银行客户所持的证书等级就高于气象信息服务客户的证书。

(4)电子认证证书的使用

①证书的颁发与发布

A. 证书的颁发:是应证书潜在客户的申请,在经认证机构审查之后,对符合条件的申请人颁发数字证书的行为。是直接向用户所做出的一种当事人之间的通知行为。

B.证书的发布:是认证机构对符合条件的证书申请者在向其颁发数字证书之后,对外发布证书授予公告的行为。它是向全社会发出公告的一种行为。

②证书颁发条件

A.认证机构收到了潜在用户签署的颁发证书的请求。

B.认证机构确认了:潜在用户、请求者、证书所列人为同一人;潜在用户接受了区别标识潜在用户合法持有与证书上所列公共密钥所对应的私钥;认证机构确认潜在用户持有密钥能够以证书上所列的公共密钥相对应的私钥附加数字签名;证实数字签名是证书上所列的公共密钥相对应的私钥附加上的;本款要求不能由认证机构或用户放弃或否认。

③证书的接收

A.概念:是指证书用户接收认证机构所颁发的数字证书的行为。

B.意义:通过证书接收,用户对其证书就享有的支配、使用权;同时,自接收时起,就要承担作为证书拥有人的法定义务。(行政许可法)

④证书的中止与撤销

A.证书的中止:接到证书相关当事人(用户、用户的代理人、合伙人、雇员、近亲属)的请求而中止;接到主管部门的命令(接到相关当事人的请求,有情况表明颁发证书的认证机构是无效的)而中止。

B.证书的撤销:接到撤销证书的申请,并证实申请是由签署人或其授权的代理人签发的;接到证实签署人已经死亡的证明;接到有关签署人已死亡或不复存在的证明;发现证书中陈述的重要事实有虚假;当前已不符合颁发证书的要求的;私密钥或系统本身已存在严重缺陷或不可靠了。

⑤证书的届满

A.概念:是使认证服务关系归于完结的法律事实。

B.其后果是:认证机构解除因颁发证书而产生的一系列义务(如向用户及信赖人承担的明示、默示担保);解除证书持有人(用户)的许多义务(如对私密钥的持续独占控制)。

⑥证书的保存

是指存放于数据库之外,并将公开的部分发布于信息公告栏。

联合国贸发会议《电子签名统一规则(草案)》:认证机构应将登记保存,证书的有效时间、中止、撤销的时间,至少为三十、十、五年。

我国《电子签名法》第二十四条:电子认证服务的提供者应当妥善保存与认证相关的信息,信息的保存期限至少为电子签名认证证书失效后五年。

5.电子认证法律关系

(1)电子认证法律关系的当事人

①认证机构

提供经过核实的交易相对人的身份、公共密钥、信用状况等情报。是一种信用服务,同时与用户一起要对证书信息的真实性负法律责任。

提供在线的信用信息服务,效力弱于公证的证据效力。

②证书持有人
③证书信赖人
是指相信电子签名证书,并以该证书上所确定的证书拥有人为交易对方而进行交易的当事人。
(2)认证机构与证书持有人之间的法律关系
①代理——信托——非信托——专业信用服务。
②证书认证机构的义务。
③认真核实客户身份,及时中止、撤销有瑕疵的证书。
证书持有人(用户)的义务:
如实陈述知情事实,私密钥的控制义务。
妥善保管私密钥,独占控制并防止泄露,证书就有效力。否则,相关当事人就要承担责任。
(3)认证机构与证书信赖人之间的法律关系
①证书信赖人的义务:
采取合理的步骤确认签名的真实性。
在电子签名有证书证明的情况下,采取合理的步骤,确认证明是否合法有效、被中止和撤销,遵守任何有关证书的限制。
②证书信赖人的权利:
在证书建议的范围内行事(银行的信用额度)。
另作判断,自担风险。

六、电子合同法律制度

1. 电子合同概述
(1)电子合同的起因
①合同的重要性。
②传统合同的特点要求。
③网络上电子合同的特殊性。
(2)电子合同的概念
①传统合同的概念
我国:是平等主体之间就设立、变更、终止某一债权债务关系的协议。(整体从属于大陆法系)
②电子合同的概念
A.整体概念:是指以数据电讯形式所订立的合同。亦即是以数据电讯形式在平等主体之间就设立、变更、终止某一债权债务关系所达成的协议。
B.分类概念
广义:包含电报、电传以及传真方式订立的合同和以网络传输方式订立的合同。(均以电子脉冲形式传递信息)

狭义:专指以交易为目的,通过计算机网络形式订立的明确相互权利义务关系的协议。(本书所研究)

结论:指在计算机网络条件下当事人之间为实现一定目的,通过电子邮件和电子数据交换明确相互权利义务关系的协议。

狭义的电子合同主要包括三种:以 EDI 方式订立的合同,以电子邮件方式订立的合同和电子格式合同等。

(3)电子合同的特征

①传统合同的特征

A. 一般特征

合同是两个或两个以上平等当事人之间的法律行为;

合同是当事人之间的意思表示自愿一致的结果(协议);

合同的订立目的是设立、变更、终止一定的民事权利义务关系;

合同的内定和标的具有合法性。

B. 实质要求

行为人具备相应的行为能力。

意思表示真实。

不违反法律或社会公益。

②电子合同的特征

A. 表层特征

合同的要约与承诺均要通过数据电讯形式进行。

合同的传递也通过数据电信形式。

合同的订立、变更、解除不需要采取传统的书面形式。

合同的成立不需要经过传统的签字。

B. 深层特征

意思表达方式不同。

电子合同,人体不能直接感观数据的意思,要经过机器解译后方能为人所理解。

当事人身份确认方式不同。

须借助电子签名、数字认证等手段,来确认其归属和对方身份。

合同行为的事实要素的确定方式不同。

电子合同的意思表示,须以时间戳、指定的信息系统等新标准。

(4)电子合同的主要类型

①以 EDI 方式订立的合同

A. 整体:在此种方式下,合同的内容首先通过某一方输入计算机内,然后通过计算机自动转发,经营通信网络,到达对方计算机中。其整体并不改变合同的内容,只是与传统的书面合同相比,其载体与订立过程不同。

B. 订立过程:企业收到一份 EDI 订单——系统自动处理该订单,检查订单是否符合要求——通知企业内部管理系统安排生产——向零配件经销商订购零配件——向有关部门申请进出口许可证——通知银行并给订货方开出 EDI 发票——向保险公司申请保险单——商贸活动完成①。

C. 优点：将订单、发货、报关、商检和银行结算合成一体，大大推动了贸易的全过程——迅速、准确、经济（无纸）②。

②以电子邮件方式订立的合同

A. 整体：在此种方式下，就是通过网络将一方输入的合同文字、图片或声音等信息通过服务器传送到另一方的终端机上若干信息的集合。

B. 订立过程：合同的内容首先通过某一方输入计算机内——计算机将相关信息分割成若干个独立的数据包——将其传送到因特网——由服务器根据网络传输的状况，分别循不同的路径发送给接收方的计算机——重新组成一封完整的包含合同内容、可供客户阅读的邮件。

C. 优点：快捷、便利、成本低廉。

D. 缺点：信息包易被截获、篡改、安全性较差——鼓励使用电子签名，确保邮件真实。否则，一般也不直接否认其效力。

③电子格式合同

A. 概念：指订约过程中不需要另一方的意思表示参与，而由电子商务企业预先定制好的，用于与消费者之间反复使用的合同。

B. 危害：制定电子格式合同的一方往往会为了自身利益，故意在合同中减轻或免除自身责任，而加大对方当事人的责任，造成合同不公，损害对方的合法权益。

C. 规定：提供格式合同条款的一方应坚持公平原则——不得迫使对方接受不平等契约；以合理的方式提出免责和限制责任条款；不得给用户增加责任或排除用户的主要权利；合同争议的解释权——按通常理解、非格式条款理解。

(5)电子合同的问题

①电子合同的当事人问题

A. 当事人的确认

电子合同中发信人与实际上的制作人或发出人，不一定是同一人，须借助电子签名、数字认证等手段来确认其归属和对方身份。

B. 当事人的订约能力

当事人应具备完全的行为能力，但对于以虚构的身份进行交易的，如能够查明该行为与其本人的唯一联系，则可认为当事人是在以化名进行交易，行为有效。

(6)电子"代理人"的法律地位

①电子"代理人"的法律地位

不需要人的审查或操作，而能用于独立地发出、回应电子记录，以及部分或全部地履行合同的计算机程序、电子或其他自动化手段。

是由本人"设计"或"编辑"的程序所进行的，如未被非法侵入或篡改，就相当于本人的预先授权，应具备法律效力。如自动售货机。（授权理论、过错理论）

---

① 孙正力. 论电子商务合同的订立[D]. 天津：南开大学，2006.
② 张乃夫. 异构信息系统的数据与文档转换研究[D]. 长春：吉林大学，2009.

②电子合同的标的问题

A.有形货物。

B.无形的数字化产品。

③电子合同的意思表示问题

A.非本人的意思表示——被仿冒:本人有无过错(如泄密)。

B.意思表示有瑕疵。

错误:技术改进防止错误。

不自由:无效。

④意思表示的生效时间

A.传统:对话形式:了解生效;非对话形式:到达生效。

B.电子合同:电子信息储存于当事人所约定的电子邮箱当中即为送达。

⑤意思表示的撤回

依数据电讯本身的特点,按传统法无撤回的可能。

能否撤回或变更,要依据当事人自愿与合同约定优先的原则处理。

2.电子合同订立制度

(1)传统合同订立的法律规定

要约

要约人→→→→受要约人

↖←←←←(承诺人)

承诺

(订约过程图示)

(2)电子合同订立的相应区别

①电子要约邀请

网上发布的电子广告不应笼统地判断是要约还是要约邀请。而应根据:

广告发布者的意图(本样品仅供参考);

内容的确定程度(内容是否十分确定);

商品本身的性质(销售实物、销售软件、网上服务);

广告发布者的受约束表示(购物栏、供浏览)。

②电子要约

A.要约人的资格

实体性要求必须符合民法、合同法。

形式性要求因非歧视性原则不应有所限制。

B.要约效力的限制

要约到达指定的系统生效。(已在合同中指定了系统)

要约到达对方当事人的任一系统生效。(未在合同中指定了系统)

要约的撤回与撤销:原则上不可能,但依当事人约定优先的原则可以自主商定。

③电子承诺

A. 网上承诺的到达

承诺到达指定的系统生效。(已在合同中指定了系统)

承诺到达对方当事人的任一系统生效。(未在合同中指定了系统)

B. 关于网上承诺的确认

签订确认书。

C. 关于承诺的撤销

当事人意思自治下可以给予宽限期或免费期。

D. 冒名承诺

所冒者不存在——合同不成立。

所冒者存在——无权代理。

3. 电子合同的生效

(1)无权人订立合同的问题

①无权代理人订约(如公司员工以公司的名义对外订立合同)——应由单位强化本单位的内部稽核系统。内部建立独立的"记录者",让使用电脑的部门与掌管记录的部门相隔离;进行必要的技术管制(强制备份、授权权限);建立类似于会计师的独立稽核机构,定期前往企业查核所有纪录。

②购买人不具有相应的民事行为能力——按传统法律由商家催告要求追认;电子合同中应径行以要约承诺判断合同效力。

(2)意思表示错误的问题

①共同错误:无效(为已沉船上的货保险)。

②单方错误:一般不能以机器故障否认合同的效力,发送错误,通过数据的重复发送来相互验证、纠正。

③合同有效(电子代理人错误)

错误方未提供纠错的机会;本人提示对方存在错误;本人未从交易中获益。

七、电子支付法律制度

1. 传统支付的法律制度

(1)支付工具

①货币——一般等价物(支付、流通、汇兑、结算作用)。

②票据——代替货币的支付手段(支付、流通、汇兑、结算、信用作用),包括:汇票、本票、支票。

(2)支付手段

①汇付;②托收;③信用证。

2. 电子支付的概念和种类

(1)电子支付的概念

是支付命令的发送方将存放于商业银行的资金,通过传输线路划入收益方的开户银行,以支付收益方的一系列过程。

①狭义:电子资金的划拨。

②广义:还包括电子现金、电子钱包、信用卡等网上金融服务。

(2)电子支付的种类

小额支付(消费性资金传输)(BtoC);

大宗划拨(商业性资金传输)(BtoB)。

(3)电子支付的原则

①小额支付

A. 事前明示;

B. 事前授权;

C. 交付纪录;

D. 及时纠错;

E. 消费者的限额责任;

f. 金融机构的金额责任;

G. 意外损失由金融机构负担。

②大宗划拨

A. 银行未经其接受的指令,不负担义务,一旦接受支付指令,则对其结果负有义务。(电子票据承兑)

B. 就无权交易所造成的损害,如果银行对支付令的确认已经使用了交易上的合理的安全手段,则客户对该无权交易要负责任。

C. 因延误资金入账所造成的赔偿范围,仅限于资金传输费用、因不适当处理发生的附加费用以及利息,对损失产生的结果不负责任。(邮政迟延案例)

D. 划拨未完成时,付款银行原则上对划拨委托人负有连利息返还划拨资金的义务。(投资银行案例)

3. 在线支付

(1)在线支付的工具

①电子信用卡;

②电子支票;

③电子现金;

④网络银行。

A. 网络银行的概念

是指使用电子设施通过互联网向客户提供金融性产品和服务的银行业务模式。

B. 网络银行的特点

已在网上设立开户业务的银行,客户开户不必到营业厅办理;

24小时营业,何时是正常营业时间(看约定)[24小时银行];

计算机故障和责任承担应明示说明,提醒客户。

第十一章 其他商事活动中的法律问题

(2)在线支付的当事人
①网络银行;
②认证机构;
③客户。
(3)在线支付的流程

4.在线支付当事人间的权利义务

(1)收款人在线支付中的权利义务

①商家在在线支付中一般扮演收款人的角色,其虽为一方当事人,但因其与指令人、接收银行并不存在支付合同上的权利、义务关系,故并不能基于在线支付行为向指令人、接收银行主张权利。

②其只能基于和付款人之间的基础法律关系与付款人之间形成支付上的权利、义务关系。

③收款人在在线支付中的两项基本权利:得到支付的权利;得到通知的权利(即商家根据消费者与银行间的金融服务合同而享有从金融机构得到通知的权利)。

(2)付款人在线支付中的权利义务

①付款人在在线支付中的权利

付款人有权要求接收银行按指令的时间及时将指定的金额支付给指定的收款人。

若接收银行没有按指令完成义务,付款人有权要求其承担违约责任,赔偿因此造成的损失。

②付款人在在线支付中的义务

签发正确指令,并按接收金融机构的程序,检查指令有无错误和歧义,并有义务发出修正指令,修改错误。

(3)认证用户的权利义务

①认证用户的义务

合法使用认证机制、获得证书,开展电子商务活动;

提供自己准确的相关信息;

及时检查证书的内容和信息;

妥善保管好私人密码和密钥。

及时汇报数据遗失、密码外泄等异常情况

②认证用户的权利

检查证书的合法有效性;

要求认证机构进行证书失效检查;

通过其他方式确认证书的可靠性;

要求认证机构保障24小时正常运行;

有权就认证机构的原因造成的损失提出赔偿。

5.在线支付的法律责任

(1)银行承担责任的形式

①返回资金,支付利息——资金未按指令划拨出去;
②补足差额,偿还余额——与指令多退少补;
③偿还汇率波动导致的损失——银行迟延支付造成的汇率损失;
④赔偿其他损失。
(2)认证机构承担责任的形式
①采取补救措施——认证有漏洞或 CA 密钥泄密等;
②继续履行——因认证机构设备故障等使得证书发布不完善或失效时,系统恢复后,立即发布有效、正确、完整的证书;
③赔偿损失。
(3)其他参与主体(付款人、认证用户)承担责任的方式
①终止不当行为——发现泄密等,及时通知接收银行或认证机构采取措施;
②及时通知——发现证书不完整、信息错误、有漏洞时通知修改纠正;
③赔偿损失。

八、电子税收法律制度

1. 电子商务对税法基本原则的冲击
(1)对税收法定原则的冲击
税收法定,传统指对税种的开征、要件、程序、减免、争议处理等,都必须依照法律的规定进行——"有税必有法,无法不成税";当今国际上除美国外,其他国家尚无网络税收立法。
(2)对公平原则的冲击
税收公平要求税负须在依法负有纳税义务的主体之间公平分配;电子商务的虚拟贸易形式各商品性质、种类难以被现有税制涵盖,导致性质相同的交易但形式不同(传统形式的软件进口与软件在线交易税负不同)。
(3)对效率原则的冲击
税收效率指以最少的征税成本和对经济发展的最低程序妨碍作为征税的普遍准则。
①电子商务居民身份难以确定,税收征管成本和执行费用加大,使税收效率无从谈起。
②纳税主体难以确定。传统贸易中,当事人要合法营业,首先应办理税务登记(与工商登记配套),其次要有固定的经营场所和经营账簿记录,纳税人身份易定,而电子商务中却往往缺乏。
③电子商务削弱了经营者与消费者间的地理联系(网址≠地址)。纳税主体多元化、模糊化和边缘化,难以确定纳税主体、确切身份和住址。
④征税客体定性无明确法律依据。
传统税法对商品的销售收入、劳务提供、特许权使用费等收入的税种、税率规定不同。
电商各客体间的差异变模糊(一软件公司在网上销售软件:依商品销售——增值税;依转让无形资产和提供服务——营业税;依无形的特许权转让——所得税)。

⑤纳税期限难以确定。

传统按发出商品或收到货款作为纳税义务发生时间的依据。

在线交易中,商品、货款无形,可通过网络跨地域、国界隐秘传送,税务机关难以确定纳税义务发生的时间。

⑥纳税地点难以确定。

传统纳税地点为机构所在地、经济活动发生地、财产所在地、报关地等,如几地均有依最密切联系原则。

电商中,纳税主体机构难以确定(当事人仅需一个网站与交易软件就可进行交易,不必设立固定机构);经济活动发生地难以确定(纳税人可以在全球任何地点从事电子贸易)。这会最终导致是以电子商务主体所在地或注册登记地为纳税地点,还是以行为发生地为纳税地点,或是以服务器所在地为纳税地点:联系最密切地都在适用时很难把握。

2. 电子商务对税种的影响

(1)传统税收

流转税(商品税)、所得税、财产税、行为税、资源税。

(2)电子商务中

①增值税:数字化产品——交易网上完成——纳税主体与课税客体难以界定,交易环节无法控制——无法征收增值税;非数字化产品——邮局、中介机构运转——能否代扣、代缴增值税于法无据。

②所得税

传统:工资薪金所得、营业所得、劳务报酬所得、投资所得、财产所得适用税率不同;征税范围:居民、非居民国外所得、国内所得不同。电商的虚拟化、全球化,导致所得性质与所得来源地均难以确认。

3. 电子商务对税务管理的挑战

(1)税务登记

传统经营主体,经营范围、经营状况,工商登记——税务登记。

电商中不用进行工商登记,无法核查。

(2)账簿及凭证管理

电子记录、电子票据的无纸性的证据力与易篡改性——难以审查管理。

(3)纳税申报

传统:上门申报、邮寄申报。

电商:还可通过数据电文申报。

4. 电子商务对国际税法的影响——常设机构原则的问题

"常设机构"是一国行使地域管辖权对外国企业在该国境内取得的营业利润征税的依托之一。经合组织与联合国经社理事会的两个关于双重征税的协定范本都规定:如果本国居民、公司在收入来源地国通过常设机构取得的经营所得,收入来源国可以征税;如果不是通过设在本国的常设机构取得的收入,收入来源国则不能征税。常设机构要求:存在经营场所、"固定性"、开展业务。

电商交易中,大多数经营者都可以不设立常设机构而通过互联网开展商务活动(可在任何一国设立或租用一个服务器,成立一个商业网站来实现网络贸易)——能否将服务器和商业网站视为常设机构。

只作为广告或提供信息的服务器——不是常设机构——视为与仓库、产品展示地类似的非营业性质的机构。既提供信息,又接受订货的服务器——是常设机构。完全独立自主的服务器——视为在该服务器所在国的常设机构。

5. 国际税收管辖权

(1)传统

属人原则(居民税收管辖权)与属地原则(来源地税收管辖权)。

大都实行:居民税收管辖兼采来源地税收管辖权。

(2)电子商务

①对属人原则的挑战:虚拟交易使得当事人国籍身份难定、当事人在国外可通过网络很方便地实行异地控制。

②对属地原则的挑战:常设机构难以确定——企业利润来源地难以确定/电子商务改变了劳务行为的性质,网络虚拟社区服务、电子邮件服务、信息搜索引擎服务等劳务行为同时涉及 ISP(因特网接入服务提供商)服务器所在地、电子邮件系统服务器所在地、接受劳务行为的网络用户所在地等,即同一个劳务行为涉及多个地点(如若发送电子邮件的系统服务器位于 A 国,接收邮件的系统服务器在 B 国,则 A、B 两国均可以被认为是电子邮件服务这一劳务行为的发生地),使传统的劳务发生地标准难以发挥其作用。

6. 其他影响国际税收的问题

(1)重复征税

传统存在。

电商征税尚未普及——缺乏前提。

(2)避税、反避税

传统存在。

电商征税尚未普及——缺乏前提。

(3)关税

在线交易中,商品运送与货款支付都通过网络实现——不经过海关——无从征税——主权国税源损失。

美国从本国利益出发呼吁互联网成为免税区。

7. 电子商务税收政策法规国际概况

(1)电子商务征税与否的学理争论

①国际经济合作与发展组织——1998 年 10 月渥太华会议

A. 不征新税。

B. 国际税收政策分工:关税——WTO;海关程序——世界海关组织(WCO);增值税——

第十一章 其他商事活动中的法律问题

欧盟(EU);国际税收和直接问题——经济合作组织(OECD)负责。

②WTO——1998年5月日内瓦会议:对在互联网上在线交易的软件与货物至少免征关税一年

A.在不影响电子商务发展的前提下,征税与传统贸易税收不应有差别待遇;

B.电子商务的征稽系统应简单透明,程序易于执行,不增加纳税人的负担;

C.应与现有程序规则相容,充分利用电子商务付费系统。

③联合国:2000年1月通过《1999年人权发展报告》

提议开征"比特税"1美分/邮件,税款用于资助发展中国家。

④欧盟《欧洲电子商务动议》

认为通过修改现行税收原则较之开征新征税和附加税为更佳。

目前既不准备对电子商务增设新的税种,也不希望免除现有税赋。

(2)国际组织关于电子商务税收的相关政策

①发达国家:不征税,其理由是:

征税无法操作;

征税会阻碍网络经济发展;

征税会降低互联网发展潜力。

②发展中国家:征税,其理由是:

不征税流失税源;

影响国家收入。

(3)各国电子商务税收的相关政策及我国情况

①美国

《互联网免税法案》——不征税。

②加拿大

专家(阿瑟·科德尔)建议开征"比特税"。

③澳大利亚

《税法与互联网》——倾向于对现有税法进行根本性改革,以适应对网上交易征税的需要。

④发展中国家

大都尚未在立法中规定,倾向于征税。

⑤我国

立法尚未有明确规定,武汉等工商局曾对淘宝上的皇冠等级店试行征税,但于法无据,还需借鉴国外的先进经验。

坚持公平、中性(与传统税一视同仁,不开征新税/加税)、效率、适当税收优惠、两大管辖权并重的原则。

第二节 破产法的相关规定

一、破产及破产法概括介绍

(一)破产及其特征

破产原义为经营失败,资不抵债。法律意义上的"破产"是指在债务人不能清偿到期债务的情况下,法院以债务人全部财产向全体债权人公平清偿的法律程序。

破产具有如下法律特征:

(1)破产必须以债务人不能清偿到期债务为前提。"不能清偿到期债务",是指债务的履行期限已届满;债务人明显缺乏清偿债务的能力。

(2)破产以公平清偿债务为原则。当存在多个债权人,并且债务人的全部财产不足以清偿全部债务时,必须坚持按比例向所有债权人公平清偿的原则,使全体债权人合理地共担损失和共享利益。

(3)破产是一种清偿债务的法定程序。破产是根据法律特别规定而进行的一系列步骤、程序,非经法律规定的程序,任何人和机构都不能处分债务人的财产。

(二)破产法

破产法有广义和狭义两种理解。广义的破产法是指调整在债务人资不抵债的情况下,在债务人现有财产范围内,实现多数债权人之间的公平清偿的法律规范的总称。狭义的破产法是指由国家立法机关制定的破产法法典,我国现行的破产法法典是由第十届全国人民代表大会常务委员会第二十三次会议于2006年8月27日通过的《中华人民共和国企业破产法》,该法自2007年6月1日起施行。

根据我国《破产法》的规定,该法的适用范围为所有企业法人,包括国有企业、私营企业、外资企业、有限责任公司、股份有限公司。另外,商业银行、证券公司、保险公司等金融机构也适用破产法。

二、破产案件的申请和受理

(一)破产申请的要求

破产申请是指破产申请人向法院请求受理破产案件的意思表示。债权人和债务人都有权提出企业破产申请。向人民法院提出破产申请,应当提交书面形式的破产申请和有关证据。破产申请书应当载明下列事项:申请人、被申请人的基本情况;申请目的;申请的事实和理由;人民法院认为应当载明的其他事项。债务人提出申请的,还应当向人民法院提交财产状况说明、债务清册、债权清册、有关财务会计报告、职工安置预案,以及职工工资的支付和社会保险费用的缴纳情况。

破产申请应当向有管辖权的法院提出,根据《破产法》第三条的规定,破产案件由债务人住所地人民法院管辖。债务人(破产企业)的住所地是指债务人的主要办事机构所在地,债务人没有办事机构的,则由其注册地人民法院管辖。

根据《关于审理企业破产案件若干问题的规定》,基层人民法院一般管辖县、县级市或者市辖区工商行政管理机构核准登记的企业破产案件;中级人民法院一般管辖地区、地级市及以上工商行政管理机构核准登记的企业破产案件;纳入国家计划调整的企业破产案件,由中级人民法院管辖。

(二)破产案件受理

破产案件受理,又称破产案件的立案,是指法院在收到破产申请后经审查认为,符合法定立案条件而予以接受,并开始破产程序的司法行为。破产案件受理是破产程序正式开始的标志。

1. 破产案件受理程序

破产案件受理的具体程序包括:

(1)申请。债权人或债务人提出书面申请。

(2)通知。债权人提出破产申请的,人民法院应当自收到申请之日起五日内通知债务人,债务人对申请有异议的,应当自收到人民法院的通知之日起七日内向人民法院提出;

(3)审查。人民法院受理破产申请后,应当对债务人是否符合法律规定破产情形进行审查。

(4)裁定。人民法院应当自收到破产申请之日起十五日内裁定是否受理。债务人对申请提出异议的,法院应当自异议期满之日起十日内裁定是否受理。经审查,债务人不符合破产情形的,法院裁定不受理破产申请,并应当自裁定做出之日起五日内送达申请人并说明理由。申请人对裁定不服的,可以自裁定送达之日起十日内向上一级人民法院提起上诉。

(5)发出通知和公告。人民法院应当自裁定受理破产申请之日起二十五日内通知已知债权人,并予以公告。

2. 破产案件受理的法律后果

破产案件一旦受理,就会产生相应的法律效果,即对债务人、债权人均产生约束力。对债务人而言,破产案件受理后,债务人及其法定代表人应当正当履行破产法规定的各项义务。例如,妥善保管其占有和管理的财产、印章和账簿、文书等资料;根据人民法院、管理人的要求进行工作,并如实回答询问;列席债权人会议并如实回答债权人的询问;未经人民法院许可,不得离开住所地;不得新任其他企业的董事、监事、高级管理人员等。对债权人而言,破产案件受理之后,债权人应当向受理破产案件的法院申报债权,并且破产程序开始后,债权人只能通过破产程序行使权利,而不得就其债权在破产程序之外向债务人进行个别追索,也不得从债务人财产中私自优先受偿等。

3. 债权人申报债权

人民法院受理破产申请后,应当确定债权人申报债权的期限。债权申报期限自人民法院发布受理破产申请公告之日起计算,最短不得少于三十日,最长不得超过三个月。债权人应当在人民法院确定的债权申报期限内向管理人申报债权,债权人未依照破产法规定申报债权的,不得依照破产法规定的程序行使权利。

(三) 管理人制度的规定

人民法院裁定受理破产申请的,应当同时指定管理人。管理人是指法院受理破产申请后,接管债务人并处理破产事务的个人或组织。

1. 管理人的任职资格要求

管理人可以由有关部门、机构的人员组成的清算组或者依法设立的律师事务所、会计师事务所、破产清算事务所等社会中介机构担任。因故意犯罪受过刑事处罚、曾被吊销相关专业执业证书、与本案有利害关系、人民法院认为不宜担任管理人的,不得担任管理人。

2. 管理人的职责要求

管理人应当履行的职责包括:接管债务人的财产、印章和账簿、文书等资料;调查债务人的财产状况,制作财产状况报告;决定债务人的内部管理事务;决定债务人的日常开支和其他必要开支;在第一次债权人会议召开之前,决定继续或者停止债务人的营业;管理和处分债务人的财产;代表债务人参加诉讼、仲裁或者其他法律程序;提议召开债权人会议;人民法院认为管理人应当履行的其他职责。

管理人行使职责时要接受人民法院、债权人会议和债权人委员会的监督。

三、债权人会议、债权人委员会规定

(一) 债权人会议

债权人会议是由全体申报债权的债权人组成的,集体行使权利的决议机构。债权人会议做出的决议体现了全体债权人的意志。

1. 债权人会议的组成

债权人会议的成员由依法申报债权者依法申报债权的债权人组成,具体分为两类:一类是有表决权成员,包括无财产担保的普通债权人,和放弃优先受偿权的有财产担保的债权人,有优先受偿权但优先权的行使未能就担保物获得足额清偿的债权人,代替债务人清偿了债务的保证人等。有表决权成员有权参加债权人会议,并对债权人会议决议事项享有表决权。另一类是无表决权成员,包括对债务人的特定财产享有担保权,并且未放弃优先受偿权利的债权人,债权尚未确定的债权人(人民法院能够为其行使表决权而临时确定债权额的除外)等。无表决权成员对债权人会议决议事项无权表决。

债权人会议设主席一人,由法院从有表决权的债权人中指定,债权人会议主席负责召集、主持债权人会议。

2. 债权人会议行使的职权

债权人会议行使下列职权:核查债权;申请人民法院更换管理人,审查管理人的费用和报酬;监督管理人;选任和更换债权人委员会成员;决定继续或者停止债务人的营业;通过重整计划;通过和解协议;通过债务人财产的管理方案;通过破产财产的变价方案;通过破产财产的分配方案;人民法院认为应当由债权人会议行使的其他职权。

3. 债权人会议的召开

第一次债权人会议由人民法院召集,自债权申报期限届满之日起15日内召开。以后的债权人会议,在人民法院认为必要时,或者管理人、债权人委员会、占债权总额四分之一以上的债权人向债权人会议主席提议时召开。

召开债权人会议,管理人应当提前十五日通知已知的债权人。

4. 债权人会议的表决

债权人会议进行表决时采用的是"人数+债权额"标准,即对会议讨论事项要根据债权人的人数和债权人所代表的债权额做出决议。对于债权人会议一般事项的决议,由出席会议的有表决权的债权人过半数通过,并且其所代表的债权额占无财产担保债权总额的二分之一以上。而债权人会议通过和解协议的决议,必须由出席会议的有表决权的债权人过半数同意,并且其所代表的债权额占无财产担保债权总额的三分之二以上。

债权人会议做出的决议对全体债权人产生约束力。

(二) 债权人委员会

债权人会议可以决定设立债权人委员会。债权人委员会由债权人会议选任的债权人代表和一名债务人的职工代表或者工会代表组成,成员不得超过九人。债权人委员会成员应当经人民法院书面决定认可。

根据我国破产法规定,债权人会议主要行使下列职权:

(1)监督债务人财产的管理和处分;

(2)监督破产财产分配;

(3)提议召开债权人会议;

(4)债权人会议委托的其他职权。

四、关于重整与和解的规定

(一) 和解规定

和解是指在破产程序中,债务人为了免于破产,而与债权人之间达成解决债务问题的谅解协议,以中止破产程序的一种专门法律程序。

1. 和解的申请与批准

和解申请由债务人提出,债务人可以直接向人民法院申请和解;也可以在人民法院受理破产申请后、宣告债务人破产前,向人民法院申请和解。

2. 和解的具体程序

债务人申请和解,应当提出和解协议草案,人民法院经审查认为,和解申请符合法律规定的,应当裁定和解,予以公告,并召集债权人会议讨论和解协议草案。

债权人会议要通过和解协议的决议,必须由出席会议的有表决权的债权人过半数同意,并且其所代表的债权额占无财产担保债权总额的三分之二以上。如果债权人会议通过和解协议的,由人民法院裁定认可,终止和解程序,并予以公告。如果和解协议草案经债权人会议表决未获得通过的,或者已经债权人会议通过但未获得人民法院认可的,则人民法院应当裁定终止和解程序,并宣告债务人破产。

3. 和解协议的效力

和解协议的效力是指和解协议生效后所产生的法律后果,主要表现为:(1)中止破产程序。自和解协议生效之日起,破产程序中止,破产宣告受到阻却。(2)和解协议对债务人和全体和解债权人均具有法律约束力。债务人应当按照和解协议规定的条件清偿债务,债权人则不得进行个别债权追偿行为,不得在和解协议外接受债权清偿,而只能按和解约定的清偿比例、范围和期限受偿。

4. 和解程序终结

两种情形下和解程序终结:

(1)和解期限届满前终结。在和解协议约定的期限内,如果债务人出现:①债务人不执行和解协议的;②债务人的财务状况继续恶化的;③债务人有欺诈破产行为,严重损害债权人利益等行为的,人民法院裁定终结和解程序,宣告债务人破产。

(2)和解协议约定期限届满时,和解程序终结。

(二)重整的规定

重整是指人民法院受理破产申请后、宣告债务人破产前,债务人或债权人向人民法院申请对债务人进行重新整顿和调整的法律程序。重整的目的是挽救有复兴希望的企业,使其免于破产。

1. 重整申请

重整申请可以由债务人或者债权人直接向人民法院提出。债权人申请债务人破产的,法院受理后,债务人或者出资额占债务人注册资本十分之一以上的出资人,可以申请重整。

申请重整必须具备法定的条件:债务人无力清偿到期债务;债务人具有复兴的可能,具有重整的能力;重整申请应在破产程序开始后、破产宣告结束前这一期限内。

2. 重整期间

重整期间即重整的时间期限,自法院裁定债务人重整之日起至重整程序终止。在重整期间,经债务人申请,人民法院批准,债务人可以在管理人的监督下自行管理财产和营业事务。在重整期间,债务人的出资人不得请求分配投资收益。

3. 重整计划

债务人或者管理人应当自人民法院裁定债务人重整之日起六个月内,同时向人民法院和债权人会议提交重整计划草案。债务人或者管理人未按期提出重整计划草案的,人民法院应当裁定终止重整程序,并宣告债务人破产。人民法院自收到重整计划草案之日起三十日内召开债权人会议,对重整计划草案进行表决。自重整计划通过之日起十日内,债务人或者管理人应当向人民法院提出批准重整计划的申请。人民法院经审查认为符合本法规定的,应当自收到申请之日起三十日内裁定批准,并予以公告。

经人民法院裁定批准的重整计划,对债务人和全体债权人均有约束力,各方均应按照重整计划履行自己的权利义务。重整计划由债务人负责执行。自人民法院裁定批准重整计划之日起,在重整计划规定的监督期内,由管理人监督重整计划的执行。

4. 重整程序终结

基于重整计划完成的不同情况,重整程序终止会产生两种法律结果:

(1)破产案件终结。重整程序结束,如果重整计划实施成功,债务人经过重整得以复兴,重整管理人应终止执行职务,并向人民法院报告。人民法院审查后,裁定终结破产程序。

(2)转入破产清算程序。重整计划实施过程中,如果出现债务人经营状况和财产状况继续恶化、债务人有欺诈恶意减少和转移财产的行为,或债务人有其他显著不利于债权人的行为,或不执行重整计划等情形时,可由重整管理人提出,人民法院可以依职权裁定终止重整程序,转入破产清算程序。

五、关于破产宣告与破产清算的规定

(一)破产宣告

破产宣告是指人民法院对债务人不能清偿到期债务的事实做出的法律上的确认。破产宣告是破产程序中最重要的环节,债务人一旦被宣告破产,即标志着破产程序已经进入实质性阶段。在这一阶段,债务人被称为破产人,债务人财产被称为破产财产,对债务人享有的债权则被称为破产债权。

1. 破产宣告的情形

根据我国《破产法》的规定,人民法院裁定宣告破产的情形包括:(1)债务人不能清偿到期债务,并且与债权人不能达成和解协议,或者债务人不具备重整能力和重整必要时,经人民法院审查可裁定宣告破产;(2)在重整期间,债务人具备法定情形时,例如,不执行和解协议、财产状况继续恶化、实施违法欺诈行为等,法院可依职权裁定债务人宣告破产;(3)重整期限届满,债务人仍不能按和解协议履行的,人民法院可依职权裁定宣告破产。

2. 破产宣告产生的效力

破产宣告一经做出,即对债务人、债权人及第三人产生法律的约束力。破产宣告后,进入破产清算程序,破产宣告程序即告终结。

(1)对债务人的法律效力。债务人自法院裁定宣告破产之日起成为破产人,由清算人接管并依法进行破产清算,破产人应当立即停止生产经营活动,在破产清算期间,破产人的经营行为和诉讼权利能力均受到限制,只能从事清算范围内的活动。此外,破产宣告后,债务人的财产成为破产财产,破产人不再享有管理处分权,而应交由管理人进行破产分配。

(2)对债权人的法律效力。破产宣告对债权人产生的法律效力,主要表现在以下几个方面:第一,破产宣告时,未到期的债权视为已到期的债权,但应当减去未到期这一期间的利息;第二,有财产担保的债权可以获得优先的受偿;第三,除有财产担保的债权之外,任何债权不得个别受偿,而应当按照一定的清偿顺序受偿;第四,对破产人负有债务的债权人可以主张债权抵销。

(3)对第三人的法律效力。破产宣告后对第三人产生的法律效力包括,持有破产人财产的人,应当向管理人交付财产;破产人的债务人应向管理人清偿债务;如果破产人占有的属他人的财产,其权利人有权取回;任何单位和个人都不得做出处理破产人的账册、文件、资料和印章等,而只能向管理人移交;破产人的开户银行,应当将破产人银行账户供管理人专用。

(二)破产财产规定

破产财产是指破产宣告时至破产程序终结期间,能够依破产程序分配于破产债权人的破产人所有财产。构成破产财产需要具备四个基本特征:第一,破产财产必须是破产人自己享有所有权或者处分权的财产;第二,破产财产是能够受破产分配的财产;第三,破产财产受破产管理人占有和支配;第四,破产财产是法律明文规定范围内的财产。

根据我国破产法规定,破产财产由破产人的以下几部分构成:第一,宣告破产时,破产企业所经营管理的所有财产;第二,破产人在破产程序开始时至终结前所取得的财产;第三,担保物的价款超过担保债务数额部分的担保财产;第四,应当由破产人行使的其他财产权利。

(三)破产清算的规定

破产清算是指债务人被宣告破产后,清算组在人民法院的领导下,对破产企业的财产进行清理、作价、处理和分配的程序。

1. 破产清算的程序

管理人应当及时拟订破产财产分配方案,提交债权人会议讨论。债权人会议通过破产财产分配方案后,由管理人将该方案提请人民法院裁定认可。破产财产分配方案经人民法院裁定认可后,由管理人执行。

2. 破产财产的分配

破产财产在分配之前首先要支付破产费用和共益债务。破产费用包括管理人对破产财产进行管理、变价和分配时所需的费用,破产案件的诉讼费用、管理费用等。共益债务是指在破产程序中为保护债权人的共同利益而支出的其他费用。例如,因管理人或者债务人请求对方当事人履行双方均未履行完毕的合同所产生的债务、债务人财产受无因管理所产生的债务、为债务人继续营业而应支付的劳动报酬和社会保险费用,以及由此产生的其他债务等。

破产财产在优先清偿破产费用和共益债务后,依照下列顺序清偿:(1)破产人所欠职工的工资和医疗、伤残补助、抚恤费用,所欠的应当划入职工个人账户的基本养老保险、基本医疗保险费用,以及法律、行政法规规定应当支付给职工的补偿金;(2)破产人欠缴的除前项规定以外的社会保险费用和破产人所欠税款;(3)普通破产债权。破产财产不足以清偿同一顺序的清偿要求的,按照比例分配。

破产财产的分配应当以货币分配方式进行,但是,债权人会议另有决议的除外。

3. 破产债权

破产债权是指基于破产宣告前的原因而发生的,能够通过破产程序从破产财产中获得公平清偿的财产请求权。根据我国破产法的规定,破产债权主要包括:(1)破产宣告前成立的无财产担保的债权;(2)破产宣告前成立的虽然有财产担保但是放弃优先受偿权利的债权;(3)破产宣告前成立的虽然有财产担保但是债权数额超过担保物价值部分的债权等。

(四)破产程序终结的情形

在破产程序中遇有以下几种情形时,人民法院应当裁定终结破产程序:

(1)第三人为债务人提供足额担保或者为债务人清偿全部到期债务的;
(2)债务人已清偿全部到期债务的;
(3)破产财产不足以支付破产费用,或破产人无财产可供分配的。

破产人无财产可供分配的,管理人应当请求人民法院裁定终结破产程序。管理人在最后分配完结后,应当及时向人民法院提交破产财产分配报告,并提请人民法院裁定终结破产程序。

人民法院应当自收到管理人终结破产程序的请求之日起十五日内做出是否终结破产程序的裁定。裁定终结的,应当予以公告。管理人应当自破产程序终结之日起十日内,持人民法院终结破产程序的裁定,向破产人的原登记机关办理注销登记。破产人的保证人和其他连带债务人,在破产程序终结后,对债权人依照破产清算程序未受清偿的债权,依法继续承担清偿责任。

第三节 经济纠纷的解决方式规定

一、经济纠纷概述

纠纷一词,与冲突、争议同义,即主体之间因特定原因而产生的矛盾冲突或者争执。纠纷是社会中的一种常态现象,自人类社会产生即有纠纷存在。现代社会中,纠纷具有复杂性和多样性的特点,在社会各个领域都有可能发生。例如,政治纠纷、经济纠纷、法律纠纷、日常生活纠纷等等。

经济纠纷是平等的主体之间以经济权利义务为内容的一种社会纠纷。这种纠纷的特点在于,经济纠纷主体之间法律地位是平等的,相互之间不存在管理关系或隶属关系。因此,在法律领域,经济纠纷实际上属于民事纠纷的范畴;经济纠纷的内容是经济权利义务或经济权益,由于社会经济关系的复杂性,经济纠纷的内容也具有多样性;经济纠纷的解决方式多元化,包括自力救济方式、社会救济方式和公力救济方式。

经济纠纷包括两大类:一是经济合同纠纷。例如,买卖合同纠纷、借款合同纠纷、承揽合同纠纷、建设工程合同纠纷等;二是经济侵权纠纷。例如,知识产权侵权纠纷、所有权侵权纠纷、经营权侵权纠纷等。其中,经济合同纠纷是经济纠纷的主要部分。

产生经济纠纷的原因很多,既有主观原因,也有客观原因。通常,产生经济纠纷主要有以下几种原因:(1)进行经济活动的依据不规范。市场主体在进行经济活动时,其依据不规范是引起经济纠纷的主要原因;(2)在进行经济活动中,不严守规则,有些经济法律关系主体不严格依法办事,根据自己的利益,故意不履行合同或订立假合同,因而产生纠纷;(3)主体在从事经济活动过程中,受到有关部门的行政干预,因而导致经济纠纷。

二、经济纠纷的解决方式

所谓纠纷解决方式,即解决纠纷所采用的具体方式以及规则等。在民事和经济领域发生的平等主体之间的纠纷,通常可以选择三种解决方式:自力救济方式、社会救济方式和公力救济方式。

(一)自力救济方式

自力救济方式,俗称"私了",即纠纷主体不借助于外在力量,自己对纠纷或争执进行解决的方式,包括自决与和解。在三种纠纷解决方式中,自力救济是最具灵活性和随意性的解决方式,无须遵循特定的步骤和方式,只根据纠纷主体自己的意愿和行为来控制纠纷解决的进程,同时,自力救济中的和解方式可以达到对纠纷的柔性处理,维持纠纷主体之间的正常关系,不至因为强制性解决纠纷而导致的关系破裂,因此,是一种成本较低而效率较高的解决方式。但是,采用自力救济方式解决纠纷必须要求纠纷主体之间的相互配合和让步,如果双方利益根本对立,矛盾冲突很激烈,无法达成一致的意愿和目标,自力救济则无法实现解决纠纷的目的。

在经济领域发生的纠纷解决中,通常采用的自力救济方式是和解。采用和解方式解决经济纠纷,必须遵循合法原则,不得违背法律的禁止性规定和社会公共利益;同时,和解必须遵循公平与意思自治的原则,任何一方不得采用强迫、欺诈等手段,不得以显失公平的内容达成和解。

通常情况下,和解协议只是民间性质的协议,并不具有强制执行效力。但是,如果是在仲裁审理过程,当事人之间达成的和解协议,可以请求仲裁庭根据和解协议的内容做出裁决书。或者在人民法院诉讼审理过程中,当事人之间达成的和解协议可以转换为民事调解书,并具有调解书的效力,经过人民法院的司法确认,可以具有强制执行的效力。

(二)社会救济方式

社会救济方式是指有公立的第三方参与到纠纷解决中来,依据一定的方式或规则解决纠纷的活动,包括调解和仲裁两种。

1. 调解

调解,是指第三者(调解人)依据一定的社会规范,如习惯、道德、法律等,对纠纷当事人双方进行劝说、沟通,促成当事人双方相互谅解和让步,从而解决纠纷的方式。

调解的特点在于,有纠纷主体之外的第三者介入来居中解决纠纷,但第三者并不会对纠纷进行强制性地处理,而只能通过劝说、沟通等方式,引导双方自愿达成一致接受的结果,亦即纠纷的解决最终取决于纠纷主体之间的合意性,而非第三者的裁断。调解程序不具有严格的规范性,调解员可以根据自身经验采用灵活的方法解决纠纷。

根据调解的主体不同,调解包括有人民调解、法院调解以及行政调解等。人民调解是由人民调解委员会主持进行的调解;法院调解是在人民法院主持下进行的调解;行政调解是由基层人民政府或者国家行政机关主持下进行的调解。

(1)人民调解

人民调解是指人民调解委员会通过说服、疏导等方法,促使当事人在平等协商基础上自愿达成调解协议、解决民间纠纷的活动。人民调解委员会是村民委员会和居民委员会下设的调解民间纠纷的群众性自治组织,在基层人民政府和基层人民法院指导下进行工作。人民调解工作应遵循的原则有:①在当事人自愿、平等的基础上进行调解。②不违背法律法规和国家政策。③尊重当事人的权利,不得因调解而阻止当事人依法通过仲裁、行政、司法等途径维护自己的权利。

人民调解委员会调解民间纠纷,不收取任何费用。经人民调解委员会调解达成调解协议的,可以制作调解协议书,经人民调解委员会调解达成的调解协议,具有法律约束力,当事

第十一章 其他商事活动中的法律问题

人应当按照约定履行。经人民调解委员会调解达成调解协议后,当事人之间就调解协议的履行或者调解协议的内容发生争议的,一方当事人可以向人民法院提起诉讼。

(2)法院调解

法院调解又称诉讼中调解,是指在诉讼过程中,在人民法院的主持下,由当事人协商解决纠纷,结束诉讼,维护自己的合法权益,审结民事、经济纠纷案件的制度。诉讼中的调解是人民法院和当事人进行的诉讼行为,其调解协议经法院确认,即具有法律上的效力。根据《中华人民共和国民事诉讼法》规定,人民法院审理民事案件,应遵循查明事实、分清是非、自愿与合法的原则,调解不成,应及时判决。

法院调解,可以由当事人的申请开始,也可以由人民法院依职权主动提出建议,在征得当事人同意后开始。法院调解要遵循一定的法律原则和程序。在我国,根据民事诉讼法的规定,法院调解要遵循当事人自愿和合法的原则,应当在事实清楚、责任分明的基础上进行,法院组织调解还需要按照法律规定的程序进行。根据民事诉讼法的规定,法院调解在诉讼的各阶段、各审级中均可进行。法院在案件受理之后、开庭之前可以进行调解,在庭审过程中可以进行调解,在二审中乃至在再审中也都可以进行调解。法院调解应当在审判人员的主持下进行,可以由审判员一人主持,也可以由合议庭主持。除法律规定的特殊原因外,一般应当公开调解。在审判人员或合议庭的主持下,双方当事人自愿、协商达成调解协议,协议内容符合法律规定的,应予批准。调解达成协议,人民法院应当制作调解书。调解书内容应当写明诉讼请求、案件的事实和调解结果,由审判人员、书记员署名,加盖人民法院印章,送达双方当事人签收后,即具有法律效力。

(3)行政调解

行政调解是国家行政机关根据法律规定,对属于国家行政机关职权管辖范围内的民事纠纷,通过耐心的说服教育,使纠纷的双方当事人互相谅解,在平等协商的基础上达成一致协议,从而合理地、彻底地解决矛盾纠纷。行政调解属于诉讼外调解,是在当事人自愿的基础上所进行的调解活动,所达成的协议不具有法律上的强制执行的效力,但当事人对所达成的协议,都应当自觉履行。

对经济纠纷进行的行政调解包括:①国家合同管理机关的调解。国家规定的合同管理机关,是国家工商行政管理局和地方各级工商行政管理局。对于企业法人之间,个体工商户、公民和法人之间的经济纠纷,都可以向工商行政管理机关申请调解。②基层人民政府的调解。主要是由乡镇人民政府和街道办事处的司法助理员负责进行的调解。司法助理员是基层人民政府的组成人员,也是司法行政工作人员,除了指导人民调解委员会的工作和法制宣传外,还要亲自调解大量纠纷。③公安机关的调解。如果因经济纠纷发生影响或者违反社会治安管理的行为,对于情节轻微的,由公安机关进行调解。

2.仲裁

仲裁,又称"公断",是指民事主体在纠纷发生之前或者纠纷发生之后达成协议,或者根据有关法律的规定,将纠纷提交给中立的民间组织予以审理,由其做出有约束力的裁决的一种纠纷解决机制。我国《仲裁法》第二条规定:"平等主体的公民、法人和其他组织之间发生的合同纠纷和其他财产权益纠纷,可以仲裁。"

经济仲裁是一种和平解决经济纠纷的方法,是指经济合同的当事人双方发生争议时,如通过协商不能解决,当事人一方或双方自愿将争议的事项或问题提交给双方同意的仲裁机构依照专门的仲裁规则进行裁决,由其做出对双方均有约束力的裁决。经济仲裁可以适用于两个领域:一是国内经济仲裁,专门解决国内企业之间有关经济合同争议的仲裁;二是涉外经济仲裁,主要处理国际贸易中带有涉外因素的民商事争议。

仲裁制度具有以下特点:

(1)自愿性。仲裁以双方当事人的自愿为前提,即当事人之间的纠纷是否提交仲裁,交于谁仲裁,仲裁庭如何组成,由谁组成,以及仲裁的审理方式、开庭形式等,都是在当事人自愿的基础上,由双方当事人协商确定。

(2)保密性。仲裁以不公开审理为原则。因此,在经济活动中,当事人的商业秘密和贸易活动不会因仲裁活动而泄露。

(3)快捷性。《仲裁法》第九条规定:"仲裁实行一裁终局的制度,裁决做出后,当事人就同一纠纷再申请仲裁或者向人民法院起诉的,仲裁委员会不予受理。仲裁实行一裁终局制,仲裁裁决一经仲裁庭做出即发生法律效力,当事人之间的纠纷能够迅速得以解决。"

(4)独立性。仲裁机构独立于行政机构,仲裁机构之间也无隶属关系。在仲裁过程中,仲裁庭独立进行仲裁,不受任何机关、社会团体和个人的干涉。

仲裁的基本程序包括:

(1)受理。仲裁程序是以当事人向仲裁机构申请仲裁开始。仲裁委员会收到当事人提交的仲裁申请书后,认为符合受理条件的,在收到仲裁申请书之日起五日内向申请人发出受理通知书,同时,向被申请人发出仲裁通知书及附件。

(2)组成仲裁庭。双方当事人应当在规定的期限内约定仲裁庭的组成方式和选定仲裁员。若当事人在规定的期限内未能约定仲裁庭的组成方式或者选定仲裁员的,由仲裁委员会主任指定。仲裁庭组成后,仲裁委员会向双方当事人发出组庭通知书。

(3)开庭审理。仲裁委员会应当在仲裁规则规定的期限内将开庭日期通知双方当事人。在庭审过程中,当事人有自行和解的权利。达成和解协议的,可以请求仲裁庭根据和解协议做出裁决书,也可撤回仲裁申请。在庭审过程中,若双方当事人自愿调解的,可在仲裁庭主持下先行调解。调解成功的,仲裁庭依据已达成的调解协议书制作调解书,调解不成的,则由仲裁庭及时做出裁决。

(4)裁决。仲裁庭在将争议事实调查清楚、宣布闭庭后,应进行仲裁庭评议,并按照评议中的多数仲裁员的意见做出裁决。若仲裁庭不能形成多数意见时,则按照首席仲裁员的意见做出裁决。

(三)公力救济方式

公力救济是运用国家权力对纠纷进行解决的方式,其主要手段包括诉讼和行政裁决。处理经济纠纷的诉讼活动称之为经济诉讼。

诉讼具有国家强制性和严格的规范性两大特征。诉讼必须严格遵循法定程序,诉讼做出的裁判具有强制执行的法律效力。由于诉讼本身具有严格和复杂的程序规定,以下对经济诉讼进行专门介绍。

三、经济诉讼

(一)经济诉讼概念

经济诉讼是指人民法院在经济纠纷当事人和其他诉讼参与人的参加下,审理和解决经济纠纷案件的诉讼活动,以及由此而产生的诉讼法律关系的总和。

经济诉讼的任务是保护当事人行使诉讼权利,保证人民法院查明事实,分清是非,正确适用法律,及时审理经济纠纷案件,确认经济权利义务关系,制裁经济违法行为,保护当事人的合法经济权益,维护社会秩序、经济秩序,保障社会主义建设事业的顺利进行。

(二)经济诉讼的主体

1. 人民法院

人民法院是国家的审判机关,在经济诉讼中,它代表国家依法行使审判权并履行相应的职责。作为案件的审判者,人民法院在经济诉讼中,既是诉讼的参加者,也是诉讼的组织者和指挥者。法律赋予人民法院审判权,使其可以依照法律规定的程序和方式进行活动,依法行使诉讼权利和履行诉讼义务。所以,人民法院在经济诉讼中处于主导地位,对经济纠纷案件的解决起着决定性作用。

2. 诉讼当事人

经济诉讼的当事人,是指因经济权益发生纠纷,以自己的名义参加诉讼,受人民法院裁判约束,与案件审理结果有直接利害关系的公民、法人和其他组织。当事人包括原告、被告和第三人。

原告,是指因自己的经济权益受到侵害或者与他人发生经济权益争议,以自己的名义向人民法院起诉并引起诉讼程序发生的人。被告,是指被诉称侵害了原告合法经济权益或与原告发生经济权益争议而被人民法院通知应诉的人。第三人,是指对原告和被告争议的诉讼标的即原、被告所争议的经济实体权利具有独立的请求权,或者虽无独立的请求权,但案件的处理结果与其有法律上的利害关系而参加到诉讼中来的人。第三人可分为有独立请求权的第三人和无独立请求权的第三人两种。当事人作为经济诉讼的主体,其诉讼行为对经济诉讼有重大影响。

3. 诉讼代理人

诉讼代理人是指根据诉讼代理权,以被代理的当事人的名义进行经济诉讼的人。诉讼代理人参加诉讼,是为了维护被代理的当事人的利益。诉讼代理人在代理权限范围内所为的诉讼行为,视为当事人的行为,对被代理的当事人发生法律效力。

4. 其他诉讼参与人

其他诉讼参与人是指除上述人员以外其他参与诉讼活动的人,包括证人、鉴定人、勘验人、翻译人员等。它们虽以自己的名义参与诉讼,但与案件没有直接利害关系,不受人民法院裁判约束,只是根据案件审理需要,依法履行一定诉讼义务,协助人民法院完成审判活动。

(三)经济诉讼的基本原则

经济诉讼的基本原则,是指法律规定的在整个经济诉讼过程中起指导作用的基本准则。

它是人民法院进行审判活动和经济诉讼当事人和其他诉讼参与人进行诉讼活动所必须遵守的行为准则。基本原则贯穿于经济诉讼的全过程,对经济诉讼法律关系主体和整个诉讼活动起指导作用。经济诉讼的基本原则与民事诉讼基本原则一致,具体包括:

(1)当事人诉讼权利平等原则。是指在经济诉讼活动中,当事人平等地享有和行使诉讼权利,人民法院应保障当事人平等地行使诉讼权利。

(2)法院调解原则。法院调解原则是我国人民法院审理、解决民商事纠纷的一种重要方式,也是我国民商事审判工作长期以来的成功经验的总结。该原则体现了私法自治原则、当事人处分原则的精神,有利于提高诉讼效率,节省诉讼资源。法院调解应当以当事人自愿为前提,调解的过程和达成的调解协议的内容,都应当符合法律的规定。

(3)处分原则。在民商事诉讼中,当事人有权按照自己的意志支配、决定自己的实体权利和诉讼权利,包括当事人有权决定是否起诉和上诉;随时撤回起诉;被告有权决定是否提出反诉;在裁判生效后,权利主体有权决定是否申请强制执行等。

(4)辩论原则。在人民法院主持下,当事人有权就案件事实和争议的问题,各自陈述自己的主张和根据,互相进行反驳和答辩,以维护自己的合法权益。

(5)诚实信用原则。经济诉讼中的诚实信用原则要求人民法院、当事人,以及其他诉讼参与人在经济案件审理中,必须公正和诚实、善意。禁止当事人以不正当的方法或手段骗取有利于自己的诉讼状态;禁止当事人滥用诉讼权利,故意拖延诉讼,以及禁止当事人在诉讼中作虚假陈述,影响法院对案件事实的判断。

(四)经济诉讼的基本制度

1. 合议制度

合议制度,简称合议制,是指由三名以上的审判人员组成审判集体,代表人民法院行使审判权,对案件进行审理并做出裁判的制度。合议制度的组织形式为合议庭。

《民事诉讼法》第四十条第一款规定:"人民法院审理第一审民事案件,由审判员、陪审员共同组成合议庭或者由审判员组成合议庭。合议庭的成员人数,必须是单数。"第四十一条第一款规定:"人民法院审理第二审民事案件,由审判员组成合议庭。合议庭的成员人数,必须是单数。"第四十二条规定:"合议庭的审判长由院长或者庭长指定审判员一人担任;院长或者庭长参加审判的,由院长或者庭长担任。"

2. 回避制度

回避制度,是指审判人员和其他有关人员遇有法律规定不宜参加案件审理的情形时,退出案件审理活动的制度。

回避制度适用于人民法院的审判人员,包括审判员和陪审员;书记员、翻译人员、鉴定人、勘验人。回避的原因是上述人员:(1)是本案当事人或者当事人、诉讼代理人的近亲属;(2)与本案有利害关系;(3)与本案当事人有其他关系,可能影响对案件公正审理的。

回避的方式可以是上述人员自行回避,也可以是当事人申请上述人员回避。人民法院对当事人提出的回避申请,应当在申请提出的三日内,以口头或者书面形式做出决定。申请人对决定不服的,可以在接到决定时申请复议一次。复议期间,被申请回避的人员,不停止参与本案的工作。人民法院对复议申请,应当在三日内做出复议决定,并通知复议申请人。

3. 公开审判制度

公开审判制度,是指人民法院的审判活动除合议庭评议案件外,向群众和社会公开的制度。所谓向群众公开,即允许群众旁听法院对案件的审判;所谓向社会公开,是指允许新闻记者对案件审判的情况进行采访报道,将案情公之于众。

但是,经济案件中如果涉及国家秘密,或者涉及个人隐私,以及涉及商业秘密的案件,当事人申请不公开审理的,也可以不公开审理。

4. 两审终审制度

两审终审制度,是指一个案件要经过两级人民法院的审判,案件的审理程序即宣告终结的制度。地方各级法院对于按照审判管辖权的规定对由其审判的第一审(初审)案件做出判决或裁定以后,若当事人不服,可以在法定期限内向上一级法院提起上诉。上一级法院经过对第二审案件的审理,有权改变或维持第一审法院的判决或裁定。上级法院的第二审判决、裁定是终审判决、裁定,当事人不得再上诉。

(五)经济诉讼的程序

1. 第一审程序

经济诉讼的第一审程序即人民法院审理第一审经济案件所通常适用的普通程序。具体步骤包括起诉和受理、审理前的准备、开庭审理、评议宣判。

(1)起诉和受理

起诉,是指公民、法人或者其他组织在民事权益发生争议或者民事权益受到侵犯时,向法院提起诉讼,请求法院给予司法保护的诉讼行为。原告是与本案有直接利害关系的公民、法人和其他组织,有明确的被告;有具体的诉讼请求和事实、理由;属于人民法院受理民事诉讼的范围和受诉人民法院管辖。

受理,是指法院通过对原告起诉的审查,认为原告的起诉符合法定条件,决定立案审理的行为。人民法院对原告的起诉应当在七日内做出是否受理的决定。原告对人民法院做出的不予受理的裁定,有权向上一级人民法院提起上诉。

(2)审理前的准备

审理前的准备,是指人民法院在案件受理之后,开庭审理之前,为保障开庭审理的顺利进行和案件及时公正的审理所做的一系列的准备工作。具体包括,在法定期间内送达诉讼文书,告知当事人诉讼权利和诉讼义务;组成合议庭,并告知当事人合议庭的组成人员;审核诉讼材料,调查收集必要的证据;对专门性问题需鉴定的,应交由有关部门鉴定;以及组织当事人交换证据等。

(3)开庭审理

开庭审理经济案件必须按照法定的形式和程序进行。首先是开庭前的预备阶段,在开庭三日前,通知当事人和其他诉讼参与人,并公告当事人姓名、案由和开庭的时间、地点。开庭时,书记员应当查明当事人和其他诉讼参与人是否到庭和宣布法庭纪律,审判长宣布开庭;第二步是进入法庭调查阶段,当事人双方依次陈述案件事实、举证和质证;第三步是法庭辩论阶段,先由原告及其诉讼代理人发言,再由被告及其诉讼代理人答辩,然后双方互相进行辩论,法庭辩论终结后,由审判长依次征询各方最后意见。

(4)评议宣判

法庭辩论结束后,由审判长宣布休庭,合议庭成员退庭,进入评议室对案件进行评议,合议庭评议实行少数服从多数原则,对于不同意见应当记入合议庭评议笔录。合议庭评议结果可以当庭宣判,也可以定期宣判,宣告判决一律公开进行。当庭宣判的,应当在十日内发送判决书;定期宣判的,宣判后立即发送判决书。

根据《民事诉讼法》第一百三十五条的规定,人民法院适用普通程序审理的案件,应当在立案之日起六个月内审结。有特殊情况需要延长的,由本院院长批准,可以延长六个月;还需要延长的,报请上级人民法院批准。

2. 第二审程序

第二审程序是指经济诉讼的当事人不服地方各级法院未生效的第一审裁判,在法定期限内向上一级法院提起上诉,上一级法院对案件进行审理所适用的程序。第二审程序则以第一审裁判为基点,对上诉请求的有关事实和适用法律进行审查。

提起上诉的主体限于第一审程序中的原告、被告、共同诉讼人、有独立请求权的第三人,并且提起上诉不得超过法定期限,对于第一审法院做出的判决,应当自判决生效之日起十五日内向上一级人民法院提起上诉,对一审法院做出的裁定上诉的,应当自裁定生效之日起十日内上诉。上诉必须提交书面的上诉状。

根据《民事诉讼法》第一百五十九条的规定,人民法院审理对判决的上诉案件,应当在第二审立案之日起三个月内审结。有特殊情况需要延长的,由本院院长批准。人民法院审理对裁定的上诉案件,应当在第二审立案之日起三十日内做出终审裁定。

二审法院认为原审事实清楚,适用法律正确的,裁定驳回上诉维持原判;如果原审判决认定事实清楚,但适用法律错误的,或者原判决认定事实错误,或者认定事实不清,证据不足的,二审法院要在查清事实后予以改判;如果原判决认定事实有错误,或者原判决认定事实不清,证据不足;原判决违反法定程序,可能影响案件正确判决的;对当事人在一审中已经提出的诉讼请求,原审法院未作审理、判决,经二审法院调解不能达成协议的;必须参加诉讼的当事人在一审中未参加诉讼,在二审中参加诉讼,经二审法院调解,不能达成协议的,二审法院应当撤销原判,发回重审。

思考题

1. 试对我国《电子签名法》中核心涉及的三大程式性电子商务法律制度进行比较;三者之间有何内在联系?
2. 依据我国《破产法》,什么情况下,人民法院应当裁定进行破产宣告?
3. 试比较仲裁与诉讼这两种经济纠纷的解决方式之间的联系与区别。

第四编　国际经济活动中的法律问题

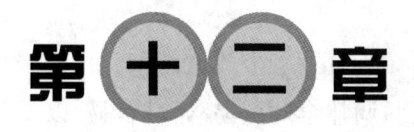

第十二章

资源国际化配置的法律基础

　　随着经济全球化的发展,中国的经济发展空间越来越大。我们不但要完善我国已建立的市场经济体制,而且也要注重国际资源的利用,把我国的经济发展同世界经济结合,突出自己的优势,参与国际经济竞争,获取自己需要的资源。在这其中就必然涉及中国的资源在国际上的配置及国际资源如何融于中国的经济建设之中。因此,也就有必要研究资源的国际化配置问题。而资源的国际化配置主要集中在 WTO 成员之间,是利用 WTO 体制来完成的。尤其是我国成为 WTO 的成员以后,我国与 WTO 的体制联系更加密切,而 WTO 的体制实际上就是一套市场经济的运作体制,法律化的体制,是法律制度在国际上的体现。

　　参与国际经济循环,研究资源的国际化配置,首先就必须了解资源国际配置的法律制度。因为资源国际化配置所形成的制度是一种法律性制度,从货物、技术国际流动到服务的国际贸易,无不遵守着一系列的制度,而这些制度就是通过法律制度来体现的,其活动是通过法律制度来调整的。

　　当然,如何看待一个国家在参与国际经济活动中国际资源是否能在该国达到最佳配置,这远比对一国国内资源的配置评价要复杂得多。该部分的目的在于从贸易角度说明国际资源在各国之间配置的客观方式及其法律的调整。

第一节　资源国际化配置的法律原理

研究利用法律制度来调整国际资源配置方面的问题时,人们通常称之为国际贸易法律制度,即国际贸易法。国际贸易法是调整国际贸易关系,以及与之有关的其他关系的法律规范的总和。它所调整的贸易关系有：国家之间贸易关系；营业地处于不同国家的公司、企业或个人之间的贸易关系；公司、企业或个人在对外活动中同国家发生的关系。

利用法律制度来调整资源的国际化配置涉及的范围很广,主要包括：①关于国际货物买卖及运输、保险和国际结算方面的法律；②关于国际技术贸易方面的法律；③关于对合同管制的法律；④关于国际贸易争议解决的法律；⑤多边、双边贸易条约或规定；⑥有关各种国际贸易合同的法律。

用于调整国际资源配置的法律渊源有：

(1) 国际条约

在世界范围内存在着许多调整国际贸易的条约,这些条约调整全球贸易、区域贸易,以及双边贸易等各种贸易关系。其中包括1947年《关税与贸易总协定》、1980年《联合国国际货物销售合同公约》等。这些国际条约的作用范围较大,代表了国际贸易法的发展方向。1957年《欧洲经济共同体条约》、1980年经济互助委员会成员国制定的《交货共同条件》,等等。这些条约仅在一定范围内适用,具有较强的约束力。双边条约仅调整缔约国之间的贸易关系。

对于缔约国来说,国际条约是各缔约国必须遵守的规则,对各缔约国具有强制性。当今的国际贸易准则,主要由全球性的国际条约来调整。区域性条约及双边条约只对局部起调节作用。如果区域性条约及双边条约与全球性条约有共同的准则,那样则会促进国际贸易统一法的进程,同时会使区域性条约和双边条约的影响扩大。

缔约国接受国际条约的方式有两种。一种是只要某国参加某一国际条约,而该条约又规定该缔约国有义务将条约的规定纳入该国国内法,则缔约国有义务将其纳入国内法。因此,使非缔约国在与该缔约国发生贸易关系时,也适用此条约,这样就扩大了该条约的适用范围。另一种是依条约规定,缔约国无义务将条约规定纳入该国国内法,这样该条约只适用于缔约国,而不可能扩大到非缔约国。

(2) 国际贸易惯例

国际贸易惯例是国际贸易法的另一渊源。它是指有确定内容,在国际上反复使用的贸易惯例。贸易惯例虽然不是强制性的法律,但它却在长期的贸易活动中被商人们普遍接受。一旦当事人双方采用了某项惯例,该惯例即对双方产生了约束力。

为了统一贸易惯例,有关国际组织或有些国家的商业团体根据长期形成的商业习惯,加以整理、编纂,使之系统化、统一化,成为固定的规则,使国际贸易活动规范化。如国际法协会1932年制定的《华沙—牛津规则》；国际商会1936年制定、1953年修订的《国际贸易术语解释通则》(后又经1967、1976、1980、1990、2000年补充修订)；1958年草拟、1967年公布的

《商业单据托收统一规则》(1978年修订,改名为《托收统一规则》)和1930年拟定,1933年公布,并于1951年修订的《商业跟单信用证统一惯例》,(1962年修订,改名为《跟单信用证统一惯例》1974年再次修订)。这些成文的惯例被世界大多数国家采纳。虽然这些惯例仅供参考,但只要签约双方一致同意采用某一惯例,它对双方当事人就具有约束力,使双方在解决争议时有据可依。

(3)国内立法

国际贸易渊源的国内立法是指涉及调整国际贸易关系的法律和判例。由于国际贸易的发展及其在经济活动中的重大意义,一国为便于进行对外贸易,往往参照国际上通行的实践或规定,结合本国情况,制定本国调整对外贸易关系的法律。如1893年英国的《货物买卖法》,1952年美国《统一商法典》,既调整国内商业贸易,又调整国际商业贸易。还有的国家制定专门调整国际贸易的法律,如1964年捷克斯洛伐克的《国际贸易法典》、1974年匈牙利《外贸法》,我国1999年的《中华人民共和国合同法》。另外,英美法系国家采用的国际贸易判例。连同大多数国家自己制定的外汇管理法、海关法等,组成了国际贸易法渊源的国内渊源。

国际贸易法的国内渊源,在调整国际贸易关系中占有相当比重。因此,在研究国际贸易的国际公约,以及国际贸易的统一惯例时,也要研究各国的对外贸易法律和判例。

(4)标准合同或格式合同

标准合同或格式合同是国际组织、专业公司或公会规定的,供当事人签订合同时使用的格式或条款。其内容载明双方当事人的权利与义务关系,内容一般都参照国际上通行的办法。广泛使用于国际货物买卖、运输和保险。因此,标准合同或格式合同也应是国际贸易法的一个重要渊源。如油脂油籽协会制定的标准合同,谷物与饲料贸易协会制定的标准合同,国际羊毛织品机构制定的标准合同,联合国欧洲经济委员会主持制定的标准合同(成套设备交易的标准合同、谷物、柑橘、煤炭与钢铁产品交易的标准合同),以及我国进出口公司、中国远洋运输公司、中国人民保险公司制定的有关格式合同、提单和保险单。这些标准合同只有在双方当事人共同确认下,才具有效力。而且双方当事人还可以对此标准合同加以补充或修改。

这些国际贸易的法律渊源,对于确立当事人双方权利与义务,处理双方的纠纷,都起着重大作用。国际商事交易也是在这些法律指导下进行的。

第二节 资源国际化配置法律制度的趋同化

一、统一法运动的成就

调整资源国际化配置需要统一的法律制度,这样能够降低资源配置的运行成本,提高资源国际化配置的效益。但是,形成统一的资源国际化配置的法律制度需要长期的努力,因为各国的政治体制、历史文化、经济发展水平等的差异很大,给国际统一的法律制度的建立带来很大的困难。即使这样,统一法运动还是在不断地进行。

二十一世纪以来,随着资本主义商品经济的发展,国际贸易的发展程度已超过各国国内法所能调整的范围。在具体的商业交易中存在越来越多的法律障碍。由于这些障碍的存在,不利于世界贸易的发展。因此,人们不断地寻求着一种促进国际贸易发展,可供商人们共同遵守的规则。但是,每个国家的国内商法却是根据本国经济发展制定的,它只适应于国内贸易,而不适应于国际贸易。同时,各国的政治、经济情况和文化发展历史不同,其国内的立法形式、内容的法律概念都存在着差别,给处理国际商事交易带来许多困难。因此,建立适合国际贸易发展的统一规则的任务就落到了一些国际组织身上。

1930年国际统一私法协会就开始统一国际货物买卖法工作,但是,由于第二次世界大战爆发中断了这一工作,然而,一些基本的规则却建立了起来。第二次大战后,国际统一私法协会又开始进行了贸易法统一工作,于1964年形成了两个公约即《关于国际货物买卖统一法公约》(ULIS)和《关于国际货物买卖合同成立统一法公约》(UIF)。由于这两个公约的起草是在西欧国家间进行,而发展中国家不愿将这两个公约适用于他们与西欧国家的贸易交往,使这两个公约还是不能最大限度地适应世界贸易的需要。1966年,联合国国际贸易法委员会成立,它是一个包括了发达国家和发展中国家这样的一个全球性、不同法律体系在内的国际性组织,承担起减少国际贸易的法律障碍、建立统一、协调的国际贸易法律新秩序的任务。1980年,联合国在维也纳召开外交会议,再度对该公约草案审议,最终以逐条表决的方式通过了《联合国国际货物销售合同公约》,它是 ULIS 和 UIF 两部海牙公约的继续和发展,它的形成、发展和最后通过,无疑标志着国际贸易法统一运动又向纵深推进一步[1]。联合国国际贸易法委员会在统一贸易法工作中除了制定《联合国国际货物销售合同公约》以外,还制定了关于《国际货物买卖时效期限公约》,它是1980年《联合国国际货物销售合同公约》的继续和发展,从法律体系上进一步完善了《联合国国际货物销售合同公约》。

在联合国为推动国际贸易法统一运动发展而积极工作的同时,国际上一些民间商业团体也为减少国际贸易的法律障碍而做出了贡献。总部设在巴黎的国际商会制定的《国际贸易术语解释通则》,对国际贸易价格术语进行了统一解释,成为最有影响的国际惯例。该商会还于1930年拟订了一套《商业跟单信用证统一惯例》,于1983年修订后,正式更名为《跟单信用证统一惯例国际商会第400号》,迄今为止,被世界上一百七十多个国家和地区的银行和银行公会所采用,也成为一种国际惯例。在我国出口业务中,亦接受此《跟单信用证统一惯例国际商会第400号》约束的国外来证。1958年,国际商会草拟了一套《商业单据托收统一规则》,用于解决各国银行在业务做法上的差异,减少银行与委托人之间的权利与义务的分歧,后于1978年修订,并改名为《托收统一规则》。另外,国际法协会于1932年制订的《华沙—牛津规则》对CIF买卖合同的性质作了说明,并规定了买卖双方所承担的费用、责任和风险。这些惯例只有被双方当事人采用,对其才有约束力,双方也可对此进行补充或更改。

随着国际贸易法统一运动的发展,有关国际贸易的国际公约和国际惯例已成为统一法

---

[1] 姜凤纹.国际货物买卖中的统一法律问题[M].北京:法律出版社,1988:5.

运动的主流。

二、国际货物买卖法律制度的趋同化分析

货物贸易是资源国际化配置的主要方式,其交易量占国际贸易的首位。长期以来,货物贸易的法律制度,由于各国的历史、文化传统、商业习惯不同,在法律规定上存在分歧,阻碍了国际货物贸易的进行。但是,随着呼声日益增高的国际统一贸易法运动的发展,各国会剔除各自影响统一规范货物贸易的做法,在实践中走向趋同。通过分析现有的货物买卖的国际、国内立法和贸易惯例,也不难看出货物买卖法律制度在国际上的共同之点。对于货物买卖法律的国际趋同化分析,有助于我国贸易行为与国际接轨,有益于完善我国现行的货物贸易法律制度。

(一)目前国际组织在规范和制定统一的国际货物买卖法律制度的成果

进行国际货物贸易是世界各国发展经济、经济互补的一种重要方式,但是由于世界各国的政治制度、经济形态和文化背景不同,在法律制度上体现出各国的差异。这样在从事国际货物买卖活动中容易对同一商业行为,从法律制度上来看,各国存在着分歧,这样就阻碍了世界各国进行国际货物的正常交易。消除法律阻碍,促进国际贸易发展,就成为国际组织及各国政府进行国际活动的重要任务之一。考察各国国内的贸易立法,不难看出货物贸易立法在客观上具有趋同性,这为国际货物贸易法律制度的统一打下了基础。在许多政府的、非政府的组织积极努力地工作下,人们克服了政治制度、经济形态的不同,在复杂的法律关系中,首先在货物买卖法律关系中形成了"共同语言",制定了许多较为统一的规范[①]。其中以公约和惯例为主要形式,成为目前国际货物买卖法律制度走向统一的重要标志。在制定统一的国际货物买卖法的过程中,政府间的组织有:① 联合国国际贸易法委员会(UNCITRAL);② 国际统一私法协会(UNIDROIT);③ 海牙国际私法协会;④ 已经名存实亡,但做了一定贡献的经济互助委员会等。非政府组织有:① 国际商会(ICC);② 国际海事委员会(IMC,安特卫普);③ 国际法协会(ILA)等。在非政府间制法机构中,首推国际商会是最为成功、最为重要的一个组织,它制定的《国际贸易术语解释通则》是统一商业惯例的楷模。此外,许多国际性贸易协会,如联合国欧洲经济委员会和在世界上已经享有盛誉的英国一些贸易协会制定的标准合同格式,在长期的贸易实践中,已成为协调和统一国际贸易法的主要手段之一。它为满足特殊商品的买卖、弥补一般性商品买卖合同条款的不足起到了一定的作用。虽然标准合同格式不具有商业惯例的性质,但通过普遍的和经常的使用,最终发展为国际商业惯例。它们两者在法律适用上都比公约或条约更不具有强制性,但在贸易实践中,却被商人们自觉遵守和执行,而成为有约束力的条件,并作为解决争议的依据。这些无不表明,强制性的法律是人们遵守的准则,而运用较为广泛,不具法律强制性的习惯做法,也成为人们遵守的准则。国际贸易的法律制度正是在这种情况下排除分歧走向趋同的。

(二)各国有关货物买卖法律制度

我们分析了国际立法与国际贸易惯例导致国际货物贸易法律制度走向趋同之后,下面

---

① 〔英〕施米托夫.国际贸易法文选[M].赵秀文译.北京:中国大百科全书出版社,1993:134.

考察一下各具特色的各国货物买卖法律制度,并与国际货物买卖公约相比较,也能看到它们的共同之处。

1. 货物买卖合同成立的趋同化

在国际货物买卖中,合同的成立是各国立法中涉及的主要问题。一般来讲,导致合同成立,需要符合一定的法定条件,在实际签订合同过程中,还需涉及要约与承诺两个环节,虽然各国对合同成立的形式要件和实质要件规定不一,但按合同法律一般原理的要求,各国在规定合同成立问题上都遵循一定的共同法律原则来确认合同是否成立。美国《统一商法典》第二千二百〇四条规定:货物买卖合同可以通过任何足以表明当事方已达成协议的方式订立,包括承认合同双方的行为而订立。一项买卖合同,即使缺少某些条款,只要当事方确有订立合同的意图,并且存在合理确定的办法,可以提供适当的救济,合同即不因缺乏确定性而不能成立。英国货物买卖法在"契约的缔结"中规定:根据本法案及其他有关的成文法令的规定,一项买卖契约的成立,可以采用书面,也可采用口头,或者部分书面部分口头等形式,也可由双方当事人的行为加以推定。法国民法典对合同有效成立规定了四项要件,这四项要件是:负担债务当事人的同意;订立契约的能力;构成约束客体的确定标的;债的合法原因。并具体规定了当事人同意的表达方式、订立契约能力、契约的标的和原因的要求。这些国家都从合同的成立条件和要求方面做了规定,由于合同法律具有任意性,各国普遍遵守"意思自治原则",这样为统一立法提供了便利条件。在实践中,各国一致认为,为了邀请对方向自己订货而发出的商品目录单,报价单不是要约,而是要约邀请。各国法律承认,要约发出后,只要尚未送达受要约人,要约人可随时使用更为快捷的方法将其追回。对于承诺生效时间的分歧,各国已通过《公约》的原则达到统一,即《公约》第十八条第二款规定的要约的承诺与表示同意的通知送达于要约人时生效①。至于合同成立的形式,许多发达国家的做法与《公约》的要求是一致的,即《公约》第十一条和第十二条规定,买卖合同,包括其更改或终止、要约或承诺,或者其他意思表示,可以用包括证人在内的任何方法证明,形式不受任何条件的限制。通常表现为用口头、书面或行为三种方式来订立合同。由于国际货物买卖的复杂性,在这三种订立合同的形式中,当事人都愿意以书面形式来订立,而许多发展中国家的国内立法又强制规定涉外经济合同需以书面形式来订立,这样一来,在国际货物买卖活动中,自然以书面形式订立合同居多,因为书面形式的合同具有其确定性、分开性和告诫性,它使得合同的内容、生效时间更加准确、买卖双方的权利义务更加明确,并且鼓励当事人在承担义务前,就自己承担的权利义务及其后果进行反思②。因此,以书面形式订立国际货物买卖合同将成为一种趋势。

目前,具有代表性国家的有关合同法中,对合同有效成立的规定体现在以下几个方面:①当事人必须具有订立合同的能力。对于这方面的规定,划分为自然人和法人的订约能力,将自然人中的未成年人和精神病患者规定为无订约能力的人。法人的订约能力,主要是通过自然人进行来达到的,要求法人(主要是指公司)必须通过法定代表人或它授权的代理人

---

① 姚梅镇.国际经济法概论[M].武汉:武汉大学出版社,1989:103,108.
② 姚梅镇.国际经济法概论[M].武汉:武汉大学出版社,1989:110.

才能订立合同,其订约能力通常受法人章程的制约,不得超出法人章程的规定。②当事人之间必须达成协议,协议须符合法律规定的形式要求。③合同的当事人意思表示必须真实。对于这方面的要求,各国主要从当事人意思表示的内容是否有错误,或者是否受诈欺或是否受到胁迫,如果当事人意思表示是错误的,或是受欺诈的,或是受胁迫的,意思表示错误的一方或是蒙受欺诈,或蒙受胁迫的一方有权主张合同无效或撤销合同。④合同内容必须合法。合同必须合法是几乎所有国家的一般法律原则。一般规定,凡是违反法律、违反善良风俗与公共秩序的合同一律无效。

除以上提到的几个方面以外,还应指出的是,有些国家的法律(如英国、美国等)要求,一项有效的合同,除了当事人意思表示一致以外,还应具备对价,但是由于对价的原则已经不能适应当代资本主义社会经济生活的需要,英美法在对价问题上正处在逐渐演变之中,总的倾向是采取比较灵活的态度,以便使对价原则与现代商业的某些习惯做法协调起来①。为了消除由于对价或约因的要求,给各国合同法带来的分歧,《公约》排除了合同成立需要有对价,使得《公约》有关合同成立的规定同大多数国家法律要求一致起来。

2. 货物买卖双方权利与义务趋同化

在国际货物买卖中,买卖双方的权利与义务是合同中的核心内容,为了便于成交,合同中通常都明确约定双方的权利与义务。对于买卖双方在合同中如何约定各自的权利与义务,从各国商法或民法有关规定来看,一般都是属于非强制性的,双方在确定具体的权利与义务上有很大的自由度,但是各国立法包括国际公约也规定了买卖双方应履行的最一般义务。美国《统一商法典》第二千三百○一条规定:卖方的义务是根据合同转让和交付货物,买方的义务是根据合同接受货物并付价款。英国《货物买卖法》规定的买卖双方的责任是卖方有责任按照买卖契约的规定交付货物,买方则有责任按照规定接受货物和支付价款。法国民法典规定:出卖人的主要义务有二:其一,为交付标的物于买受人的义务,其二,对其出卖物负担责任的义务。

买受人的主要义务为按照买卖契约规定的时日及场所支付价金。各国在规定买卖双方的权利与义务时,又具体规定了买卖双方在总的义务之下应履行的职责,主要用来约束双方在合同无约定的情况下,如何按照法律的规定来履行合同的义务,对于卖方来说,主要是从这几方面来规定的:交货的时间与地点;卖方对商品的品质担保;卖方对商品的权利担保;提交有关货物单据的义务。对于买方来说,主要是从这几方面来规定的:支付货款的时间与指定交货的地点;收取货物;对于延迟付款负有偿付利息的义务。《公约》作为目前较为完善,较能照顾到不同国家的法律要求的一部买卖合同法,体现了目前国际买卖货物统一法律的趋势,《公约》用大量篇幅对买卖双方的权利与义务加以规定,按照《公约》的规定,卖方的义务有:①交付货物:如果合同有规定即按规定的要求交付货物,如果合同没有约定,则依照不同的情况交付货物,《公约》规定了交货地点、交货的时间要求,并且就与交货有关的其他义务,规定了卖方需将货物置于合同项下,安排运输,办理保险等。②交付单据:要求如果卖方有义务移交与货物有关的单据,他必须按照合同所规定的时间、地点和方式移交这些单

---

① 冯大同.国际商法[M].北京:对外贸易教育出版社,1991:110.

据。如果卖方在规定的时间以前已移交了这些单据,他可以在这个时间到来之前纠正单据中任何不符合合同规定的情形。③卖方所交货物应与合同规定的货物相符:如果货物买卖合同本身没有对货物的品质做出明确规定,则要求货物应适用于同一规格货物通常使用的用途;货物适用于订立合同时,买方曾明示或默示地通知卖方的任何特定目的,卖方应按照买方的要求提供货物,使货物符合买方的特定用途;货物的质量应与卖方向买方提供的货物样品或样式相同;货物应按照同类货物通用的方式装箱或包装,如果没有此种通用方式,则按照足以符合保全货物的方式装箱或包装。④卖方所交货物必须是第三方不能提出任何权利或请求的货物。⑤卖方所交货物不得侵犯任何第三方的工业产权或其他知识产权。《公约》规定买方的义务有:①支付货款:履行支付货款的义务,包括办理必要的付款手续,合理确定货物的价格,确定付款的时间及地点。②收取货物:要求买方采取一切理应采取的措施,以便卖方能交付货物,卖方按照合同或公约的规定交付了货物,买方就必须接收货物。买卖货物当中双方的权利与义务的规定,虽然至今各国还存在一定的分歧,但由于权利与义务的设定主要以双方当事人自治而设立,特别是商业活动的自有规律以及《公约》所做出的模式,国际货物买卖双方的权利与义务的要求在进出口商人之间达到统一是有可能的。

3. 有关争议解决的法律适用和进出口国家管理的趋同化

国际货物买卖法律制度的统一,不仅要体现在实体法上趋于统一、协调,而且要在解决贸易争议时,所适用的法律趋于一致。从目前解决贸易争议的方式来看,主要以仲裁方式较多。这种方式首先在形式上形成了统一,如仲裁须双方协商一致同意,双方可在规定范围内自由选择仲裁员,仲裁时也可要求仲裁员回避,双方还可自愿达成协议等。但这仅仅是体现形式上的问题,实质问题是无论采用何种方式解决争议,关键是在解决争议时采用什么样的准据法,以适用什么样的实体法来调整商人之间的关系。这关系到统一的实体法是否能得到运用,统一的实体法是否起到调整商人之间法律关系的作用。关于法律的适用,一般采用三种选择方式,即合同缔结地法、当事人的意思自治原则,以及意思自治原则和最密切联系原则相结合的方法。从现今许多外国新的合同法来看,在合同法律适用上尽管仍有各种差异,但大都采用第三种方法。采用这种方法,合同当首先适用当事人协议选择的法律。当事人未选择法律时,才适用有最密切联系的法律。从国际贸易争议解决的历史和现状来看,大凡在解决争议时,法院或仲裁机构、调解机构多以适用双方(或多方)所自愿选择的法律,而争议各方所选择的法律多为所参加的国际公约或条约,作为他们解决争议所适用的准据法,同时常常还选择适用国际贸易实践中的习惯做法。即使当事人在合同中已明确要求适用某一国内法,但解决争议时,也常常辅之以适用的国际贸易公约或国际贸易惯例作为补充。这说明,统一的国际贸易公约、统一的贸易惯例在解决争议时被广泛应用,从而形成了解决争议的通行做法。

在国际货物买卖中,国家对进出口货物的管制,可以说是与货物贸易法律制度有密切联系的一个重要方面。长期以来,各国出于自身的考虑,对国际货物贸易严格加以干预。有的国家出于国别考虑,对货物流向的国家制定有区别、带有歧视性的管制政策。有的出于保护本国的利益考虑,制定出保护贸易的政策,对货物的进出口大加限制,对正常的贸易活动规定出许多烦琐的要求,如许可证、配额限制、要求过高的卫生、安全标准以及利用海关实施各种不必要的监管措施。还有些国家贸易政策不统一、不透明,也为货物买卖带来极大不便。但令人惊喜的是,随着自由贸易政策的呼声增高,特别是世界贸易组织的建立,为消除国家过多干预,为建立自由贸易秩序奠定了法律基础。从目前来看,世界贸易组织成员方在降低关税、减少数量限制、打破技术性壁垒等方面取得较大的成就,尤其是根据WTO的要求,各国在对外贸易活动中,越来越多地体现出自由贸易政策的规范性立法,从而使占有主导地位的世界贸易组织成员国在对外贸易管制立法上越来越趋于统一。对于要求加入世贸组织的国家来说,也积极将国内的规范与世贸组织的规范相接轨,这就带动了更多的国家在制定对外货物贸易管制的立法中达到协调和统一。

(三)我国有关货物买卖立法的现状和与国际货物买卖法律制度的接轨问题

目前,中国的对外贸易法律,基本上是在十一届三中全会以后形成的。进入90年代以后,为使我国立法同市场经济要求相适应,相继修改和补充了许多法律、法规。从与国际货物买卖法律制度相关的立法来看,目前主要有《合同法》《对外贸易法》《海商法》《海关法》《商检法》《外汇管理条例》《专利法》《商标法》等有关法律、法规。为我国参与国际货物买卖活动奠定了法律基础。其中,《合同法》和《对外贸易法》成为规范我国参与国际货物贸易的基本法律。这两部法律从不同角度确立了货物买卖的实体立法和国家对货物买卖的管理立法。新颁布的《合同法》统一了过去的三法(即《经济合同法》《涉外经济法》和《技术合同法》),使我国的国内立法与国际公约和国际惯例协调一致,《合同法》在许多方面都抛弃了计划经济体制规定的内容,采纳了市场经济发达国家的成功立法经验和判例学说,对合同的违约救济采用严格责任原则,反映了国际上合同法发展的共同趋势。在合同订立方面采用了要约、承诺这一方式,使合同成立方面有了具体的法律依据,并且在以下方面,如合同的形式、合同的代理、合同的履行、合同的解除、预期违约制度等方面,都使我国的立法水平达到了国际上的先进水平。我国《对外贸易法》也将货物进出口管理立法跻身于国际先进的立法水平行列。我国采纳了市场经济发达国家的经验和立法方式,对货物进出口采取原则性和灵活性相结合的管理方式,把倡导自由贸易和保护国内市场政策有机结合,制定了世界贸易组织要求的管理政策,同时,也制定了符合其要求的反倾销、反补贴和保障措施制度,使我国管理对外贸易的立法同国际公约和国际惯例相一致。可以认为,这两部基本法律为我国对外开放,参与国际经济大循环奠定了法律基础。当然,今后我们还应该进一步加快我国的立法步伐,完善我国目前的法律体系。为此,首先应大力倡导吸收和借鉴那些在国际经济活动中各国共同形成并实践检验证明行之有效的、具有普遍意义的法律规则和制度。吸收这些共性原则和制度,是完善我国参与国际贸易立法的有效途径之一。目前的一些立法,已经证明了这一点。第二,建立完备的符合国际惯例的贸易法律体系,我国虽然有一些关于经贸活动的立法,但从整体性和系统性来看还有所欠缺,应从贸易活动的全方位加以立法,如对有关涉外方面的侵权问题、反不正当竞争问题、产品责任问题等要加以立法,形成较为完整的体系。第三,积极参与国际经贸活动的大趋势,加紧研究加入多边条约或同其他国家缔结双边条约,提倡缔结统一的经贸条约。十一届三中全会以来,我国已先后接受或加入了一些多边的统一实体法和程序法,但还有一些主要的国际性公约尚未加入,为更好地参与国际经贸活动,我们有必要对现有公约加以研究,使我国加入的国际性公约结构合理化。对于国际上经贸活动中存在的法律空白或公约中存在缺陷方面,我们应积极同交往国家签订对等互惠的双边条约,来维护各方的利益,以保障贸易活动的顺利开展。同时,应在国际舞台上发挥积极作用,倡导共同制定较为统一的经贸公约,以便在国际范围内,减少法律障碍,最大限度地顺利开展贸易活动,为统一国际贸易法运动做贡献。

当今国际货物贸易法律制度,由于国际贸易公约和国际贸易习惯做法被广泛接受和运用,而且在国际贸易实践中又形成一套普遍的法律原则,如订立合同须双方当事人协商一致、诚实信用、信守合同、违约补偿、不可抗力免责等,这都显示出货物买卖法律制度走向国际趋同化的趋势。虽然国际货物贸易的法律制度在各国的努力下朝着统一法律的形式上发展,但要得到各国普遍遵守,则需排除各国的偏见和分歧,也就是要把各国国内立法上的不同点归为相同,并且得到广泛一致意见,这才是国际贸易统一法律最为难以完成的事情。但由于各国在经济上的相互依存,国内经济日益趋于国际化的情况下,在国际贸易关系中,减少和消除各国的法律分歧,使在货物贸易法律制度上走向趋同成为一种趋势。

思考题

用于调整国际资源配置的法律渊源有哪些?

第十三章

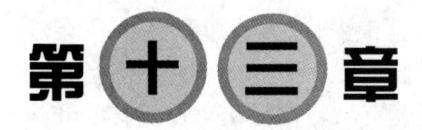

有关国际贸易中的法律问题

第一节 国际贸易法概述与国际贸易术语

一、国际贸易法的概念和调整范围

(一)国际贸易法的概念

1. 文义:调整跨越国境的商事交易中发生的经济关系的法律规范的总称。
2. 商事交易包括商品、技术、服务的交换。

结论:国际贸易法是调整各国间商品、技术、服务的交换关系,以及与这种交换关系的各种法律规范的总称。

(二)国际贸易法的调整范围

1. 国际商品交易——国际货物买卖,以及与之相联系的有关运输、保险与支付方面的法律制度。
2. 国际技术交易——国际许可证贸易,包括有关专利、商标、专有技术、版权的跨国转让和国际保护方面的法律与制度。
3. 国际服务交易——国际服务贸易方面的法律。
4. 有关政府管理贸易方面的法律与制度。

二、国际贸易法的渊源和基本原则

1. 渊源

有关国际贸易的国际条约、国际惯例、国内法、国际组织发表的宣言与决议、跨国公司及同业公会制定的标准合同。

2. 基本原则

(1)贸易自由化原则。
(2)平等互利、协商一致原则。

三、国际贸易术语

(一)国际货物买卖惯例

1. 国际贸易惯例概述

(1)概念

在长期的国际贸易中逐渐形成的,为人们所反复适用并普遍遵守的行为规则。

(2)形成原因

国际贸易——国家不同,法律不同——共同遵守平等互利、等价有偿、诚实信用的行为规则——共同希望有利于交易的方便、快捷、安全。

逐步形成一些经反复适用而约定俗成,为人们所普遍遵守的行为规则——经国际商会等民间组织以书面方式加以固定确认——国际贸易惯例。

(3)作用

简化国贸业务、明确双方责任、便于合同履行、利于解决争端。

2. 几个重要的国际贸易惯例

(1)国际贸易术语解释通则(INCOTERMS)

(2)1932年《华沙—牛津规则》(WARSAW - OXFORD RULES 1932)

(3)1941年美国对外贸易定义修正本(REVISED AMERICAN FOREIGN TRADE DEFINITION 1941)

(4)跟单信用证统一惯例(UCP500、UCP600)

(二)国际贸易术语解释通则

1. 国际贸易术语的产生

国际贸易——跨越国境——买卖双方一般相距遥远。

要经过长途运输、装卸和存储,这就需要办理洽租运输工具、装货、卸货、货运保险、申领进出口许可证和报关税等手续;须支付运费、装卸费、保险费、包储费,以及各种捐税和各种费用;还须承担货物运输过程中可能遭受损失的风险。

由此需以简短的方式准确、清晰地反映出贸易的条件,明确各方责任,简化磋商内容,缩短磋商时间和节省相关费用。(贸易术语的作用)

2. 国际贸易术语(Trade Terms)的含义

又称"价格术语"或"贸易条件",是用一个简短的概念(short hand expression)或三个字母的缩写(three - letter abbreviation)来说明交货的条件、价格的构成、买卖双方费用的负责、手续的承办和风险的责任划分等内容。

3. 国际贸易术语解释通则的形成与发展

国际贸易术语的解释通则是由国际商会(ICC)在1935年制定的,后于1953年作了修订,近年来为了适应国际货物运输方式的新发展,又于1967年、1976年、1980年、1990年和2000年进行了修改和补充。现行的文本是2000年《国际贸易术语解释通则》。该通则对内陆交货(如工厂交货EXW)、装运港船上交货(FOB),以及成本加运费与保险费(CIF)等13

种贸易术语作了详细的解释,具体规定了买卖双方在交货方面的权利与义务。该通则在国际上已经得到了广泛的承认和采用,是国际货物买卖最重要的贸易惯例。

4.《国际贸易术语解释通则》2000年的主要术语

E 组术语(EXW)

F 组术语(FAS FOB FCA)

C 组术语(CFR CIF CPT CIP)

D 组术语(DAF DES DEQ DDU DDP)

1932年华沙—牛津规则

(1)原因

资本周转的迫切性与国际贸易实际履行的长期性之间的矛盾——迫切需要象征性交货形式——可以保证国际贸易双方的利益,减少风险。

(2)产生

国际法协会1928年在波兰华沙举行会议,共为二十二条,称为《1928年华沙规则》,后经1930年纽约会议和1932年牛津会议修订为二十一条,定名为《1932年华沙—牛津规则》(WARSAW – OXFORD RULES 1932)。

(3)内容

对于CIF合同的性质、买卖双方所承担的风险、责任和费用的划分,以及所有权转移的方式等,都作了比较详细的解释。

1941年美国对外贸易修订本

(1)产生

美国九个商业团体曾于1919年制定《美国出口报价及其缩写条例》,后于1941年在美国第二十七届对外贸易会议上对该条例作了修订,命名为《1941年美国对外贸易修订本》(REVISED AMERICAN FOREIGN TRADE DEFINITION 1941)。

(2)内容——规定了六种贸易术语

①Ex Point of Origin——产地交货

②Free on Board——在运输工具上交货

③Free along Side——在运输工具旁边交货

④Cost & Freight——成本加运费

⑤Cost,Insurance and Freight——成本加保险费、运费

⑥Ex Dock——目的港码头交货

(3)适用

目前,美洲国家用得比较多,且FOB与国际贸易术语解释通则中的FOB有所不同。

(三) INCOTERMS2000 中的主要国际贸易术语

1. FOB—FREE ON BOARD 启运港船上交货

(1)概念

启运港船上交货(……指定装运港)是当货物在指定的装运港越过船舷,卖方即完成交货。

(2)双方义务

①卖方义务

A.按买方通知,在合同规定的装货港和在规定的时间,将货物交到买方指定的船上,以履行其交货义务。

B.自负风险、费用办理出口的一切手续。包括申领出口许可证、报关及缴纳出口关税等。

C.承担货物在装运港船越过船舷以前的风险、费用与责任。

D.提供相应的单据给买方。

②买方义务

A.负责签订运输合同,并及时将有关启运港、装运船等有关事项通知卖方。

B.自负风险、费用办理进口的一切手续。

C.承担货物在装运港船越过船舷以后的一切风险、费用与责任。

D.接受卖方所提供的单据。

(3)应注意的问题

装船概念及相应风险的界线;船货衔接问题;有关装船费用的划分。

2. CFR 成本+运费

(1)概念

"成本加运费(……指定目的港)"是指在装运港货物越过船舷,卖方即完成交货,但卖方须支付将货物运至指定的目的港所需的主要运费和费用。

(2)CFR 术语中的双方义务

①卖方义务

A.按协议订立运输合同,支付从启运港至目的港的主要运费,将货物交船上,并及时将装船情况通知买方。

B.自负风险、费用办理出口的一切手续。包括:申领出口许可证、报关及缴纳出口关税等。

C.承担货物在装运港船越过船舷以前的风险、费用与责任。

D.提供相应的单据给买方。

②买方义务

A.负责签订保险合同,承担除主要运费以外的其他费用。

B.自负风险、费用办理进口的一切手续。

C.承担货物在装运港船越过船舷以后的风险、费用与责任。

D.接受卖方所提供的单据。

(3)应注意的问题

①交货后货物灭失或损坏的风险,以及由于各种事件造成的任何额外费用,即由卖方转移到买方。

②卖方有义务及时将装船事宜通知买方,以利于其及时办理保险,若因为通知迟延而致使买方漏保,发生保险事故的损失由卖方承担。

3. CIF——Cost, Insurance and Freight 成本、保险费加运费

（1）概念

"成本、保险费加运费（……指定目的港）"是指在装运港货物越过船舷卖方即完成交货，但卖方须支付将货物运至指定的目的港所需的主要运费，以及支付买方货物在运输途中遭到损坏风险的海运保险费用。

（2）双方义务

①卖方义务

A. 按协议订立运输合同，支付从启运港至目的港的主要运费，订立保险合同，办理买方货物在运输途中遇到损坏风险的海运保险，支付保险费用。

B. 自负风险、费用办理出口的一切手续。包括申领出口许可证、报关及缴纳出口关税等。

C. 承担货物在装运港船越过船舷以前的风险、费用与责任。

D. 提供相应的单据给买方。

②买方义务

A. 承担除主要运费和保险费以外的其他费用。

B. 自负风险、费用办理进口的一切手续。

C. 承担货物在装运港船越过船舷以后的一切风险、费用与责任。

D. 接受卖方所提供的单据。

（3）应注意的问题

①CIF 合同的卖方为装运货物出口，卖方必须自行负责办理租船、定舱。

②卖方必须自费办理货物运输保险，是指正常的保险费，无合同约定时投保最低保险险别即可。

③是典型单据买卖：卖方凭单据履行交货义务，买方凭单据付款。

4. FCA——FREE CARRIER 货交承运人

（1）概念

货交承运人（……指定承运人接货地）是当货物在指定的交货地点交给承运人之后，卖方即完成交货。

（2）双方义务

①卖方义务

A. 按买方通知，在合同规定的装货地点和在规定的时间，将货物交给买方指定承运人，以履行其交货义务。

B. 自负风险、费用办理出口的一切手续。包括申领出口许可证、报关及缴纳出口关税等。

C. 承担货物在货交承运人以前的一切风险、费用与责任。

D. 提供相应的单据给买方。

②买方义务

A. 负责签订运输合同，并及时将有关承运人、接货地点等有关事项通知卖方。

B. 自负风险、费用办理进口的一切手续。

C. 承担货物在货交承运人以后的一切风险、费用与责任。

D. 接受买方所提供的单据。

(3) 应注意的问题

①货交承运人的交货地点是在指定的接货地。

②货交承运人适用于多式联运、集装箱运输。

③可以使风险提前转移(在指定的交货地点,而货物在运输工具之上时,通知承运人,风险就转移)。

5. CPT——Carriage Paid To 运费付至

(1) 概念

"运费付至(……指定目的地)"是指卖方将货物在指定的交货地点,交给承运人之后即完成交货,但卖方须支付将货物自承运人接货地运至指定的目的地所需的主要运费和费用。

(2) 双方义务

①卖方义务

A. 按协议订立运输合同,支付从启运地至目的地的主要运费,将货物交承运人,并及时将交货情况通知买方。

B. 自负风险、费用办理出口的一切手续。包括申领出口许可证、报关及缴纳出口关税等。

C. 承担货物在货交承运人以前的一切风险、费用与责任。

D. 提供相应的单据给买方。

②买方义务

A. 负责签订保险合同,承担除主要运费以外的其他费用。

B. 自负风险、费用办理进口的一切手续。

C. 承担货物在货交承运人以后的一切风险、费用与责任。

D. 接受卖方所提供的单据。

(3) 应注意的问题

①交货后货物灭失或损坏的风险,以及由于各种事件造成的任何额外费用,即由卖方转移到买方。

②卖方有义务及时将交货事宜通知买方,以利于其及时办理保险,若因为通知迟延而至买方漏保,发生保险事故的损失由卖方承担。

6. CIP——CARRIAGE AND INSURANCE PAID TO 保险费付至

(1) 概念

"保险费付至(……指定目的地)"是指在指定的承运人接货地将货物交给卖方即完成交货,但卖方须支付将货物运至指定的目的地所需的主要运费,以及支付买方货物在运输途中或损坏风险的运输保险费用。

(2) 双方义务

①卖方义务

A. 按协议订立运输合同,支付从启运地至目的地的主要运费,订立保险合同,办理买方货物在运输途中遇到损坏风险的运输保险,支付保险费用。

B. 自负风险、费用办理出口的一切手续。包括:申领出口许可证、报关及缴纳出口关税等。

C. 承担货物在货交承运人以前的一切风险、费用与责任。

D. 提供相应的单据给买方。

②买方义务

A. 承担除主要运费和保险费以外的其他费用。

B. 自负风险、费用办理进口的一切手续。

C. 承担货物在货交承运人以后的一切风险、费用与责任。

D. 接受卖方所提供的单据。

(3)应注意的问题:

①CIP合同的卖方为装运货物出口,卖方必须自行负责办理运输事宜,支付运费。

②卖方必须自费办理货物运输保险,是指正常的保险费,无合同约定时投保最低保险险别即可。

③是典型单据买卖:卖方凭单据履行交货义务,买方凭单据付款。

7. 几种主要贸易术语的选用

(1)几种术语的发展演变原因

FOB——CFR——CIF——FCA

(2)几种术语的适用方式

FOB、CFR、CIF 适用于海运和内河运输,而 FCA、CPT、CIP 适用于各种运输方式。

(3)几种术语的风险责任划分

FOB、CFR、CIF 中风险责任以启运港船舷为界,而 FCA、CPT、CIP 术语中风险责任以货交承运人为界,可以提前转移风险、责任,对卖方有利。

(四)《国际贸易术语解释通则》2000 中的各术语比较(见下表)

术语	含义	交货地点	风险转移	出口	运输	保险	进口	适用方式	交货形式	备注
EXW	工厂交货	工厂	工厂	买	买	买	买	一切方式	实际交货	
FAS	启运港船边交货	启运港船边	启运港船边	卖	买	买	买	海运及内河	实际交货	
FOB	启运港船上交货	启运港船上	启运港船舷	卖	买	买	买	海运及内河	象征交货	
FCA	货交承运人	承运人地	货交承运人	卖	买	买	买	一切方式	象征交货	
CFR	成本+运费	启运港船上	启运港船舷	卖	卖	买	买	海运及内河	象征交货	
CIF	成本+运费+保险费	启运港船上	启运港船舷	卖	卖	卖	买	海运及内河	象征交货	
CPT	运费付至	承运人地	货交承运人	卖	卖	买	买	一切方式	象征交货	

续表

术语	含义	交货地点	风险转移	出口	运输	保险	进口	适用方式	交货形式	备注
CIP	保险费付至	承运人地	货交承运人	卖	卖	卖	买	一切方式	象征交货	
DAF	边境交货	指定边境	指定边境	卖	卖	卖	买	一切方式	实际交货	
DES	目的港船上交货	目的港船上	目的港船舷	卖	卖	卖	买	海运及内河	实际交货	
DEQ	目的港码头交货	目的港码头	目的港码头	卖	卖	卖	买	海运及内河	实际交货	
DDU	未完税交货	指定目的地	指定目的地	卖	卖	卖	买	一切方式	实际交货	
DDP	已完税交货	指定目的地	指定目的地	卖	卖	卖	卖	一切方式	实际交货	

第二节 国际货物买卖法律制度

一、国际货物买卖合同的订立

国际货物买卖合同的订立

要约

要约人→→→→→受要约人

↑←←←（承诺人）

承诺

订约过程图示

二、国际货物买卖的履行

1. 国际货物买卖中的卖方义务

(1) 提交货物

交货地点——有约定的从约定，无约定（卖方营业地、特定地点、货交承运人）。

交货时间——有约定的从约定，无约定（合理的时间）。

(2) 提交单据

按时、按地、按要求、完整提交。

(3) 担保义务

品质担保——货物品质应符合通用、明示、默示、说明书、样品用途、通用包装。

权利担保——第三方不能提出任何权利要求（所有权、抵押、留置权、知识产权）。

2. 国际货物买卖中的买方义务

(1) 付款

付款地点——有约定从约定，无约定（在卖方营业地、移交货物或单据地付款）。

付款时间——有约定从约定,无约定(提交货物单据时付款)。
(2)收货
采取措施促进卖方能按约交货;
接收货物。

三、国际货物买卖中的违约救济

1. 双方均可采取的救济措施
(1)根本违约——解除合同,要求赔偿损失。
季节性、时间性要求很强的商品被迟延履行,使合同目的落空。
一方不履行合同,经催告及给予宽限期届满之后仍不履行。
(2)一般违约——要求赔偿损失,并采取其他救济措施。
一方当事人不履行或不完全履行合同的义务,致使另一方利益受损,但又尚未达到根本违约的状态。
(3)预期违约——对方可中止履行合同义务+要求提供担保——解除合同。
2. 买方违约、卖方可采取的救济
(1)要求实际履行;
(2)宣告合同无效;
(3)请求损害赔偿;
(4)要求支付利息;
(5)确定货物具体规格。
3. 卖方违约,买方可以采取的救济
(1)要求实际履行;
(2)要求交付替代物;
(3)要求对货物进行修理;
(4)宣告合同无效;
(5)减低价格。

四、国际货物买卖合同的风险转移

1. 风险转移的原则
(1)以交货时间确定风险的原则即买方收货时起,风险转移于买方承担。
(2)过失划分的原则即有过错,多担风险(逾期供货,交货后风险)。
(3)国际惯例优先原如 FCA/FOB/CIF 与 DES/DDU/DDP 风险分担的不同。
(4)划拨是风险发生转移的前提条件,但货物在划拨(特定化)合同项下前风险不发生转移。
2. 风险转移的时间
(1)涉及运输的交货——A. 卖方无义务在特定地点交货(货交第一承运人时风险转移);B. 卖方须在特定地点交货(交货时风险转移)。

(2)在途货物的交货——原则上自订约时起,风险转移。

不涉及运输的交货——A.在卖方营业地交货(买方接收货物时风险转移给买方,或在货物交买方处置但遭无理拒收时起转移给买方);B.在卖方营业地以外交货,货物已到,买方知道货物已在该地受他处置时,风险才开始转移给买方。

第三节 国际货物运输法律制度

一、国际货物运输的概念及特点

1. 国际货物运输的概念

是指采用一种或多种运输方式,把货物从一国的某一地点运至另一国的某一地点的运输。

2. 国际货物运输的特点

(1) 货物作跨越国界的移动。

(2) 货物从一国境内的卖主手中到达另一国境内的买主手中。

(3) 法律关系独立于国际货物买卖合同。

3. 国际货物运输的种类及各自优缺点

(1)国际海上货物运输

优点:运量大、运费低。

缺点:速度慢、风险高。

(2)国际铁路货物运输

优点:运力较大、运费较低、速度快。

缺点:受地域影响较大(铁路)。

(3)国际航空货物运输

优点:速度快,不受地域影响。

缺点:费用高、动力小。

(4)国际邮政货物运输

优点:便捷,门到门。

缺点:运量小、费用高。

(5)国际多式联运

优点:便捷,门到门。

缺点:承运人多,难确定责任。

二、国际海上货物运输

1. 运输方式

(1)班轮运输 托运人——承运人

①班轮运输的概念

亦称定期船运输,是指班轮公司将船舶按事先制订的船期表,在特定航线的港口之间,为非特定的众多货主提供规则的、反复的货物运输服务,并按运价本的规定计收运费的一种营运方式。

②班轮运输的特点——"四固定一负责":

固定的港口;

固定的航线;

固定的船期;

相对固定的费率;

船公司负责装卸。

(2)租船运输　船舶承租人——船舶出租人

①租船运输的概念

租船运输是一种需在市场上寻求机会,没有固定的航线和港口,也没有预先制定的船期表和费率本,船舶经营人与需要船舶运力的租船人是通过洽谈运输条件、签订租船合同来安排运输的经营方式。

②租船运输的种类

A. 航次租船合同——程租。

B. 定期租船合同——期租。

C. 光船租赁合同。

两种方式的比较。

2. 运输单据——提单

(1)提单的概念

是指用以证明海上货物运输合同和货物已由承运人接受或装船,以及承运人保证据以交付货物的单据。

(2)提单的作用

①是运输合同的证明。

②是承运人收到承运货物的收据。

③是货物所有权的凭证。

(3)提单的种类及意义

①已装船提单、备运提单。

②直达提单、转运提单、联运提单。

③记名提单、不记名提单、指示提单。

④清洁提单、不清洁提单。

(4)有关提单的国际公约

①《海牙规则》——全称《1924年统一提单的若干法律规则的国际公约》。

②《维斯比规则》。

③《汉堡规则》。

3.海牙规则

(1)承运人责任

①在开航时和开航前恪尽职责使船舶适航

开航时和开航前使船舶适航——适航;

船员的配备、船舶装备和供应适当——适员;

船舶要适合货物的安全运送和保管——适货。

②适当和谨慎地装载、搬运、配载、运送、保管、照料和卸载所运货物

(2)承运人责任豁免的情形

A.承运人对船长、船员、领航员或承运人的其他受雇人在驾驶船舶或管理船舶中存在过失。

B.非承运人过失发生的火灾。

C.海难。

D.天灾,海上或其他可航水域的危险或意外事故。

E.战争。

F.公敌行为。

G.政府或主管部门的行为。

H.检疫限制、扣押。

J.罢工。

K.暴动和骚乱。

L.海上求助或企图救助人命或财产。

M.托运人、货物所有人或其代理人的行为。

N.货物的自然特性或固有缺陷。

O.货物包装不良。

P.唛头不清、不当。

Q.经谨慎处理仍未发现的船舶潜在缺陷。

R.非承运人或其受雇人、代理人实际过失或私谋造成的其他原因。

S.合理绕航。

(3)承运人责任期间和诉讼时效

①责任期间

承运人的责任是货物装上船起至卸下船止的整个期间。

当使用船上吊杆装卸货物时,指从装货时吊钩受力开始至货物卸下船脱离吊钩为止的整个期间,即实行"钩到钩原则"。

当使用岸上吊杆装卸时,则货物从装运港越过船舷时起至卸货港越过船舷为止的整个期间,即"舷至舷原则"。

②诉讼时效

货物自卸货港交货前或交货时,收货人应将货物的灭失或损害的一般情况以书面方式通知承运人。

在损害不明显时,该通知应在交货之日起三天之内提交;如在交货时,承运人和收货人已经对货物进行联合检验或检查,则无须再提交书面通知。

任何情况下,从货物交付日或应交付日起,托运人或收货人应就货物灭失或损坏开发部在一年内提起诉讼,否则,承运人免责。

(4)托运人责任

①保证义务

保证托运货物的妥善包装;

保证货物装船时所提供的货物品名、标志、包数或件数、重量或体积的正确性。

②通知义务

托运人在托运危险货物时,应按规定妥善包装做出危险标识;

将其正式名称、性质及应当采取的预防措施通知承运人。

三、国际铁路货物运输

1.国际铁路货物运输公约

(1)《国际货约》(CIM)

全称《关于铁路货物运输的国际公约》,1961年在伯尔尼签字,1975年生效。其成员国包括主要的欧洲国家,如法、德、比、意、瑞士、西班牙及东欧各国,此外,还包括西亚的两伊和叙利亚,西北非的阿尔及利亚、摩洛哥、突尼斯等28国。

(2)《国际货协》(CMIC)

全称《国际铁路货物联合运输协定》,1951年在华沙订立,1974年生效修订本,成员国主要是苏联、东欧各国加上中、蒙、朝、越共计12国。

(3)注意事项

①《国际货协》的东欧国家又是《国际货约》的成员国,使得《国际货协》国家进出口货物可以通过铁路转运至《国际货约》的成员国去,为沟通国际铁路货物运输提供了更有利的条件。

②我国1953年加入《国际货协》,作为其成员国,凡经由铁路运输的进出口货物均按《国际货协》的规定办理。

2.《国际货协》的合同订立

(1)合同成立

发货人托运货物——填写运单和运单副本(按规定的格式)——向始发站提出——如发站在运单及账本上加盖印戳——合同成立

(2)运单效力

铁路收货及承运货物的凭证——收货凭证

是终点站向收货人核收运杂费用和点交货物的依据——交货凭证

但与海运提单不同,其不能转让,不是物权凭证。

运单副本在加盖印戳后退还发货人,成为买卖双方结清货款的主要单据。

(3)《国际货协》的托运人权利义务

① 如实申报

② 文件完整

③ 货物交付与拒收

托运人在填写运单的同时,要提交全部货物和付清运费及有关费用。

提交的货物可以是整车,也可是零担,但不属于下列货物[邮政专运物品或炸弹、炸药和军火或属于《国际货协》附件(四)中所列的危险品或重量不足10公斤的零担货物]:

金银、珠宝、电影片、字画、古董和特种光学仪器等贵重物品,托运时应声明其价值。

货到终点时,发货人有权凭单领取货物,发现货物毁损不能尽原用途使用时,可以拒收货物并索赔,但仍应支付全部运费。

④ 运送费用的支付和计算

发送国铁路运费——按发送国国内运价计算——始发站由发货人支付

到达国铁路运费——按到达国国内运价计算——终点站由收货人支付

始发站与终点站为两邻国无需经第三国过境——两国有直通运价——按价计费

经第三国过境——依国际货协统一运价规程计算——可由始发站向发货人收取,也可由终点站向收货人收取(但依前规则由发货人付的不得转嫁)

⑤ 变更合同(发货人和收货人可依法变更合同,并承担相关费用损失)

(4)《国际货协》的承运人权利义务

① 承运人对其责任期间内(签发运单——终点交货)货物逾期、灭失、毁损造成的损失负赔偿责任。

② 核查运单和货物。

③ 执行或拒绝变更合同(拒绝事由:接到通知时无法执行;与本国法相抵触;违反铁路运营管理;货值不能抵偿变更到站后的费用)。

④ 连带责任(各站对全程负连带责任)

⑤ 免责(不可抗力,自然损毁,发、收货人过失或要求,装卸原因,未采取必要措施,名称标示不准确,敞车类货箱运送,承运人无法发现的容器或包装缺点,标准内途耗)。

⑥ 留置权。

⑦ 赔偿限额(不超过货物全部灭失金额,部损与货价减损金额相当,赔偿按账单上所开列的价格计算,另有声明的除外,逾期 < 总运期 1/10,罚款 6%;逾期 > 总运期 4/10,罚款 30%)。

四、国际航空货物运输

1. 国际航空货物运输公约

(1)《华沙公约》

全称《统一国际航空运输某些规则的公约》,1929年华沙签订,1933年生效,1958年我国加入该公约。

(2)《海牙议定书》

全称《关于修改1929年统一国际航空运输某些规则的公约的议定书》,1955年海牙订立,1963年生效,1975年我国加入该公约。

(3)《瓜达拉哈拉公约》

全称《统一非缔约承运人所办国际航空运输某些规则以补充华沙公约的公约》,订于1961年,1964年生效,我国未加入该公约。

2. 航空货运单

(1)航空货运单的签发

根据《华沙公约》,承运人有权要求托运人填写航空货运单。一式三份,一份经托运人签字后交承运人;第二份附在货上,由搬运人和承运人签字后交收货人;第三份由承运人在收货后签字交托运人。

(2)性质

是双方订立合同的凭证——订约凭证;

是接受货物和承运条件,以及记载货物重量、尺寸、包装、件数等的书面凭证——收货及运输凭证。

是货物权利的凭证,但不允许转让——提货凭证而非物权凭证。

*《海牙议定书》允许填发可流通的航空货运单——物权性。

3. 托运人、承运人责任及免责

(1)对货运单上货物的说明和声明的正确性及由于延误、不合规定、不完备给承运人、代理人造成的损失负责。

(2)有权在启运地、目的地将货物提回或途中经停时终止运输,或将货物运交非货运单上指定的收货人,但托运人需承担由此给承运人造成的损失。

(3)提供必要的资料以通关、完税,否则,承担由此造成的损失。

第四节　国际货物保险法律制度

一、承保的风险与损失

1. 承保的风险

(1)自然灾害

与航行有关的山崩、地震、火山、海啸、洪水、雷电等自然灾害和恶劣气候等。

(2)意外事故

与航行有关的搁浅、触礁、沉没、失踪、碰撞、失火、爆炸等。

(3)外来风险

指由外来原因如偷窃、受潮、串味、钩损、玷污等外来原因,以及由于战争、暴动、罢工等特殊原因造成的货物损失与灭失等。

2. 承保的损失

(1)单独海损

指海上运输途中发生的,只能由个人单独承担的海上货物损失。

(2) 共同海损
① 共同海损的概念
是指当船长面对正在发生的危险时,为了保证整体船货的安全,或是为了挽救生命或继续完成航行的需要,不得已而采取一定措施而造成的特定损失或支出的特别费用。
② 共同海损的特征
A. 须面对正在发生的共同危险。
B. 船方系不得已而采取的措施,且故意导致的损失。
C. 导致的损失是特殊的、额外的。
D. 采取的措施是有效果的。

二、保险单

1. 定值保险单
指载明保险标的的约定价值的保险单,该价值就是保险公司在保险事故发生后的赔偿价值。通则为货物 CIF 价或 CIP 价加上 10% 的买方预期利润。

2. 航程保险单
指以一次或多次航程为期限的保险单。

3. 流动保险单
指承保人与被保险人就总的承保条件(如承保风险、费率、总保险金额、承保期限等)事先予以约定,细节留待以后申报的保单。

4. 预约保险单(开口保险单)
与流动保险单相似,只是在保险单中未规定保险总金额,合同终止由双方约定。

5. 重复保险单
指内容相同,可重复使用的保险单

三、保险责任的期间与索赔

1. 保险责任的期间
一般是从被保险货物运离保险单所载明的启动地仓库或储存处开始运输时起,到该货物到达保险单所载目的地收货人的最后仓库或储存处(即"仓至仓"条款),或被保险人用作分配、分派或非正常运输的其他储存处所为止。
如未抵达上述仓库或储存处所,以货物在最后卸载地后满六十天终止。
航空货运为货物卸离飞机后满三十天为止。
如在上述期间内,货物被运至保单所载目的地以外地点,保险责任则从货物开始转运时终止。

2. 索赔期限
通常从货物在最后卸载地全部卸离运输工具时起,最多不超过两年。

四、被保险人义务

1. 如实申报
投保人或被保险人填写保险单时,应对货物、货物性质、价值等如实申报,否则,保险人可以解除保险合同,并对保险标的的损失不予赔偿。

2. 及时提货

3. 保全货物

对遭受承保范围内危险的货物,应迅速采取合理的措施,减少或防止货物损失。

4. 通知

当获悉航线改变或发现保单所载货物的运输工具、航程有遗漏或错误时,被保险人应及时通知保险人,在必要时要另加保费,保险单继续有效。

5. 索赔

当发现货物遭受损失时,应立即向保单上所载明的检验、理赔代理人申请检验,并向承运人、受托人或海关、港务当局索取货损、货差证明,并以书面方式提出索赔。

6. 国际海上货物运输保险法律制度

各国有本国的规定,更重要的是一些保险条款,如中国人民保险公司保险条款,伦敦保险协会保险条款等。

五、中国人民保险公司保险条款

1. 承保范围——险别

(1) 基本险

① 平安险——单独海损不赔

赔偿海运期间由于自然灾害所致的货物全部损失。

赔偿由于意外事故所致的货物全部与部分损失。

海运期间,先发生了意外事故,则无论是在事故发生之前还是之后,又因自然灾害而致的部分损失均予赔偿。

② 水渍险——平安险 + 自然灾害而致的部分损失

③ 一切险——水渍险 + 一般外来风险

(2) 附加险

① 附加险的含义

② 附加险的种类

一般附加险(13 种:如偷窃、破碎、串味、钩损、锈损、短量等)。

特殊附加险(战争、罢工、被拒绝进口、没收等)。

2. 除外责任

(1) 除外责任的概念

是指保险公司不承保或不赔偿的范围。

(2) 除外责任的内容

被保险人故意行为或过失行为所造成的损失。

属于发货人责任所引起的损失。

在保险责任开始前,被保险货物已存在的品质不良或数量短差所造成的损失。

被保货物的自然损耗、本质缺陷、特性,以及市价跌落、运输迟延所引起的损失或费用。

除非其专门投保了战争险和罢工险的情形外,战争与罢工险所列之风险负责。本公司海洋运输货物战争险条款或罢工险条款规定的责任范围。

六、伦敦保险业协会保险条款

(1)协会货物(A)险条款即ICC(A)——近似于一切险

(2)协会货物(B)险条款即ICC(B)——近似于水渍险

(3)协会货物(C)险条款即ICC(C)——近似于平安险

(4)协会货物战争险条款

协会货物罢工险条款

恶意损害险条款

注意:除恶意损害险外,前五种可以单独投保,且ICC(A)包括恶意损害险,但在投保ICC(B)或ICC(C)险时,应另行投保恶意损害险。

七、国际陆上货物运输条款

1.承保范围

(1)陆运险:承保因自然灾害或意外事故造成的全损或部损,以及被保险人为防止或减少货损采取抢救措施所支出的费用(但以不超过被救货物的保险金额为限)。

(2)陆运一切险:陆运险+外来原因所致的全损或部损。

2.除外责任

同海运保险的除外责任。

3.保险责任起讫

仓至仓条款,责任期间同海运。

4.被保险人义务及索赔期限

同海运,索赔时效自货物在最后目的地车站全部卸离车辆后≤2年。

八、国际航空货物运输条款

1.承保范围

航空运输险:承保因自然灾害或意外事故造成的全损或部损,以及被保险人为防止或减少货损采取抢救措施所支出的费用(但以不超过被救货物的保险金额为限)。

航空运输一切险:陆运险+外来原因所致的全损或部损。

2.除外责任

同海运保险的除外责任。

3.保险责任起讫

仓至仓条款,责任期间同海运。

4.被保险人义务及索赔期限

同海运,索赔时效自货物在最后目的地全部卸离飞机后≤2年。

第五节　国际贸易支付法律制度

一、国际贸易支付的重要性

(1)卖方的核心诉求；
(2)国际贸易的核心风险所在；
(3)国贸人员业务的重中之重；
(4)风险、利润、机会。

二、买方直接付款

1. 概念
是买方通过银行主动将款项支付给卖方。

2. 种类
信汇(M/T)
电汇(T/T)
票汇(D/D)

3. 特点
直接，经济。
买方汇不汇,何时汇,汇多少,均由买方确定,对卖方风险较大。

4. 解决
见单付款。
交单付现。

三、银行托收

1. 概念
是指卖方以买方为付款人开立汇票,委托银行代其向买方收取货款的一种结算方式(商业信用)。

2. 种类
光票托收
跟单托收
——付款交单(D/P)
——承兑交单(D/A)

3. 当事人
委托人/托收行/代收行/付款人
相互关系/银行责任与免责

法律依据
《商业单据托收统一规则》(URC522)

四、银行信用证

1. 概念

银行根据买方的请求开给卖方的一种保证有条件承担支付货款的书面凭证。在信用证内,银行授权卖方在符合信用证所规定的条件下,以该行或其指定的银行为付款人,开具不得超出规定金额的汇票,并随附信用证规定的装运单据,按时在指定地点收取货物。

2. 内容

3. 种类

可撤销/不可撤销信用证

保兑/不保兑信用证

可转让/不可转让信用证

可循环/不可循环信用证

4. 当事人

开证申请人/开证行/通知行/议付行/受益人

相互关系与银行责任

5. 法律依据

《跟单信用证统一惯例》(UCP500/600)

相关重要规定

第六节 国际技术贸易法律制度

一、国际技术贸易法概述

1. 国际技术贸易(转让)的概念

(1)国际技术贸易

是指跨越国境的技术转让,故而国际技术贸易又称为国际技术转让。

(2)国际技术转让

转让方将自己拥有的技术跨越国界地转移给受让方的行为。

转让方(供方)→→ 受让方(受方)

转让的是技术,具有无形性、多占性、时效性、复杂性的特点。

2. 国际技术贸易(转让)的内容

(1)工业产权技术(专利、商标、地理标记、商号、集成电路布图设计)。

(2)专有技术。

(3)工厂设备的安装、操作,以及交钥匙项目所需技术知识。

第十三章　有关国际贸易中的法律问题

(4)对购买租赁的机器、设备或材料,提供取得、安装和使用所需的技术知识。
(5)提供工业和技术合作安排的技术。
3.国际技术贸易与国际货物买卖的区别
(1)标的不同
货物/技术——无形、易受侵害、法定、复杂。
(2)转移的主要是使用权
技术转让包括所有权转让与使用权转让,但以后者为主。
(3)可以同时转让给多人
技术的无限复制性——独占许可/排他许可/普通许可
(4)是一个长期复杂的交易
涉及技术转让后的人员培训、成效考核、后续改进及归属等一系列问题。
(5)适用的法律也不同
4.国际技术贸易(转让)法
含各国国内的相关法规和国际条约公约等。

二、国际技术贸易(转让)合同

1.国际技术转让合同的概念与特点
(1)国际技术转让合同的概念
　　是一方当事人跨越国境将自己所有的技术/技术使用权转让给另一方当事人,并收取价款或使用费;另一方当事人取得技术/技术使用权,并支付价款或使用费;或一方当事人跨越国界地以技术为另一方当事人完成一定的工作任务并收取报酬;另一方接受技术劳动成果并支付报酬的书面协议。
(2)国际技术转让合同的特点
①双务、诺成的有偿合同。
②双方当事人分处不同国家。
③标的为无形的技术知识,但往往和设备、生产线等的交易相结合进行——复杂。
④履行期限较长,涉及面较宽,需当事人长期密切合作,真诚配合。
2.国际技术转让合同的标的
(1)工业产权技术
(2)专利技术
(3)商标

三、国际许可合同

1.国际许可合同的概念和内涵
(1)概念
　　确切地说,是国际使用许可合同,又称国际许可协议,是指营业地在不同国家的当事人,一方准许另一方使用自己所拥有的工业产权无形财产或专有技术的使用权,并收取使用费,而另一方获得该项使用权并支付使用费的书面协议。

(2) 内涵

国际许可协议当事人包括出让方(许可方)与受让方(被许可方);

合同的主体一般是不同国家的自然人或法人;

合同的客体标的主要有三种:专利使用权、商标使用权和专有技术使用权。

2. 国际许可合同的种类

(1) 根据受方使用权的大小分为

① 独占许可合同

② 排他许可合同

③ 普通许可合同

(2) 根据受方是否有权将受让技术再行转让

① 可转让许可合同

② 不可转让许可合同

(3) 互换许可合同

3. 国际许可合同的主要条款(上)

(一)序文

合同、当事人名称、地址、签约时间、地点,以及鉴于条款

鉴于条款 whereas clause

(1) 鉴于条款的概念(背景/目的/愿望)

(2) 鉴于条款的作用(做出保证/仲裁、审判的依据)

(3) 鉴于条款的内容

(二)定义条款

(三)项目条款——技术范围

(四)价格条款——技术费的作价方法

1. 统包价格

2. 提成价格

3. 固定与提成相结合的价格

(五)技术资料交付和产品考核验收条款

(六)技术服务和培训条款

(七)关于技术改进成果的归属和分享条款

(八)保密条款

(九)违约及补救办法条款

(1) 违约行为

(2) 补救措施

受方向供方索赔的主要方式为罚款。

（十）其他条款

四、国际技术咨询服务合同

1. 国际技术咨询服务合同的概念和特征
(1) 概念
是指专利技术和专有技术以外的技术资料和管理的咨询或者服务。
(2) 特征
系双务、有偿、诺成的合同。
供方提供的主要是技术和管理两个方面的咨询和服务。
双方当事人的基本权利义务是供方以其掌握的科学技术的劳动力为受方完成一定工作任务，提供咨询意见，并按约定收取报酬。受方按合同规定检查验收，取得供方所提供的工作成果，接受咨询意见，并付给约定的报酬。
供方提供的是某种技术性的劳务，而该技术既非工业产权技术、亦非具有保密性的专有技术，而是它们之外的普通技术。
2. 国际技术咨询服务合同的种类
进行项目可行性研究、进行工程设计、提出工程计划、编制施工方案。
派遣专家指导生产、培训技术人员，就企业的技术改造、产品设计的改进、质量的控制和企业的管理等提供咨询意见。

五、混合型技术贸易合同

1. 混合型技术贸易合同的概念和特征
指同时包括国际技术贸易与国际货物贸易或服务贸易等两种以上国贸对象的合同形式。如国际工程承包合同和带技术引进的成套设备买卖。
具体指含工业产权的转让或许可、专有技术的许可或者技术咨询服务任何一项内容的合作生产合同、合作设计合同和成套设备、生产线和关键设备进口等合同。
2. 国际合作生产合同
(1) 概念
指一国公司、企业与另一国/地区的公司、企业根据所签协议，合作生产某种产品或合作研究某个项目，或联合设计某种产品的一种经济合作和技术转让的一种综合方式。（中巴合作生产枭龙战斗机）
其包括：共同制定生产计划，转让生产技术，双方技术人员共同研制，以及相互提供零部件等。
(2) 特征
合作的长期性——受方的才能逐渐全部接受技术，供方也愿意提供先进技术。
合作生产的当事人是多方的——技术提供方、接受方、合作生产制造工厂和最终用户。
合作生产是各方各自生产、分别计价——硬件一次性买断或卖断，技术转让可按许可贸易的形式结算。
(3) 基本形式
根据合同规定的分工，合作双方分别生产不同的部件，由一方或双方装配成完整的成品出售(空中客车)。

供方作价提供关键部件,免费提供技术资料和指导,由受方组装成产品并销售(来件装配)。

一方提供技术或生产设备的形式。

(4)有利方面

受方既可以学习外国的先进技术,又可节约引进技术的外汇支出。

受方可以借助供方的产品和信誉,使其产品较顺利地进入国际市场或利用供方的营销渠道扩大自身产品的销路。

受方可以以自己的劳动密集型零部件换回对方的技术密集型零部件,降低自身的生产成本。

可提高受方自身的技术水平和制造能力,更加切合自身实际需要。

(5)不利方面

对受方的技术要求较高,需匹配供方技术。

局限于引进国外的应用技术,引进尖端技术不可能。

引进掌握技术的周期长、时间较慢。

3. 国际工程承包合同

(1)概念

指一国的政府部门、公司、企业或项目所有人(一般称工程业主或发包人)委托国外的工程承包人负责按规定的条件承担完成某项工程任务(如小浪底水利枢纽工程、京沪磁悬浮高速铁路工程)。

是一项综合性国际经济合作方式,包括国际技术转让和提供劳务等内容。

(2)特征

工程本身的内容比交易内容复杂——往往从项目的可行性研究开始,涉及基本设计、详细设计、采购设备和原材料、施工、试车、直到移交给业主等一系列环节/商务上包括购买、信贷、运输、保险、分包、技术转让等多项内容。

项目营建时间长。

当事人双方承担的风险大,如政治、经济及自然条件的突然变化,原材料/人工费的涨价,货币的贬值等。

第七节 国际服务贸易法律制度与政府管理贸易的法律制度

一、国际服务贸易法律制度

1. 国际服务贸易的概念

(1)服务的概念

是指一个人向他人履行义务或提供劳动,前者为后者的利益或按其指令履行义务或提供劳动,其意志受后者的控制与支配。

一般分为:行政部门的服务、军事部门的服务、公用服务和普通商业服务。

第十三章 有关国际贸易中的法律问题

(2) 国际服务贸易的概念

是指各种类型服务的跨国交易,其可以发生在不同国家国民之间,也可以发生在不同的国土之间。

(3) 国际服务贸易法

是调整服务的跨国交易的各种法规之和。

2. 国际服务贸易的特征

(1) 无形性

服务,是一种无形产品,以活动形式提供使用价值。

(2) 同步性

生产与消费的过程同步进行。

(3) 易逝性

标的难以储存和反复转让。

(4) 一般不经过海关

(5) 主体的国际性

核心是主体履行的义务或提供的劳务,故需考虑交易主体的国籍问题。(包括外国人在本国对当地人的服务)

(6) 政策问题多于法律问题,法律调整有国内倾向。

多涉及一些原则(最惠国待遇/国民待遇),缺乏统一协调的法律。

3. 国际服务贸易的法律与适用范围

(1) 法律

GATT 乌拉圭回合签署《服务贸易总协定》。

(2) 适用范围

跨境服务——自一成员境内向另一成员境内提供服务(服务的消费者与提供者均不移动)——如通过电信、邮电、计算机网络实现的视听、金融、信息等服务。

过境消费——在一成员境内向另一成员的消费者提供服务(通过服务消费者的过境移动实现——如接待国际旅游、接收留学生等)。

商业存在——一成员方的服务提供者在另一成员境内以商业存在的形式提供服务(与市场准入与国际投资有关)——如国际投资—代表处、法人或其分支机构的服务收入。

自然人的存在——一成员服务提供者以自然人的身份在另一成员境内提供服务——如一国演员、教师、医生等到另一成员境内提供专业服务。

二、政府管理贸易法律制度

1. 政府管理贸易法律制度的概述

(1) 概念

是各国政府或为保护促进国内生产、增加出口、限制进口而采取的鼓励与限制措施(如关税制度);或为政治目的,对进口采取禁止或限制的措施(如配额/许可证制度)。是一种贸易政策的体现。

(2)种类

对进口贸易的管理

对出口贸易的管理

(3)范围

关税制度、许可证制度、配额制度、外汇管制制度、商品检验制度、原产地规则,以及有关竞争的法律制度。

2.关税制度

(1)概念

是一国政府为管理对外贸易,由海关对所有进出关境的货物课征的一种税收。包括出口关税和进口关税。

(2)种类

①优惠关税(特惠关税):是对来自某一国家和地区的商品全部或部分给予特别优惠的低关税(北美自由贸易区)。

②普通关税:一国对来自未建交或未签订贸易协定的国家或地区的产品征收的关税。

③特别关税(差别关税):是一国对来自某些国家或地区的同一类产品,适用不同税率征收的关税(反倾销税/报复关税)。

(3)保税制度

是一国海关对进入该国特定区域的货物,或用于加工制造出口的原材料、成品等免征关税的制度。

保税仓库/自由港和自由贸易区/出口加工区/综合性区域。

3.许可证制度

(1)概念

是一国政府规定的对某些商品的进出口必须领取政府颁发的许可证方可进口或出口的制度。

(2)种类

自动许可证(进出口商不需逐笔申请与获得批准)/非自动许可证(每笔交易均需经主管部门审查、批准,才予发放)

进口许可证(保障国内收支平衡、人类及动植物安全及国家利益)/出口许可证(保护国内资源或国家安全的目的)

(3)内容

许可证类别、进出口商名称、商品名称、商品数量或重量、价值、进出口国别或地区、最终用户。

4.配额制度

(1)概念

是一国政府在一定期限内,对某些进出口商品的数量或金额设定最高限度的制度。

在限额内的商品可以进出口,超额度的不准进出口或要缴纳较高的惩罚性关税或罚款。

(2)种类

进口配额:绝对配额(出口国政府对某商品进口规定最高限额,超过不准进口——分为全球配额/国别配额/进口商配额)/关税配额(配额外征高关税)。

出口配额：主动配额(出口国政府根据国际市场容量或其他情况对出口商设定的限额)/被动(自动)配额(出口国政府迫于进口国的压力或要求，自动限制本国商品向对方出口的数额，达到限额则停止向该国或地区的出口——包括有协议的自动出口配额和无协议的自动出口配额)。

5. 外汇管理制度

(1) 概念

是一国政府对本国境内的自然人和法人的外汇买卖、汇率、外汇市场及其他外汇业务(外汇的收付、借贷、担保、转移等)进行管理的法律制度。

(2) 种类

①贸易项下的外汇管理：

A. 外汇管制/经常项目下的可自由兑换：要求出口的外汇收入的全部或部分必须按官方汇率出售给国家指定的银行，进口所需外汇必须向外汇管理部门申请，批准后方可购买外汇，用于进口。

B. 完全自由兑换：外汇收支完全自由化。

②汇率管理：

A. 直接管理：一国以立法的形式规定外汇收支必须按官方公布的汇率进行结算。

B. 间接管理：通过立法以外的手段来间接影响汇率。

6. 商品检验制度

(1) 概念

是一国政府对进出口的货物由国家指定的检验部门进行商品检验的制度。

(2) 目的与作用

保证商品质量符合合同规定；

保障人类和动植物的生命和健康；

保护环境；

保护公共利益；

排斥国外竞争对手，实行贸易保护主义。

思考题

1. 依据《INCORTERMS2000》，试比较国际货物术语FOB与FCA之间的区别，分析其应用价值。
2. 在国际海上货物运输中，班轮运输与租船相比有何区别？
3. 中国人民保险公司保险条款中的三大基本险之间有何联系与区别？

第十四章

有关国际投资中的法律问题

第一节 国际投资法概述

一、国际投资的概念和特点

1. 国际投资的概念

泛指投资者为了使其资本增值或营利而将其资本跨国界投入另一国的一种经济活动。

2. 国际投资的特点

(1) 基本特征是资本跨越国界流动。

(2) 目的是为了使其资本增值或盈利。

(3) 用于国际投资的资本,既可是有形财产,也可以是无形财产。

(4) 投资活动时间长。

(5) 投资活动受投资环境的影响大。

二、国际投资的方式与区别

1. 国际投资的方式

(1) 直接投资

国际投资者以控制企业经营管理权为核心。是以设在一个经济体的实体通过设在另一个经济体的企业取得长期利益为目的。

因投资者直接参与东道国的企业经营管理,以取得长期利益为目的,与东道国企业共享收益、共担风险。所以,其为了盈利,往往会为东道国带来先进的技术及管理经验。

(2) 间接投资

国际投资者通过贷款或购买债券以获取利息。是指投资者通过购买外国股票、其他有价证券,或提供货款等方式,使投资资本增值的经济活动。

因投资者不参与东道国的具体经营,故往往并不积极参与东道国的相关建设。

(3) 区别

①主体不同。

②是否控制企业不同。
③投资风险分担不同。
④取得利润方式不同。

2. 国际投资的意义

分享新兴国家的经济建设成果;追逐利润。

3. 国际投资法的概念及特征

(1)国际投资法的概念

姚梅镇:"国际投资法是国际经济法的一个分支,指调整国际私人直接投资关系国内法律规范与国际法律规范的总和。"

余劲松:"国际投资法调整的对象主要是国际私人直接投资。国际间接投资关系一般不在国际投资法的调整对象之列,私人间接投资关系属于一般民商法、公司法、票据法、证券法等法律、法规调整范畴,国际组织与政府间,或政府、区地间的资金融通关系一般是由国际经济组织法或有关政府间货款调整。"

结论:是调整跨国私人直接投资关系的国内法律规范与国际法律规范的总称。

(2)国际投资法的特征

①投资关系所涉及的外国投资具有私人性质。
②投资关系所涉及的外国投资仅限于直接投资。
③投资关系涉及国内法与国际法双重关系。

三、国际投资法的渊源

1. 国内法律规范

(1)投资东道国有关国际私人直接投资的法律规范

规范资本输入的法律规范,其内容包括:外国投资项目的审批、投资范围(鼓励/限制/禁止)、投资方式(独资/合营)、外国资本(货币/实物/知识产权)、投资比例、权力机构和经营管理权(董事会/股东会最高权力)、投资本金和利润的汇出、征收(国有化)及补偿、劳动力雇佣。

(2)投资母国有关国际私人直接投资的法律规范

规范资本输出的法律规范。

2. 国际法律规范

(1)国际投资惯例——国际商会《国际投资指南》
(2)投资东道国与投资母国订立的双边投资协定
(3)调整国际投资关系的多边投资条约

1966年《解决国家与他国国民间投资争端的公约》、1988年《多边投资机构担保公约》、1995年《与贸易有关的投资措施协议》及《服务贸易总协定》等。

《东盟投资领域框架性协定》《安第斯共同体第291号决定》《北美自由贸易协定》等等。

四、国际投资法的基本原则

1. 各国对其境内的一切自然资源享有永久主权原则。

2. 各国对其境内的外国投资以及中国公司的活动享有管理监督权。
3. 各国对其境内的外国资产有权收归国有或征用。

第二节 国际直接投资的途径

一、国际直接投资的概述

1. 国际投资法的概念——国际投资指私人间的国际直接投资
2. 私人投资者向境外直接投资的方式
(1) 在东道国成立新企业
(2) 收购东道国现有企业
3. 根据投资组成来分类型
(1) 合营企业：指外国投资者依照东道国的法律与东道国的投资者一起，为了实现共同的长期经济目的而共同投资成立的共同经营、共担风险、共负盈亏的企业形式。
(2) 独资企业：指外国投资者在东道国境内，根据东道国法律成立的全部股权由外国投资者自己拥有的企业。该企业由外国投资者独立经营和管理，企业风险由外国投资者独立承担。
4. 合营企业
(1) 发展
早期为国际投资者在东道国境内建立的全资独资子公司——随着发展中国家越来越多地鼓励本国企业参与外商投资企业的经营(目的在于分享利润,学习先进的生产、经营、技术与管理经验)——外国投资者更多地开始采用合营方式。
(2) 种类
①股权式合营企业
②契约式合营企业
(3) 股权式合营企业
是指外国投资者和东道国投资者根据东道国法律规定,按照约定或法定的投资比例进行投资,并依照各自的投资比例享有权利和承担义务的具有法人资格的企业,如我国的"中外合资经营企业"。
(4) 契约式合营企业
是指外国投资者和东道国投资者根据东道国法律规定,共同投资,共同经营,并根据合营合同的规定分享利润、分担亏损的企业。如我国的中外合作经营企业。
5. 特许协议
(1) 特许协议的起因
①经济起因
A. 石油资源的勘探开采不仅需要大量资金,而且风险大、技术复杂。

第十四章 有关国际投资中的法律问题

B. 世界石油资源的分布极不均衡,世界上目前已发现的主要石油诸藏区多集中于中东、里海等发展中国家领土之内。

C. 发展中国家有资源,缺技术、资金,对石油资源本身消耗量不大,有出口需求;发达国家有资金、技术、无资源,依赖石油资源的进口与应用。

D. 发展中国家需要借助于国外(发达国家)资金和技术来开发本国的石油资源——就使得国际合作开采石油资源成为可能。

②政治起因

A. 早期,西方列强凭借强大的武力,通过不平等的特许协议,低价甚至无偿拥有和占用发展中国家的石油资源。

B. 二战以后,各原殖民地国家的民族解放运动,各储油集中区的发展中国家获得了独立,并通过重新谈判和重签特许协议等等方式,使本国参与和控制本国的石油经营——新的特许协议随之产生。

(2)特许协议的概念

①概念

指通过协议的形式,由石油资源国在一定时期内将一定区域的石油开发权特许给外国石油公司,由外国石油公司承担全部费用与风险,进行勘探、开发和生产,所产石油产品,或全部归外国石油公司所有,资源国获得地租、开采税和其他税收(早期);或资源国与开采者进行产品分成的协议(现代)。

②性质

是外国投资者在东道国进行石油开发时最早使用的一种形式。

(3)特许协议的特征

①协议的一方是东道国政府,另一方为外国私人直接投资者。

②东道国政府授予外国私人投资者在专属东道国政府投资和经营的领域内进行投资。

③外国投资者与东道国约定投资利润的分配方式。

A. 约定全部归外国石油公司所有,资源国获得地租、开采税和其他税收——早期。

B. 约定资源国与开采者进行产品分成的协议——现代。

④外国投资者与东道国各自享有一定的权利与义务。

(4)特许协议中的权利与义务

①投资者的权利与义务

A. 外国石油开发公司具有勘探和开发石油的专属权利,独自承担风险和费用。

B. 外国石油开发公司除承担向本地市场提供石油的责任外,拥有其他的石油(矿产品)可自由处置。

C. 用于石油或矿产经营的设备和装置属于外国石油开发公司。

②东道国(资源国)的权利与义务

A. 东道国拥有本国石油资源的永久主权与利用权力。

B. 在勘探和开发阶段,东道国有权向外国投资者收取占地租金;外国石油开发公司向各资源国支付特许权使用费用,以实物或现金形式,由资源国决定。

6. BOT 投资方式

（1）BOT 投资方式的起因

①20 世纪 70 年代后，无论是发展中国家还是发达国家政府的财政预算越来越紧张，面对基础设施的需求量越来越大，由政府充当基础设施投资主体越来越困难。

②许多关系国计民生的大型基础设施工程建设，需要大量资金，一国政府一时很难拿得出（英法海底隧道）。

③这类项目往往涉及技术非常复杂、建设周期长、建设后需长期地认真地经营管理，风险巨大。

④国际私人资本集团，世界许多大型集团公司拥有相关的资金、技术和管理经验，但本国却无相应的项目可做，急需寻找相应的项目机会。

⑤项目一旦建成，可以带来长期稳定的经营性收益。

⑥东道国需要利用国际私人资本集团的资金、技术完成对本国国计民生有重大意义项目的投资建设，国际私人资本集团需要东道国的相关项目并由东道国以该项目本身建成后的长久收益保障其投资收益——双方有合作的需要与可能——BOT 产生。

（2）BOT 投资方式的概念

①是指东道国政府通过特许权协议，授予外国投资者在特许协议规定的期限内，投资东道国的基础设施领域的专营权。

②投资者对所投资项目拥有建设、运营、管理、维护和收益权。特许期满后，投资者将所投资项目无偿移交给签约的东道国政府的一种特殊的国际投资运作方式。

（3）BOT 投资方式的特征

①BOT 投资方式适用于特定领域

②适用于资金需求较大的具有公益性质的基础设施或服务项目——规模大、建设时间长、投资风险大（商业风险、政治风险、工程技术风险、自然风险）

③BOT 投资方式涉及系列合同

特许权协议、合营合同、建设施工合同、完工担保合同、产品购买合同、贷款合同、运营维护合同、保险合同等——特许权协议是 BOT 项目的基础协议。

④BOT 投资方式的项目建设资金来源多元

项目建设资金来自项目投资者的直接投资和贷款人的间接投资，且大部分建设资金来源于贷款。

⑤BOT 投资方式的后果特殊

项目完成后，无偿移交给东道国政府所有和经营。故在特许经营期间，投资人对项目有占有、使用和收益权，但无处分权。

三、各国关于吸收国际投资的法律制度

（一）东道国投资法概述

1. 历史

（1）二战以前，国际投资基本上是以间接投资为主，国际资本也主要是在较发达的资本

主义国家之间流动。这一时期,除了一般的国内法,如民法、商法、公司法、证券法等法律外,基本上没有专门调整外国投资的法律。

(2)二战以后,国际直接投资逐步取代间接投资,而成为主要投资形式。但仍然发生在发达国家之间,因而只有少数国家制定了外资法,如日本 1950 年颁布了《关于外资的法律》。

(3)20 世纪六七十年代年以后,许多发展中国家纷纷诞生、独立,摆脱了殖民统治,但经济落后,需要利用外资发展本国经济,国际资本大量流入这些国家。各国为了调整、管理这些外来资本,相继制定了外资法。

2. 现状

各国的外资法不尽一致,大致有以下几类:

(1)制定统一的外资法或投资法典:阿根廷 1976 年《外国投资法》;

(2)没有统一的外资法,仅制定一些有关的专门法律、法规、法令:新加坡 1967 年《经济发展鼓励(所得税豁免)法》;

(3)未制定关于外国投资的基本法、专门法,内外资适用同一国内法:美国,外国投资者与美国国民享受同等的待遇;

(4)某些国家集团制定有统一的外资法;安第斯条约国《关于外国资本待遇和商标专利许可证及特许权费用的安第斯法典》。

(二)投资来源国的国际投资法制

1. 海外投资保险制

(1) 海外投资保险制概述

①起因

海外投资的政治风险及投资者与东道国之间的力量不平等性。

②总体

各国投资保险制度的具体内容虽然有所不同,但其共同特征是国家与投资方共同承担海外投资风险,即国家承办保险公司,负责有关投资保险事宜。

从表面上看,投资保险与一般的民间保险制度并无本质的区别,都是由投保人与保险机构订立保险合同,交纳保险费,在合同约定的保险事故发生后,由保险机构按合同给予赔偿。但实际上,投资保险带有明显的官方性质,属于国家保证性质,这是与一般民间保险的主要区别。

③特征

A. 保险对象

各国海外投资保险制度适用的对象均限于海外直接投资,不包括私人对外间接投资。

B. 保险范围

只限于政治风险,一般包括:

a 外汇风险。因东道国实行外汇管制而使当地货币不能自由兑换成外汇的风险;

b 征用、没收、国有化风险。东道国将外国资产征用、没收、国有化;

c 战争、革命、内乱风险。东道国发生战争、革命、内乱。不包括商业风险,如货币贬值、自然灾害等。

C. 保险人

一般是政府职能部门或者隶属于政府的独立机构。政府承保机构与私人保险公司不同，不是以营利为目的，而是以保护投资为目的。

D. 保险赔偿数额

一般不赔偿投资的全部损失，而是按保险投资额的一定比例进行赔偿。如英、挪、荷、德、日赔偿损失的90%；瑞士赔偿损失的70%；加拿大、丹麦赔偿损失的85%。

E. 保险的任务

一般民间保险的目的只是事后补偿损失，而投资保险的目的不仅局限于事后补偿，更重要的是防患于未然，尽量避免保险事故的发生。这主要是通过两国间的投资保护协定，获得东道国政府对本国投资的保护。

2. 美国的海外投资保险法

(1) 投资保险的范围

①外汇险；②征用险；③战争险。以上三项险可单独投保，也可同时投保立项。

(2) 保险人

美国海外投资保险机构的名称曾发生过多次变化，1948年叫经济合作署；1952年叫共同安全署，1969年叫海外私人投资公司，即承担保险责任的保险公司。现为美国海外私人投资公司。

(3) 被保险人

①美国公民；②美国法人及社团；③外国法人及社团。

(4) 保险对象

①只限于在国外的新项目投资；②只限于经美国总统同意的在不发达友好国家和地区的投资，而且该投资项目是由海外私人投资公司认可的；③只限于经外国的政府(东道国)批准的投资项目；④只限于在同美国订有投资保护协定的国家和地区的投资项目。

(5) 保险期限

保险期限一般是根据投资的种类、性质及投保的险种不同而分别确定。保险合同的有效期限最长为20年，一般是根据海外投资方在东道国设立合营企业或独资企业的合同期限而确定的。

(6) 保险费

保险费的数额由保险公司决定。一般依据承保的行业、风险的种类及范围而定。中小型企业一般的保险年率(按保险金额计算)为：外汇险0.3%，征用险0.4%~0.8%，战争险0.6%，同时，投保多项险者年率为3%~7%。特别保险费的年率可高于或低于上述比率。

(7) 保险金额

保险公司支付保险金时，只按被保险人投资金额的90%承担风险责任，其余10%由投资人自己承担。

(8) 投资保险争议的解决

(9) 投资保证协定

是由保险人和被保险人共同签订的有关投资保护的协议。

第三节 发展中国家吸收外国投资的法制

一、发展中国家外资立法概述

(一) 整体情况

1. 总体

各国外资立法差异较大,但都比较注重用立法明确规定禁止、限制、允许、鼓励外国投资的领域或行业,并通过相应的限制措施与鼓励措施引导外资与国民经济发展的方向一致。

2. 具体

①投资领域:鼓励投资的领域(高新技术、增加就业、培训人员)/限制投资的领域(本国有一定的基础,需重点保护的行业:本国新兴、支柱产业)/禁止投资的领域(支配国民经济命脉及与国民重大利益有关的部门:军工、金融等)。

②企业的所有权和控制权:对外国投资者在本国企业所持的股权因企业类型不同而有所区别[全部股权/多数股权/少数股权/股权逐步转让(给本地人)/公司的董事长或总经理一职务由东道国公民担任]。

③对外资审批和管理:形式审批和实质审批/通过审批程序对外资进行选择;对企业的实际贡献进行核查;对企业的经营活动进行监督。

④实际贡献要求:其实际贡献的要求一般有:承担出口义务、收益再投资、使用和加工本国原材料和自然资源、提高产品的国产化率、购买本国的商品、增加就业人数、培训本国的技术管理人员、将投资项目置于规定的地区、在本国建立研究与发展设施、使用本国的工程技术和咨询服务机构、转让技术包括全部技术诀窍,以及今后改进的技术等。

⑤投资本金及收益的汇出:外国投资的本金和合法收益能否自由汇出东道国境外及汇出的限制。

⑥当地筹资:禁止当地筹资;通过国营金融机构的参与或直接向私人企业提供资金援助的方式鼓励本国人向外资企业参股;按照企业中外资股权比例限制其国内借款的数量,外资占多数股权的企业禁止在当地借款,按外资股权比例的下降逐步放宽借款数量。

⑦投资鼓励:主要是税收优惠。

(二) 发展中国家的外资立法特点

1. 以法典/专门法规的形式对吸收外资进行特别规则

大多数发展中国家上述法律对有关外资的审批、待遇、国有化及补偿、财税优惠及争端解决等相关问题做出规定。

2. 两面性

在对外资进行限制、管理和监督的同时,又往往在税收、外汇使用及争端解决等多方面,给予外资优于内资的种种优惠待遇。

3. 逐步放宽限制,给予外资更多的保护和优惠

(三)发展中国家对外国投资的立法

1. 宪法保护

——《纳米比亚宪法》第九十九条:应根据议会通过的《投资法典》的规定,鼓励在纳米比亚进行外国投资。

——我国《宪法》第十八条:在中国境内的外国企业和其他经济组织以及中外合资经营的企业,都必须遵守中华人民共和国的法律。它们的合法权利和利益受中华人民共和国法律的保护。

2. 专项保护

主要体现在各国专项立法进行税收优惠或减免。

3. 外资法的保护

如我国二十世纪七八十年代通过的《中华人民共和国中外合资经营企业法》与《中华人民共和国中外合作经营企业法》等。

二、发展中国家对外国投资的鼓励

1. 税收优惠

指通过降低或免除外商投资企业所得或其他税种,来给予外国投资者财税优惠的一种鼓励措施。

税收特别优惠:直接减纳所得税(土耳其:按开发计划建设的工厂,可免纳近占总建设成本2%的所得税)、规定免税期(沙特:本国的投资者投资比例≥25%,外国投资者对工业和农业项目的投资可免纳10年法人所得税)、准予加速折旧,使外方提前收回出资(菲律宾:当外商投资企业固定资产预计可使用10年时,其折旧率可为一般折旧率的两倍)。

内外资企业统一的税收优惠:委内瑞拉、哥伦比亚、我国今后。

2. 关税减免

免去作为投资而进口之设备的各种税额(哥伦比亚:凡外商投资企业为生产出口产品而进口原材料和机械设备等,可免除预付委托保管金、领事签证税,以及关税)。

3. 其他优惠

出口加工区、信贷等的特别优惠(我国)。

三、发展中国家对外国投资的管制

1. 审批制度

意义:对来自国外的投资进行必要的审查,从而决定是否准予投入本国——是发展中国家趋利避害,促进本国经济发展的主要手段(依据为考虑经济的长远发展和当前现实需要)。

有些国家严格审查:巴基斯坦《外国私人投资促进和保护法》:"为国家利益和促进外国私人直接投资,联邦政府可以批准外国人在下列工业企业中投资:(1)巴基斯坦所没有的,并且为联邦政府认为需要建立的;(2)在巴基斯坦规模还不足以满足国家经济需要和社会需要的;(3)有利于巴基斯坦资本、技术和管理资源的;(4)有利于发现、动员和更好利用国家资

源的;(5)有利于改善巴基斯坦国际收支平衡的;(6)有利于增加巴基斯坦就业机会的;(7)有利于其他形式国民经济发展的。"

有些国家简化审批的程序与内容,并不要求对所有的外国投资逐一审批。仅对投资股本超过一定出资比例或出资数额的外国投资才需要审批。例如,在匈牙利,建立外商投资经济联合体一般无须经过官方批准,除非其中外商拥有的股权超过50%;再如阿根廷,总额在500万美元以下且不会导致本国企业转变为外国企业的外商投资项目,不必经过政府审批即可成立。

2. 投资范围和投资比例的限制

①整体

一般禁止外资在军工企业、通信以及关系到国家经济命脉的领域投资。

鼓励外资向有利于国民经济发展,特别是新兴产业部门,以及改善国际收支、扩大出口的部门投资。

②具体相关投资范围的限制规定

禁止外商参与经营的行业、限制外商参与经营的行业、鼓励外商参与经营的行业。

③经营管理权和雇佣职工的限制

为了在企业这一级对外国投资进行有效控制,有些国家规定了外国投资企业的董事会或管理机构的重要职务应由本国国民担任。

越南《外国投资法》:"联营企业有越南一方和外国多方或外国一方和越南多方,则越南方或外国方在董事会内最少应有两名成员;""董事长由各方协商选出;""总经理或第一副总经理应为越南公民。"

为扩大本国就业,提高本国职工素质,培养本国技术力量,各国通常要求外国投资企业尽可能地雇佣当地职工。

印尼:外资企业中只有印尼国民胜任不了的管理职务和专业职务,才能聘请外国人,或雇佣外国人担任。外资企业有义务逐步用印尼国民取代外国雇工。

④投资期限的限制

A. 总体

发展中国家往往规定了外国投资的期限,以图在一定时期之后,将外资企业的股权全部或部分地转化为本国国民或国家所有,以加强民族经济的发展。

B. 具体

印尼:《外国投资法》第十八条"在承认外国人投资时,要规定不超过三十年的有效期限"。

越南:《外国投资法》第十五条"外商投资的企业,其经营期限不超过二十年,必要时可延长"。

中国:《中外合资经营企业合营期限暂行规定》第三条规定,举办合营企业,属于下列行业或者情况的,合营各方应当依照国家有关法律、法规的规定,在合营合同中约定合营期限:(1)服务性行业;(2)从事土地开发及经营房地产的;(3)从事资源勘查开发的;(4)国家规定限制投资的项目;(5)国家其他法律规定需要约定合营期限的。

⑤其他管制要求

对外国投资"本地化"的要求。

拉美、东南亚及非洲一些国家要求外资比例在一定年限内逐渐降低,内资比例相应逐渐升高——实行"本地化"——现已逐渐放宽。

印尼原规定:外国独资企业须在正式投产十年后将5%~20%的股份权给印尼公民。1994年新法只要求:在十五年内转让部分股权给印尼公民,对转让的百分比不作硬性规定,而由当事人自行商定。

⑥对外商投资企业行为的监管

如实作账、经营监督、依法纳税、违者处罚;

带动本国产品出口;

学习国外的先进技术和管理经验;

开辟从国外获取短缺资源的新渠道,减少中间环节,降低成本,提高经济效益(产品周期理论)。

第四节 发达国家向国外投资的法制

一、发达国家的国际投资法概述

(一)总体

发达国家的国际投资法的主要特点,是对外国投资采取相对开放的态度,对资本的自由流动较少干预。但是,各种限制仍然存在。

(二)具体

(1)投资领域及所有权限制:禁止外国投资的领域、限制外国投资的领域(能源、安全)、由东道国政府或私营企业垄断的行业(安全、财政和民生)、股权及其他限制。

(2)对外资进入的审批制度:发达国家对外资的审批制度较严,但它们都遵循国民待遇原则,外资一旦进入,即和内资一样对待。

(3)在东道国当地筹资:无限制(美、日等)、有限制。(澳大利亚不允许外国人在当地筹资建新企业,但已建的增资不在此限。)

(4)实际贡献要求:并不普遍。最常见的实际贡献要求,是承担出口义务、使用当地的原材料、劳动力、产品成分的国产化等等;有实际贡献要求的工业部门,大多是采矿业、制造业。如运输设备、机械、食品、化工产品、冶金、石油等。

(5)投资鼓励:

(三)发达国家对外投资立法的特点

1.一般采取"大进大出"的原则

即大量地向海外输出资本,也积极地引进外资、利用外资(主要表现为各发达国家间的相互跨国投资)。

2. 促进本国对外投资

在税收立法、财政、信贷方面采取了一些鼓励措施,并建立了专门的海外投资保险制度。保护引进的外资;

一般适用"国民待遇"原则与本国国民一视同仁,适用于国内投资的法律往往同样适用于境内的外国投资,相应地,对境内的外资一般也没有什么特别的优惠。

3. 信贷优惠

(1)各国的公营金融机构往往对本国的海外投资者提供各种形式的优惠贷款。如:法国的国民信托银行受其他相关银行委托向本国的海外投资者提供三种贷款:①对外工业发展贷款,主要用于为海外投资者提供资金;②对外发展出口贷款,前提是所进行的海外投资必须能够带动法国产品的出口(实质是一种出口信贷);③对外工业发展外汇贷款,即以固定利率向海外投资者提供长期外汇贷款,实际上承担了海外投资者的汇率变动风险。法国还设立了海外投资储备金,对某些特定的海外投资进行扶持。

(2)日本的海外投资者也得到了日本输出银行的投资信贷和出口信贷的有力支持(日本、韩国战后的国家支持企业)。

4. 避免双重征税

(1)产生原因

属人原则(海外投资者母国有权对本国海外投资者的海外收入征税)与属地原则(东道国有权对境内外国投资者来源于境内的收入征税)的重叠与冲突。

(2)解决办法

免税法:对其本国居民纳税人来源于境外的并已向来源国纳税了的所得,允许从其应税所得中扣除,免予征税;对于其国外的财产也免予征税(大陆法系)。

抵免法:允许纳税人将其在收入来源国实际缴纳的所得税税款,按照全额或一定限额从本国应纳的所得税税额中扣除或抵免。

饶让制:即投资者母国对其居民享受来源国(即投资所在的东道国)的税收减免而并未实际缴纳的税额,视同已纳税额给予抵免,从而使跨国投资者得以从收入来源国的税收减免优惠中获得实惠。

5. 其他援助

一些国家政府通过其驻内或驻外机构(如使领馆),为本国私人提供发展中国家的经济情况和投资机会等情报,以便他们做出投资选择。

有些国家为了培训其海外投资企业的技术人员,对本国培训发展中国家技术人员的民间机构提供政府津贴。

一些国家政府协助成立了本国民间非营利团体,以便训练在发展中国家执业的高级管理人员(如美国的"国际高级管理人员服务队"、日本的"世界经营者协会"等)。

二、发达国家海外投资保险制度

1. 海外投资保险制度的起因

19世纪后半期老牌工业化国家(英、法、德)开始大规模地向外输出日益增多的过剩资本——殖民统治和不平等条约使其输出的资本利益不会受到任何伤害。

二战后,以美国为首的发达国家对外直接投资剧增,国际投资更加扩大与繁荣。

二战后各前殖民地国家独立、要求经济独立损害到了投资国的利益。而各投资商与东道国的力量明显不等,难以保护自身权利——需要国家出现保护投资者的利益——海外投资保护制度。

2.海外投资保险制度的内涵

这种旨在保护本国海外投资的保险制度包含了两个层次的机制。

一是,当投保的海外投资者在东道国遇到政治风险遭受损失时,由母国的海外投资保险机构(承保人)依国内保险合同约定的条件予以赔偿。

二是,该保险机构在理赔后代位取得海外投资者(投保人)的权利,其中最重要的是向东道国政府的索赔权。

由于东道国往往享有国际法上的国家行为豁免权,故海外投资保险制度要想发挥作用,往往需要两个国家就此问题达成协议,让度部分权利。

3.海外投资保险制度的特点

(1)承保机构

美国——联邦政府对外合作或对外开发机构负责——1969年修订《对外援助法案》——海外私人投资公司全权经管——处于美国政府的直接领导之下,其董事会成员一半由美国政府有关主管部门的代表兼任,其余董事须经参议院同意后由总统任命,美国国际开发署署长任董事长。总经理与常务副总经理也由总统委任,并执行总统的命令和董事会决议,成为贯彻美国对外政策的得力工具。

日本——通商产业省出口保险部主管和经办。

德国——黑尔梅斯信贷担保股份有限公司。

(2)合格投资者——投保者和承保机构所在国有密切的联系

美国——投保的投资者≥51%公司资产属于美国公司或其资产≥95%为美国人所有的外国公司。

德国——在德国有住所的德国公民以及根据德国法律设立,在德国设有住所或居所的公司或社团。

日本——日本公民或日本法人。

(3)合格投资

前提条件——东道国同意接纳。

尊重东道国的主权,有言在先,加强对其的事后约束力,提高当地海外投资的安全系数。

鼓励向新项目投资。

(4)合格东道国

美国:

①限于友好的发展中国家;

②东道国国民人均收入低于3 881美元(1983年提出);

③遵守人权和国际上公认的工人权利;

④与美国签订了双边投资协定。

(5) 承保的险别

①外汇禁兑险、财产征用险、战争内乱险。

②美国既可综合投保,也可单独投保,其他国家需综合投保。

(6) 保险额和保险期限

①一般最大不超过总额的 90%。

②保险期限各国一般提供 15~20 年长期保险。

(7) 保险费

合计费用约 5%。

(8) 赔偿和救济

母国海外投资保险机构——先赔偿本国投资者在东道国投资的损失——向东道国追偿。

4. 发达国家吸引国外投资的立法

(1) 美国——综合贸易竞争法

①对外资的鼓励保护。

②对外资的限制——中海油收购尤尼科。

(2) 日本——外国投资法

①对外资的鼓励保护。

②对外资的限制。

三、保护国际投资的国际法制

1. 双边投资条约的概念与类型

(1) 概念

是资本输出国与资本输入国之间签订的,旨在鼓励、保护及促进两国间私人直接投资活动的双边协定的总称。

是迄今为止保护国际投资最为有效的国际法制。

(2) 类型

友好通商航海条约——重点是针对两国间通商航海等事宜全面规定两国间友好的经济、贸易关系,消除缔约国间有关国际商品和资本流通的种种限制性规定和对外国人的歧视性待遇。

投资保证协定——由美国首创,重点在于对国际投资活动中的政治风险提供保证,特别是与国内的海外投资保险制度相结合,为其提供国际法上的前提与保障。核心规定承保的范围、代位求偿权以及争端的解决等程序性问题。

促进与保护投资协定——联邦德国首创,特点是内容详尽具体,既包含有促进与保护投资的实体性规定,也有关于代位求偿权、解决争议等程序性规定。

2. 双边投资条约的作用

(1) 为东道国创造良好的投资环境

约定必须信守已成为各国普遍接受的国际法原则,因而双边投资协定在国际上对缔约国具有强有力的法律约束力。

缔约方人数较少(双方),较易在互利的基础上达成利益的平衡与一致。

(2)与多边条约相比,可以加强或保证国内法的效力

是实施国内海外投资保护制度的前提,有利于本国的海外投资保护制度的实现。

实体性与程序性制度相结合,可以有效解决或避免国际投资中的法律障碍。

不仅规定了缔约国之间因条约的解释、履行而产生争议的解决途径和程序,而且规定了外国投资者在东道国政府间因投资产生争议的解决途径与程序,特别是大多数协定均约定通过"解决投资争端国际中心(ICSID)"来解决此类争议,为投资争议的妥善解决提供了有力的保障。

3. 双边投资条约的内容

(1)受保护的投资者和投资

投资者:一般为缔约国双方国家的自然人、法人或不具法人资格的企业和其他社团。

投资:根据缔约国各自的法律所有效认可的各种资产及投资者与投资相关的活动(如通过诉讼取得的合法财产权)。

(2)关于外国投资的待遇

公平、公正待遇。

最惠国待遇。

国民待遇。

(3)关于政治风险的保证

①征用及国有化

条件:基于公共利益、无差别待遇、公正补偿、依法定程序进行。

补偿:充分、及时和有效地补偿、适当、合理地补偿、不补偿。

②汇兑与转移

自由转移的原则、应遵守东道国法律、特殊情况下可限制。(不包括利息、利润、红利;保证每年至少转移20%的投资及其他任何形式收益。)

第五节　多边投资担保机构公约

一、多边投资担保机构的产生

1948年3月,世界银行就收到了《为外国私人投资的转移风险和其他风险提供担保的建议》(但未获世界银行的重视)——同年,美国政府开始实施其投资保险制度。

20世纪五六十年代早期,陆续有一些机构和国家建议成立一个多边投资保险框架,由世界银行管理或给予财政资助,世界银行也于1961年春,决定对这一问题进行研究,国际金融公司成立了国际投资保险工作组,并于当年6月召开了第一次会议。

1966年6月,经合组织专家委员会完成了关于建立多边投资担保合作的报告,同年11

月,《国际投资担保机构协议(草案)》完成,并提交世界银行讨论——直到1984年最终草案完成,并提交世界银行年会。

1985年10月,在韩国汉城召开的世行年会上正式通过了《多边投资担保机构公约》,也称《汉城公约》,至2003年6月,已有162个国家加入该公约,我国于1988年加入。

二、机构的宗旨与职责

1. 宗旨

鼓励生产性投资在会员国之间,尤其是向发展中国家会员国的流动,以补充国际复兴开发银行、国际金融公司和其他国际开发金融机构的活动。

2. 职责

对会员国内来自其他会员国的投资的非商业性风险提供担保。

开展合适的辅助性活动,促进投资向发展中国家会员国的流动,以及在发展中国家会员国之间的流动。

行使其他为推进其目标所必要的或适宜的附带权力。

3. 法律地位——具有完全的法律人格

能够独立地享受公约所赋予的权利和履行公约所确定的职能,并承担相应的义务。

特别是还有能力签订合同;取得处分动产与不动产;进行法律诉讼。

4. 会员国资格

是世界银行的第五个成员,其会员国资格向国际复兴开发银行的所有会员国和瑞士开放。

将会员国分为第一类(即发达国家)和第二类(即发展中国家)。

一国要成为其会员国,必须在签署公约后,按宪法程序,批准、接受或同意该公约,并将批准书交存世界银行总部。

5. 资本

机构拥有股份资本,并以自己的能力发放担保。

其法定资本为10亿特别提款权(1.082 $/1 特别提款权),分为10万股,1万特别提款权/股,供会员国认购。

每一会员国最低认购数为50股,首次认购时应将其认购数额的10%以现金缴付,另有10%以不可转让的无息本票或类似债券缴付,其余80%由多边投资机构需要清偿其债务时催缴。

6. 组织管理机构

理事会。

董事会。

总裁。

7. 投票制度

加权投票制,每一成员国拥有177张会员资格票,再按该会员国持有的股份,每一股增加一张股份票。

二、承保的险别

(1) 货币汇兑险——东道国采取任何措施,限制投保人将其货币兑换成可自由使用的货币或其可接受的另一种货币转移出东道国境外。

(2) 征收和类似措施险——指东道国所采取的立法上或行政上的行为,实际上剥夺了投保人对其投资及其收益的所有权或控制权。

(3) 违约险——东道国不履行或违反与投保人签订的合同且使被保险人无法求助于司法或仲裁机关对其毁约或违约提出的诉讼做出裁决、有关机构无法在公约所规定的期限内做出合理的裁决或裁决无法执行。

(4) 战争及内乱险

(5) 其他非商业风险和除外情形

三、承保的对象——合格的投资

(1) 在投资形式、投资时间、投资资产和投资的东道国方面符合一定条件和标准。

(2) 并应具有:①投资的经济合理性;②投资的发展性质(对东道国的经济和社会做出贡献);③投资的合法性(东道国的法律与条例);④与东道国的发展目标和投资重点相一致。

四、合格的投资者

(1) 该投资者为东道国以外一会员国的国民(保障国家主权)。

(2) 该法人在一会员国注册并在该会员国设有主要业务点或其多数资本为一会员国或几个会员国或其国民所有,且任何情况下该会员国不得是东道国。

(3) 该法人不论是否为私人,均应在商业基础上经营。

五、代位

承保的各种非商业风险发生——投资者有权依担保合同约定向机构索赔——机构支付或同意支付保险金后,有权代位向有关东道国索赔。

六、投资促进业务

以促进国际投资,降低国际投资外政治风险为目标开展业务。

七、机构的作用

(1) 为国际投资的非商业风险提供了一种国际保障机制;

(2) 弥补了区域性或密切协作国有性投资担保制度的不足;

拾遗补缺(如几国投资者合作开采矿产资源的投资担保)

财力雄厚且具国际性;

(3) 有利于发展中国家利用外资和发展经济;

(4) 有利于东道国和投资者之间争端的非政治性解决。

八、世界贸易组织有关投资的协议

《与贸易有关的投资措施协议》(TRIMS 协议)
《服务贸易总协议》

思考题

1. 国际直接投资和国际间接投资的区别在哪里？
2. 为何需要 BOT 投资方式？BOT 投资方式的特征是什么？

第十五章

有关国际金融中的法律问题

第一节 国际金融法概述

一、国际金融法的概念

1. 两大类观点

(1)金融法是调整国际金融关系或国际货币金融法律的法律规范的总和。(董世忠、李国安)

(2)金融法是调整由于金融资产跨越国界交易、流动而产生的各种关系的法律规范的总和。(吴志攀)

2. 结论

金融法是调整国际金融关系、货币金融关系,以及金融资产跨越国界交易、流运过程中所产生的各种关系的法律规范的总称。

二、国际金融法的特点

1. 主体的广泛性

主体既有国家、地区和国际组织,也有从事国际金融交往和金融活动的自然人、法人和其他经济组织。

国际金融关系包括上述各主体相互间发生的金融关系。

国家可以作为金融活动的管理、调控、监督者(金融监管),也可以作为金融活动的参与者(以平等交易者的身份参与各类融资活动)。

2. 客体的复杂性

货币——本币、外汇、跨国运转中的货币资金等。

货币资产——政府公债、国库券、企业债券、股票;各种形式的存款、货币支付凭证等。

行为——国际金融交易行为和国际金融管理行为。

3. 内容的实践性

货币管理和金融交易活动均有实践性;为一国既定的国际贸易和投融资政策提供法律

框架和法律工具,为建立和维护国际金融秩序提供保障安全的手段。

三、国际金融法的内容

1. 国际货币法律制度

各国的涉外货币法律制度(性质、汇率制度选择、货币管制);国际货币体系(基金协定)。

2. 国际融资法律制度

国际金融资产的交易、流通及监管的法律制度。

第二节　国际货币法律制度

一、各国涉外货币法律制度

1. 各国货币性质的确定

(1)确定本国货币为完全可兑换的货币

即无须经本国政府批准,本国货币就可以在国际市场上自由兑换成其他国家的货币,并在进出口贸易、运输、保险等非贸易及资本转移等经济交往中作为支付手段广泛使用。

(2)确定本国货币为部分可兑换的货币

即实行有限的自由兑换,限制来自不同的方面:有从交易主体来划分,还有从交易项目来划分等。

(3)确定本国货币为不可兑换的货币

只有经本国外汇管制机关批准,本国货币才能按官方价向指定的银行兑换其他国家货币(主要是发展中国家)。

2. 国际货币制度

(1)概念

国际关于货币流通的制度安排和规则制定。

(2)内容——核心是国际本位货币的确定(即关键货币的确定)

3. 历史上的国际货币本位制

(1)国际金币本位制

①内涵

A. 黄金为国际货币,并作为国际储备资产。

B. 各国货币有法定含金量,根据各货币的含金量确定汇率。

C. 国际收支自动调节。

②内容

A. 金币本位制

B. 金块本位制

C. 金汇兑本位制

③评价

优点:物价稳定,汇率稳定,能自发调节国际收支。

缺点:黄金作为本位货币无法满足日益增长的国际贸易的需要。

(2)布雷顿森林体系

①内涵

A. 成立了国际货币基金组织,调节国际收支。

B. 实行双挂钩制度:各国货币跟美元挂钩,美元按固定比例跟黄金挂钩。

C. 实行可调整的固定汇率制度,各国货币汇率浮动幅度1%。

D. IMF向赤字国提供短期的资金融通。

②特点

A. 可兑换黄金的美元本位。

B. 可调整的固定汇率制度(1%、基本不平衡)。

C. 国际收支的人为调节。

③评价

优点:A. 消除混乱,制造稳定;B. 固定汇率促进了对外贸易和对外投资的发展;C. 解决了国际清偿力的不足。

缺点:A. 特里芬难题:美元作为唯一的世界货币,其清偿力和币值稳定的矛盾;B. 国际收支调节机制的僵硬和不对称性;C. 各国国内经济目标的实现受到制约。

(3)牙买加体系

①产生

1976年,在牙马加修改了IMF协定的条款,就基金份额、黄金作用、汇率体系、发展中国家融资等问题达成协议。

②内容

A. 浮动汇率合法化。

B. 黄金非货币化。

C. 提高SDRS(特别提款权体系)的国际储备地位。

D. 扩大对发展中国家的资金融通。

E. 增加会员国的基金份额。

③评价

优点:A. 实施浮动汇率制度,准确、及时、快速调节外汇市场供求关系,促进了国际贸易和世界经济的发展及金融创新;B. 储备货币的多元化克服了"特里芬难题";C. 多种国际收支调节机制弥补了以往调节的僵硬和不对称性,具有更多的灵活性。

缺点:A. 汇率变动频繁给国际贸易和投资带来不利;B. 多元化的储备体系增加了外汇风险及对国际储备的管理难度;C. 仍无法有效解决国际收支失衡问题,未提出具体的国际收支调节措施。

(4)特别提款权体系
①内容
A. IMF 创设的记账单位
按会员国的基金份额无偿进行分配,同黄金外汇一样可作为国际储备资产。
B. 可用 SDRS 向会员国换取可自由兑换的外币
可用来支付国际收支逆差;可偿还向 IMF 的贷款;不能直接用于贸易和非贸易的支付。
C. 只是 IMF 一种账面资产
②作用
A. 国际收支调节工具
B. 购回本国货币
C. 作为成员国计算中心汇率的标准
D. 为 IMF 贷款的计价单位
③市值确定
取决于各国的经济实力和主要货币的币值情况
与五种货币挂钩,五年调一次
4. 各国汇率制度的选择
(1)各国汇率的计算方法
本币汇率:本国货币与外国货币的比率(间接标价法)
外币汇率:外国货币与本国货币的比率(直接标价法)
中国人民银行公布 100 美元 = 651.31 人民币(2016 年 3 月 7 日外汇牌价)
(2)汇率制度选择
①固定汇率制
由官方规定本国货币与其他国家货币之间的汇率,汇率波动只能维持在一定的范围内。
②浮动汇率制
是一国不规定本国货币与其他国家货币之间的汇率和上下波动的幅度,而由外汇市场的供求关系决定。
③浮动汇率制的分类
A. 按对汇率浮动是否管理,分为:
a 自由浮动:是指一国货币当局对汇率上下浮动不采取任何干预措施,汇率完全听凭外汇市场供求变化自由涨落,自行调整。
b 管理浮动:是指一国货币当局为了促使汇率向对本国有利的方向浮动,而直接或间接地干预外汇市场。最常用的干预手段是建立包括黄金和外国货币在内的"外汇平准基金"。
B. 按浮动方式,分为:
a 单独浮动
b 联合浮动——原欧洲货币体系
c 盯住浮动——港元盯住美元
5. 各国外汇管制的实施
(1)概念
外汇管制是指一国货币金融主管当局对外汇结算、买卖、借贷、转移和汇率等实施各种管理和控制措施。

(2) 内容

① 外汇管制的主体

就是实施外汇管制的机构。各国一般都授权本国中央银行或设置专门机构负责制定和监督执行外汇管制的法律、政策和规章。

② 外汇管制的客体

A. 人的对象。各国通常对居民和非居民实行不同的待遇，一般说来，各国对居民的外汇管制比较严格，对非居民的外汇管制较为宽松。

B. 物的对象。包括进出口商品、货币、有价证券和其他支付凭证，以及黄金、白银等贵金属及其制成品。

5. 外汇管制的内容

(1) 对贸易项目的管制——对进口付汇的管制；对出口收汇的管制

(2) 对非贸易项目的管制

二、国际货币体系——《国际货币基金协定》

1. 国际货币基金协定的形成与修改

(1) 形成

1944 年 7 月，在美国布雷顿森林召开的国际会议上通过了《国际货币基金协定》和《国际复兴开发银行协定》，合称布雷顿森林体系。

《基金协定》规定：① 建立永久性国际金融机构（IMF），以促进国际货币问题的商讨与合作；② 实行以美元为中心的金汇兑本位制，以美元为主要货币，实行"双挂钩制度"；③ 确立可调整的固定汇率制度，各国汇率浮动≤1%；④ 提供资金调节国际收支；⑤ 力图取消经常项目的外汇管制。

(2) 修改

第一次修订：1969 年，提出特别提款权的概念、使用、性质、定值与分配的规则。又称为《特别提款权协定》。

第二次修订：1976 年，① 确认浮动汇率的合法化；② 削弱黄金的国际货币作用；③ 提高了特别提款权的国际储备地位；④ 扩大对发展中国家的资金融通，放宽对成员国贷款的比例和数额，又称为《牙买加协定》。

第三、第四次修订：1990 年，1997 年修订内容有限。

2. 国际货币基金协定关于汇率安排的准则

(1) 成员国的一般义务

尽量以自己的经济和金融政策来达到促进有秩序的经济增长这个目标，既有合理的价格稳定，又适当照顾自身状况。

努力通过创造有秩序的基本的经济和金融条件和不会产生反常混乱的货币制度以促进稳定。

避免操纵汇率或国际货币制度来妨碍国际收支有效地调整，或取得对其他成员国不公平的竞争优势。

奉行同本款所规定的保证不相矛盾的外汇政策。

(2)监督制度

布雷顿森林体系崩溃后,各国有权选择自己的汇率制度,但基金组织应监督国际货币制度,以保证其有效运行。基金组织监督成员国汇率政策的三原则:

①成员国有义务不得为妨碍国际收支的有效调整,或从其他成员国取得不公平的竞争利益而操纵汇率或国际货币制度;②成员国为消除外汇市场上的混乱状况时,须对外汇市场进行干预;③成员国在采取干预政策时,应合理照顾其他成员国的利益。

3. 国际货币基金协定的外汇管制

(1)原则

成员国应取消经常项目的外汇管制。

(2)例外

对于国际资本的流动,成员国无须经基金组织同意,仍可实行管制;

如基金组织认为,对某成员国货币的需求明显地严重威胁基金组织供应该货币的能力时,应正式宣告该货币为稀缺货币,亦即授权任何成员国,在与基金组织协商后,暂时限制稀缺货币的自由兑换;(未实行过)

经基金组织同意,在特殊情况下,成员国仍可对经常性国际交易的支付或转移实行限制。

成员国要求其居民持有的外汇须按市场价格强制卖给本国货币当局等,不属于"外汇管制"的范畴。

(3)过渡办法——基金协定第十四条

一成员国可对经常项目的支付和转移加以适当限制,只要这些限制与不断改变的环境适应,但该成员国得每年与基金组织就保留各种限制措施进行磋商(第十四条磋商),一俟情势许可,应取消外汇管制。

4. 国际货币基金协定的资金支持

(1)资金来源

基金组织分设普通资金账户及其他特殊基金账户对成员国提供贷款。

普通资金账户资金来源为:①各会员国认缴的份额;②向基金组织的借款;

普通账户资金外的特殊基金账户贷款资金来源为:①当年基金组织出售黄金的收入;②向成员国中央银行的借款;③捐赠。

(2)贷款种类

普通资金账户内的贷款(普通贷款和特殊贷款);

普通资金账户外的贷款;

基金组织的贷款提供方式。

5. 国际货币基金协定中国际储备的规定

(1)概念

是一国政府用于弥补国际收支逆差,维持汇率稳定,偿还对外债务,以及应付其他各种紧急支付而持有的,为各国所普遍接受的流动资产。

(2)类型

黄金;

外汇储备;

成员国在基金中的寸头:指成员国向基金组织所缴份额中的外汇部分、基金组织为向其他成员国提供贷款而采购的该成员国货币额及该成员国向基金组织所提供的贷款;

特别提款权。

(3)特别提款权的概念

是基金组织按各成员国认缴份额的比例分配的一种使用资金的权利。它是成员国在基金组织账户上一种用数字表示的人为资产。

(4)特别提款权的特点

成员国分得特别提款权后,无须再向基金组织缴交任何其他资金;

成员国在需要时,可以无条件地使用特别提款权;

特别提款权归成员国长期所有。

(5)特别提款权的分配

基金组织的会员国都可以自愿参加特别提款权的分配,成为特别提款账户参加国。会员国也可不参加,参加后如要退出,只需事先以书面通知,可随时退出。

基金组织规定,每五年为一个分配特别提款权的基本期。如第二十四届基金年会决定了第一次分配期,即自1970年至1972年,发行95亿特别提款单位,按会员国所摊付的基金份额的比例进行分配,份额越大,分配得越多。

(6)特别提款权的使用

参加国分得特别提款权以后,即列为本国储备资产,如果发生国际收支逆差时,可动用特别提款权,把它转让给出另一成员国,换取外汇,偿付逆差。

特别提款权还可以直接用特别提款权偿付国际货币基金组织的贷款和支付利息费用;参加国之间只要双方同意,也可直接使用特别提款权提供和偿还贷款,进行赠予,以及用于远期交易和借款担保等各项金融业务。

(7)特别提款权的定值

采用"一篮子"货币定值。自1981年起"篮子"中的货币包括:美元、德国马克(德国欧元)、日元、法国法郎(法国欧元)及英镑。

一单位特别提款权 = 0.582 美元 + 0.228(德)欧元 + 27.2 日元 + 0.1239(法)欧元 + 0.105英镑(2000年)。

第三节 国际融资法律制度

一、国际融资的概述

1. 国际融资的概念

是指在国际金融市场上,运用各种金融手段,通过各种金融机构而进行的资金的借贷和筹资活动。

2. 国际融资的类型

国际信贷融资;

国际证券融资；
国际融资租赁。

3. 国际融资的特点

无论是何种形式的融资，双方当事人都需要签订协议，明确彼此之间的权利与义务。虽然因融资方式、融资环境与借款人的法律地位不同，其条款内容各有差异，但他们都使用一些共同性的标准条款。

二、国际融资协议的共同条款

1. 陈述和保证

（1）概念

是指借款人就与融资协议有关的法律和商务状况向贷款人做出的说明，并保证这些说明的真实性、完整性和准确性。

（2）内容

①对融资协议合法性的陈述和保证

如：借款人必须是依法注册成立的实体；融资协议的签订和履行已获得借款人的合法授权；融资协议不违反借款人所在国的法律及借款人的组织章程；融资协议已经有关政府部门批准等。

②对借款人财务经营状况的陈述和保证

如：借款人的最新会计报表能真实地反映借款人的财务状况和经营状况；借款人没有卷入任何可能会减少其资产的司法诉讼或其他程序，也没有受到此类程序的威胁；借款人没有在其资产、现在和将来的收入上设定或认可其他担保物权等。

2. 先决条件

（1）概念

是指贷款人发放贷款须以借款人满足有关约定的条件为前提。

（2）内容

①涉及全部业务的先决条件

条件具备，协议才能生效——多为借款人必须提供落实陈述与保证各项具体内容的书证与文件等。如：借款人的组织章程和营业执照——证明其经营性质和范围；借款人最高机构（如董事会、股东大分）批准该融资协议的文件——证明债务人已获得合法授权；借款人所在国外汇主管当局的批准书——证明借款人从国外借款没有违反本国的外汇管理法等。

②涉及每笔业务的先决条件

新借款提取之前，须满足的条件：如原来的陈述和保证仍然准确无误；借款人的财务状况没有发生实质性的不利变化；没有发生违约事件或可能构成违约的其他事件；没有出现任何情况使得借款人履行融资协议项下的义务受到限制，等等。

3. 约定事项

（1）消极担保条款

借款人在偿还全部贷款之前，不得在自己（有时包括子公司）的资产及收益上，为其他债权人维持或设定任何担保物权。

(2)平等位次条款

借款人保证无担保权益的贷款人与借款人,以及其他无担保权益的债权人处于平等的受偿地位,不得厚此薄彼。

(3)财务约定条款

借款人应定期向贷款人报告自身的财务状况和经营状况,并依协议保持自身的一定净资产值,作为偿贷的保证。

(4)贷款用途条款

借款人必须保证把全部贷款用于约定的用途。

(5)反对处置资产条款

禁止借款人通过一项或一系列相关或不相关的行为丧失、转移或耗减其资产,使贷款人的权利落空。

(6)保持主体同一条款

4.违约事件

(1)实际违约

如:到期不能还本付息,宽限期仍不能履行;陈述与保证重大失实;违约在宽限期内仍不纠正等。

(2)预期违约

如:连锁违约(借款人不履行对其他人的债务,也视为对贷款人的违约);借款人丧失清偿能力;借款人所有权或控制权变动;抵押品毁损或贬值;借款人资产被国有化或征用;借款人状况发生重大不利变化。

(3)救济

A.中止贷款;B.加速到期;C.支付违约利息;

D.冲销救济——对未按期偿还的借款,如果贷款银行持有借款人的存款,可以将借款人的借款债务与存款债权相抵销;

E."累加救济条款"——约定前述救济措施是累加于法律规定的救济措施之上的,不妨碍贷款人另行采取解除融资协议、请求损害赔偿,及要求支付已到期本息及申请借款人破产等法律救济手段。

思考题

1.国际金融法的特点有什么?
2.从国际货币制度的角度来看,1946年布雷顿森林体系的核心内涵是什么?

第十六章 有关国际税收中的法律问题

第一节 国际税法概述

一、国际税法的概念和调整对象

1. 国际税法的概念

狭义说:认为国际税法所调整的国际税收关系仅限于国家间的税收分配关系。

广义说:认为国际税法不仅调整国家间的税收分配关系,还调整国家和跨国纳税人之间的税收征纳关系。

2. 国际税法的调整对象

国际税法的调整对象包括:国家之间的税收分配关系和国家对跨国纳税义务人之间的税收征纳关系两种。

二、国际税法的渊源和基本原则

1. 国际税法的渊源

国际税收条约;

各国的涉外税收立法。

2. 国际税法的基本原则

国家税收管辖权独立原则;

公平原则。

三、国际税法的管辖权

1. 税收管辖权的概念和类别

(1)概念

税收管辖权(tax jurisdiction),是指一国政府自主决定纳税人、征税范围、税种和税率等权力。它是国家主权在税收领域内的体现,是国家主权的重要内容。在国际税收领域,国家的税收管辖权表现为国际税收管辖权。

(2) 类别

属人原则和属地原则。属人原则反映在国际税法上,表现为居民税收管辖权;属地原则反映在国际税法上,表现为所得来源地税收管辖权。

2. 居民的税收管辖权

(1) 自然人居民身份的确定

①住所标准;

②居所标准;

③居住期限标准;

④国籍标准。

(2) 自然人国际征税的依据

《个人所得税法》第一条:在中国境内有住所,或者无住所而在境内居住满一年的个人,从中国境内和境外取得的所得,依照本法规定缴纳个人所得税。

在中国境内无住所又不居住或者无住所而在境内居住不满一年的个人,从中国境内取得的所得,依照本法规定缴纳个人所得税。

第二节 国际重复征税与重叠征税

一、国际重复征税与重叠征税的含义

1. 国际重复征税的含义

国际重复征税(international double taxation),亦称国际双重征税,一般指两个国家各自依据自己的税收管辖权,按同一税种对同一纳税人的同一征税对象、在同一征税期限内的同时征税。

起因:双重国籍、属人属地冲突、属地冲突。

2. 国际重叠征税的含义

国际重叠征税是指由于两个或两个以上的国家各自依据其税收管辖权,对同一所得按本国税法对公司和股东分别征税,形成对不同纳税人的同一所得征收两次以上税收的行为。

起因:公司与股东之间,公司所获得的利润必须依法缴纳公司所得税,税后利润用股息形式分配给股东,股东仍要对股息依法缴纳个人所得税或公司所得税,往往公司在一国,股东则在另一国。

3. 两者的比较

(1) 纳税人不同;

(2) 税种有可能不同。

二、国际重复征税的消解与缓除

1. 概念

指居住国政府对本国居民纳税人来源于来源国的、已向来源地区纳税的跨国所得,在一

定条件下放弃居民税收管辖权,允许不计入该居民纳税人的应税所得额内免予征税的方法。

2. 种类

全额免税法和累进免税法。

3. 全额免税法与累进免税法

(1) 全额免税法

概念:指居住国对居民纳税人来源于国内的所得征税时,不考虑该居民已被本国免于征税的境外所得额,仅按国内所得额确定适用税率计征税的方法。

计算公式:居住国应征所得税＝国内的所得×税率

(2) 累进免税法

概念:指居住国在对其居民纳税人来源于国内的所得征税时,将该居民已被本国免予征税的国外所得额考虑在内,适用其免税所得额未扣除前本应适用的税率征税的方法。

计算公式:居住国应征所得税＝国内外总所得×税率×国内所得÷国内外总所得

4. 全额抵免法与限额抵免法

(1) 全额抵免法

概念:是指居住国政府对本国居民纳税人已向来源国政府缴纳的所得税税额予以全部抵免。

(2) 限额抵免法

概念:是指居住国政府允许居民纳税人将其向外国缴纳的所得税税额进行抵免设置数量上限,即抵免额不得超过本国税法规定的税率所应缴纳的税款额。

限额抵免法的总计算公式:居住国应征所得税税额＝跨国总所得×居住国税率－允许抵免的已缴来源国的税款

分国限额计算公式:分国限额＝某一外国的应税所得÷来自居住国境内外全部应税所得×居住国境内外全部应税所得应向居住国的纳税额

综合限额计算公式:综合限额＝国外应税所得÷来自居住国境内外的全部应税所得×居住国境内外的全部应税所得应向居住国的纳税额

三、国际重叠征税的消解与缓除

(1) 对来自国外的股息减免所得税

(2) 准许母、子公司合并报价

(3) 实行间接抵免

整体方法:是将母公司所收股息上承担的子公司所在国税款通过一定公式还原出来,然后用还原出来的税款与股息之和作为税基乘以母公司所在国所得税税率,作为母公司所在国给予母公司的间接抵免额。

具体计算方法:

①计算出视为纳税额

②计算母公司来自国外的应税所得

③算出间接抵免额

第三节 国际避税与国际逃税

一、国际避税与国际逃税的概念

1. 国际避税
利用各国税法的差异,采取公开合法的手段,达到不缴或少缴税款的目的。
注意:是合法行为,不受惩处。

2. 国际逃税
采取种种隐蔽非法的手段,达到不缴或少缴税款的目的。
是违法行为,严重的会构成犯罪,要承担刑事责任。

3. 国际避税与逃税的现状
国际避税与逃税的现象十分普遍,尤其是跨国公司更是常常利用自身的强大实力与各国税收法制的不同而进行相关避税与逃税。

4. 国际避税与国际逃税的主要方式
(1) 国际避税的方式
①通过跨国移动进行国际避税
②设立基地公司
③转让定价或不合理分摊费用
④纳税人通过资本弱化进行国际避税
(2) 国际逃税的方式
①走私
②化整为零、埋报进出口货值、捏造、伪造会计凭证

5. 防止国际避税与国际逃税的措施
(1) 国内法防止国际避税和国际逃税的措施
①对纳税人的跨国移动进行限制;
②不允许设基地公司或使基地公司失去意义;
③调整转让定价或重新界定费用;
④防止通过资本弱化进行避税。
(2) 国际法防止国际逃税的措施
①国际协作——世界刑警组织;
②数据公开共享——瑞士银行数据公开;
③引渡合作——赖昌星引渡。

6. 我国税法的防范措施
《企业所得税法》第四十一条:企业与其关联方之间的业务往来,不符合独立交易原则而减少企业或者其关联方应纳税收入或者所得额的,税务机关有权按照合理方法调整。
企业与其关联方共同开发、受让无形资产,或者共同提供、接受劳务发生的成本,在计算应纳税所得额时,应当按照独立交易原则进行分摊。
《企业所得税法》第四十五条:由居民企业,或者由居民企业和中国居民控制的设立在实际税负明显低于本法第四条第一款规定税率水平的国家(地区)的企业,并非由于合理的经营需要而对利润不作分配或者减少分配的,上述利润中应归属于该居民企业的部分,应当计

入该居民企业的当期收入。

《企业所得税法》第四十六条：企业从其关联方接受的债权性投资与权益性投资的比例超过规定标准而发生的利息支出，不得在计算应纳税所得额时扣除。

第四节 国际税收协定

一、国际税收协定的历史发展

(1) 二战前
(2) 二战后
《关于对所得与资本双重征税协定范本》
《关于对发达国家和发展中国家双重征税协定范本》

二、国际税收协定的主要内容

(1) 适用范围
(2) 征税权的划分
(3) 关于避免重复征税的方法
(4) 关于无差别待遇
(5) 关于偷、漏税

三、国际税收协定的法律效力

(1) 正确处理国际税收协定与国内税法的关系
(2) 正确理解国际税收协定条款的含义

四、中美双边税收协定汇总一览

(1) 中华人民共和国政府和美利坚合众国政府关于对所得避免双重征税和防止偷漏税的协定。

(2) 中华人民共和国政府和美利坚合众国政府关于对所得避免双重征税和防止偷漏税的协定的议定书。

(3) 中华人民共和国政府和美利坚合众国政府对1984年4月30日签订的关于对所得避免双重征税和防止偷漏税的协定的议定书第七款解释的议定书。

(4) 中华人民共和国政府和美利坚合众国政府关于对所得避免双重征税和防止偷漏税的协定的换文。

思考题

国际避税和国际逃税的主要方式有哪些？

第十七章
资源国际化配置的冲突解决机制

在国际贸易活动中,当事人双方都以合同为基础履行各自的义务,贸易合同便成为当事人之间产生纠纷、解决纠纷的契机。国际上目前就处理国际贸易纠纷所采取的方式,主要有三种,即调解、仲裁和诉讼。其手法的激烈程序依次由低向高发展,其支付的费用也依次由低向高发展,而首先使用的方法是仲裁,但是,近年来调解方法也越来越被人们重视,有更广泛地被采用之趋势。

第一节 调解制度

一、调解的概念

调解是在当事人自愿的基础上,将其争议交由第三者进行解决的一种处理纠纷的方法。所谓当事人自愿,一般是指当事人双方在合同中约定了调解条款或虽然没有事先约定,但事后又达成一致协议,按调解程序处理的意愿。

二、调解的意义

调解是为了消除当事人之间的分歧,使当事人不但解决了身边的纠纷,而且同时又使他们保持全部业务关系。其特点是解决快,手续较简便,费用又相对较低,对抗性较低。通过调解,使双方当事人建立起一个新的合同,调解常被视为重新谈判,双方当事人对起斡旋作用的第三者依赖较大。

调解在我国的实践,通常是由法院调解,经济合同仲裁调解、民间调解。在对外开放不断发展的今天,我国越来越重视涉外经济的调解。我国的调解制度已经形成自己的特点,而西方国家的调解主要是倡导城市社区建立调解组织,建立自由的调解制度,但无论其有何区别,都是建立在双方当事人自愿的基础上进行的调解。

三、调解的程序

调解的进行,一般都有规定的程度,国际商会、联合国贸易和发展会议(以下简称贸发会议),以及很多包括我国在内的国家都规定了自己的调解制度。

第十七章 国际贸易争议的解决

贸发会议的调解程序及其调解步骤是这样的:(1)申请调解的一方当事人将其按照贸发会议的规则进行调解的通知送至对方当事人,如果对方同意,则按规定进行,否则,调解并不进行;(2)对调解员的选择,当事人可约定由一名调解员调解,也可以由三名调解员调解,其办法是,双方当事人每方指定一名调解员,再由那两个调解员选择第三名调解员;(3)当事人各方就其各自的主张向调解员和对方说明;(4)调解员应客观、公平和正义地就双方所提出的问题,根据合同,有关贸易惯例,进行调解;(5)如果双方当事人同意调解结果,则签订书面协议完成调解工作,如果双方当事人认为,其结果并不理想,继续调解已无必要,则调解宣告结束。

贸发会议制定的调解规则比较原则,即调解员在调解纠纷时享有较大权力,当事人双方可能由于一方的原因而终止调解。

我国的调解规则是:(1)申请调解的当事人在申请时提交调解申请书,并从调解人员中选定或委托调解中心代为选定一名调解员;(2)当调解中心收到调解申请书后,转交被申请人,调解申请人应在调解员名单中选定或委托调解中心选定一名调解员,如调解被申请人不在规定的时限内确定同意调解,视为拒绝调解,而不论双方是否事前有调解协议;(3)调解可由双方选定的两名调解员共同调解,也可以共同约定由一名调解员单独调解,如果无法共同约定一名调解员,则由调解中心指定;(4)调解按照调解员认为适当的方式进行;(5)如果调解成功,由当事人和调解员在调解书上签字,如果调解失败,或由一方或各方声明终止时,以书面形式声明,从调解员或当事人声明之日起调解终止。

四、调解的法律后果

调解是在双方当事人自愿的基础上进行的,对于调解中各种承诺,在调解失败后,并不能作为今后仲裁或诉讼的依据。当调解成功后,做成的调解协议书,并不能像法院判决、仲裁裁决那样被真正执行,有可能由于一方不执行其调解协议,而使调解协议失效。因此,调解协议并不能使当事人双方有任何强制性感觉,完全靠各方自觉遵守和履行。当调解协议书不被执行时,就会产生新的解决纠纷方法——仲裁或诉讼。

第二节 仲 裁 制 度

一、仲裁的概念和意义

仲裁是目前国际上普遍使用来解决贸易纠纷的一种方式。它是在履行合同的过程中,双方发生纠纷,不能协调解决时,则选定公正的第三人为仲裁人,对当事人双方之间的争议进行合理、公正的裁定解决。

用仲裁的方式来解决国际贸易争议,其历史悠久。据考古证实,雅典在公元前403年就有仲裁的基本形式,发展至今,已经成为国际上商业社会普遍欢迎的形式,仲裁的发展趋势是越来越多地以立法形式将其固定下来,仲裁的范围也逐渐扩大,仲裁过程中多采用调解方式。

目前国际上仲裁机构比较多,主要有:(1)国际商会仲裁院,是国际商会下设的仲裁院,其仲裁规则于1988年1月1日生效,仲裁院的特点是指定仲裁员或确认仲裁员,决定仲裁的形式和结果;(2)瑞典斯德哥尔摩仲裁院,它成立于1917年,其仲裁规则是1988年1月1日生效的仲裁规则,由于瑞典在国际上是一个中立国,很多贸易商都愿采用此项仲裁规则;(3)美国仲裁院,其受理案件范围不仅包括商事仲裁,还涉及人身和财产的案件,成立于1926年;(4)英国伦敦仲裁院,成立于1892年,其历史较为悠久,但是,其仲裁规则过多地给予法院干预仲裁的权利。

二、仲裁的特点

仲裁是处理现代国际贸易纠纷的一种公平解决办法,它是当双方当事人以友好协商时仍无法解决其争议,而且又苦于诉讼费时、费力,还会招致双方从此断绝往来的情况而采用的一种形式,其特点是:

(1)是出于当事人双方自愿的情况,一般采用仲裁时,不是在合同中有约定的仲裁条款,就是在争议后,双方共同达成采用仲裁解决的一致协议。

(2)正常情况下能维护双方友好关系,使交易继续进行。选择仲裁的当事人都是为了避免激烈的争议,防止影响双方的关系和日后的往来。因此,在仲裁中,依靠公正的第三方为其调和、平息争议,可保持友好关系。

(3)仲裁机构一般是民间组织,其管辖权来自双方当事人的仲裁协议,当事人双方一经签订仲裁协议之后,一般就排除了法院对该争议的管辖权,而由仲裁协议授权的第三者决定当事人之间的法律关系。

(4)解决迅速,费用较低,因为仲裁一般由专家担任,对特殊问题处理,具有专门知识经验,较之诉讼更为快捷,而且处理案件涉及问题少,费用也比诉讼低。

(5)仲裁裁决一般是终局的,具有强制执行效力。

三、仲裁程序

国际贸易中当双方当事人所选择的仲裁机构很多,一般在合同中约定,根据双方选的仲裁机构就确定了地点、仲裁程序。不同仲裁机构各有自己的仲裁规定,下面就贸发会议制定的《贸发会议仲裁规则》(1976年通过)和我国1988年9月12日中国国际贸易促进委员会通过的《中国国际经济贸易仲裁委员会规则》介绍如下:

(一)《联合国贸易和发展会议仲裁规则》

1. 基本规则

(1)规定只有双方当事人在合同中约定适用《联合国贸易和发展会议仲裁规则》的,才适用此规则,但当事人也可对规则进行修改,以当事人各方用书面协议的方式对规则所做出的修改为准。

(2)申请仲裁一方应向另一方发出仲裁通知,其通知应载明:①争议提交仲裁的要求;②当事人各方的姓名和地址;③援引的仲裁条款和单独的仲裁协议;④引起争议或与争议有关的合同;⑤要求的性质;⑥所寻求的救济或补救;⑦如当事人各方事先未就仲裁人数达成协议,则提出仲裁员人数(一名或三名)的建议等其他事项。当被诉人收到仲裁通知之日起,仲裁程序开始。

(3)仲裁庭的组成

①仲裁员的人数由双方当事人事先约定,如双方当事人未选定一名仲裁员,则应指定三名仲裁员。

②如果双方当事人同意指定一名仲裁员,所指定的这名仲裁员与当事人不属于同一国籍。

③如果双方当事人同意指定三名仲裁员,那么当事人每一方应指定一名仲裁员。指定的两名仲裁员推选第三名仲裁员,担任仲裁庭的首席仲裁员。首席仲裁员的国籍应不同于当事人双方的国籍。

④双方当事人可就所指定的仲裁员提出异议,如果一方当事人不同意异议,并且被提出异议的仲裁员不肯卸职,则由有权指定的机关做出决定是否卸职。当仲裁员由于死亡或辞职无法执行其职务,应由有权指定的机关更替仲裁员。如果更换独任或首席仲裁员,则先前所举行的任何审理都应重新举行,如果更换其他仲裁员,仲裁庭可斟酌决定是否应重新进行先前的审理。

(4)仲裁程序

①仲裁庭有权按照它认为适当的方式进行仲裁,平等对待当事人。当任何一方当事人在仲裁程序任何一个阶段请求仲裁庭举行审理,仲裁庭应立即照办,如无此请求,由仲裁庭选择审理方式。

②如果当事人未约定举行仲裁的地点,其地点由仲裁庭决定,仲裁裁决应在仲裁地点做成。

③如果当事人未有约定,仲裁庭应指定一种或数种语文作为审理的语文。仲裁申请人应将要求书在规定的期限内通知被申请人,被申请人应在规定的期限内以书面形式将答辩书送达申请人和每个仲裁员。

④在仲裁过程中,每个当事人都可就其要求或答辩进行修改,但情况表明其修改不利于对方或修改后的要求超出仲裁条款或单独仲裁协议范围,仲裁庭可不允许修改。

(5)仲裁程序中有关问题的规定

①对仲裁庭管辖权的抗辩,仲裁庭应对它认为没有管辖权的异议做出决定,并有权决定以仲裁条款为其构成部分的合同是否存在或有效,仲裁庭所做的关于合同无效,并不使仲裁条款在法律上无效。

②双方当事人就其要求或答辩,负举证责任,仲裁庭应确定所提出的证据是否可以接受及其适当性、重要性和效力。除当事人另有约定外,审理采取不公开方式进行,仲裁庭可以自由决定询问证人的方式,当证人做证时,令其他证人退出。

③当事人可以要求仲裁庭对于争议的标的物得以采取认为必要的任何临时性措施,如将标的物交由第三人存放或将易腐烂的货物出售。当事人也可向司法当局申请临时保护措施,此种要求不应视为与仲裁协议不符,也不视为放弃该项协议。

④如果申请仲裁人在规定的期限内不提出其请求,而又无充分理由,仲裁庭有权终止仲裁程序。如果被申请仲裁人在规定的期间内不提出答辩,而又无充分理由,仲裁庭有权决定继续进行仲裁程序。如果一方当事人缺席而又无充分理由者,仲裁继续进行。如果一方当事人未能在规定的时限内提供所需证据,而又无充分理由,仲裁庭则依其所获证据进行裁决。

⑤仲裁庭遇到例外情况,如认为有必要时,可以应一方当事人的申请,在裁决之前,重新进行审理。

(6)裁决

①仲裁裁决由多数决定,如果不能获得多数,由首席仲裁员决定,但仲裁庭可以修正。

②仲裁裁决可做成终局的、非终局的或局部性的裁决,对于终局裁决,对双方当事人均有约束力,当事人各方承担执行裁决的责任,仲裁裁决书必须有双方当事人签字,方为有效。

③仲裁庭应适用当事人各方所指定的适用于该争议实质的法律。如双方当事人对此未加规定,仲裁庭应适用它认为适用的国际冲突法的规则所规定的法律,但在任何情况下,仲裁庭都应当考虑合同条款的规定和贸易惯例。

④在做成裁决以前,如果双方当事人对争议同意和解,仲裁庭可以发出终止仲裁程序的命令,也可以以仲裁裁决的方式记录调解的内容。

⑤当事人任何一方可要求仲裁庭更正裁决中的任何计算上的错误、笔误或排印错误。也可以要求仲裁庭附加认为无须审理的裁决。

(7)费用

仲裁庭应在仲裁裁决书中规定仲裁费用,仲裁费用通常由败诉方承担,也可由仲裁庭根据情况,决定由双方共同分担。

(二)中国国际经济贸易仲裁委员会仲裁规则

1. 仲裁委员会仲裁范围和组成

(1)中国国际经济贸易仲裁委员会由主席一人、副主席若干人和委员会若干人组成,仲裁委员会设立仲裁员名册,由具有专门知识和实际经验的中外人士担任。受理产生于国际经济贸易中的争议案件。

(2)申请仲裁的当事人应提交仲裁协议和一方当事人的书面申请。仲裁委员会有权就仲裁协议的有效性和仲裁案件的管辖权做出决定。

2. 仲裁程序

(1)申诉人应提交书面申请书,其内容要具备:①申诉人和被诉人的名称、地址;②申请人所依据的仲裁协议;③申诉人的要求及所依据的事实和证据。

(2)被申诉人收到申请书后,应提交答辩书,也可提出反诉,但应交仲裁费用。当事人也可委托代理人办理仲裁事项,其代理人可由中国或外国公民担任。

(3)仲裁委员会可以根据当事人的申请和中国法律的规定,提请被诉人财产所在地或者仲裁机构所在地的中国法院做出关于保全措施的裁定。

3. 仲裁庭的组成

(1)仲裁庭可以由一名仲裁员单独审理案件,也可由三名仲裁员共同审理案件。双方当事人可以在仲裁员名册中共同指定或委托仲裁委员会主席指定一名仲裁员,作为独任仲裁员,也可以各自指定或委托仲裁委员会主席指定一名仲裁员后,仲裁委员会主席应立即指定第三名仲裁员为首席仲裁员,组成仲裁庭,共同审理案件。

(2)被指定的仲裁员如果与案件有利害关系,应当自行向仲裁委员会请求回避,当事人也有权以书面方式向仲裁委员会提出申请,要求回避。仲裁员回避的决定,由仲裁委员会主席决定。

(3)仲裁庭开庭审理案件,也可经当事人双方同意,进行书面审理并做出裁决。当事人有正当理由的,在规定的期限内可申请延迟审理,延迟审理的决定由仲裁委员会秘书处做出。

(4)仲裁庭审理案件不公开开庭进行,如果双方当事人要求公开审理,则由仲裁庭做出决定。

(5)如果双方当事人自行达成和解,申诉人应及时申请撤销案件。如果当事人就已经撤销的案件再次向仲裁委员会提出仲裁申请的,由仲裁委员会主席做出受理或不受理的决定。

4. 裁决

(1)由三名仲裁员审理的案件,其裁决依多数仲裁员的意见决定,也可以进行中间裁决或部分裁决。

(2)仲裁裁决是终局的,任何一方当事人均不得向法院起诉,也不得向其他机构提出变更仲裁裁决的请求。当事人应当自动履行裁决。一方当事人不履行的,另一方当事人可以请求中国法院执行,或根据1958年《承认及执行外国仲裁裁决公约》或中国缔结或参加的其他国际条约,向外国有管辖权的法院申请执行。

(3)仲裁委员会和仲裁庭可以对其受理的案件进行调解。经调解达成和解协议的案件,仲裁庭应当根据双方当事人和解协议的内容,做出裁决书。

四、仲裁裁决的执行

(一)仲裁裁决的效力

采用仲裁方式解决国际贸易纠纷,其关键问题在于仲裁的结果是否能得到完全执行。按照世界上大多数国家的法律规定,仲裁裁决是终局的,当事人有权要求法院强制执行。但又分两种情况:一是有些国家规定当事人双方就仲裁裁决不得向法院提出上诉,如我国就是这样规定的,《联合国贸易和发展会议仲裁规则》也规定了仲裁裁决是终局的,但没有明确规定是否可以上诉;另一种情况是,有些国家规定对仲裁裁决可以上诉,但法院一般只审查程序,不查实体,如英国的仲裁规则。但是,无论是何种情况,目前,国际上发展的趋势是仲裁裁决的上诉程序应加以限制。为了避免复杂的上诉程序,国际贸易实践证明,合同双方当事人应在仲裁条款中列明:"仲裁决定是终局的,对双方当事人都有约束力,任何一方都不得向法院上诉,要求变更裁决。"这样以合同的规定约束双方当事人的上诉权利,使仲裁裁决能够真正起到应起的作用。

(二)关于仲裁裁决的执行

在国际贸易仲裁裁决中,往往会遇到这样的问题,一旦仲裁裁决做出,败诉方的财产不在仲裁机构所在国,则如何执行。如果败诉方的财产在本国,而仲裁机构在外国,就会出现本国如何执行外国仲裁机构的仲裁。这不仅关系到合同双方当事人的利益,而且涉及国家的主权和财产利益。因此,为了解决这一问题,各国在自己的仲裁规则中都对这一问题加以规定,联合国组织 1958 年为了解决这一问题也制定了《承认和执行外国仲裁裁决的公约》,简称《纽约公约》。下面,对我国和联合国公约关于这一问题的规定作一介绍。

1. 承认和执行外国仲裁裁决的公约

我国《中国国际经济贸易仲裁委员会仲裁规则》第三十八条规定:"一方当事人不履行的,另一方当事人可根据中国法律规定,向中国法院申请执行,或根据 1958 年《公约》或者中国缔结或参加的其他国际条约,向外国有管辖权的法院申请执行。"因此,我国关于仲裁裁决执行问题,既受国内法的规定制约,又受国际公约规定的制约,但是,结果都是承认仲裁裁决是终局的,当事人可向中国法院请求执行,也可向外国法院请求执行。

(1)我国对《承认及执行外国仲裁裁决公约》缔约国的仲裁裁决的执行。因为该公约的缔约国所做出的仲裁裁决,如果需要在我国执行时,由请求申请执行的一方当事人向我国有管辖权的中级人民法院提出申请,法院应按《纽约公约》的有关规定进行审查,符合规定的,依照我国法律规定的执行程序执行,否则,拒绝执行。

(2)我国的仲裁裁决向公约缔约国的申请执行问题,在我国仲裁机构做出的裁决,需要到外国申请仲裁时,因为我国也是《纽约公约》的参加国,申请执行当事人应依照《纽约公约》规定,向执行地法院申请执行,由该国法院审查,认为符合公约规定的,按该国法律规定的程序执行。

(3)非《纽约公约》缔约国的裁决向我国申请执行问题,非公约的缔约国要在我国申请执行裁决,应向仲裁裁决地法院提出申请,经该国法院审查后,再由该法院向我国法院提出请求执行的委托。如果该国与我国订有司法协助条约的,按其条约规定;若与我国没有这方面条约的,按照互惠原则进行审查;如果不违反我国基本的法律原则和我国社会利益,裁决承认其效力,依照我国法律规定的程序,予以执行,否则,拒绝执行。

(4)我国的仲裁裁决向非《纽约公约》缔约国申请执行问题。凡我国的仲裁裁决,如果需要到非《纽约公约》缔约国或与我国未订有司法协助条约的国家申请执行时,由申请执行当事人向我国仲裁地中级人民法院提出执行申请,经我国法院审查,同意给予执行的,再由我国法院向执行地法院提出委托请求,外国法院审查后决定是否执行。

2. 我国有关仲裁裁决执行的问题

为了解决各国在承认和执行外国仲裁裁决问题上的分歧,联合国 1958 年在纽约制定了《承认和执行外国仲裁裁决的公约》,该公约是在 1923 年《日内瓦仲裁条款议定书》和 1927 年的《关于执行外国仲裁裁决的公约》的基础上制定的,取代了前两项公约互惠原则的不足之处,成为目前国际上最重要的有关承认和执行外国仲裁裁决的公约。

(1)公约的适用范围

凡自然人和法人之间的争执而引起的仲裁裁决,在一个国家的领土作成,而在另一个国家请求承认和执行时,或在一个国家请求承认和执行,这个国家不承认是本国裁决的仲裁裁决时,适用本公约。

任何缔约国可以在互惠基础上声明,本国只对在另一缔约国国土内所作成的仲裁裁决的承认和执行,适用本公约。也可以声明,本国只对根据本国法律属于商事的法律关系所引起的争执适用本公约。

(2)缔约国应相互承认和执行对方国家所做出的仲裁裁决,不应造成比承认或执行本国的仲裁裁决规定更为苛刻的条件或较高的费用和开支。

(3)缔约国承认和执行的当事人,在请求承认和执行仲裁裁决时,应提供经正式证明的仲裁裁决正本或副本,以及仲裁协议的正本或经过适当证明的副本,如果这些材料不是用请示承认和报告裁决所在国的正式文字作成,应提供正式的译文。

(4)凡属下列条件的,被申请人所在国根据被申请人的请求,拒绝承认和执行。

①根据合同当事人双方所适用的法律,仲裁协议当事人无行为能力的,或根据双方当事人选定适用的法律,或在没有这种选定的情况下,根据仲裁地国法律,仲裁协议是无效的;

②被申请执行人没有得到有关指定仲裁员或进行仲裁程序的通知,或其他情况下不能对案件提出意见的;

③仲裁裁决超出仲裁协议范围的事项;

④仲裁庭的组成或仲裁程序同当事人间的协议不符,或当事人间没有这种协议时,同仲裁地国的法律不符的;

⑤仲裁裁决对当事人无约束力,或裁决已被仲裁地国家有关当局撤销或停止执行的;

⑥争执的事项,依照这个国家的法律,不可以用仲裁方式解决的,或承认和执行裁决与这个国家的公共秩序相抵触的。

我国于1986年12月2日正式加入了《纽约公约》,并提出两项保留:一是仅适用于缔约国之间做出的仲裁裁决的承认和执行;二是只适用于有关商事法律关系引起的争议。该公约于1987年4月22日对我国生效。

第三节 诉讼制度

国际贸易争议采用诉讼方式解决的较之仲裁要少,诉讼是用来解决国际贸易纠纷的一个费用最昂贵的解决办法。当事人为此要付出较多的时间和金钱,就联合国国际法院来说,其主要业务也是处理国际公法问题,而处理民间当事人之间的协议纠纷较少,可以说,目前还没有真正的国际法院制度用来解决国际上民间商业纠纷。因此,为解决国际贸易纠纷所采用的诉讼方式,多通过某一国家国内法院制度的程序来予以解决。

一、国际商事诉讼涉及的问题

由于国际贸易纠纷是一个跨越国界的纠纷,而世界各国的国内法院制度又不相同,当事人通过诉讼所得到的结果通常是最终的,可被执行的。但是,判决结果往往是由某一国家的法院做出的,这就涉及此项判决是否能在其他国家承认和执行的问题。因此,一项国际商事诉讼常要涉及以下问题:

(一)国家主权豁免问题

当商业合同是由两个民间当事人订立的情况下,不会引起主权豁免问题。但是,如果合同的一方当事人是民间而另一方当事人是国家政府或与国家政府有密切联系的国家贸易公司,这样,一旦起诉,就会涉及该政府所属实体是否可被起诉的问题。按照国际法原则,国家主权不能被起诉,除非它自己同意起诉。

就国家主权豁免也有两种不同的理论:一种是国家主权不能被强迫成为另一个主权者的法院里的被告的绝对国家主权原则;另一种是主权者在从事其公法上的国家行为时可被豁免,在其从事私法上的行为,如民间商业协议、对他人造成人身伤害以及类似行为时不能被豁免的限制主权豁免原则。但是,何为公法上的行为,何为私法上的行为,其区别很难被界定。在国际上和一些国家的国内立法上,都试图来限制主权豁免原则,如1929年由许多国家参加制定的布鲁塞尔《关于统一公有船只豁免问题若干准则的国际公约》、1976年美国的《外国主权豁免法》、1978年英国的《国家豁免法》都对主权豁免加以限制。但是,从国际贸易实践来看,很难在具体的诉讼中处理主权豁免问题,常常需要通过外交途径来解决。

(二)国家行为

国家行为是与国家主权豁免有密切联系的概念。国家行为在案件中常涉及国家政府对私人财产进行征用和本国的判决是否能在外国执行。因此,在进行国际贸易诉讼中,为了使国家的行为能得到外国法院的承认和执行,按照各国法律规定,要求:(1)外国判决必须是已确定的,既不能上诉也不能再审的案件;(2)外国判决与国内法院所做的判决并不矛盾;(3)外国判决确定以后,本案双方当事人并未就同一标的在国内法院进行诉讼;(4)按照承认和执行国的法律,判决国对该案有管辖权;(5)外国判决不会损害承认和执行国的公共秩序和良好风俗;(6)判决不违背国际私法原则。

国际行为的各种原则对于处理外国判决是个重要因素,为了使国家行为能够得到承认和执行国的肯定,那么国家行为的判决,必须符合后者的立法、判例或条约规定。

(三)管辖权

国际贸易在引起纠纷后,由哪一个国家刊登对争议标的物和当事人的管辖,是进行诉讼的前提。

对标的物的管辖权不同于当事人的管辖权,标的物的管辖按照不同的国家法律制度,各国规定不一致,一般是法院之间管理案件时的分工和权限的体现。在进行诉讼时,应选择正当的对标的物有管辖权的法院审理。

对于当事人的管辖,目前国际上并无统一的规定,各国大致根据其刊登管辖权所要求的基本目的做出决定。在民间国际商事协议诉讼中,一般不涉及主权豁免和国家行为问题,关键是解决法院对当事人的管辖权问题。因此,对当事人的管辖权也是在诉讼之前应解决的问题。

目前,在国际上有关国际民事管辖权制度,由于其法律制度不同,处理的结果也不同。英美制度,是以被告在受诉法院境内并经送达传票为依据来确定国际民事管辖权。法、意、希制度认为被告的住所地为主,也考虑当事人的国籍。我国的法院管辖由中级人民法院管辖,因合同纠纷提起的诉讼,由合同履行地或合同签订地人民法院管辖,同时,还采用移送管辖和指定管辖制度。

二、判决的执行

当国际贸易纠纷,通过法院解决后,最后的问题就是承认和执行问题。对于这个问题,目前国际上还没有统一的公约,多依据国内立法,多边和双方条约来调整。在有些国家中,规定外国判决只有在国内法院宣告执行判决后,才可以在国内强制执行。英国法律采取注册方式,即外国高级法院做出的给付金钱判决,在相互条件下,可以通过向英国法院注册而得到执行。我国采取按照缔结和参加的国际条约,或者按照互惠原则,与外国法院可以互相委托,代为一定执行行为,即我国的判决,申请人要求强制执行时,而被执行人的财产在外国,法院根据我国缔结或参加的国际条约,或按照互惠原则,委托外国法院协助执行。我国法院对外国法院委托执行的判决,应根据我国缔结或参加的国际条约,或按照互惠原则,进行审查,认为不违反我国法律的基本准则或国家、社会利益的,按照法律给予执行。

目前,在国际上有关执行的多边或双边的重要条约有:1968年9月27日,欧共体国家在布鲁塞尔签订的《关于民商事司法管辖和判决执行公约》,1928年2月28日,美洲国家在哈瓦那签订的《国际私法公约》,和海牙私法会议参加国在1971年2月1日签订的《民商事外国判决的承认和执行公约》。双方条约较之就更多了,如1987年5月中国和法国《关于民事、商事司法协助协定》,1987年6月,中国和波兰《关于民事和刑事司法协助的协定》等。

另外,在 WTO 体制内,对资源配置中发生的纠纷也形成了专门的争议解决机制,制定了解决争议的程序。它的程序大致是,(1)协商,当各成员方发生贸易争议时,可由双方协商解决。申诉一方在要求解决纠纷时,另一方要积极对待,妥善解决。(2)如果协商不成,申诉一方可将争议提交 WTO 理事会,理事会受理案件后成立该问题解决的专家委员会,就该纠纷专门进行询问和调查,提出解决方案,报理事会通过。一旦理事会通过,该方案应当在争议双方之间得以执行。(3)如果解决方案不能履行,履行一方可以全部或部分解除对未履行一方的承诺义务。在某些情况下,理事会也可授权履行一方对未履行方实施贸易报复。

总之,WTO 的争议解决机制为成员国在参与国际资源配置中一旦发生纠纷提供了解决的途径。可以说,这是解决资源国际化配置冲突的一项稳定且具有法律性的有效途径。

思考题

在处理国际经济纠纷中,通常采用哪些解决方式,你如何评价这些方式?

参考文献

[1] 关怀,林嘉.劳动法[M].4版.北京:中国人民大学出版社,2012.
[2] 常凯.劳动关系学[M].北京:中国劳动社会保障出版社,2005.
[3] 王全兴.劳动合同法条文精解[M].北京:中国法制出版社,2007.
[4] 林嘉.社会保障法的理念、实践与创新[M].北京:中国人民大学出版社,2002.
[5] 杨燕绥.社会保险法[M].北京:中国人民大学出版社,2000.
[6] 王全兴.劳动法学[M].北京:高等教育出版社,2004.
[7] 黄越钦.劳动法新论[M].北京:中国政法大学出版社,2003.
[8] 程延园.劳动关系[M].北京:中国人民大学出版社,2002.
[9] 林燕玲.国际劳工标准[M].北京:中国劳动社会保障出版社,2007.
[10] 黎建飞.社会保障法[M].北京:中国人民大学出版社,2008.
[11] 高富平,苏号朋,刘智慧.合伙企业法原理与实务[M].北京:中国法制出版社,1997.
[12] 徐景和,刘淑强.合伙企业法条文释义[M].北京:人民法院出版社,1997.
[13] 李智勇.合伙企业法理论与实务[M].武汉:湖北人民出版社,1999.
[14] 李飞.中华人民共和国合伙企业法释义[M].北京:法律出版社,2006
[15] 马强.合伙法律制度研究[M].北京:人民法院出版社,2000
[16] 郭富青.合伙企业法论[M].西安:西安出版社,2002
[17] 赵旭东.企业与公司法纵论[M].北京:法律出版社,2003
[18] 谢怀栻.票据法概论[M].增订版.北京:中国社会科学出版社,2006.
[19] 梁宇贤.票据法新论[M].修订新版.北京:中国人民大学出版社,2004.
[20] 董安生.票据法[M].北京:中国人民大学出版社,2000.
[21] 赵新华.票据法论[M].修订版.长春:吉林大学出版社,2007.
[22] 王欣新.破产法[M].北京:中国人民大学出版社,2002.
[23] 汤维建.破产程序与破产立法研究[M].北京:人民法院出版社,2001.
[24] 齐树洁.民事诉讼法[M].厦门:厦门大学出版社,2010.
[25] 齐树洁.程序争议与司法改革[M].厦门:厦门大学出版社,2004.
[26] 齐树洁.民事程序法研究[M].北京:科学出版社,2007.
[27] 范愉.ADR原理与实务[M].厦门:厦门大学出版社,2002.
[28] 蔡彦敏,洪浩.正当程序法律分析——当代美国民事诉讼制度研究[M].北京:中国政法大学出版社,2000.
[29] 范愉.纠纷解决的理论与实践[M].北京:清华大学出版社,2007.

[30] 于锐,哈书菊.纠纷解决的程序之维[M].哈尔滨:黑龙江大学出版社,2012.

[31] 齐树洁.民事程序法[M].厦门:厦门大学出版社,2008.

[32] 江伟.民事诉讼法[M].3版.北京:高等教育出版社,2007.

[33] 张卫平.民事诉讼法[M].北京:法律出版社,2004.

[34] 汤维建.民事诉讼法学[M].北京:北京大学出版社,2008.

[35] 樊崇义.诉讼原理[M].北京:法律出版社,2003.

[36] 何立慧.金融法[M].北京:经济科学出版社,2010.

[37] 刘永刚.金融法[M].北京:人民邮电出版社,2013.

[38] 刘亚天.金融法[M].北京:中国政法大学出版社,2009.

[39] 叶林.证券法[M].4版.北京:中国人民大学出版社,2013.

[40] 程淑娟.证券法[M].武汉:武汉大学出版社,2010.

[41] 朱锦清.证券法学[M].3版.北京:北京大学出版社,2011.

[42] 崔建远.合同法[M].北京:北京大学出版社,2012.

[43] 王利明,房绍坤,王轶.合同法[M].4版.北京:中国人民大学出版社,2013.

[44] 崔建远.合同法学[M].北京:法律出版社,2015.

[45] 王利明.合同法[M].北京:中国人民大学出版社,2015.

[46] 杨立新.合同法[M].北京:北京大学出版社,2013.

[47] 王卫国,马颖,王仰光.保险法[M].北京:北京交通大学出版社,2010.

[48] 傅廷中.保险法论[M].北京:清华大学出版社,2011.

[49] 方乐华.保险与保险法[M].北京:北京大学出版社,2009.

[50] 韩长印,韩永强.保险法新论[M].北京:中国政法大学出版社,2010.

[51] 任自力.保险法学[M].北京:清华大学出版社,2010.

[52] 徐卫东.保险法(2010年版)[M].北京:北京大学出版社,2010.

[53] 杜颖.商标法:原理与案例[M].2版.北京:北京大学出版社,2014.

[54] 王太平.商标法[M].北京:北京大学出版社,2015.

[55] 冯晓青,刘友华.专利法[M].北京:法律出版社,2010.

[56] 文希凯.专利法教程[M].3版.北京:知识产权出版社,2013.

[57] 陈泉生.环境法[M].厦门:厦门大学出版社,2013.

[58] 汪劲.环境与资源保护法学(2013年版)[M].北京:北京大学出版社,2013.

[59] 曲三强.现代工业产权法[M].北京:北京大学出版社,2012.

[60] 刘隆亨.银行金融法学[M].北京:北京大学出版社,2010.

[61] 汪鑫.金融法学[M].4版.北京:中国政法大学出版社,2011.

[62] 徐孟洲.金融法[M].3版.北京:高等教育出版社,2014.

[63] 朱崇实,刘志云.金融法教程[M].3版.北京:法律出版社,2011.

[64] 朱大旗.金融法[M].3版.北京:中国人民大学出版社,2015.

[65] 周珂,高桂林,楚道文.环境法[M].4版.北京:中国人民大学出版社,2013.

[66] 蔡先凤.环境法学[M].北京:中国环境科学出版社,2009.

[67] 汪劲.环境法学[M].北京:北京大学出版社,2006.
[68] 罗丽.环境法教程[M].北京:中国法制出版社,2014.
[69] 刘春田.知识产权法[M].北京:法律出版社,2009.
[70] 冯晓青.知识产权法利益平衡理论[M].北京:中国政法大学出版,2006.
[71] 张耕,李燕,等.商业标志法[M].厦门:厦门大学出版社,2006.
[72] 沈幼伦.合同法教程[M].北京:北京大学出版社,2008.
[73] 马艳平.合同法实务[M].北京:中国经济出版社,2013.
[74] 李建人.财税法[M].天津:南开大学出版社,2011.
[75] 张守文.财税法[M].北京:中国政法大学出版社,2005.
[76] 刘剑文.财税法——原理、案例与材料[M].2版.北京:北京大学出版社,2015.
[77] 李建伟.公司法学[M].2版.北京:中国人民大学出版社,2008.
[78] 李东方.公司法学[M].北京:中国政法大学出版社,2012.
[79] 刘俊海.公司法学[M].2版.北京:北京大学出版社,2013.
[80] 赫凤军.物权法学[M].北京:中国政法大学出版社,2012.
[81] 吕彦.物权法学[M].成都:四川大学出版社,2010.
[82] 柳经纬.物权法学[M].3版.厦门:厦门大学出版社,2008.
[83] 王先林.竞争法学[M].2版.北京:中国人民大学出版社,2015.
[84] 王晓晔.竞争法学[M].北京:社会科学文献出版社,2007.
[85] 倪振峰,丁茂中.竞争法学[M].2版.上海:复旦大学出版社,2011.
[86] 田东文.国际商法[M].2版.北京:机械工业出版社,2013.
[87] 周晓唯,杨林岩.国际商法[M].西安:西安交通大学出版社,2008.
[88] 周晓唯.国际经济法[M].西安:西安交通大学出版社,2008.